"产教融合 MPAcc 教学智库实验平台建设"系列成果
"小班 + 案例"教学模式改革系列教材

◎ 邓彦　张军波　丛书主编

管理会计教学案例

GUANLI KUAIJI JIAOXUE ANLI

● 陈沉　肖鑫　陈越　黄江峡　编著

·广州·

内容简介

本系列教材案例均由广东工业大学管理学院案例开发中心开发完成,涵盖财务会计、财务管理、管理会计和审计等专业核心课程,以及高等学校的财税管理、财务报表分析、内部控制与风险管理、资本运营、重组并购等专业课程。适用于 MBA(工商管理硕士)、MPAcc(会计硕士)、工程硕士、全日制研究生以及高年级本科学生案例研讨;可作为理论研究的参考书,供从事财务管理理论研究的专家学者以及企业管理咨询机构使用;同时也是了解中国企业管理实践的必读书,可供企业所有者和管理者参考借鉴。

本系列教材案例为中央财政支持地方高校发展专项资金项目"产教融合 MPAcc 教学智库实验平台建设"(项目编号:400170043)、广东工业大学-广州岭南会计师事务所实践教学(211170153)、广东省研究生示范课程建设项目《成本管理》、广东省哲学社会科学规划项目(GD16XGL53)、广东工业大学本科教学工程项目(211180042)阶段性成果之一。

图书在版编目(CIP)数据

管理会计教学案例/陈沉等编著. —广州:华南理工大学出版社,2019.5(2021.9重印)
ISBN 978-7-5623-5960-9

Ⅰ.①管… Ⅱ.①陈… Ⅲ.①管理会计-案例 Ⅳ.①F234.3

中国版本图书馆 CIP 数据核字(2019)第 071940 号

管理会计教学案例

陈沉 肖鑫 陈越 黄江峡 编著

出 版 人:卢家明
出版发行:华南理工大学出版社
(广州五山华南理工大学17号楼,邮编510640)
http://hg.cb.scut.edu.cn   E-mail:scutc13@scut.edu.cn
营销部电话:020-87113487 87111048(传真)
策划编辑:吴兆强
责任编辑:吴兆强 邓荣任
印 刷 者:广东虎彩云印刷有限公司
开   本:787mm×1092mm 1/16 印张:19.5 字数:496千
版   次:2019年5月第1版 2021年9月第3次印刷
定   价:55.00元

版权所有 盗版必究 印装差错 负责调换

> "产教融合 MPAcc 教学智库实验平台建设"系列成果
> "小班 + 案例"教学模式改革系列教材

主编委员

邓　彦　　张军波

副主编委员

黄　蓉　　许　慧　　张　卓　　陈文涓

编 委 会

蔡植群	曹晗抒	陈　沉	陈少杏	陈伟晓	陈文涓
陈忆平	陈　越	邓　彦	范俊麟	郭菡墨	郭建明
郭铭芝	何冠星	贺　晋	黄　灿	黄江峡	黄青山
黄　蓉	霍　茵	金　舜	李英贵	李泽平	刘　思
刘志渊	罗漫玲	罗　薇	罗伟峰	彭　玫	彭晓辉
彭　镇	丘　山	饶　静	谭三艳	唐　丽	陶璐雅
王永霞	魏姗琳	温宇冬	吴　乐	许金花	许梅英
曾琼军	张军波	张绍婉	张　源	张　卓	郑伟健
肖　鑫	陈观康	温韵柔	钟淑萍	鲁祖艳	

（编委排名不分先后）

本辑案例开发学生团队

孔　杰	朱雨珠	吴　磊	李欣怡	李　颖	林金敏
岳薪卉	张　柳	于泽涛	汤丹莹	沈　哲	张超群
王　妍	吴　迪	吴维琪	何潇逸	翁启航	吴　双
张婉莹	郑钊燕	陈广洁	翁　敏		

序 言

广东工业大学管理学院依托广东工业大学的工科优势，扎根我国社会经济转型的热土，以探索管理理论与实践前沿、服务地方社会经济发展为宗旨，持续为广东经济建设提供有力的人才支持、智力支持和决策支持，成为广东地区管理人才的重要培养基地以及广东经济管理的重要研究基地。目前，学院处于快速上升期，正努力建设成为拥有知名学科的高水平学院。

得益于广东省在国家改革开放和转型升级中的前沿地位，学院在学科建设、人才培养的过程中得以接触到大批具有"敢为天下先"精神的优秀企业家，他们在经营管理中遇到的问题颇具代表性、时代性，甚至超前性，他们在这些问题的处理上有宝贵的经验，也有刻骨的教训。他们个人的成长及其企业的发展历程对管理理论形成了很好的诠释、印证。将这些宝贵实践整理提炼形成案例，让更多管理学实践者、教育者和研究者学习、反思，使之发挥更大的作用是我们一直以来的心愿。

在广东省教育厅和学校的高度重视及大力支持下，广东工业大学管理学院一批知名教授和年轻博士组成企业管理案例开发小组，并正式立项撰写本系列教材案例集。项目团队凭借对管理学理论的独到见解和深入管理现场获得的翔实资料，提炼、撰写了100余个会计与财务案例，形成本套财会教学案例系列教材。案例主题既有战略管理、财务管理、财务会计等经典管理话题，又包括创新创业、并购重组、物流与供应链管理等具有时代特色和本土特色的热点话题，从借壳上市、并购重组、资本运营、合并报表、财务分析、税务管理、审计等角度，再现了企业家和管理者在财会实际工作中面临的典型情景、需要解决的典型问题和需要做出的典型决策，有助于读者更好地了解企业所面临的内外部环境的复杂性，认识有效管理者在新时代下所要具备的系统性和前瞻性思维。

本系列教材案例适用领域广泛，用于教学，有助于训练学生对实践的观察，深化其对管理理论、财务管理、财务会计的理解，提高其对问题的分析和解决能力；用于科研，有助于学者们捕捉具有转型期特色的管理现象、提炼管理问题、归纳新的管理规律；用于指导实践，有助于启发管理者思维、扩展视野，获得有借鉴性的管理措施。

德鲁克说："有效管理者的自我发展，是组织发展的关键所在。"我们谨以此书奉献给有志于成为卓越管理者的商学院学生，对服务企业、服务社会负有责任的学者和教师，以及在管理一线探究有效解决问题途径的实践者。愿广大读者与我们一起推动财务管理理论与实务的发展！

广东工业大学管理学院（执行院长）

张德鹏 教授

2019年2月

前 言

为进一步推动案例研究及案例教学的开展，开发出更多、更好、更适用于财会教育的高质量教学案例，提高人才培养质量，由广东工业大学承担的"产教融合 MPAcc 教学智库实验平台建设"项目启动了财会教学案例开发与评选的工作，旨在深化产教融合、校企合作，构建教学智库实验平台，引领学科发展，以学科发展支撑智库建设，促进专业教育决策科学化，为专业教学提供智力支持，培养高素质应用型高端会计人才。

本系列教材案例均由广东工业大学管理学院案例开发中心开发完成，涵盖财务会计、财务管理、管理会计和审计等专业核心课程，以及高等学校会计、银行会计、财税管理、财务报表分析、内部风险控制与管理、资本运营、重组并购等专业课程。项目组成员由具有管理实践经验的企业管理相关领域的教授、博士以及部分企业高管组成。案例均在团队成员深入企业调研、采编并与企业经营者或员工深度访谈的基础上完成。入选案例必须是没有进入国内外案例库、亦未发表过的原创案例。本次开发的案例同时进入广东工业大学管理学院案例库，也是"产教融合 MPAcc 教学智库实验平台建设"系列成果。

1. 案例开发的背景

中国经济实现了跨越式发展，而今成为世界第二大经济体，这其中蕴含的中国特色管理现象与问题同样吸引了全世界的目光。中国企业对于管理相关理论和方法从模糊到熟悉，并且逐渐在实践中予以应用和创新，为经济建设积累了宝贵的经验。

财会教学案例是对企业真实运作场景与管理活动的再现，展现出具有典型性的中国式情境、问题和经验。案例在管理学科领域的教学研究和人才培养中得到了广泛认可和重视，是将管理理论与实践相结合、培养应用型高级管理人才的有效手段。案例开发是接触中国企业真实情景的有效途径，是"实践—认识—再实践—再认识"的过程；案例的真实性、实战性可以帮助学生充当决策者的角色，提升学生处理问题的能力。案例教学能让学生深刻领会到理论在实践中的生命力，是缩短教学情境与职业工作情景的有效途径。可以说，离开案例，管理教育的目标就很难实现。

2. 案例的内容框架

本系列教材的编写以管理学涉及的主要内容为范围和框架，几乎涵盖了企业管理和财务管理的各个学科领域。内容涉及创新创业、企业战略管理、财务管理、成本管理、财务会计、税务管理、审计等方面。案例类型多样，既有描述性案例，又有决策性案例。所选案例客观展现了企业某种经营行为的背景、过程、结果和存在的问题，并不对企业的经营管理做出决策，亦无暗示或说明现有管理行为是否有效。案例后附有启发思考题和案例说明书，在教学中可用于专题或综合性的课堂讨论，为案例教学方法的实施提供了有效素材，加快了教学改革的进程。

3. 案例的鲜明特色

相较于众多的企业管理案例，本次开发的案例具有以下鲜明的特色：

第一，浓厚的本土特色。本书所选案例均来自国内上市公司，代表了依托本土资源、政策和技术特点兴起的不同类型的企业，对本土企业认识、解决管理问题具有直接的参考价值。但这并不影响案例的普适性，而恰恰提示广大管理者在决策时必须关注内外部环境的独特性，对于其他地区企业利用地缘特征、地方特色资源形成竞争优势亦具有借鉴作用。

第二，可靠、充实的信息。本书所有案例均由项目组成员在深入企业调研或认真采编上市公司公开数据，并对企业经营者或员工深度访谈的基础上完成，数据可靠、充实、深入。案例展示的不仅是管理事件的经过，也体现了管理者的思想过程，有利于读者嵌入情境，对管理问题形成更深层次的认知。

第三，新鲜的时代气息。本书对近年来的新兴行业给予了充分关注，包括房地产行业、电商行业、物流行业、旅游地产行业，同时也关注了处于转型升级中的传统企业。这些企业在新时代下面临的新挑战往往不能从既有的管理学理论中找到突破口，需要通过实践案例分析来找到解决方案，这样有利于读者进行开放的、发散的、多视角的思考，系统训练思维能力。

4. 案例的适用性

本系列教材案例可满足高等院校经济管理领域的多种教学与科研需求：适用于MBA（工商管理硕士）、MPAcc（会计硕士）、工程硕士、全日制研究生以及高年级本科学生案例研讨；可作为理论研究的参考书，供从事财务管理理论研究的专家学者以及企业管理咨询机构使用；同时也是了解中国企业管理实践的必读书，可供企业所有者和管理者参考借鉴。

在此，对各企业在案例开发过程中给予的信赖和支持表示衷心的感谢，如果没有各企业的慷慨协作，要顺利完成本次案例开发是不可能的。希望所开发的案例能给企业管理提供帮助，同时引导企业经营者对相关经营行为展开探索。

广东工业大学管理学院案例开发中心负责本案例系列教材的出版工作，在此向参与编辑和出版的所有工作人员表示衷心的感谢。

案例编写过程中参考了诸多学者的研究成果，由于篇幅限制，这里不再一一列出。

广东工业大学管理学院案例开发中心
广东工业大学产教融合 MPAcc 教学智库实验平台
2019 年 2 月

目 录

案例 1　X 集团财务共享模式研究 ·· 1
　案例封面 ·· 2
　案例正文 ·· 3
　　一、X 集团简介及财务共享进程 ·· 3
　　二、X 集团财务管理模式分析 ·· 4
　　三、X 集团财务管理模式不足之处 ·· 5
　　四、X 集团财务共享模式的实施和成效 ·· 6
　　五、小结 ·· 11
　　六、讨论题目 ··· 11
　　七、参考资料 ··· 12
　案例说明书 ··· 13

案例 2　中小房企的融资方式及探索：以 MH 公司为例 ·· 19
　案例封面 ·· 20
　案例正文 ·· 21
　　一、企业概况 ··· 21
　　二、MH 公司融资问题 ··· 25
　　三、MH 公司融资优化建议 ··· 27
　　四、中小房企融资策略及建议 ·· 28
　　五、小结 ·· 31
　　六、讨论题目 ··· 31
　　七、参考资料 ··· 31
　案例说明书 ··· 32

案例 3　如何甩掉"山寨王"的称号：众泰汽车的财务绩效分析 ······················ 39
　案例封面 ·· 40
　案例正文 ·· 41
　　一、案例背景 ··· 41
　　二、众泰汽车的财务绩效分析 ·· 43
　　三、众泰汽车的财务风险和研发投入 ·· 54
　　四、讨论题目 ··· 55
　　五、参考资料 ··· 56
　案例说明书 ··· 57

案例 4　内外交困：凯瑞德财务风险分析 ·· 61
　案例封面 ·· 62
　案例正文 ·· 63
　　一、背景简介 ··· 63

二、案例概况 ··· 65
　　三、研究启示 ··· 73
　　四、讨论题目 ··· 75
　　五、参考资料 ··· 75
　案例说明书 ·· 76

案例 5　并购浪潮中隐藏的"雷区"：英飞拓并购商誉减值风险案例 ············ 83
　案例封面 ··· 84
　案例正文 ··· 85
　　一、案例概况 ··· 85
　　二、案例分析 ··· 89
　　三、并购中防范商誉减值风险的建议 ·· 95
　　四、问题讨论 ··· 97
　　五、参考资料 ··· 97
　案例说明书 ·· 98

案例 6　在"屡败屡战"中寻找突破：苏宁易购的股权激励之路 ················ 105
　案例封面 ··· 106
　案例正文 ··· 107
　　一、案例背景 ··· 107
　　二、苏宁易购的三轮股权激励计划 ·· 108
　　三、苏宁易购的三轮员工持股计划 ·· 114
　　四、苏宁易购现状 ··· 116
　　五、尾声 ·· 119
　　六、讨论题目 ··· 119
　　七、参考资料 ··· 119
　案例说明书 ·· 120

案例 7　利刃还是钝斧：论苏宁易购历次激励计划对其业绩的影响 ············ 125
　案例封面 ··· 126
　案例正文 ··· 127
　　一、公司背景简介 ··· 127
　　二、苏宁易购的三轮股权激励计划 ·· 128
　　三、苏宁易购的三轮员工持股计划 ·· 134
　　四、激励效果 ··· 137
　　五、尾声 ·· 141
　　六、讨论题目 ··· 141
　　七、参考资料 ··· 142

  案例说明书⋯⋯⋯⋯⋯⋯⋯⋯⋯⋯⋯⋯⋯⋯⋯⋯⋯⋯⋯⋯⋯⋯⋯⋯⋯⋯⋯⋯⋯⋯⋯⋯ 143

案例8　"带刺的玫瑰"：东趋西步的万科地产与上海航空负债经营之旅⋯⋯ 151
  案例封面⋯⋯⋯⋯⋯⋯⋯⋯⋯⋯⋯⋯⋯⋯⋯⋯⋯⋯⋯⋯⋯⋯⋯⋯⋯⋯⋯⋯⋯⋯⋯⋯ 152
  案例正文⋯⋯⋯⋯⋯⋯⋯⋯⋯⋯⋯⋯⋯⋯⋯⋯⋯⋯⋯⋯⋯⋯⋯⋯⋯⋯⋯⋯⋯⋯⋯⋯ 153
    一、背景介绍⋯⋯⋯⋯⋯⋯⋯⋯⋯⋯⋯⋯⋯⋯⋯⋯⋯⋯⋯⋯⋯⋯⋯⋯⋯⋯⋯ 153
    二、案例公司相关介绍⋯⋯⋯⋯⋯⋯⋯⋯⋯⋯⋯⋯⋯⋯⋯⋯⋯⋯⋯⋯⋯⋯ 154
    三、"带刺的玫瑰"的"生长"⋯⋯⋯⋯⋯⋯⋯⋯⋯⋯⋯⋯⋯⋯⋯⋯⋯⋯⋯ 155
    四、"带刺的玫瑰"的"绽放"⋯⋯⋯⋯⋯⋯⋯⋯⋯⋯⋯⋯⋯⋯⋯⋯⋯⋯⋯ 160
    五、总结⋯⋯⋯⋯⋯⋯⋯⋯⋯⋯⋯⋯⋯⋯⋯⋯⋯⋯⋯⋯⋯⋯⋯⋯⋯⋯⋯⋯ 163
    六、讨论题目⋯⋯⋯⋯⋯⋯⋯⋯⋯⋯⋯⋯⋯⋯⋯⋯⋯⋯⋯⋯⋯⋯⋯⋯⋯⋯⋯ 163
    七、参考资料⋯⋯⋯⋯⋯⋯⋯⋯⋯⋯⋯⋯⋯⋯⋯⋯⋯⋯⋯⋯⋯⋯⋯⋯⋯⋯⋯ 163
  案例说明书⋯⋯⋯⋯⋯⋯⋯⋯⋯⋯⋯⋯⋯⋯⋯⋯⋯⋯⋯⋯⋯⋯⋯⋯⋯⋯⋯⋯⋯⋯⋯⋯ 165

案例9　低成本高回报：春秋航空的生存之道⋯⋯⋯⋯⋯⋯⋯⋯⋯⋯⋯⋯⋯ 173
  案例封面⋯⋯⋯⋯⋯⋯⋯⋯⋯⋯⋯⋯⋯⋯⋯⋯⋯⋯⋯⋯⋯⋯⋯⋯⋯⋯⋯⋯⋯⋯⋯⋯ 174
  案例正文⋯⋯⋯⋯⋯⋯⋯⋯⋯⋯⋯⋯⋯⋯⋯⋯⋯⋯⋯⋯⋯⋯⋯⋯⋯⋯⋯⋯⋯⋯⋯⋯ 175
    一、公司简介⋯⋯⋯⋯⋯⋯⋯⋯⋯⋯⋯⋯⋯⋯⋯⋯⋯⋯⋯⋯⋯⋯⋯⋯⋯⋯⋯ 175
    二、资产、负债、利润、现金流结构与质量分析⋯⋯⋯⋯⋯⋯⋯⋯⋯⋯ 176
    三、四维分析⋯⋯⋯⋯⋯⋯⋯⋯⋯⋯⋯⋯⋯⋯⋯⋯⋯⋯⋯⋯⋯⋯⋯⋯⋯⋯⋯ 187
    四、基于"战略矩阵"对公司未来发展进行分析⋯⋯⋯⋯⋯⋯⋯⋯⋯⋯⋯ 191
    五、问题讨论⋯⋯⋯⋯⋯⋯⋯⋯⋯⋯⋯⋯⋯⋯⋯⋯⋯⋯⋯⋯⋯⋯⋯⋯⋯⋯⋯ 192
    六、参考资料⋯⋯⋯⋯⋯⋯⋯⋯⋯⋯⋯⋯⋯⋯⋯⋯⋯⋯⋯⋯⋯⋯⋯⋯⋯⋯⋯ 192
  案例说明书⋯⋯⋯⋯⋯⋯⋯⋯⋯⋯⋯⋯⋯⋯⋯⋯⋯⋯⋯⋯⋯⋯⋯⋯⋯⋯⋯⋯⋯⋯⋯⋯ 193

案例10　小米敲门港交所"尝鲜"同股不同权⋯⋯⋯⋯⋯⋯⋯⋯⋯⋯⋯⋯⋯ 197
  案例封面⋯⋯⋯⋯⋯⋯⋯⋯⋯⋯⋯⋯⋯⋯⋯⋯⋯⋯⋯⋯⋯⋯⋯⋯⋯⋯⋯⋯⋯⋯⋯⋯ 198
  案例正文⋯⋯⋯⋯⋯⋯⋯⋯⋯⋯⋯⋯⋯⋯⋯⋯⋯⋯⋯⋯⋯⋯⋯⋯⋯⋯⋯⋯⋯⋯⋯⋯ 199
    一、案例背景⋯⋯⋯⋯⋯⋯⋯⋯⋯⋯⋯⋯⋯⋯⋯⋯⋯⋯⋯⋯⋯⋯⋯⋯⋯⋯⋯ 199
    二、案例成长历程⋯⋯⋯⋯⋯⋯⋯⋯⋯⋯⋯⋯⋯⋯⋯⋯⋯⋯⋯⋯⋯⋯⋯⋯ 203
    三、管理者总结⋯⋯⋯⋯⋯⋯⋯⋯⋯⋯⋯⋯⋯⋯⋯⋯⋯⋯⋯⋯⋯⋯⋯⋯⋯ 209
    四、问题讨论⋯⋯⋯⋯⋯⋯⋯⋯⋯⋯⋯⋯⋯⋯⋯⋯⋯⋯⋯⋯⋯⋯⋯⋯⋯⋯ 211
    五、参考资料⋯⋯⋯⋯⋯⋯⋯⋯⋯⋯⋯⋯⋯⋯⋯⋯⋯⋯⋯⋯⋯⋯⋯⋯⋯⋯ 211
  案例说明书⋯⋯⋯⋯⋯⋯⋯⋯⋯⋯⋯⋯⋯⋯⋯⋯⋯⋯⋯⋯⋯⋯⋯⋯⋯⋯⋯⋯⋯⋯⋯⋯ 212

案例11　从"昔日辉煌"到"神话陨落"：战略频变的两面针路在何方？⋯⋯⋯ 217
  案例封面⋯⋯⋯⋯⋯⋯⋯⋯⋯⋯⋯⋯⋯⋯⋯⋯⋯⋯⋯⋯⋯⋯⋯⋯⋯⋯⋯⋯⋯⋯⋯⋯ 218
  案例正文⋯⋯⋯⋯⋯⋯⋯⋯⋯⋯⋯⋯⋯⋯⋯⋯⋯⋯⋯⋯⋯⋯⋯⋯⋯⋯⋯⋯⋯⋯⋯⋯ 219

一、企业简介 ·· 219
　　二、案例概况 ·· 226
　　三、问题讨论 ·· 235
　　四、参考资料 ·· 236
　案例说明书 ··· 237

案例12　稳中求"变"：京东方的战略选择 ·· 241
　案例封面 ·· 242
　案例正文 ·· 243
　　一、引言 ··· 243
　　二、京东方的前世今生 ·· 243
　　三、第一次战略转型——把握机会，迈入行业（2003—2008年） ············· 244
　　四、第二次战略转型——规模扩张，迈向领先（2009—2013年） ············· 247
　　五、第三次战略转型——战略转型，面向未来（2014—2017年） ············· 249
　　六、尾声 ··· 251
　　七、问题讨论 ··· 251
　　八、参考资料 ··· 251
　案例说明书 ··· 252

案例13　上汽集团高派现政策研究 ·· 259
　案例封面 ·· 260
　案例正文 ·· 261
　　一、公司介绍 ··· 261
　　二、上汽集团"高派现"事件 ··· 263
　　三、揭开高派现的真面目 ··· 264
　　四、问题讨论 ··· 272
　　五、参考资料 ··· 272
　案例说明书 ··· 273

案例14　基于经济增加值（EVA）的华录百纳并购蓝色火焰的绩效评价 ············· 283
　案例封面 ·· 284
　案例正文 ·· 285
　　一、交易双方概况 ··· 285
　　二、并购动因分析 ··· 286
　　三、并购过程描述 ··· 287
　　四、理论背景 ··· 287
　　五、讨论题目 ··· 289
　　六、会计资料 ··· 289
　案例说明书 ··· 291

案例 1

X 集团财务共享模式研究*

---

* 1. 本案例由广东工业大学管理学院的陈沉、孔杰、朱雨珠等共同撰写,作者拥有著作权中的署名权、修改权、改编权。
2. 本案例授权广东工业大学产教融合 MPAcc 教学智库实验平台使用,广东工业大学产教融合 MPAcc 教学智库实验平台享有复制权、修改权、发表权、发行权、信息网络传播权、改编权、汇编权和翻译权。
3. 由于企业保密的要求,在本案例中对有关名称、数据等做了必要的掩饰性处理。
4. 本案例只供课堂讨论之用,并无意暗示或说明某种管理行为是否有效。

[案例封面]

专业领域：财务管理
适用课程：财务管理理论与实务
选用课程：财务管理理论与实务
编写目的：本案例旨在帮助学员通过研究、理解和掌握共享服务的相关知识，引导学员进一步关注企业在发展中财务管理模式存在哪些不足。学员可以在此基础上，结合公司采用财务共享模式前后财务指标分析，对公司运用财务共享模式后产生的影响做出判断和评价，将其运用到经营活动的实践当中去。
知 识 点：财务共享；共享服务
关 键 词：X集团；财务共享中心
中文摘要：随着信息时代下的大数据、云计算等技术不断渗透到方方面面，企业的发展也随之充满了挑战。财务，作为企业经营发展的核心职能，更需要顺应时代的变化，变革其自身职能与管理模式。财务共享模式，就是在这样科技化、信息化的大背景下产生的一种新型财务管理模式，它是以信息技术为依托，基于流程化来处理财务和业务，以达到降低企业的运营成本、提升运行效率等目的。本文以X集团为研究对象，对X集团的财务共享模式进行研究，为其他企业带来启示和借鉴。

[案例正文]

一、X 集团简介及财务共享进程

1. X 集团概况

X 集团成立于 1984 年，最先以生产经营冰箱起家，1989 年成立 X 集团股份有限公司，并于 1993 年在上海证券交易所上市。X 集团自成立以来，不断创新，历经 30 多年的发展，从一家濒临倒闭的小厂，发展成为世界知名家电企业，也是我国企业走出去的一张闪亮的名片。这些年来，X 集团始终秉承着先进的文化理念，以客户需求为出发点，不断尝试新的发展机会，敢于破旧立新与变革，开辟新的管理模式，以顺应时代潮流的战略视角，更好地推动 X 集团的发展。截至 2015 年，X 集团全球营业收入接近 2000 亿元，净利润接近 200 亿元，线上交易额高达 1500 多亿元，企业的经营管理活动取得巨大成功。

随着 X 集团全球化品牌战略的深入推进，市场规模逐渐扩大，集团财务工作量大幅度增大，而营业额逐年增加，利润逐年增长的事实证明集团的经营效益一直保持良好状况，且财务工作量的增加并没有给 X 集团带来很多的难题，反而很好地处理了财务工作，降低企业的经营成本，有效地提高了企业运行效率，控制了财务风险，这一切的成果应该归功于 X 集团实施的财务共享模式。X 集团的财务共享模式从清晰的战略视角出发，明确自身定位，完善了自身的财务管理体系与服务体系，为集团财务管理模式的转变打下了良好的基础，不仅在原有基础上提高了企业的整体运行效率，降低了成本与风险，同时也更好地推动了 X 集团的长远发展。

2. X 集团实施财务共享进程

从 1984 年创业 30 多年来，X 集团一直坚持自身发展的目标，不同阶段的战略目标与变革创新都是随着时代的变化而变化，顺应着时代的潮流去转变自身的管理职能。当国外的大型企业如福特、强生、杜邦、惠普等著名公司都在进行财务改革，并从实施财务共享模式中受益时，X 集团也决心跟随时代的变化而进行财务革命。表 1-1 展示了 X 集团财务共享从 2006—2016 年的进程。

表 1-1　X 集团财务共享从 2006—2016 年的进程

阶段	时间	进　程
建设阶段	2006 年	X 集团在财务总监带领下，引入财务共享概念，对财务管理进行组织变革，致力于构建更信息化的财务管理体系和财务共享模式
	2007 年	X 集团的财务变革以财务共享服务为切入点，从原来的管钱、管物会计型组织向能规划未来的管理会计型财务组织转型，开始建设财务共享
	2008 年	X 集团以财务中心为基础，开始实施财务共享模式，在摸索中前进，开展财务工作

续上表

阶段	时间	进程
发展阶段	2009—2010年	X集团财务共享改革进程进一步深化，稳步提升财务共享能力，提高工作效率，降低成本，有效控制财务风险
	2011年	X集团以实施财务共享流程再造为前提，使得财务共享服务模式得以发挥更好的作用，这种创新财务管理模式也不断受到社会的关注
	2012年	随着企业的不断发展，X集团的财务共享服务模式愈加有名
成熟阶段	2013—2015年	X集团财务共享中心整合了各个公司的财务数据，实行了扁平化管理、标准化管理、信息化管理，使得企业的运行效率大大提高，为企业决策提供强有力的数据支撑
	2016年	X集团的财务共享服务模式不断创新和发展，已经相对可以良好运行，有效支撑X集团的战略决策目标

二、X集团财务管理模式分析

1. 财务共享模式

财务共享是一种财务管理模式，在该模式下，能够提升企业管理经营水平，促使财务信息及时有效地传递以及资源的合理配置与使用，从而更好地为企业创造价值。实施财务共享是X集团财务管理模式转变的重要前提，使得其财务共享中心可以成为企业战略的制定者、实施者和促进者，对企业日常生产经营业务进行科学合理的规划和指导，更好地专注于满足用户需求。

X集团的财务共享模式是其进行财务管理方式变革的前提，首先将原先的财务会计向管理会计转变，原先的财务会计只是对过去的经济事项以及现在钱物账等生产经营资料进行管理，而管理会计则注重对未来的设计规划。不仅如此，X集团的财务共享还让财务人员转变角色，由原先的"账房先生"向"企业合作伙伴"进行转变。与此同时，财务共享模式的实施完成了运营模式——即把生产经营、资金管理、成本核算等流程从原财务组织中单独分离出来，从而形成符合自身实际发展的运营管理模式。X集团为了实现不同地区子公司的会计核算的规范化与标准化，对财务管理模式进行优化升级，制定了统一的、规范的会计语言。

此外，X集团在实行财务共享模式时，除了注重会计数量方面的管理，更加强调会计信息质量的管理，为了实现对成本费用事前管理控制、事中及时并真实地反映问题，将各种信息系统平台整合运用，通过流程优化、科目分析、信息反馈等共享质量管理，从事后的风险发现转化为事前的流程优化，从而主动推动业务端改善。

2. 营运资金管理模式

营运资金管理是企业财务管理的重要组成部分，是企业保证生命力的重点。如今，越来越多的企业重视资金流的管理和风险，希望可以提高资金的使用效率，使企业可以在激烈的市场竞争中保持有利地位。X集团的营运资金管理定位于全流程、全价值链的营运资金管理，以实现盈利增长和现金利润目标。X集团致力于改进商业模式，提升营运资金的效率，完善风险控制。营运资金管理是集团战略目标的重要部分，X集团通过战略和商业模式转型、业务流程再造、文化和机制创新等对营运资金管理的环境和体系进行创新，从优化供应链管理、客户关系管理、资金集约管理、供应链融资创新、国际营运资金管理等对营运资金管理实践内容进行丰富和拓展。在互联网时代，企业生产经营的特点不再是大规模、大批量的生产，而是根据客户的需求与定制进行生产，以满足每一个客户的个性化需求。X集团致力于在互联网时代创造属于自己的名牌，抓住机遇，通过对各种模式的探索实践，如"人单合一双赢模式"、自主经营体建设以及市场营销方向的转变等，最终创造了属于X集团的世界品牌，为自身培育了竞争优势。

3. 全面预算管理模式

全面预算管理是一项企业经营策略的管理模式，其主要作用是对企业内部进行控制、评价和激励。企业在生产经营活动中实行全面预算管理，可以实现企业资源的优化配置。X集团实行的全面预算管理制度较好地推动了其经营活动与财务活动的发展，将集团的经营活动和财务活动纳入到了一个规范化、标准化而且高效运转的渠道，为X集团的战略实施提供了强有力的支持。

X集团的全面预算管理体系主要包括组织体系、流程体系、编制体系、控制体系和考核体系五大部分，整个预算体系主要以战略目标为起点，围绕着组织和流程，通过层层分解企业的战略目标，设计模型，以KPI（关键绩效指标法）和PBC（各会计科目的审计准备表）为衡量的标准，逐步完成预算编制、控制和考核，并回到预算的最终目标的循环过程。

三、X集团财务管理模式不足之处

1. 财务组织机构庞大，财务人员众多

随着X集团不断发展壮大，如今已拥有众多子公司，而且每家子公司都设有自己的财务核算部门，无论是在公司集团层面还是各全资子公司核算层面，对应的财务机构的设置越来越复杂，财务人员众多，财务组织机构庞大。

2. 财务核算制度和业务流程不统一，财务管理效率低下

虽然X集团总部对集团整体的财务核算制度、规章做出了统一的规定，各子公司应该参照总公司制定的财务制度进行日常的财务管理工作，但是因为集团内各个营业单位财务部门的财务管理能力有所不同，导致对集团内部的财务制度理解也有所不同，从而在实际履行企业财务制度时会有一定程度的差异。例如，在具体费用报销的核算问题上，不同的子公司对其审批的要求和核算的流程都会有所不同，所以在记账的时间和方式上都会有所差异，即使有统一的制度标准，在具体的工作中也很难实现流程上的统一。此外，各子公司之前并没有形成统一的记账规则，在记账方式上也有自己的习惯，各自按照长久以来形成的记账方法填制会计凭证、收发票据。在各子公司的工作效率不同的情况下，他们在完成月度报表、中期报表以及年度报表的时间上也会不同，因此集团总部在月末、季末、年末获取子公司的财务报表的时间上无法达到统一，导致集团总部在做出重大战略决策和向其相关利益者提供财务信息的时间上会有所延误，影响企业的整体运作，使企业的财务管理效率低下。

3. 无法实现实时控制，财务信息质量低，财务风险大

X集团的子公司众多，财务组织机构复杂，传统的财务管理模式使管理权不能集中。各分支机构财务部门比较独立并拥有财务管理的自主权，导致财务数据的处理标准不统一、财务数据存放比较分散，集团总部收集财务数据的速度较慢，财务信息的滞后性比较严重，无法达到对子公司财务状况的实时监控。企业在不能及时了解现有资金的情况下，很难有效地提高资金的使用效率，资金周转率很低，显然不利于企业的日常经营活动。另外，子公司在经营管理中存在的财务风险或者出现故意造假舞弊的情况也难以及时被集团总部察觉，由此会增加企业的财务风险，弱化了财务管理中监督的职能。在传统的财务管理模式下，集团总部仅仅是对各子公司财务报表的简单合并，而各子公司的核算标准和处理流程不一致，总部基于此收集到的财务信息在标准上存在差异，财务信息的质量较低，由此数据分析得出结果也未必会准确，不利于企业管理层做出正确决策。同时X集团这种对子公司日常财务管理工作主要集中于事后的会计核算的管理模式，缺乏事前防范和事中控制的意识，对财务管理体系中的风险防范功能不够重视，缺乏完善的内部控制制度，无形中加大了企业的财务风险。

4. 财务信息对企业的业务决策和战略实施缺乏支撑力度

X集团这种分散式的财务管理方式在带来财务管理成本增加和财务管理效率低下的同时，还会对企业的业务决策和战略实施产生严重的阻碍。在分散式财务管理的模式下，各子公司提供的财务信息质量不高且具有滞后性，很多时候这种信息很难达到集团的要求。企业在不能及时获取公司内部准确财务信息的情况下，很难及时、准确掌握市场信息并进行进一步的战略部署。单一的事后处理职能使得X集团在面对并购、重组的时候显得非常被动，在进行投资、筹资决策的时候，也无法及时获取各子公司的财务报表，并对集团整体的财务状况进行准确分析，无法有效地支持投融资决策。

四、X集团财务共享模式的实施和成效

（一）X集团财务共享模式的实施

1. 可行性分析

企业在最初引入财务共享模式的时候，应该把获得大家认可作为第一目标。这其中包括董事会的认可，管理层对该模式的重视。企业高层可以召开专门会议针对这一模式进行相关知识和理念的学习和研讨，为公司采用这一模式提出可行性的执行计划，并且分析该模式在本公司实行需要注意的事项和具体落实政策等，通过可操作的执行计划决定公司是否采用财务共享模式，以及如何执行筹备等。

2. 流程设计与实施

（1）组织结构设计。财务共享是针对企业财务管理的服务供应商，因此需要在接受企业委托时应该明确自身是否可以为企业提供相关的服务，能否做到与客户的及时沟通和信息核对。对此，管理层应该制定严格规定，划分每一个职员的对应职责和权限范围，实现高效的资源整合，把握好权利的平衡关系。

（2）业务部门。业务部门是财务共享的重中之重，它关系到整个中心的业务处理流程。其一般有两种模式，一种是一个企业的全套项目处理，另一种是同一个项目的所有企

业共同处理。业务部门需要根据中心日常处理情况，灵活运用两种模式，合理安排业务。

（3）管理部门。管理部门是财务共享的心脏，是支撑整个业务处理的关键。它是一个公司人事、行政、财务的综合运作部门。因此根据财务共享中心是企业内部运营还是对外独立运营，管理部门应该有不同的划分标准，对管理部门的合理设置条件也有不同的要求。综上所述，财务部门的运作和设计应该以简单为主，避免业务链过长，否则不利于财务共享中心的长久发展。

（4）业务流程设计。业务流程设计是基于现有的流程进行研究分析的。业务流程的设计是需要参考多方意见才能完善的一个过程。在具体的运作中，需要不断发现新的问题，不断改善，对问题加以解决，制定出最为合适的业务流程。它主要包括四个步骤：现有的资料收集、流程设计、运作评估以及具体实施。业务流程的设计需要不断更新，因此每一个业务流程的设计都需要收集现有的资料进行数据的重新整合和资料分析，从时间上是不断更替的，需要注意的是不能凭空幻想，也不能过度依赖之前的流程设计。要基于现有的实际情况，充分考虑企业和员工对新流程的接受程度。

（5）信息化建设。信息化建设是财务共享中心的基础框架结构。根据现有的框架设计，一般分为内部管理和业务信息支撑两个方面。业务信息支撑主要是指财务共享中心通过信息化时代特点，利用计算机技术对信息进行收集，而内部管理则是对人员的日常运作进行安排。在信息化建设的过程中需要充分考虑企业的计算机技术能力，以及企业对资金的投入预算。

（6）人员安排计划。对员工的合理挑选和安排是财务共享中心的一个关键运作环节。财务共享中心应根据自身的业务情况，选择合适的人才，对人才进行合理的队伍划分，根据队伍的不同，进行不同的专业业务培训，要对员工进行调查，准确了解员工的自身情况，为其安排最合适的岗位，让员工有自己的发展空间，更好地为财务共享中心业务发挥自身最大的作用。

（7）选择办公地点。办公室地址的选择也是一大关键。首先办公地址应该满足客户的交通需求，可以及时与客户进行沟通，其次要考虑公司本身的运作成本，以及办公室选择可能带来的潜在财务利益，要考虑当地的人力资源信息中心是否有帮助，最后还要考虑选址的法律、财政等相关政策。

（二）财务共享模式的实践成效

1. 提高企业运行效率

X 集团在实施了财务共享模式后，不断深化扁平化管理、流程化管理以及信息化管理，有效地提高了企业的运行效率。

如表 1-2 所示选取了十年的有效数据，表中设定两个比值：资产总额与管理人员数的比值、资产总额与财务人员数的比值，从而进行趋势分析 X 集团实施财务共享后的运行效率变化。其中，资产总额与管理人员（财务人员）数的比值越大，说明每个管理人员（财务人员）管理的资产越多，工作效率越高；反之亦然。如表 1-2、图 1-1 所示，自 2006 年到 2009 年，X 集团引进财务共享模式并进入建设阶段，资产总额与财务人员数的比值一直呈上升趋势，不难发现其工作效率是逐年增高的。但随着规模的逐渐扩大，原有的财务人员已不能够支撑其相对规模的业务量，2010 年 X 集团的财务人员骤然增加，而资产总额的增长幅度远远小于财务人员增长幅度，使得 2010 年资产总额与财务人员数的比值大幅下降。然而个别现象并不能影响整体趋势，自 2011 年起，X 集团运行效率再次恢复上升趋势，资产总额与财务人员数的比值一路上升，从 2010 年的 5536 万元上升到 2014 年的 11929 万元，这表明每位财务人员管理的资产总额不断增加，说明工作效率确实在实施财务共享模式后有所提高，并且在财务共享模式不断成熟中运行效率逐渐提高；资产总额与管理人员数的比值更为明显，从 2006 年到 2014 年一直稳步上升，管理人员的工作效率在十年间得到有效提升，各部门合作有序、有条不紊地工作，这与财务共享模式的实施有着不可分割的联系。

表 1-2　X 集团相关财务数据变化表

年份	管理人数（人）	管理费用（万元）	财务人数（人）	资产总额（万元）	资产总额/管理人员数	资产总额/财务人员数
2006	1042	76 956	240	848 120	814	3 533
2007	455	118 689	141	1 120 562	2 462	7 947
2008	487	170 115	145	1 224 605	2 514	8 445
2009	464	210 648	152	1 754 605	3 781	11 543
2010	814	342 456	530	2 934 604	3 605	5 536
2011	907	402 568	532	3 984 165	4 392	7 489
2012	775	521 610	534	4 975 403	6 419	9 371
2013	728	547 494	641	6 204 608	8 522	9 679
2014	665	590 110	630	7 515 681	11 301	11 929
2015	957	664 120	881	7 601 523	7 943	8 628

数据来源：公开年报数据整理。

2. 有效降低企业的监管成本及人工成本

X 集团在实施财务共享模式的十年期间，在其运行效率有效提高的同时，企业的监管成本和人工成本也在一定程度上得到了降低。首先，管理费用是企业监管成本的一部分，因此管理费用越高，则监管成本越高，反之亦然。所以，下面将以管理费用科目十年间的变化来说明 X 集团在实施财务共享模式后能够有效降低监管成本。由于十年间 X 集团的企业规模也不断变化，所以设定一个相对数——管理费用与资产总额的比值来观察其变化，即管理费用与资产总额的比值越大，说明其监管成本随之越高；管理费用与资产总额的比

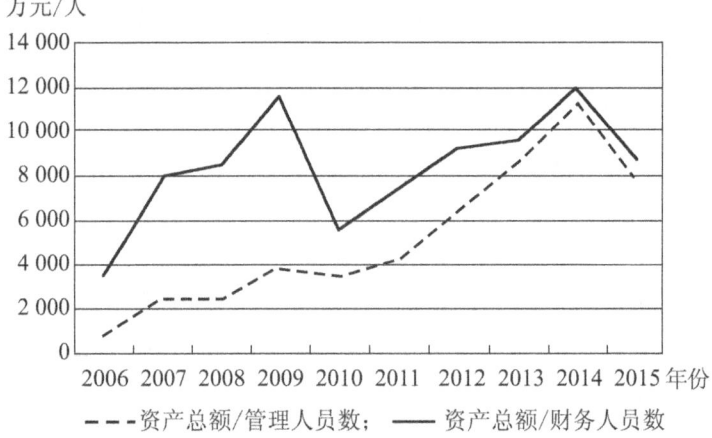

图 1-1　相关比值趋势变化图

数据来源：公开年报数据整理。

值越小,则监管成本越小。如表1-3所示,在2006年到2008年期间,管理费用与资产总额的比值逐渐增加,说明这三年期间,企业的监管成本并没有得到有效控制,而这三年恰恰是X集团引进财务共享模式的建设阶段,这一阶段出现管理费用增加是正常现象;随着X集团实施财务共享模式的深入,自2009年开始,管理费用与资产总额的比值开始走低,说明从2009年开始,X集团的管理费用得到了有效控制,并一路从2008年的13.89%下降到2015年的8.74%,更有力地证明了随着X集团实施的财务共享模式不断成熟,管理费用在逐年降低,使监管成本得到有效降低,这与财务共享模式的实施是密不可分的。

表1-3 X集团相关数据比值变化表

年份	管理费用（万元）	资产总额（万元）	管理费用/资产总额（%）	年份	管理费用（万元）	资产总额（万元）	管理费用/资产总额（%）
2006	76 956	848 120	9.07	2011	402 568	3 984 165	10.10
2007	118 689	1 120 562	10.59	2012	521 610	4 975 403	10.48
2008	170 115	1 224 605	13.89	2013	547 494	6 204 608	8.82
2009	210 648	1 754 605	12.01	2014	590 110	7 515 681	7.85
2010	342 456	2 934 604	11.67	2015	664 120	7 601 523	8.74

数据来源：公开年报数据整理。

其次,X集团实施财务共享后最直接的变化就是把分散在各个业务单元的财务职能集中起来,使用更为高效的流程和技术,发挥规模经济效应,从而大幅度节约人工成本。人工成本降低就是要在业务量不增加的情况下减少人员的数量,或是随着业务规模的增加,人员增加的幅度要小于业务规模增加的幅度,X集团就是在业务量增加的同时减少了人员,使得职能集中化,间接减少监管成本。

如表1-2、图1-2所示,在2007年,管理人数和财务人数骤减,出现负增长,说明在X集团财务共享模式的建设阶段,X集团去除了多余的人工,实行扁平化管理;接下来的三年时间随着企业的发展,管理人员和财务人员增长平稳;2010年企业扩张、财务人员骤增,是企业发展所需;从2011年开始,X集团实施财务共享进入发展阶段,管理人数和财务人员渐渐出现负增长,说明财务共享模式的财务职能集中大大改善了人员冗余的问题,减少了人工成本;从管理费用整体趋势来看,从2007年开始至今,管理费用的增长率整体持续走低,表明X集团实施财务共享模式这十

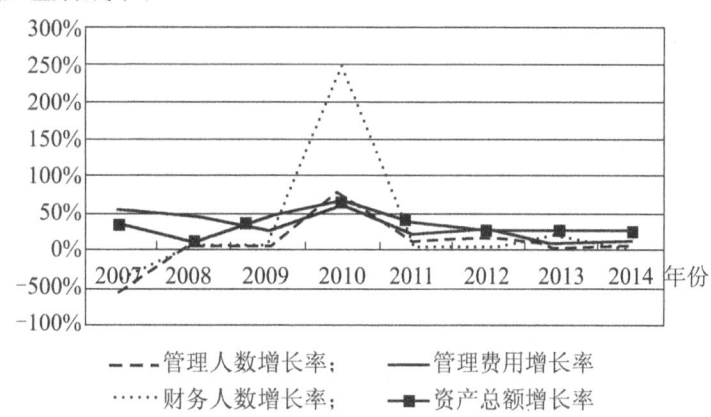

图1-2 相关数据增长率变化表

数据来源：公开年报数据整理。

年间有效降低了成本。

3. 增强企业风险管控能力

企业经营目标是实现价值最大化，而企业价值最大化的过程也是风险经营的过程，为保证企业经营资金的安全有效，必须进行风险管理。随着 X 集团财务共享模式的建立、发展和逐渐成熟，X 集团的财务风险也明显得到了良好控制。

首先，如表 1-4 所示选取了资产负债率这一指标观察 X 集团实施财务共享后风险的变化。资产负债率是综合反映企业偿债能力的重要指标，企业通常会通过扩大举债规模的方式获得较多的财务杠杆利益，而此时当资产负债率指标过高时，其财务风险就会变大，如果这一比率超过 100%，则表明企业已资不抵债，达到破产警戒线；反之，资产负债率过低，财务风险虽小，但可获得的财务杠杆利益也小。而财务共享模式刚好就是可以更有效地监督企业的风险与收益，增强企业风险管控能力，实现价值最大化。通过分析十年的财务数据，2006 年到 2009 年，X 集团的资产负债率一直处于一个相对较低的水平，四年间始终低于 50%，财务风险虽小，同时财务杠杆利益也小。2010 年和 2011 年，基于财务共享模式带来的数据支撑，X 集团扩大举债规模，资产负债率一度高达 70.39%，此时的财务风险已经很高，而且财务共享模式也进入了相对成熟的阶段。不难发现，从 2012 年开始，X 集团及时加以调整，逐年降低其负债规模，稳步降低其财务风险，并一直控制在 50%～70% 之间，使其财务风险保持在一个最优水平。由此可见，X 集团基于财务共享模式强大的信息系统，时时监控着企业的财务风险，并能够及时作出相应调整，为企业实现价值最大化保驾护航。

表 1-4　X 集团资产负债率变化表

年份	资产总额（万元）	负债总额（万元）	资产负债率（%）	年份	资产总额（万元）	负债总额（万元）	资产负债率（%）
2006	848 120	214 675	25.31	2011	3 984 165	2 804 641	70.39
2007	1 120 562	416 512	37.17	2012	4 975 403	3 468 764	69.72
2008	1 224 605	458 792	37.46	2013	6 204 608	4 102 549	66.12
2009	1 754 605	881 610	50.25	2014	7 515 681	4 581 316	60.96
2010	2 934 604	1 987 531	67.73	2015	7 601 523	4 354 981	57.29

数据来源：公开年报数据计算整理。

其次，企业的财务风险还表现在往来资金上，如表 1-5 所示，以应收账款为例，企业的资产中应收账款占的比例越大，其坏账损失的风险越大，则财务风险越大，反之应收账款占资产总额的比例越小，其坏账损失的风险也越小，则财务风险越小。

假设不考虑其他因素，设定一个比率，即应收账款与资产总额的比值，通过比较分析该比值的变化，来衡量企业的财务风险的变化，如表 1-5 所示。X 集团 2006 年实施财务共享模式，同时建立了应收账款的风险管理模块，使应收账款独立核算、核销，监管控制，并且建立一个健全完善的核算监管平台，使应收账款的坏账风险得到有效控制。2006年，应收账款与资产总额的比值为 17.05%，2007 年应收账款降至 5.45%，这是企业实施财务共享后最为明显的改善。同时，从表中我们可以清晰地看到，从 2007 年至今，即实施财务共享至今，应收账款与资产总额的比值一直稳定在5%～9%之间，这说明企业的财务风险得到良好控制，同时也表明财务共享的实施，确实增强了X集团的风险管控能力。

表1-5　X集团相关数据变化表

年份	资产总额（万元）	应收账款（万元）	应收账款/资产总额（%）	年份	资产总额（万元）	应收账款（万元）	应收账款/资产总额（%）
2006	848 120	144 643	17.05	2011	3 984 165	324 601	8.15
2007	1 120 562	61 025	5.45	2012	4 975 403	445 676	8.96
2008	1 224 605	83 629	6.83	2013	6 204 608	461 330	7.44
2009	1 754 605	126 954	7.24	2014	7 515 681	564 063	7.51
2010	2 934 604	231 065	7.87	2015	7 601 523	660 235	8.69

数据来源：公开年报数据整理。

五、小结

在越来越多大型集团企业亟待改革其财务管理模式的环境下，X集团作为一个实施财务共享模式成功的代表企业，本文从其引进实施财务共享模式出发，对其十年间在各方面发生的变化进行了分析与评价，得到了如下一些研究结果。

根据查阅相关资料及X集团官网信息，简明介绍了X集团的现状，并详细阐述了X集团十年间实施财务共享的进程，从建设阶段到成熟阶段，逐渐从中获益并取得荣誉。这说明一个大型集团企业进行财务管理模式改革，财务共享模式从构建→实施→发展→成熟是一个漫长的过程，不是一蹴而就，而是需要在不断的摸索中前进。此外，通过查阅X集团十年的年度报告，选取其十年间的有效数据，从不同方面对X集团自身进行了纵向对比分析，从而得出实施了财务共享模式的X集团确实在企业运行效率、成本管理、风险控制以及战略决策支持方面得到了极大的改善。

财务共享模式不仅是企业在财务管理方面的转型需要，同时也符合国情的供给侧改革。财务共享模式为大型集团企业的未来发展和管理指明了前进的方向，我们相信，会有越来越多的国内大型集团企业从财务共享的管理模式中获益，并实现价值最大化。

六、讨论题目

1. 共享服务模式的含义与类型有哪些？
2. 共享服务的理论基础有哪些？
3. X集团财务共享管理模式的保障措施是什么？
4. X集团实施财务共享模式的经验启示有哪些？

七、参考资料

[1] 黄迪. H 集团财务共享服务模式的构建研究［D］. 哈尔滨：哈尔滨工业大学，2017.

[2] 周子露. 财务共享模式的研究［J］. 中国乡镇企业会计，2017（03A）：20-26.

[3] 李军. 大型钢铁企业构建财务共享模式的研究［J］. 冶金财会，2013（01A）：4-9.

[4] 程平，白沂. 基于财务共享模式的大数据审计研究［J］. 中国注册会计师，2016（05A）：5-10.

[5] 孙红喜. 大数据时代财务共享中心服务模式探讨［J］. 中国国际财经，2011（19A）：6-12.

[6] 戴懿峰. 财务共享模式在企业财务管理中的应用［J］. 全国流通经济，2017（29A）：11-21.

[7] 孙义. 财务共享管理模式的优化探讨［J］. 现代营销，2017（12A）：25-30.

[8] 高唯微. 财务共享中心模式对企业影响——以保险集团公司为例［J］. 经贸实践，2016（17A）：22-26.

[9] 郭艳萤. 基于成本-效率的 X 集团财务共享模式研究［D］. 吉林：吉林财经大学，2017.

[10] 邵新智. 互联网时代 X 集团的财务共享之路［J］. 财务与会计，2016（21）：11-26.

[11] 顾成露. XD 集团财务共享中心的构建研究［D］. 安徽：安徽财经大学，2017.

[12] 王菲. 财务共享的构建问题研究［D］. 北京：对外经济贸易大学，2017.

[13] Van Denburgh. Method of enhancing hair growth［J］. 国外专利，2016（05A）：14-21.

[14] Accenturet. The Shared Services and Business Process Outsouring Association［J］. Shared Services，2015，63（9）：10-11.

[15] Cecil B. Shared services moving beyond success［J］. Strategic Finance，2014，81（10）：8-24.

[16] Connell R. Learning to share［J］. Journal of Business Strategy，2014，17（2）：55-58.

[案例说明书]

一、教学的目的与用途

本案例通过介绍 X 集团的现状，详细阐述了 X 集团在原有财务管理中心存在的问题，以及在 2006—2016 年间实施财务共享的进程。通过查阅 X 集团十年的年度报告，选取其十年间的有效数据，从不同方面对 X 集团自身进行了纵向对比分析，从而得出财务共享模式实施后 X 集团在企业运行效率、成本管理、风险控制以及战略决策支持方面得到了极大改善的结论。

本案例适用于 MBA（EMBA）、MPAcc 等研究生和高年级本科生层次的教学实践，希望本案例能够为教学案例库增添素材，完善教学体系。

二、关键要点

案例使用者在对案例进行分析研究过程中，应该着重把握财务共享案例搭建流程这个关键点。从 X 集团面临的环境和条件出发，思考 X 集团如何开展财务共享中心建设。

三、案例分析思路

（一）需要学员识别的关键问题

本案例需要学员识别的关键问题包括：共享服务模式的含义与类型、共享服务的理论基础、X 集团财务共享管理模式的保障措施以及 X 集团实施财务共享模式的经验启示。

（二）案例分析思路

1. 共享服务模式的含义与类型

（1）共享服务的含义。共享服务是多元化公司组织管理的一种方式，是指公司将分散在不同业务单元进行的财务、人力资源管理等事务性或者需要充分发挥专业技能的活动，从原来的业务单元中分离出来，由专门成立的独立机构提供统一的服务。

（2）共享服务模式的含义。共享服务模式不同于一般的集中式管理模式，集中式管理模式是将支持部门的运行功能转移到母公司，由母公司集权控制和管理。而共享服务模式是在计算机系统、网络信息系统支持下，将财务管理、人力资源管理、信息系统管理、采购等数量大、重复的工作职能组成一个独立的经营实体，跨公司、跨地区为不同分支机构或集团公司提供专业共享服务，从而实现降低成本、整合资源、提高效率。

（3）共享服务模式的类型。

①基本模式。在基本模式的前提下，组织内部普遍会选择基础性的实务工作进行优化管理。注重规模经济效应，在财务共享的模式下，收取一定的服务费，并反馈到内部管理中，减少经营成本，规范财务管理流程。但是，许多企业大多提供的是托管型服务，还带有一定的强制性色彩，无法为内部客户提供挑选的权利，也无法提高财务管理的质量。

②市场模式。当处于市场模式的时期，组织内部将提供较为专业和系统的咨询服务，

加强与客户的紧密联系,并能有效地剥离服务职能和控制职能,还能以服务收费的方式降低企业的各项成本,从而实现提高工作效率、增强服务质量的目的。不过,这种专业化程度相对偏高,既需要提供法律、人力资源、经营管理等方面的业务服务,还需要帮助客户解决财务难题。此时的客户选择权相对灵活,而共享也能结合客户的需求,站在客户的立场提供服务。此外,总部亦不必再控制管理共享中心,变成独立性的利益体,并享有一定的经营权。

③高级市场模式。在高级市场模式的前提下,组织内部会帮助客户挑选供应商,许多外部服务的供应商会引入到企业中,从而满足不同客户的业务需求。如果没有对组织内部的服务保持满意的态度,那么客户能以自身可控范围的支出,直接从外部供应商购买所需的资源,而高级市场模式会立足于市场价格进行实施,如果组织内部的服务商和外部供应商的收费产生竞争的时候,那么这些价格存在差距的地方会得到一定的调整,或者采取控制成本的方式,或者将失去客户,造成收入来源的萎缩。因此,高级市场模式尽管竞争十分激烈,却能呈现一定的市场导向趋势,并能利用筛选比较的方法,摒弃一些违反成本收益原则的服务模式,最大限度地让客户满意。

④独立经营模式。当集团处在独立经营模式的情况下,组织内部则属于单独的经营机构,利润也更加明确稳定,这就是共享服务模式的高级阶段,也是集团使用最佳的经营模式。一方面,独立经营模式能有效地保证服务质量,让企业内外部都能形成良好的客户互动机制,塑造良好的企业形象与品牌服务;另一方面,在前三个阶段发展壮大以后,行业的影响力与竞争力也会与日俱增。并且,还要面临外包服务商与外部咨询机构的挑战。但是采取独立经营模式可获得一定的服务费。

2. 共享服务的理论基础

(1) 规模经济理论。规模经济理论是经济学范畴内重要的基础理论。英国经济学家亚当·斯密在《国富论》中指出:"劳动生产上最大的进步,以及运用劳动时所表现的熟练技巧和判断力,似乎都是劳动分工的结果。"他通过研究发现,在大规模的生产下,对生产进行专业化分工可降低生产成本、提高生产效率。企业规模越大,产量越大,熟练程度越高,则分工越细,其生产效率也就相应越高。在20世纪初期,规模经济理论首次被提出,美国著名经济学家马歇尔在《经济学原理》一书中提出:"大规模生产的利益在工业上表现得最为清楚。"大工厂的利益在于:专业机构的使用与改革、采购与销售、专业技术和经营管理工作的进一步划分。他还提出内部规模经济是个别企业对自身的资源进行充分有效利用与优化配置,能提高整个企业的经营效率。

(2) 流程再造理论。1993年,美国麻省理工学院教授迈克尔哈默博士与詹姆斯钱皮出版了《改革公司企业革命的宣言书》一书,提出了流程再造理论。哈默和钱皮认为,企业如今所面临的经营环境已发生了巨大的变化,环境的变化主要体现在"3C"的变化,即消费者、竞争和变化。

一是消费者。首先,买卖双方关系中的支配量发生了变化,买方处于优势地位;其次,消费者需求越来越趋于个性化,消费者都希望企业生产的产品符合自己的个性化需求;再者,由于通信技术的快速发展,买卖双方的信息不对称现象不再像以前那么严重。

二是竞争。由于贸易保护壁垒的减少,竞争者从国内竞争变为全球竞争,竞争对手的数量不断增加,竞争也变得更加复杂,行业的进入壁垒降低。

三是变化。变化无时不在，无处不在，而且持续不断，竞争的激烈程度增加，消费者需求不断变化，并趋于多样化。这些环境的变化导致了产品和服务周期缩短，行业结构变化加快，企业面临的生存压力增加。因此，企业进行流程再造迫在眉睫。财务共享中心的财务流程再造就是将原财务组织中分散的业务流程集中到财务共享中心，并对各项业务流程进行整合，将大量重复性的业务通过信息技术进行集中处理，进一步提高财务共享中心的运作效率。财务流程再造可让企业受益颇多。首先，它完善了财务的管理职能，运用系统化的方法来进行业务整合，增强了企业对所有业务单元财务信息的掌控能力，在一定程度上降低了企业的经营风险；其次，企业在做出重要决策时，可充分利用财务数据及对其分析的结果，使企业在决策时有充分可靠的数据依据，提高决策的正确性。

（3）共享服务理论。2001年，安德鲁克里斯在《服务共享》一书中提出，在企业经营过程中经常会有小微问题的出现，但是企业内部的各级管理者不应被这些次要的问题所困扰，例如人力资源的配备、信息系统完善及财务方面的问题，企业的管理者应该专注于企业的发展与成长等重要的问题。共享的理念与这一观点不谋而合，它能够保证企业正常有序地运转及在内部控制的前提下提高资源的使用效率。共享是以信息技术为基础，在企业构建一个专业化分工明确，覆盖财务、人力资源、产品开发和生产等方面的共享。共享服务提供非常广泛的服务，包括人力资源管理、信息技术服务、财务管理、客户服务、法律咨询服务等诸多方面，为企业提供专业化的服务。财务共享服务是共享服务模式中非常重要的一部分，它保持了共享服务的主要特征。财务共享服务是以财务管理为其服务的对象，将企业内部财务资源整合到财务共享平台，利用信息系统对简单的标准化业务流程进行标准化与流程再造处理，形成以降低经营成本、提高财务管理效率为目的的新型财务管理模式。

3. X集团财务共享管理模式的保障措施

（1）可行性保障措施。

①目标和范围切实合理。财务共享模式在构建之初，集团对自己的业务水平应该有一个初期的判断，在制定自身的服务目标时应该根据自身的实际情况，合理设计，不要提出不切实际的虚拟目标，要提出在自己掌握范围内可以完成的目标。然后，在业务范围扩大前，也应该了解自身的实力，在能够完成的情况下扩大服务范围，避免在实际的运作过程中劳力透支。只有清楚自己的实力，正确判断自己的发展目标，合理扩充，才可以在实现自己目标的同时不断扩充自己的实力，提高自己的服务品质，长久存在。

②充分考虑利益相关者的阻力。除此之外，在实际运作过程中，X集团还应考虑自身的财务处理是否会出现利益冲突，需要根据集团的自身情况对财务共享服务有一个严格的业务划分，避免不必要的矛盾和风险出现，合理整合集团资源，完善财务共享服务流程。

（2）人员保障措施。

由于财务共享服务的特殊性，需要保障相关人员的权利。根据员工的不同，采取不同的管理模式，最大限度地调动各个员工的积极性。

①得到管理层的认可和支持。高层管理人员必须高度认同财务共享模式，并且最大限度地支撑该模式。财务共享模式是为了节约企业财务的运作成本而引进的，会与财务相关的多方面有工作交涉，在这个过程中可能出现矛盾和冲突，因此高层管理人员必须高度认同这一管理理念，财务共享服务的工作人员才能更好地进行相关的业务处理。高层人员对

财务共享模式表示支持,才能让各个环节的负责人高度重视这一模式,坚定不移地贯彻实施。

②解除员工的疑惑与抵制。财务共享中心作为一个新的服务机构,在成立初期难免会遇到各方面的阻碍。并且财务共享可能会与各个部门出现业务矛盾和资源冲突等。因此要制定合适的运作计划,严格按其实施,并做好数据和业务的备案。对于不理解的员工可以在公司允许的情况下公开运作计划和规则,避免不必要的误会,获得更多的支持和理解。只有这样,财务共享模式才可以更好地在公司内部实施。

(3) 信息技术保障措施。

①运营支持。单独运作后的财务共享,需要有一套完善的信息技术系统作为自身的业务保障。因为是信息化的服务机构,所以对信息技术的依赖性很大。尤其是像 X 集团这种大型跨国企业,缺乏信息的技术保障,工作效率和业务风险都会加大,不利于公司的发展。

②风险控制。借助强有力的信息技术,共享需要不断收集最新的信息,对自身业务的风险进行评估并加以控制,减少服务过程中运作环节的问题和人为制造的问题,实时地把控风险,以便业务能正常运作。

(4) 变革进度保障措施。

财务共享服务是一个长远的变革过程,因此集团在整个运作过程中,不可急功近利,要一步一步地完善,循序渐进。这样的改革过程才会井井有条,稳扎稳打。从业务范围来说,X 集团的改革之路需要慢慢渗透,因为集团的业务范围过大,种类过多。每个业务用财务共享模式进行处理都需要根据业务的特点慢慢整合。最可行的办法就是试点,在试点的过程中不断完善再引入相近的业务进行处理和推行。

4. X 集团实施财务共享模式的经验启示

(1) 强大的信息化平台再造财务流程。财务共享模式的建立,其前提是基于强大的信息化平台重新整合财务流程,而如何在信息化基础上进行财务流程再造是 X 集团实施财务共享模式的重中之重。首先,信息化平台的建设方面,X 集团着手建立了全球各子公司统一的信息技术平台,将全球集团内各子公司的财务信息及数据整合到一个平台,以便规范化相关企业的财务处理;随后通过财务共享模式的理念,在全球集团内各子公司加快推进财务共享,并开发了员工自助费用核销系统、资金支付系统、信息化对账系统等模块为流程再造提供技术保障。其次,在流程再造方面,在已有的信息化平台的基础上,开始重新整理财务业务中的相关流程,两部分流程的重新整合,有助于减少中间环节票据传递的过程,有助于梳理员工报销信息及清单的核对,有助于提升各项费用的审核审批速度,从整体上提高企业的运行效率。

(2) 遵循政策法规进行会计组织扁平化管理。会计组织是企业组织结构的重要组成部分,X 集团在考量了《会计法》、《会计档案管理办法》、国家税务总局纳税规定等相关法律、法规、政策的基础上,在重点了解会计机构设置规则、会计档案归档与保管的规定以及各地的税收法规等内容后,开始对会计组织进行重塑。首先,精简各子公司会计组织。由于各子公司结构相近形成会计组织机构的冗余,出现业务操作重复现象。针对这样的情况,X 集团对各子公司的会计组织进行精简,统一了会计方面的语言,包括使用统一会计科目和统一账套,并根据已再造的业务流程,设立相应的会计组织。其次,设立统一的销售公司会计组织，归集相应销售公司的财务数据，将分散在各子公司的销售事业部统一到财务共享中心，实行统一核算，不仅精简了工作量，还提升了财务的监管能力。最后，由财务共享中心直接管理和考核各公司财务部门的业绩，同时取消原来的财务职能管理部门，设立新的统一资金管理部门，进而加强集团内部的资金管理。这样新的扁平化组织结构既实现了企业财务与业务能力的高度一致，也提高了自身财务管理的效率和能力。

（3）有效迅速地转变财务人员职能。X集团构建财务共享模式最后一步则是转变其所有财务人员的职能。在一切客观环境都已建立的前提下，人力资源是实施财务共享的关键。X集团将原有财务人员重新划分为三类：业务财务人员、专业财务人员以及财务共享模式的财务人员。业务财务人员主要负责业务部分的财务处理，是业务驱动发展及构筑行业领导地位的重要部分；专业财务人员则像传统财务人员一样处理相关财务业务，包括相关税务业务，但其职能的发挥却要从传统模式走向财务共享模式；而财务共享模式的财务人员则是集中处理流程再造后各个模块的财务业务，从传统的专业财务职能中剥离出来，以实现X集团处理财务业务高效为目标。除了重新将财务人员分类，X集团针对不同分类中的财务人员进行了更为细致的职能划分，每类财务人员中，三成人员要处理日常的业务，两成人员协助财务部门控制财务风险，五成人员要对决策所需的数据进行分析并呈报。至此，X集团完成了从传统财务管理模式向新型财务共享模式的转变。有效迅速地转变财务定位及角色帮助X集团很快地适应了财务共享模式，更好地为企业服务并创造价值，促成了X集团财务共享的成功，同时让财务人员的角色得到转变，使大部分的财务人员从与现金、账务打交道到与数据信息打交道。

四、教学组织方式

（一）问题清单及提问顺序、资料发放顺序

本案例讨论题目依次为：
（1）共享服务模式的含义与类型有哪些？
（2）共享服务的理论基础有哪些？
（3）X集团财务共享管理模式的保障措施是什么？
（4）X集团实施财务共享模式的经验启示有哪些？

本案例的参考资料及其索引，在讲授有关知识点之后一次性布置给学员。

（二）课时分配

1. 课前计划

发放案例正文，提供思考问题给学生，请学生在课前完成阅读，了解相关理论知识，并对案例中涉及的问题进行讨论，以小组为单位形成初步观点。

2. 课堂计划

（1）课堂前言：教师简要介绍案例主题（5分钟）。
（2）案例故事回顾：采取随机提问形式对案例中的要点进行回顾，为下一步讨论打好基础（15—20分钟）。
（3）案例分析与讨论：按照研究问题的顺序逐个提问并进行理论的讲解和分析；提

问面向小组，给出一定讨论时间，然后由小组选出代表回答（约定每位代表只能回答一个问题），同一问题可视情况请多个小组回答（所有问题的讨论和回答控制在 100 分钟）。

（4）案例总结：教师对讨论进行归纳总结，并进一步启发大家从更深层次、利用最新资料对案例进行跟踪和分析（10 分钟）。

3. 讨论方式

本案例可以采用问题导向进行讨论，通过分小组进行讨论。

4. 课堂总结

课堂讨论总结的关键是：归纳发言者的主要观点；重申其重点及亮点；提醒大家对焦点问题或有争议观点进行进一步思考；建议大家对案例素材进行扩展研究和深入分析。

案例 2

中小房企的融资方式及探索：以 MH 公司为例*

---

* 1. 本案例由广东工业大学管理学院的陈沉、吴磊、朱雨珠等共同撰写，作者拥有著作权中的署名权、修改权、改编权。
2. 本案例授权广东工业大学产教融合 MPAcc 教学智库实验平台使用，广东工业大学产教融合 MPAcc 教学智库实验平台享有复制权、修改权、发表权、发行权、信息网络传播权、改编权、汇编权和翻译权。
3. 由于企业保密的要求，在本案例中对有关名称、数据等做了必要的掩饰性处理。
4. 本案例只供课堂讨论之用，并无意暗示或说明某种管理行为是否有效。

[案例封面]

专业领域：财务管理
适用课程：财务管理理论与实务
选用课程：财务管理理论与实务
编写目的：本案例旨在帮助学员通过研究和分析 MH 公司近几年的融资业务和财务绩效，引导学员进一步关注中小房企融资过程还存在哪些问题并给出优化建议。学员可以在此基础上，结合公司开展融资方式与财务绩效的分析，对公司运用不同融资方式后产生的影响做出判断和评价，将其运用到经营活动的实践当中去。
知 识 点：融资方式；融资优化；财务绩效
关 键 词：MH 公司；融资方式
中文摘要：近年来，房地产是高风险和高收益的资本密集型行业，开发周期长，能否筹集到充足的资金关系到开发项目的正常运行。从现实的角度来看，中国的房地产市场起步比较晚，融资方式比较单一，中小房地产企业主要依赖自有资金和银行贷款，资金跟不上往往导致项目开发脱节。在 2017 年"房住不炒"的基调下，为遏制热点城市房价过快上涨，楼市的调控政策持续升温，全国主要城市纷纷收紧了楼市政策，直接影响到房地产企业的正常经营。大型房地产开发商凭借资金、规模、品牌等优势，持续兼并效益差的中小房企，加速了行业"强者恒强，弱者愈弱"的趋势。因此，融资能力对促进中小房企健康发展至关重要。如何通过拓宽融资渠道，优化资产结构，降低融资成本，控制财务风险为中小房企保驾护航，具有非常现实的实际意义，这也正是本文研究的问题。在研究的过程中，以中型房企 MH 作为研究对象，通过 MH 房企的融资现状及财务状况的深入分析和比较论证，探究其融资问题症结并提出一些融资策略以供借鉴。

[案例正文]

一、企业概况

（一）企业简介

MH 公司成立于 2004 年，公司主要从事房地产开发业务，拥有国家住建部颁发的房地产开发企业一级资格证书，历经十余年的探索和实践，已发展成为一个专业的中型房地产开发企业。目前所开发的项目主要分布在武汉、西安、合肥、芜湖等地，年开发面积 50 余万平方米。然而，面对日益紧迫的银根紧缩政策，MH 公司的融资规模始终跟不上企业的发展规模。新项目的开发急需大量资金支持，在自由资金不足的情况下企业一度变卖在建工程项目来应对暂时的资金紧张局面。

2014 年以来，在对行业格局和发展趋势深入分析的基础上，公司开始由传统的房地产开发企业逐渐转型为"城市运营服务商"的长期可持续发展战略。以"服务社会化、产品工厂化、投资市场化"战略落地，打造"长者的天堂，儿童的乐园，奋斗者的港湾"美好社区。在中国城市更新中把握"旧改"的市场机会，利用土地整理业务的专业优势，在传统住宅开发的基础上，提升自身的专业开发能力，抢占市场先机。2017 年公司新增土地储备 92.28 万平方米，截至报告期末累计土地储备 282.82 万平方米。

据 MH 公司 2017 年年报，截至年末，公司总资产为 162.44 亿元，较 2016 年降低 5.23%。于当年实现销售收入 44.38 亿元，较 2016 年同比下降 17.26%；实现归属于上市公司股东净利润 6.64 亿元，较 2016 年同比下降 0.07%；2017 年的经营现金性净现金流量为 -10.32 亿元，同比下降 397.38%；实现平均净资产收益率 9.7%，较 2016 年 10.79% 的收益率下降 1.09%。截至 2017 年年底持有 15.65 亿元货币资金，同比 2016 年减少 9.61%。资产负债率降到 2005 年以来最低水平，达到 56.49%。根据 MH 公司 2017 年的分红方案，MH 公司每 10 股派发现金股利 0.25 元，共计派发现金股利 6398.9 万元，在合并净利润中占比 9.6%。

（二）企业近五年主要融资业务

对 MH 公司 2013 年至 2017 年期间的融资活动进行了汇总整理，主要融资活动如表 2-1 所示。

表 2-1　MH 公司 2013—2017 年主要融资活动

时间	融资方式	融资规模（亿元）	详细情况
2013 年	信托借款	5	2、5 月分别筹集两年期信托借款 3 亿元及 2 亿元，借款利率分别为 14.7%，11.5%
	银行借款	9.4	旗下子公司向银行借款总计 9.4 亿元，利率平均为 8.1%
	资产管理融资	4.9734	1、4 月分别向华融和信达资产管理公司借款 4 亿元和 4.1734 亿元，利率分别为 11.7% 和 12.5%
	委托贷款	3	申银万国证券股份有限公司委托贷款总金额为 3 亿元，期限两年

续上表

时间	融资方式	融资规模（亿元）	详细情况
2014年	银行借款	10.37	旗下子公司向银行借款总计10.37亿元，利率平均为8.5%
	资产管理融资	1	10月向长城嘉信资产管理公司借款1亿元，期限两年，利率9.17%
2015年	银行借款	3.47	向银行借款3.47亿元，期限3年，利率8.6%
	资产管理融资	2	向华融资产管理公司融资2亿元，期限3年，利率13%
	委托贷款	8	委托江苏银行深圳支行贷款8亿元，期限3年，利率9.62%
2016年	银行借款	23.5	向银行借款总计23.5亿元
	资产管理融资	12	5、10月分别向信达资产管理公司融资4亿元和8亿元，利率分别为9.3%和7.8%
	股权融资	15	向特定对象非公开发行股票12亿元，用于项目开发
2017年	委托贷款	1.88	委托贷款1.88亿元，期限3年，利率7.5%～9.6%
	资产管理融资	7.95	12月向信达和华融分别借款5.8亿元和2.15亿元
	银行借款	4	向广发沈阳支行借款4亿元，期限3年，利率7.5%

资料来源：笔者通过证监会指定网站巨潮资讯公告披露整理而得。

从表2-1和MH公司2006年到2017年的年度报告中可以看出，MH公司经历早期的资本原始积累，通过上市股票和债券发行、银行信贷、资产管理、信托计划不断发展壮大。虽然是早年上市房企，但是通过发行股票和债券筹集资金规模较小，次数很少，外源权益性融资只占10.8%，仍然主要依赖于以银行信贷为基础的间接融资方式，融资渠道也并不多，融资成本相对较高，有待完善融资体系，保证通畅的资金来源。

（三）MH公司财务绩效有待优化

1. 短期偿债能力

MH公司的短期债务包括应付账款、短期借款、预收账款等，由于行业特性，预收账款占比最大。

如图2-1所示MH公司在2012—2017年流动比率和速动比率呈相同变化走势，2012—2015年呈微弱的下降趋势，2015—2016年开始攀升，2016—2017年又继续走低。MH公司五年来流动比率在2～3之间，速

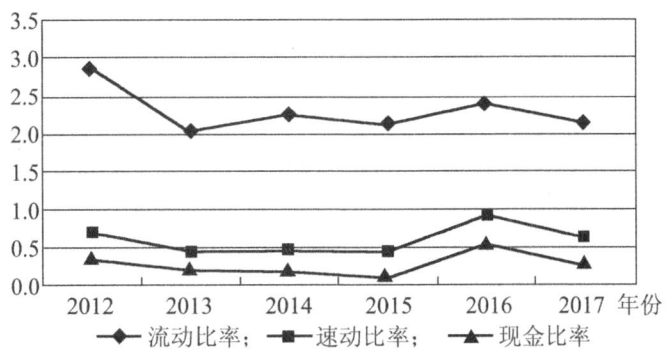

图2-1 MH公司2012—2017年短期偿债能力指标
资料来源：笔者通过公开资料计算整理而得。

动比率一直小于1。截至2017年末,流动比率和速动比率分别为2.2和0.69。由此可以看出MH公司的流动比率属于比较合理的范围,速动比率下滑比较明显,可能存在存货周转率较低和流动资金不足的情况。MH公司的2017年现金比率为0.28,近五年来的均值在0.285左右,在2014年和2015年现金流动比率偏低,现金偿债能力较弱。

判断其偿债能力除了要把流动比率、速动比率和现金比率作为重要的参考指标,还要分析应收账款和存货周转情况。应收账款周转天数可以反映企业应收账款的周转速度,周转天数越低,表明企业的应收账款回款速度越快。存货在地产行业的资产规模中占有相当大的比例,存货的周转率关系到企业的资产质量。

如图2-2所示,2012—2017年,MH公司的应收账款和存货周转天数整体呈下滑的趋势。应收账款周转天数在地产行业尚属健康,但是存货周转能力同大型房企相比仍存在不小的差距。

MH公司短期负债比重较大,短期偿债能力综合来看较弱,存在一定程度的短期偿债风险。所以企业的资产流动性状况有待改善。

2. 长期偿债能力

MH公司的长期债务融资包括应付债券、银行借款、信托计划等,其中银行借款占比最大。负债越低,企业稳定性越强,财务风险就越低,但是负债过低,企业的资金成本越高,收益就越低。因此要合理安排好企业的资本结构,平衡好风险和收益的关系。

图2-2 MH公司2012—2017年应收账款和存货周转天数
资料来源:笔者通过公开资料计算整理而得。

如图2-3所示,MH公司的资产负债率虽然有不小的波动,但是基本在55%~65%的范围内变动,截至2017年MH公司资产负债率为56.49%,考虑到房地产行业的高负债经营属性,公司的负债率偏低,长期偿债能力较强,财务风险较低。

企业的融资方式主要由债务融资和权益融资两种方式构成,两种方式融资额的不同构成了企业的资本结构。企业资本结构的不合理会影响企业的风险和收益,也会对企业的价值评估产生影响。MH公司的资产负债率在业内并不高,长期偿债能力较强。但是在MH公司外部融资的债务融资中,企业的融资渠道比较单一化,对银行借款存在较大依赖,一旦银行信贷政策发生巨大变化,企业的融资能力会受到影响,不利于企业的稳健发展。因此,

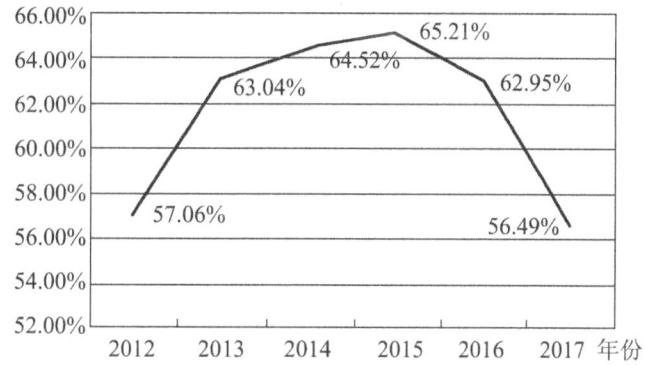

图2-3 MH公司2012—2017年资产负债率
资料来源:笔者通过公开资料计算整理而得。

MH 公司的债务融资模式有很大的改善空间。

3. 盈利能力

简单地说,盈利能力反映企业获取利润的水平,也是外部债权人获得投资收益的来源,因此债权人最关心企业的盈利增长情况,这对企业获取外部融资非常重要。

如图 2-4 和图 2-5 所示反映了 MH 公司与泰禾地产最近六年来的收入和利润增长情况。可以看出 MH 公司 2015—2017 年的收入增长幅度明显变缓。与发展较快的泰禾地产相比,2012 年两者的主营业务收入差距不超过 9 亿元。截至 2017 年,MH 公司的营业收入刚达到约 44.3 亿元,而同期泰禾地产的营业收入已开始突破 243 亿元,短短 5 年绝对数差距已从 2012 年的不足 9 亿元猛升至近 200 亿元。MH 公司的增长速度受制于融资规模的限制,资金的不足制约了在 2012—2014 年行业低谷期扩大土地储备,因此在 2015—2017 年的市场行情中销售额增长缓慢。

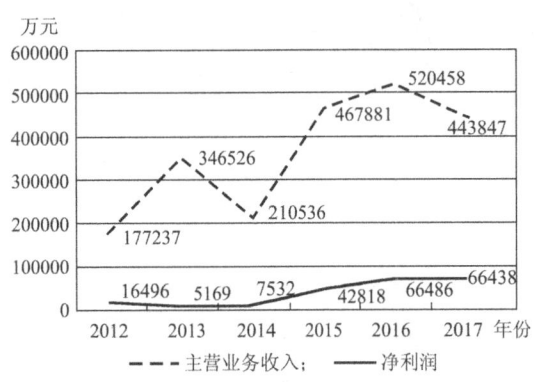

图 2-4 MH 公司 2012—2017 年的收入和利润增长情况

资料来源:笔者通过公开资料计算整理而得。

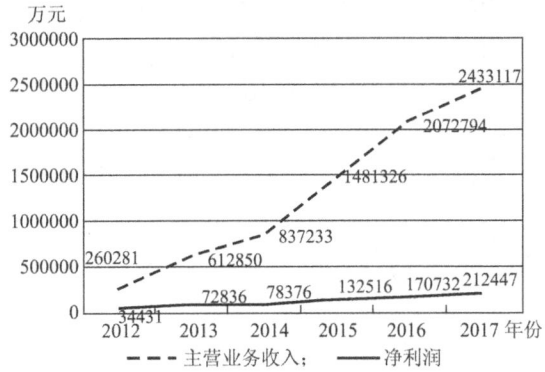

图 2-5 泰禾地产 2012—2017 年的收入和利润增长情况

资料来源:笔者通过公开资料计算整理而得。

衡量企业盈利能力的最常用指标就是销售毛利率和净资产报酬率,指标越高,说明企业的盈利能力越强。

如图 2-6 所示,2012—2016 年,MH 公司的净资产报酬率处于稳定的增长趋势,销售毛利率在波动变化中稳定上升。而到了 2017 年随着业绩下滑出现了小幅回落。如图 2-7 所

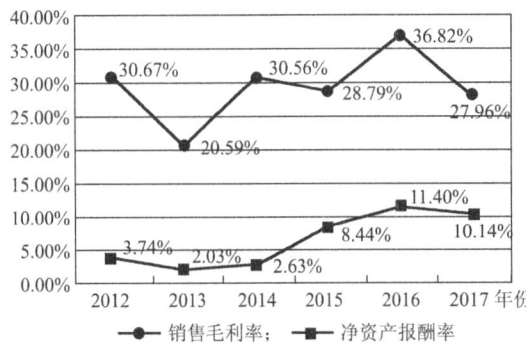

图 2-6 MH 公司 2012—2017 年销售毛利率和净资产报酬率变化情况

资料来源:笔者通过公开资料计算整理而得。

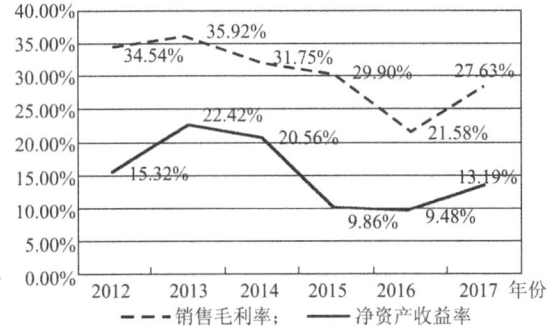

图 2-7 泰禾地产 2012—2017 年销售毛利率和净资产报酬率变化情况

资料来源:笔者通过公开资料计算整理而得。

示,泰禾地产在 2012—2017 年规模持续迅猛增加的同时销售毛利率和净资产收益率受到一定的影响,但是截至 2017 年净资产报酬率是 13.19%,仍然高于 MH 公司。这说明 MH 公司最近几年的发展中盈利势头比较颓势,虽然受到国家调控政策深化的不利影响,但是更重要的在于近年来融资规模踟蹰不前,错失了扩大规模的发展良机。

4. 现金流量

经营现金流量净额是企业的"造血现金流",是企业生存发展的血液,如果现金短缺,可能会产生资金链断裂。

如图 2-8 所示,MH 公司 2012—2017 年的经营活动现金流量极其不稳定,2012 年销售回款低迷达到最低值 -188 460 万元,之后呈较快的增长趋势,2016 年达到最高值 341 343 万元,2017 年急剧下滑至 -103 263 万元。表明企业当前经营的现金收入不能弥补相关支出。结合企业的资产负债表分析,本阶段企业负债比例大幅增加,企业正处于项目投资期,资金缺口大。投资活动产生的现金流量呈缓慢下降趋势,这与房地产的经营方式、宏观政策调控和近期 MH 公司扩大土地储备动用大量资金有关。2017 年光是在拿地上,MH 公司就动用 30 多亿元的现金资产。就短期而言,猛然扩大土地储备会加剧资金流转的风险。房地产行业开发周期较长,成本的投入和收入的匹配有一定的滞后性。需要加强预收账款、存货的周转速度和销售回款进度的管理,以确保资金流动安全。筹资活动的现金流量净额 2013 年以来一直处于净流出状态,说明企业的融资规模在持续缩小,跟不上上一年的业务发展规模。综合这三方面的现金流量分析,企业的筹资现金流并未伴随企业的投资规模扩大,融资能力未与目前的发展策略相匹配。2017 年,为缓解资金链紧张的压力,MH 公司先后出售 4 家旗下子公司股权给华润置地和武汉东湖,通过股权出让换取部分资金来支持项目开发,以避免出现后期开发资金不足的问题。可见融资能力的受限在某种程度上造成了现金流紧张的局面。

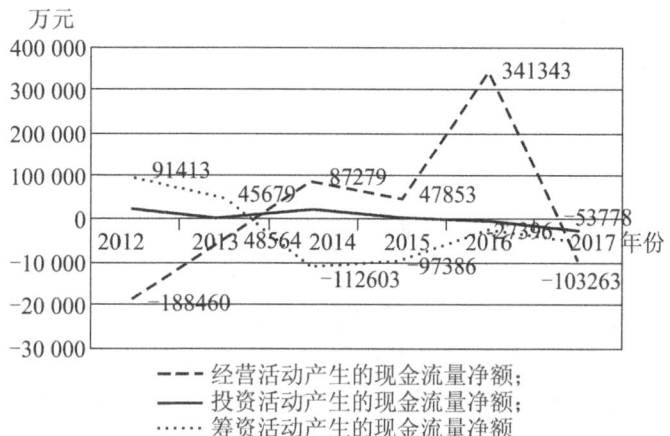

图 2-8 MH 公司 2012—2017 年经营现金流净额情况
资料来源:笔者通过公开资料计算整理而得。

二、MH 公司融资问题

1. 融资渠道狭窄,间接融资比重过大

融资渠道分为内部融资和外部融资。从近年的融资数据来看,MH 公司大部分的外部融资来自银行借款、信托借款和向资产管理机构借款。2017 年从银行汲取的资金占开发资金来源 62.3%,直接融资比例过低,过度依赖银行贷款。在 MH 公司的外部融资方式中,银行长期借款融资高达 75%。虽然 MH 公司近年来也尝试增股和债券融资,但是受到国家宏观调控和自身盈利水平的影响,屡屡被证监会否决。2016 年通过股权融资向非公开对象筹集的资本也仅有12亿元。相对于其他大型房企借助于海外发债、债券融资、房地产投资基金、金融机构融资租赁等多样化的融资方式来说，融资渠道缺乏多样性，融资规模过小。由于房地产行业的特殊性，近年来政府为抑制投资过热，会经常从对金融机构的放贷数额和利率做出限制，上浮的利率加重了企业的财务负担，使企业面临很大的市场风险。因此，狭窄的融资渠道不仅难以满足MH公司项目开发资金需求，而且加大了MH公司的融资风险。

2. 融资成本居高不下

融资成本是指进行资金筹集时的花费，比如银行贷款的利息费和手续费。近年来我国房地产调控政策不断升级。例如2011—2012年，央行连续6次上调存款准备金率，并且几次加息，使房地产企业融资成本显著上升。

MH公司近年来并未很好地利用股权和债券融资，除银行借款外运用的信托计划融资和资产管理融资成本都在8%以上，每年都需要定期支付不少的利息成本。从整体的趋势来看，公司的融资成本呈现上升态势，如表2-2所示，从2015年的7.52%增长至2017年的8.21%，资金成本居高不下。从公司2012—2017年的财务报表显示，2017的财务费用是2012年的3.1倍，财务费用的过快增长必然会影响到企业的盈利水平。再加上新会计准则规定的借款费用资本化对所得税的影响，企业的财务负担进一步加重。对比行业内的融资数据，MH公司的融资成本偏高。偏高的融资成本对于急需扩大规模的MH公司来说，限制了发展的速度。这说明MH公司的融资成本有待降低，融资结构有待调整。

表2-2　MH公司2015—2017年平均融资成本

年份	平均融资成本（%）	利息资本化金额（万元）	年份	平均融资成本（%）	利息资本化金额（万元）
2015	7.52	21322.18	2017	8.21	27182.26
2016	7.89	24318.63			

资料来源：笔者通过公开资料计算整理而得。

3. 融资结构不合理，财务杠杆效益较弱

融资结构主要为房地产企业融资渠道中不同融资方式的搭配组合及各项资金比例关系。

在外部融资中，MH公司银行借款融资占比最高，而其他三种常用融资渠道——信托计划、资产管理借款、股权融资占比依次升高。外部融资结构中过多依赖银行借款，如果房地产金融政策发生较大变化，例如货币政策紧缩，存贷款利率上升，将导致公司获取融资的难度增加、融资成本提高，更严重的情况会出现资金链断裂。虽然企业2016年开始向资本市场非公开发行12亿元股票以获得持续稳定的资本，但是其外部融资不合理的融资结构短期内并没有太大改变。

负债经营是房地产行业普遍现象。企业在负债经营过程中，投资利润率大于负债利息率会导致权益资本收益增加。财务杠杆效应固然会产生一定的财务风险，甚至导致企业资不抵债并破产。但是如果根据企业的发展战略充分发挥财务杠杆作用，可以有效提高企业的融资效益，增加股东财富。通过近年来MH公司的资产负债率可以看出MH公司在融资策略上相对较为保守。2012—2017年的资产负债率在55%～65%范围内波动。结合行业内的资产负债在70%的水平，MH公司的资产负债率偏低，长期偿债能力较强，并没有很好地发挥财务杠杆的作用。在2012—2014年行业低谷期，融资增加缓慢，错失了低谷期扩大土地储备的良机，从而导致在2015—2017年市场变暖的环境下，销售增长额远远低于同等资质的房企。

三、MH公司融资优化建议

1. 提高财务管理水平

（1）盈利能力要保持稳定增长。创造持续稳定现金流取决于自身的盈利能力。MH公司要深入研究市场和环境的变化规律，投放前景好、利润高的项目，做出符合市场需求的产品进行销售，保证销售获得的现金流持续、稳定。如果企业的营业收入和利润波动太大，会影响到企业的贷款安全，银行会出于风险管理的考虑，降低贷款授信额度。

（2）资产负债率要控制在可控范围之内。负债率超出银行的警戒线，银行为确保资金安全，会降低授信额度或者对银行贷款的使用严格限制。

（3）建立动态连续的融资优化机制。MH公司应在每个季度末对融资数据汇总整理并进行分析，从流动比率、速动比率、净资产报酬率、总资产报酬率的角度对融资结构进行合理的调整，以保证公司在经营的各个阶段始终保持科学的融资结构，调整资金流动性水平。从而保证争取向金融机构获取成本更低的贷款资源，创造更大的效益价值。

（4）加快应收账款和存货的周转速度，保证可持续的现金流。房地产企业的产品特性在于存货占比较高。因为MH公司的存货规模较大，周转较慢，大量资金沉淀在存货项目，降低了企业内源融资能力。所以要创新营销模式，加快销售速度，降低存货周转天数，盘活存量资产。

（5）提高自身资信水平。金融机构会把企业的资信状况作为重要的参考标准。MH公司应当提高财务人员的专业素质，完善财务管理制度，加强信用文化建设，保持良好的企业信誉，不断提升企业资信等级，与金融机构建立起融洽的合作关系，争取为企业获得资金成本更低的中长期贷款。

（6）健全企业融资风险预警机制。MH公司应建立完善的重大风险上报制度和风险评估制度，在整个运作过程中，定期通过财务报表、营运资料、数据模型分析、各类管理信息对风险进行检测和评估。在融资过程中要警惕风险、控制风险，最大限度发挥资金的使用价值，实现风险和收益的平衡。

2. 拓展融资渠道，建立起多层次的融资体系

MH公司的融资方式有信托计划、银行借款等，融资渠道比较单一化，资金的风险较高，对企业发展产生不利影响。为保障企业稳健发展，应该构建多元化融资途径，尝试不同的融资方式。比如可以尝试REITs、租赁融资、P2P、产业基金、并购等新型的融资渠道，完善自身的融资体系。从行业数据来看，MH公司的资产负债率在60%左右，短期偿债能力不算弱，处于行业中等的负债水平。只有在合理控制财务风险的前提下，适当发行中长期债券，扩大负债规模，提高直接融资比重，才可以有效地发挥财务杠杆的作用，实现风险和收益的平衡。

3. 降低融资成本，合理保持融资规模

不同的融资方式和资本结构会导致资金筹集和使用成本不一样，融资成本包括利息费用、业务费和其他费用。因此，MH公司融资时应当注意选择合适的融资方式和渠道，以应对市场环境的变化。

MH公司银行借款的利息在8%的水平、信托计划在10%以上、向资产管理公司借款的融资成本在9%左右，较高的融资成本会侵蚀公司的利润空间，不利于经营的资本积累。作为一家上市的房企，虽然规模较小，但是可以发挥上市发行股票和债券的优势。股票融资可以促进资本结构优化，降低偿债风险。债券的利息平均在5%～6%之间，利息支出可以作为税前支付，可以有效降低资金的使用成本。债券筹集到的资金使用期限较长，使用方向不受限制，迎合了房地产企业对长期开发资金的需求。企业可以充分利用债券融资，提高债券融资比例，在合理控制财务风险的前提下发行中长期债券，充分发挥财务杠杆的作用，增加股东收益。

在融资的过程中，除了注意降低融资成本外，也要考虑适度规模的原则。MH公司的融资管理工作要有健全的融资规划体系，要及时准确地对外来的资金需求、融资环境的变化进行预判和分析，在准确判断的基础上结合住房销售预测、企业的发展目标，确定相应的融资方案。要确保融资规模与项目资金需求相匹配，与企业发展战略、开发项目周期相一致，并对融资进度进行监控，不可盲目筹集资金。否则会造成资金的使用不当。融资过少的话，会影响项目的开发进度，使企业自身发展受到限制。融资过多会增加偿还本息的压力，引发资金周转困难。同时因为融资环境时刻在变化，在设计融资方案时要预留一定的弹性空间，让融资规模得到有效的调整。

四、中小房企融资策略及建议

（一）关注信用缺失问题，营造良好的社会信贷环境

在现行的法律条文中，如民法、合同法、经济法、商业银行法中缺少关于房地产融资的条例，无法约束和规范房地产开发商的金融行为，造成商业银行在经营业务上存在很多不规范的地方。比如：有些中小开发商为套取信贷资金，向银行提供虚假资料；有些企业没有衡量好投资风险盲目融资，项目不顺回款不利时，无法向银行偿还本息；为减少房贷风险，很多商业银行纷纷惜贷，上浮贷款利率，加剧了广大中小房企融资难的局面。为此，政府应该尽快完善现行的法律法规，改进有关房地产融资领域的金融制度，规范房地产企业的融资行为，为房地产金融市场健康发展营造良好的社会信贷环境；信用评级机构在现代金融业信用体系中承担极为重要的作用，目前我国的信用评级不够完善，因此监管部门要加强信用评级建设，完善相关制度和规程；企业要自觉遵守条款，约束自身行为，加强对企业的信用管理，在日常的经营活动中与金融机构、合作伙伴及客户建立起良好的信用形象。

（二）推动融资工具创新和运用，发展房地产证券二级市场

美国拥有最发达的资本市场，房地产行业对银行贷款依赖很低，大部分来自资本市场上的社会公众投资。发展房地产证券二级市场不仅可以有效解决中小房企由来已久的融资

难问题，还可以让社会公众通过资本市场参与投资获得行业带来的投资收益。

目前我国的金融制度仍然是以银行信贷为主的直接融资渠道，融资工具创新太少，融资模式有限。中小房企要在证券市场融资存在重重困难。国家应该努力推进房地产证券二级市场的建设来增强证券流动性，推广运用短期融资券、REITs和MBS等新型的融资工具，将社会资金吸引到房地产开发环节，增加房地产行业融资方式的多元化和公众化，降低房地产行业的市场风险和信用风险，提高金融业资金配置效率，从而促进房地产行业协调发展。

（三）因时而变，调整自身的开发模式和经营策略

1. 调整经营策略，拓宽融资渠道

为了在激烈行业竞争中取得有利的地位，中小房企须因时而变，要根据市场的变化和行业周期变动来调整经营策略以应对市场风险；要综合运用各种融资渠道，分阶段采取不同融资手段，以最低成本获得项目开发需要的资金。发达国家的地产开发模式非常成熟，可以借鉴国外房企的融资模式，如过桥贷款、委托贷款、租赁权融资、夹层融资、保险资金等新型的融资模式，实现多元化的融资体系，有效破解融资困境。

2. 创新开发模式

寻求合作开发融资。中小房企与建筑企业合作开发，由建筑企业先垫资建设，开发商在约定期间内偿还本息。同时，可与大房企合作开发，这样既能够降低购地成本，分散风险；也可以借助大企业的品牌资源和区域影响力扩大市场。虽然以牺牲一部分项目开发利益为代价，但在项目经验、资源整合、市场拓展、品牌知名度方面获得的好处要远远大于损失的部分。在中小房企中，实力相当的房企可以达成某种战略协定，组合起来形成一个规模较大的、实力较强的企业联盟，通过企业间合作融资使双方获得稳定的现金流。统筹协作，组织各成员之间资源共享，加强内部优势互补和专业分工，形成的规模效应将降低企业成本，实现利益共享，风险共担。因此就中小房企而言，项目合作开发是一种实操性很强的融资方式，有利于减小风险，缓解开发商资金压力。

除此之外，中小房企还可以争取其他效益好的外部单位投资，出让部分股权引入战略投资者，获取充足的开发资金。

3. 引入房地产投资信托基金（REITs）

房地产投资信托基金是一种证券化的投资基金，它广泛吸引社会公众的闲散资金，交由专业的机构进行投资管理，通过选择各种类型的房地产项目进行投资，经营管理取得的综合收益扣除相关费用及佣金按比例分配给投资者，收益来自房地产租赁和销售。房地产信托投资基金是一种证券化的产品，能够在证券市场自由流通，具有较强的流动性和变现能力，募集资金灵活简便。同时，REITs不缴纳所得税，避免了对投资者的双重征税。信托投资基金多将资金投资到具有良好前景的地产企业，可以保障稳定收益的获得，并支持房地产行业健康发展。开发商还可以通过REITs形式重组房产物业，优化资产负债率，改善不动产资产流动性。

REITs作为一种创新的房地产融资手段，起源于20世纪60年代的美国，在20世纪80年代呈爆发式增长，截至2015年底，其总市值已经高达9390亿美元。从历年数据来看，美国的REITs复合年均收益率为12%。未来中国的金融市场开放在逐步加深，国外

成熟的REITs运作和管理经验为我国提供了丰富的借鉴和参考。目前，我国的REITs处于探索尝试阶段，万科发行的REITs也仅在银行中发布，不能上市流通，并没有真正意义上的REITs诞生。伴随着我国证券制度的完善，各种信托投资产品的推广，我国的REITs必将得到规范和发展。因此，发展REITs对拓宽中小房企融资渠道具有深远意义。

（四）完善非上市中小房企自身企业建设

非上市中小房企自身管理存在许多问题是难以上市融资的根本原因。非上市房企应完善企业的管理制度和治理结构，设立完整的股东会、董事会和监事会组成的企业组织结构，形成规范而有效的决策机制和制衡机制，建立符合现代市场经济要求的企业组织形式。还应加强财务制度建设和完善内控制度，提高企业的财务管理水平。按照会计准则的规定及时完整反映企业的财务状况，定期公布经过审计的财务报表，保证信息披露的真实性、完整性及及时性。同时积极配合政府部门和金融机构建立完善的信用评价体系，加强与金融机构的沟通和联系，解决信息不对称问题，为创造自身良好融资环境做好准备。

（五）深化市场转型，挖掘新的业务增长点

1. 制定长期发展规划和精确的市场定位

中小房企在新的市场环境下确定融资策略时，应依据企业的不同发展阶段制定相应的融资战略目标，注意远期目标与近期目标相结合。

中小房企由于规模、品牌、融资能力等方面的局限，在同大型房企竞争中难免处于劣势。但每个企业在特定的领域形成优势，必然构建起一定的专业竞争力。中小房企要基于自身实力和特点，明确自身项目定位，拾遗补缺，填补大企业在区域市场的剩余空间，把有限的资源、资金、力量集中到自身优势的领域和目标，多方位地为消费者提供差异化、个性化、多元化的产品，满足不同区域、不同层次消费者的需求，通过细化需求占领市场。

2. 尝试转型轻资产战略

轻资产模式来自市场分工的细化，在这种模式下，针对不同的开发和运营环节，放弃利润空间较小和不具有竞争力的环节，把主要资源发挥在自身的优势领域。从而达到提高资产使用效率、增长利润空间、降低经营风险的目的。中国目前的房地产开发是重资产模式，房企的大量资金用于购买土地储备。中小房企资产规模小，实力薄弱，同大型房企正面竞争胜算低。应该发挥自身船小好调头的优势，明确发展定位，适当发展其资金规模要求不高的轻资产路线。

（六）提升自身实力，加强融资人才培养

与大型房企相比，中小房企的自身发展隐藏许多问题，比如内部管理不规范、开发经验不足、战略规划不清晰、执行力不到位等。中小房企要想在未来的市场竞争中立于不败之地，必须改善经营管理，优化公司治理结构，控制风险和经营成本，提升企业经济效益。

此外，专业融资人才是中小房企破解融资困局的根本条件。优秀的房产融资人才需要有丰富的融资经验、市场的分析能力，还要具有国家宏观政策的研究能力和金融法律方面

的知识。因此，中小房企首先要有针对性引进高素质融资人才，加强融资人才建设，做好人才储备；其次要建立科学的绩效考核机制，对优秀的员工重点培养，给予适当的激励，留住人才。对不符合绩效标准的及时淘汰，提高团队竞争力。同时要完善公司内部的制度，形成规范的人力资源管理体制，为人才创造自身价值，发挥个人能力，创造良好的发展环境。

五、小结

地产行业的显著特点是开发周期长，需要占用大量资金，因此融资环节是极其关键的一个环节。如果房企资金不足，会影响自身健康发展。目前，我国的房企融资渠道狭窄，过度依赖以间接融资为主的银行贷款，从而使银行系统承担地产行业巨大的风险，无法满足企业快速发展中的资金需求。现如今，我国的金融市场难以从根本上解决中小房企的融资难题。

可以预见广大的中小房企融资成本高、融资难等问题将会越来越突出。高度负债的经营模式、巨大的偿债压力和较高的资金成本使企业的财务风险大大增加，不利于行业的健康发展。这就需要挖掘更多的融资手段，提高融资效率，为企业发展提供有力保障。

六、讨论题目

1. 中小房企常见的融资方式和特点有哪些？
2. 中小房企的融资现状是什么？
3. 中小房企存在的融资问题有哪些？
4. 造成中小房企融资困境的原因是什么？

七、参考资料

[1] 苏艳. 行业下行背景下中小房企离场，大型房企转型 [J]. 住宅与房地产，2015 (27)：15-20.
[2] 周永平. 云星地产集团融资模式优化研究 [D]. 长沙：湖南大学，2010.
[3] 刘琦，中小房企融资困境与对策研究 [D]. 南昌：南昌大学，2014.
[4] 井存峰. 浅析中小商业地产企业融资困境及建议 [J]. 商场现代化，2016 (24)：152-153.
[5] 杜桂林. 上市房地产公司融资方式研究——以 R 地产公司 A 项目融资方案为例 [D]. 广州：广东财经大学，2015.

[案例说明书]

一、教学的目的与用途

本案例通过对中小房企常见的融资方式进行分析,并对融资方式的特点和现状进行阐述。选取上市的中型 MH 公司,通过查阅披露的历年年报,整理分析 MH 公司的财务状况,从财务的角度分析其存在的融资问题。针对 MH 公司的实际情况提出一些可供参考的融资建议。结合实际情况,对中小房企的融资问题进行剖析,探索问题存在的原因。最后对广大中小房企的融资问题提出一些探索性的解决方案,来有效破除融资困局。

本案例适用于 MBA(EMBA)、MPAcc 等研究生和高年级本科生层次的教学实践,希望本案例能够为教学案例库增添素材,完善教学体系。

二、关键要点

案例使用者在对案例进行分析研究过程中,应该着重把握中小房企运用不同的融资方式所带来的影响,找到不同融资方式带来的好处与弊端并思考笔者提出的建议。

三、案例分析思路

(一)需要学员识别的关键问题

本案例需要学员识别的关键问题包括:中小房企常见的融资方式和特点、中小房企的融资现状、存在的融资问题以及造成融资难的原因。

(二)案例分析思路

1. 中小房企常见的融资方式和特点

(1)内部融资。内部融资不发生融资费用,使用自主灵活,不稀释原有股东收益和控制权,是中小房企首先考虑的融资方式。

①预收账款。预收账款是按照合同规定,房企提前收取的来自购房者的定金或者委托单位的开发建设资金。预收账款是地产开发项目中资金启动的重要环节,是中小房企重要的资金来源。

在业内普遍的预售制度下,投资者只需支付部分的定金,就可以获得购房优惠价和未来的增值收益权。对房企来说,预售筹集到的资金无须偿付利息,又将市场风险分摊给购房者,加速了资金周转,推动了整个项目开发的顺利进行。

②自有资金。中小房企的自有资金主要来自设立企业时各方投入的原始资金、经营过程中的留存收益和沉淀资金。自有资金可以长期持有、自行支配,资金的使用高度灵活。但是很多房企为了维护企业的资金安全,并不愿意动用过多自有资金。房企更倾向于将自有资金投入到盈利可观、投资周期较短的项目。

(2)银行信贷融资。我国房地产企业的主要银行信贷融资主要有以下几种类型:信用贷款、担保贷款、抵押贷款和流动资金贷款。其中以信用贷款为主,但近年来抵押贷款发展迅速，有后来居上之势。

银行贷款是指房地产企业以信用形式从商业银行及其他金融机构获得融资。银行在发放贷款时会按照借款的用途、预期收益率、贷款期限、借款人的资信状况、投资项目可行性及市场和政策因素对贷款项目进行科学评估。发放贷款时对信用评级不高的房企要求以不动产和土地使用权作为抵押，以降低贷款风险。根据偿还期限的不同，银行贷款分为一年以内的短期贷款和一年以上的长期贷款。短期贷款多用于日常经营的资金周转，长期贷款多用于地产项目开发。

银行贷款是中小房企稳定的资金来源，是房企的主要融资渠道。银行贷款融资成本不高、步骤简便、融资效率高，支付的利息又可以在税前扣除，具有节税效果，可以有效发挥财务杠杆作用。

为防范银行信贷风险，政府对房地产贷款政策限制不断加大，银行信贷的限制性条件提高增加了房企申请障碍，贷款审批环节也更加复杂。银行对房地产的银行贷款都限定了严格的使用条件，无法满足企业多用途的资金需求。中小房企为获得银行信贷必须向银行提供担保和抵押，降低了企业的再融资能力。

（3）项目融资。项目融资是就特定项目所开展的融资活动，偿还贷款的资金来源是该项目的现金流量和收益，贷款的安全保障是通过项目资产作抵押。项目融资强调各利益关系体的风险分担，将各方面的承诺和各种形式的保证书相结合是其重要的内容。

传统的融资方式中，金融机构更看重公司的资信水平和综合还款能力，比如资产负债、利润和现金流状况，而房地产项目融资以实体资产和收益为还款保证，因而还款的保障基础更为坚实，更易获得融资支持。如果项目前景看好，房地产投资者可以筹集到超过自身资信能力所能达到的项目资金，从而使在传统融资条件下无法取得贷款资金的房地产项目顺利筹足资金。

项目融资有以下特点：

①有限追索：需要在特定的阶段提供一定形式的信用支持。

②风险分担：以项目主体进行融资，多方机构明确承担的风险程度，风险不再过度集中于主办方和银行。

③信用结构多元化：融资的信用支持可以分配到项目有关的各个方面，项目融资产生强有力的信用支持，提高项目偿债能力，减少项目融资对借款人的资信和其他资金的支持。

④融资程序较复杂，融资成本较高：由于项目需要花费相关专业人士相当长的时间进行评估，项目执行过程中又需要额外的费用来监控运营开发和贷款的使用情况，因此项目融资成本会高于同等条件下抵押贷款利息。

（4）信托融资。房地产信托一般是以房地产项目为方向的资金信托投资方式，通过发行信托产品，接受委托人的资金，将其投向房地产项目，给委托人带来安全和稳定的收益。它是金融信托业与房地产业相结合的产物，2010年以来信托融资模式呈现爆发式增长。

信托融资对房企的资质要求较小，不需要历经繁琐的审批程序，也不会受到过多的政策限制。很多企业开发项目至少获得30%的自有资金才能获得银行贷款，这让很多中小房企难以达标。与其他融资模式相比，信托融资操作简单，更具弹性且融资到位速度快。

在多数融资模式对中小房企不友好的情况下，房企的信托产品对中小房企意义重大。当然信托融资不可避免地存在劣势：首先，信托融资一般期限不长，融资量少，不能满足房企对资金的长期需求。其次，信托产品融资成本逐渐走高，再加上专门的业务费用，实际付出的成本明显高于银行信贷。最后，信托融资仍然存在不小的风险，很多信托公司为保障收益安全，开始严格审查房企的资质。

（5）上市融资。上市融资一般指将经营公司的全部资本等额划分，经证监会批准审核后上市流通发行证券筹集资本。对房企而言，上市融资能够很好地解决资金短缺问题，帮助企业降低融资成本、优化负债结构和减少财务风险。

上市融资有以下三个特点：第一，长期性，筹集的股权资本具有永久性，不需归还，满足长期资金需求。第二，无偿债压力。股权融资没有固定的股利，股利的支付与否和支付多少视企业的经营情况和股利政策而定。第三，融资规模大。房企可以获得大量稳定持久的资本，使企业的经营规模迅速扩张。

从目前的银行信贷等传统融资方式来看，稀缺性的流动资金更倾向于资质好的大型房企。而上市的中小房企，在信贷风险等审查环节，更容易通过相应机构的筛选，从而获得较为宽裕的银行授信额度。反过来，这种上市带来的信用评级的提升，又能降低此类房企的信用风险，从而获得更宽松的融资环境。

公开上市给企业带来的不尽是益处，公司上市后将成为公众公司，首先存在股权稀释、信息披露成本过高等问题，可能在资本市场受到恶意并购，控制权旁落他人，公众股东对经营业绩和分红的要求会给公司带来巨大的经营压力。其次，企业上市前需要专业的机构进行审计和评估，必然要支付较高的承销保荐和律师费用。从 2016 年 1 月 1 日至 2017 年 11 月 30 日共有 518 家 IPO 企业，共融资 2 983.26 亿元，发行费用高达 259.65 亿元。其中，支付给中介机构的费用占总发行费用的比例最高，约占 90%，其中承销保荐费用、审计验资和律师费用是公司上市过程中上市费用的主要构成。

对很多中小房企而言，上市融资的难度较高，因为不仅上市费用高，而且严格要求房企必须满足较为苛刻的条件。比如企业前三年要持续盈利且平均净资产收益率在 11% 以上，最近两年收入增长率不低于 30%，对许多盈利波动性大的中小房企来说很难满足这样的要求。

（6）其他融资。

①典当。典当是指当户将其动产、财产权利作为当物质押或者将其房地产作为当物抵押给典当行，交付一定手续费，取得当金并在约定期限内偿还当金、支付当金利息、赎回典当物的行为。

典当由于其手续简便，运作时间短，资金使用不受限制等特点，充分利用了不动产在内的不易变现的资产，换取企业所需的后续发展资金。作为银行信贷融资的重要补充，典当融资为中小房企提供了一种过桥式融资补充途径，日益受中小房企的追捧。但是考虑到典当融资成本较高，典当金额规模太小，期限较短，一般只作为解决资金周转困难的融资方式。

据统计数据显示，从房地产企业销售业绩分布来看，已经有 16 家房企销售额破千亿，房企之间的竞争异常激烈。销售额在 50 亿元以下的中小房企所获得的市场关注度越来越低，在这种背景下，典当行表现得比以往更加谨慎。不光要看对方提供的抵押物质量，更要考虑对方的信誉、项目前景、行业周期、还款能力等。

②民间信用。民间融资是一个直接融资渠道，借款门槛低，资金使用效率高、手续简便。随着我国经济快速增长，民间金融资产规模持续扩大，截至2016年底，国内居民储蓄资金规模高达70万亿元，然而很多的民间资金寻求不到良好的投资机会和投资产品，浪费了资本资源。而房地产行业的投资回报率较高，民间资本在地产领域逐渐活跃起来。因此，在合理规避金融风险的前提下，可以适当按高于银行信贷的利率争取其他企业和自然人投资。

但是民间资金利率远远高于银行同期贷款，各地区民间资金贷款利率平均高达20%左右。高额的利息费用一定程度上加重了中小房企的财务负担，同时民间借贷相关细则在我国的法律体系尚不完善，一旦融资遇到纠纷，会给企业带来很高的法律风险。

③夹层融资。"夹层融资"从风险与收益的角度看，是指介于债务和股权的一种全新融资方式，通常是对不同债权和股权的组合。

夹层融资可以采用的方式有夹层债和优先股或者两者结合的方式，也可以利用次级贷款、可转换票据。夹层融资可根据企业自身的经营状况和融资安排选择和调整还款方式。此外，夹层融资在公司控制和财务约束方面限制较小，投资者很少参与借款者的日常经营，有利于提高房地产企业经营自主性；夹层融资对贷款人的要求不算高，不受二级企业资质的限制，及时给房地产企业提供中长期资金；夹层融资形式灵活，可以在可转债和优先股等多种形式进行组合。目前，夹层融资在发达国家比较成熟，然而我国由于投资主体风险控制能力不足、金融服务体系不完善、法律体系及退出机制不完善等原因发展缓慢。

2. 中小房企的融资现状

国家统计局数据表明，2016年房地产开发贷款2.15亿元，同比2014年的2.12亿元贷款规模，增长缓慢。其中优质房地产开发商占了绝大多数额度。大型的房地产开发商实力雄厚，资信程度更高，有资格与银行进行协商获得利率较低的贷款。而中小房企规模小，自有资金不足，负债水平高，信用评级较低等天然的不利因素导致在向银行申请贷款时审批环节更复杂，利息成本更高。

即使获得了银行贷款，但是融资过度依赖银行贷款，抗风险能力差，一旦房地产调控加深，销售回款变慢就会引发严重的财务危机。目前来看，中小房企的融资方式过于单一化，急需通畅的融资渠道、合理的资本结构来保障其健康发展。

3. 中小房企存在的融资问题

（1）融资途径狭窄，主要依赖银行贷款。大型房企信用评级高可以很便捷地通过信托、债券方式筹集大量资金，渠道丰富且资金成本比较低。从2016年上半年以来，30强房企通过发债和海外融资达到近4000亿元的融资规模。反观中小房企，融资难度大，在资本市场体制不发达、金融创新滞后的情况下，中小房企在股票融资、债券融资、REITs、海外融资等融资渠道方面受到严格限制。中小房企的资金来源主要依赖银行贷款，形成了单一的信贷体系，同时商业银行承担了房地产投资的市场风险和融资信用风险。银行等传统金融机构出于风险管控的考虑，更青睐资产规模大、实力强的大型房产开发商，而中小房企随时都可能面临银行抽贷的风险。

中小房企的融资途径过于单一造成的直接影响就是企业负债过高，过高的负债必然存在巨大的资金流动风险。另外，受融资规模的限制，难以扩大投资规模，无法追赶行业内标杆性企业，成为企业发展瓶颈。

（2）融资成本高。融资成本是指企业为获得资金而付出的成本，涵盖资金筹措费和占用费。融资方式和融资结构的不同导致资金成本也不一样。大型房企基本都是优质的上市公司，信用评级高，借助发行债券筹集资本，利息率一般在4%～6%之间，融资成本低。例如2015年中海地产发行10亿美元担保票据，其中7亿美元的票据，10年期限票息仅为3.95%。SOHO中国成功发行的10亿美元优先票据，票息为5.75%。而中小房企发行债券存在诸多困难，仍然依赖传统的融资渠道。据数据统计，民间借贷的成本高达20%～30%，信托产品资金成本也达到15%～20%，都远远高于银行贷款利息。高额的融资成本逐渐侵蚀中小房企的利润空间，挤压了中小房企发展空间。

（3）融资结构不合理。目前，我国地产的金融化程度不高，虽然我国的房企融资资金来源直接融资的比重不断攀升，由2004年的30%上升到2012年的40.5%，但是中小房企开发资金直接融资比重很小。中小房企依赖的间接融资渠道多为债务资金，到期必须偿还本金，面临较大的还债额度和资金成本压力。而大型房企拥有大量的权益资本，融资结构相对合理，抗风险能力较强。

中小房企的短期资金较多，长期资金不足，资金的期限结构也非常不合理，由于房地产开发周期和资金回收期较长，因而长期资金需求和短期资金的供给期限不匹配是房地产投资的重要矛盾。以前房企可以通过使用购房者定金和建筑商资金延长资金使用期限，也可以向银行申请贷款延长来解决资金使用时间不匹配的问题。在信贷收紧的情况下，房企使用这些方法受到约束，这可能会导致不少中小房企资金紧张。

近年来房地产行业的去库存化、去杠杆化，使中小房企获得以间接融资为主的银行贷款越来越难，资金短缺压力进一步加大，亟需拓展新的融资方式，改善企业的融资结构。

（4）融资计划不合理。很多中小房企在制订融资计划时，筹集的资金与项目实际需要的资金存在较大的差异。一方面，企业存在盲目融资现象，不注重融资效益分析，借来大量的资金却没有和项目开发周期实现很好对接，出现资金过剩的情况而白白支付贷款利息。另一方面，有些企业融资时为节约利息成本而未留足充分的资金，可能导致项目开发过程中资金短缺，增加不必要的机会成本。因此，中小房企融资计划要与实际的项目运行相结合，合理地规划好资金的使用。

（5）缺乏健全的房地产融资市场体系。房地产行业的健康发展是国民经济持续稳定增长的必要条件，保障中小房企在资本市场上获得良好的融资环境需要健全的房地产融资市场体系。健全的市场体系需要完善的金融法律体系和多层次、多元化的资本市场结构。

在目前国内的融资体系下，房地产融资相关的法律法规没有形成科学的协调体系。资本市场明显发展乏力，融资工具创新明显不足。由于这样不健全的资本市场、不完善的监管体系，导致中小房企进入资本市场的门槛不断提高，虽然2004年后相继开创了中小板和创业板市场，但是只有那些高科技性和成长性的企业才满足上市的条件，大部分的中小房企想要上市融资仍然非常困难。

很多国外已经运用得非常成熟的融资工具如房地产投资信托基金（REITs）和住房抵押贷款证券化（MBS）在我国资本市场还没有真正运用。因此在实际操作过程中，很难有效规范融资主体的市场行为，导致中小房企处于一个资本市场体系下的不友好的融资环境。比如，我国现行的公司法、合同法、银行法等法律条文中很少涉及房地产信贷的条款和可具体运用的细则，诱发了某些开发商为骗取商业贷款伪造申请资料的行为。在这种情况下，银行等传统金融机构会对中小房企的放贷审批更加严格和繁琐，而房企融资恰恰需要资金迅速到位，加快项目开发进度。

4. 中小房企融资困境的原因

（1）房地产金融体系效率不高。金融体系的核心作用是将融资方和投资方的需求巧妙对接，促进资金的融通，以发挥资本市场对产业经济的支持作用。然而我国的资本市场金融资源难以得到有效和合理的分配。一方面，中小房企对资金的需求得不到满足；另一方面，存在大量的资金过剩，无法找到合适的对象进行投资。中小房企很难有效通过资本市场优化融资结构、降低融资成本。

（2）中小房企自身素质不高，信用意识淡薄。我国的房企，尤其很多中小房企起步较晚，发展最多不过20余年，有很多企业是垂涎房地产的暴利才开始涉足房地产。这类企业规模较小，项目开发经验不足，管理水平不高，不注重资金的积累和品牌的建设。而且中小房企的股权结构、治理制度存在很多不完善的地方，企业管理者和员工的素质与大企业相比较低。在高薪和发展前景的驱使下，高层次的人才向大企业流动。人才流动性较大，导致了高素质人才的缺乏，不利于其发展壮大。

此外，中小房企在开发经营过程中，信用缺失情况严重，拖欠贷款、延迟付款时有发生。总结起来，不规范的财务制度、混乱的管理机制、欠缺的诚信建设等是中小房企融资不利的一个重要原因。

（3）信息不对称。很多中小房企不是上市公司，自身的财务和内控制度并不完善，容易产生会计信息失真，造成金融机构和企业存在较为严重的信息不对称情况。因此，金融机构很难掌握他们的实际经营状况。在资金的使用过程中可能会损害银行利益，使银行承担过高风险。同时由于中小房企和大的地产企业在信息披露、经营透明度、抵押能力等方面差别较大，银行对中小房企的评估调查需要耗费更多的人力成本，贷款管理成本相对较高。银行信贷融资只能获得固定的利息收益，承担了较高的坏账风险而不能获取与风险匹配的收益，导致了银行缺乏为中小房企融资的动力。

（4）信用担保体制不完善。信用担保体制设计的初衷是为了有效解决中小房企融资难问题。但从实际调查情况来看，实际操作效果并不理想。主要原因有：一是在机构数量和担保贷款金额上，政府担保的份额过高，民间资本型担保的比重很低。由于中小房企量多面广，贷款需求具有明显的个性化，新陈代谢速度较快，因此政府根本不可能在完成社会管理职能之后还有足够的财力在中小企业担保体系中起主导性作用；二是中小房企的担保公司普遍规模较小，银行不愿把过高的信贷风险寄托于担保公司；三是担保公司为了减少风险，提高了担保条件和收费标准，限制了中小企业通过信用担保获得资金融通。

四、教学组织方式

（一）问题清单及提问顺序、资料发放顺序

本案例讨论题目依次为：

（1）中小房企常见的融资方式和特点有哪些？

（2）中小房企的融资现状是什么？

(3) 中小房企存在的融资问题有什么？

(4) 造成中小房企融资困境的原因是什么？

本案例的参考资料及其索引，在讲授有关知识点之后一次性布置给学员。

（二）课时分配

1. 课前计划

发放案例正文，提供思考问题给学生，请学生在课前完成阅读，了解相关理论知识，并对案例中涉及的问题进行讨论，以小组为单位形成初步观点。

2. 课堂计划

（1）课堂前言：教师简要介绍案例主题（5分钟）。

（2）案例故事回顾：采取随机提问形式对案例中的要点进行回顾，为下一步讨论打好基础（15—20分钟）。

（3）案例分析与讨论：按照研究问题的顺序逐个提出问题并进行理论的讲解和引导分析；提问面向小组，给出一定讨论时间，然后由小组选出代表回答（约定每位代表只能回答一个问题），同一问题可视情况请多个小组回答（所有问题的讨论和回答控制在100分钟）。

（4）案例总结：教师对讨论进行归纳总结，并进一步启发大家从更深层次、利用最新资料对案例进行跟踪和分析（10分钟）。

3. 讨论方式

本案例可以采用问题导向和通过分小组进行讨论。

4. 课堂总结

课堂讨论总结的关键是：归纳发言者的主要观点；重申其重点及亮点；提醒大家对焦点问题或有争议观点进行进一步思考；建议大家对案例素材进行扩展研究和深入分析。

案例 3

如何甩掉"山寨王"的称号：
众泰汽车的财务绩效分析

---

* 1. 本案例由广东工业大学管理学院的陈文涓、陈沉、肖鑫、陈越、黄江峡、李欣怡、李颖等共同撰写，作者拥有著作权中的署名权、修改权、改编权。
 2. 本案例授权广东工业大学产教融合 MPAcc 教学智库实验平台使用，广东工业大学产教融合 MPAcc 教学智库实验平台享有复制权、修改权、发表权、发行权、信息网络传播权、改编权、汇编权和翻译权。
 3. 由于企业保密的要求，在本案例中对有关名称、数据等做了必要的掩饰性处理。
 4. 本案例只供课堂讨论之用，并无意暗示或说明某种管理行为是否有效。

[案例封面]

专业领域：财务报表分析

适用课程：财务管理，财务报表分析

选用课程：适用于会计专业硕士、工商管理硕士的"财务管理"、"财务报表分析"，以及"财务会计"等相关课程的教学探讨。

编写目的：引导学员运用财务指标分析法对企业的财务绩效进行研究、评价，目的在于使学员熟悉掌握，并能举一反三。众泰汽车从2005年开始生产整车，众泰2008是众泰汽车生产的第一辆整车产品，至今已经十三年了。众泰汽车2011年销量仅为9万辆、尚处在生死边缘，一跃攀升至2016年销量33万辆，增长高达50%。众泰汽车是如何在汽车行业生存下来的？这个问题值得探讨。由此，本案例从众泰汽车的发展路径以及财务绩效来进行研究。同时，通过该研究，也有利于了解中国汽车行业的发展状况特别是中低端汽车的发展状况。

知 识 点：财务分析指标；财务绩效

关 键 词：众泰汽车；发展路径；财务绩效

中文摘要：汽车工业在制造业中占有很大比重，是世界上规模最大和最重要的产业之一，对工业结构升级和相关产业发展有很强的带动作用。众泰汽车从生产汽车零部件到如今生产汽车整车，已经有十余载。但是，众泰汽车目前面临的问题是：如何甩掉"山寨王"的称号？众泰T600、众泰SR9、众泰Z700分别与途锐、保时捷和奥迪A6的车型高度相似。而且很多车主都评论众泰汽车的质量普遍较差。众泰汽车应该尽快打破这种局面，依靠自主创新能力，创造属于自己的车型，打造属于自己的品牌，生产出质量上乘的高端车型。

[案例正文]

一、案例背景

（一）相关理论基础

1. 财务绩效相关概念

（1）财务绩效概念。财务绩效是企业战略及其实施和执行是否正在为最终的经营业绩做出的贡献。财务绩效能够较全面地表达企业在成本控制、资产运用、资金来源调配的效果以及股东权益报酬率的组成。

（2）财务绩效评估概念。财务绩效评估是指应用财务的指标体系对绩效进行科学适宜的评价。其内涵涉及财务指标的选取、指标体系的建立以及运用何种评价方法等。财务绩效评估将绩效评估限定在财务的范畴，具有一定的局限性，但同时又与非财务指标区别开来，有利于清晰绩效评估。

（3）财务绩效的评估方法。财务绩效的评估方法有财务指标分析法、沃尔评价指标体系和经济增加值法等。

财务指标分析是指总结和评价企业财务状况与经营成果的分析，包括偿债能力分析、营运能力分析、盈利能力分析和发展能力分析等。本案例财务指标分析框架如表3-1所示。

表3-1 财务指标分析表

分类	指标
偿债能力分析	流动比率＝流动资产÷流动负债
	速动比率＝速动资产÷流动负债
	现金流动负债比率＝一定时期的经营现金净流量÷流动负债
	资产负债率＝负债总额÷资产总额
	权益乘数＝资产总额÷所有者权益总额
营运能力分析	应收账款周转率＝主营业务收入净额÷平均应收账款余额
	存货周转率＝一定时期内的主营业务成本÷存货平均余额
	总资产周转率＝主营业务收入净额÷资产总额
盈利能力分析	主营业务毛利率＝销售毛利÷主营业务收入净额
	净资产收益率＝一定时期内的净利润÷平均净资产
发展能力分析	销售增长率＝本年销售收入增长额÷上年销售收入总额
	净利润增值率＝本年净利润增长额÷上年净利润

（二）公司简介

众泰汽车创立于2003年，是一家以汽车整车及发动机、模具、钣金件、变速器等汽车关键零部件为核心业务的民营企业。目前，众泰汽车旗下拥有众泰、江南两大自主汽车品牌，产品覆盖轿车、SUV、MPV 和新能源汽车等细分市场。

（三）发展路径

众泰汽车的发展历程如表 3-2 所示。

表 3-2 众泰汽车的发展历程

年份	发 展 历 程
2006	众泰汽车"众泰 2008"全面上市
2006	众泰汽车"众泰 2008"出口叙利亚
2007	众泰集团成功控股江南汽车
2007	众泰汽车"江南奥拓"亮相上海车展
2007	众泰汽车"江南 07 款奥拓"在湖南成功下线
2007	众泰汽车"新众泰 2008"在全国上市
2007	众泰汽车"新众泰 2008"出口阿尔及利亚
2008	众泰汽车"江南奥拓"上市
2008	众泰汽车"众泰 5008"在全国上市
2008	众泰汽车纯电动汽车获得国家第一个产销许可
2008	众泰汽车"梦迪博朗"在众泰江南长沙汽车产业园下线并在全国成功上市
2009	众泰汽车"众泰 2008EV"杭州车主取得中国纯电动乘用车的第一个车牌
2009	众泰汽车"众泰 2008EV"作为中国纯电动乘用车在上海车展上市
2010	众泰汽车出口印度
2010	众泰汽车"乐睿 CVT"在全国上市
2010	众泰汽车"朗"系列亮相北京车展
2010	众泰汽车"郎朗"在杭州基地成功下线
2010	众泰汽车在中国杭州售出第一台针对个人消费者的纯电动车
2010	众泰汽车"朗悦"在全国成功上市
2010	众泰汽车的 EV 纯电动汽车亮相世界电动车大会
2011	众泰汽车"朗悦"纯电动汽车成为杭州首批电动出租车正式运营
2011	众泰汽车"V10/微面"在永康生产基地成功下线
2012	众泰首款中级家轿众泰 Z300 在北京国际车展亮相
2013	众泰 T200 被列入警务用车目录
2013	众泰 Z100、Z300 1.6AT、T200 亮相第十五届上海国际汽车展
2013	众泰 Z300 1.6L 自动挡上市
2013	众泰 T600 下线并在成都上市
2013	众泰汽车天猫旗舰店"双十一"正式上线

续上表

年份	发 展 历 程
2014	众泰 T600 上市首月销量破 5000 辆
2014	众泰 E20 纯电动车、Z100EV、Z300 新视界版、T600 1.5T 旗舰版、云 100 上市,众泰 T600 2.0T MT 越级上市
2015	众泰 Z700 上市
2015	众泰汽车大迈 X5 投产下线
2016	众泰 SR9 在北京上市
2016	众泰新能源汽车 E200 在北京国际汽车展览会全球首发上市
2016	众泰汽车 T600 运动版正式下线发布
2016	众泰新能源汽车云 100S 上市
2017	众泰 E200 在上海上市
2017	众泰大迈 X7、T700、T600Coupe、T300 上市,众泰 Z560、众泰 Z360 升级上市

二、众泰汽车的财务绩效分析

(一) 汽车行业财务绩效

1. 偿债能力分析

如表 3-3 所示,我国汽车行业权益乘数的行业平均值和行业中值呈下降趋势。这说明,汽车行业中的股东平均投入的资本在汽车行业的平均资产中所占的比重越来越大,股东资本所占的比重越大,负债占资产的占比相对会减少,因此汽车行业的财务风险就会有所降低,同时偿债能力也在逐渐增强。而众泰汽车的 2015—2017 年的权益乘数都大于行业平均值,这说明众泰汽车的偿债能力达到了行业平均水平。

表 3-3 汽车行业权益乘数分析表

	行业权益乘数 (%)			
	3 年平均	2015 年	2016 年	2017 年
行业平均值	210.27	217.78	218.25	194.77
行业中值	165.58	175.70	180.81	143.43
众泰汽车	446.86	580.73	562.51	197.35

注:数据来源自东方财富网。

2. 营运能力分析

如表 3-4 所示,汽车行业的总资产周转率的行业平均值和行业中值都是呈下降趋势的。总资产周转率下降可能是因为汽车行业中的某些企业存在闲置资产和利用不充分的资产,也可能是因为汽车行业的销售收入增长率降低了。总之,汽车行业的营运能力在逐渐下降。2016—2017 年,众泰汽车的总资产周转率都低于行业平均值,说明众泰汽车的营运能力低于行业平均水平，处于中下水平；众泰汽车需要加强营运能力，向汽车行业的中上水平靠拢。

表3-4 汽车行业总资产周转率分析表

	总资产周转率（%）			
	3年平均值	2015年	2016年	2017年
行业平均值	79.11	82.61	78.50	76.22
行业中值	68.87	72.72	71.87	64.99
众泰汽车	78.46	105.33	67.34	62.72

3. 盈利能力分析

如表3-5所示，汽车行业的净利率行业平均值和行业中值呈下降趋势。一部分原因是汽车行业的销售收入增长，但是净利润的增长幅度低于销售收入的增长幅度。净利润不仅受到销售收入的影响，还会受到销售成本、管理费用、销售费用、财务费用等的影响。如今的汽车行业讲究创新生产，在研发方面投入更多的资金，因此汽车行业成本费用的增长比率可能高于销售收入的增长比率，净利润增长比率低于销售收入的增长比率，净利率呈下降趋势，汽车行业的盈利能力不断下降。众泰汽车的净利率低于行业平均水平，处于汽车行业的中下水平。

表3-5 汽车行业净利率分析表

	净利率（%）			
	3年平均	2015年	2016年	2017年
行业平均值	11.96	11.80	12.20	11.42
行业中值	8.99	9.11	8.82	8.55
众泰汽车	5.59	7.04	4.27	5.46

注：数据来源自东方财富网。

如表3-6所示，汽车行业的净资产收益率平均值和行业中值呈下降趋势。可能是在净资产不变的情况下，净利润下降；也可能是在净利润不变的情况下，净资产增加，或者是因为净利润的增长幅度低于净资产的增长幅度。总的来说，汽车行业盈利能力在逐渐变弱。2017年，众泰汽车的净资产收益率低于行业平均值，盈利能力低于行业平均值，处于行业的中低水平。众泰汽车应该设法提高其盈利能力，才能在汽车行业中占一席之地。

表3-6 汽车行业净资产收益率分析表

	净资产收益率（%）			
	3年平均	2015年	2016年	2017年
行业平均值	15.12	16.51	15.96	12.89
行业中值	11.30	12.14	11.87	10.59
众泰汽车	22.01	43.08	16.17	6.76

4. 发展能力分析

如表3-7所示,可以看出汽车行业的销售增长率的行业平均值和行业中值的预测值呈下降趋势。2017年的销售增长率的行业平均值要高于3年复合的平均值,这说明2017年汽车行业的发展能力强于前几年。但是根据预测值,汽车行业的发展能力可能会逐渐减弱。2017年,众泰汽车的销售增长率远低于行业平均值,这说明众泰汽车的发展能力远低于行业平均值,若要在汽车行业有所发展,众泰汽车必须做出改变,否则其市场份额就会被其他品牌所占据。

表3-7 汽车行业的销售增长率分析表

	销售增长率(%)				
	3年复合	2017年	2018年预测值	2019年预测值	2020年预测值
行业平均值	10.42	14.29	14.03	9.03	12.48
行业中值	16.14	17.81	19.53	16.69	13.81
众泰汽车	—	-38.07	—	—	—

如表3-8所示,汽车行业的净利润增长率的行业平均值和行业中值的预测值呈下降趋势。而2017年的净利润增长率的行业平均值则远远低于3年复合的平均值,2017年汽车行业的发展能力弱于前几年,而且从净利润增长率的预测值中,也可以看出汽车行业的发展能力可能会逐渐减弱。2017年众泰汽车的净利润增长率远低于行业平均值,众泰汽车应该从多方面着手,提高营业收入,同时降低生产成本,尽可能地在保持市场份额的基础上进一步地扩张,否则难以在汽车行业中发展下去。

表3-8 中国汽车行业的净利润增长率分析表

	净利润增长率(%)				
	3年复合	2017年	2018年预测值	2019年预测值	2020年预测值
行业平均值	14.15	-3.93	21.05	15.65	10.89
行业中值	18.10	6.21	29.18	21.06	13.92
众泰汽车	—	-44.36	—	—	—

(二)众泰汽车与其他汽车企业的财务绩效比较

本案例选取北京汽车、吉利汽车、一汽轿车、海马汽车的财务指标与众泰汽车的财务指标做比较。众泰汽车的细分市场大致为轿车、SUV、MVP和新能源汽车,主要生产的是乘用车,上述汽车的细分市场与众泰汽车的细分市场大致相同。

1. 偿债能力分析

(1)速动比率的分析比较。如表3-9所示,可以看出:

第一,北京汽车的速动比率保持在62.65%～71.12%之间,变化幅度不大。这是因为北京汽车的流动负债和速动资产基本上是同幅度增长,速动比率变化幅度不大,说明北京汽车的短期偿债能力比较稳定。

表3-9 众泰汽车与其他汽车企业的速动比率比较分析表

时　　间	速动比率（%）				
	2014.12	2015.12	2016.6	2017.6	2017.12
北京汽车	64.56	62.65	67.90	68.92	71.12
众泰汽车	88.99	79.15	70.82	79.84	101.01
吉利汽车	132.72	117.96	117.52	108.07	94.15
一汽轿车	61.05	62.70	50.72	71.07	85.28
海马汽车	90.92	82.04	69.96	51.45	69.47

第二，众泰汽车的速动比率先呈下降趋势后呈上升趋势。众泰汽车的速动资产和流动负债逐年增长，但在2014年12月至2016年6月之间，速动资产的增长幅度低于流动负债的增长幅度，所以在此期间，速动比率呈下降趋势；在2016年6月至2017年12月期间，速动资产的增长幅度大于流动负债的增长幅度，这期间的速动比率呈上升趋势。因此，众泰汽车的短期偿债能力是有所提高的。

第三，吉利汽车的速动比率呈下降趋势。吉利汽车的速动资产和流动负债每年都在增长，但是速动资产的增长幅度要小于流动负债的增长幅度，速动比率在逐年下降，这意味着，吉利汽车的短期偿债能力有变弱的趋势。

第四，一汽轿车的速动比率先呈下降趋势后呈上升趋势。2014年12月至2016年6月之间，一汽轿车的速动比率是呈下降趋势的，一汽轿车的速动资产和流动负债逐年下降，速动资产的下降幅度要大于流动负债的下降幅度；在2016年6月至2017年12月期间，一汽轿车的速动比率呈增长趋势，一汽轿车的速动资产和流动负债逐年增长，且速动资产的增长幅度要大于流动负债的增长幅度，一汽轿车的短期偿债能力在增强。

第五，海马汽车的流动比率是先下降后上升的。在2014年12月至2015年12月期间，海马汽车的速动资产和流动负债有所增长，但速动资产的增长幅度要小于流动负债的增长幅度；在2015年12月至2017年6月期间，海马汽车流动比率呈下降趋势，其速动资产和流动负债呈下降趋势，而且速动资产的下降幅度要大于流动负债的下降幅度。而在2017年6月至2017年12月期间，流动负债和流动资产都有所增长，流动资产的增长幅度要大于流动负债的增长幅度，所以在此期间，流动比率有所增长。总体上，海马汽车流动比率呈下降趋势，短期偿债能力在变弱。

综上观察，吉利汽车的速动比率大致都比其他四家企业要高，吉利汽车在这五家企业中具有较强的短期偿债能力。北京汽车的偿债能力比较稳定，众泰汽车和一汽轿车的偿债能力在增强，吉利汽车和海马汽车的偿债能力在减弱。

（2）现金流动负债比率分析比较。如表3-10所示，可以看出：

表 3-10　众泰汽车与其他汽车企业的现金流动负债比率比较分析表

时　间	现金流动负债比率（％）				
	2014.12	2015.12	2016.6	2017.6	2017.12
北京汽车	4.39	15.33	4.54	9.60	
众泰汽车	32.55	15.80	-8.36	0.56	0.06
吉利汽车	11.39	36.23	16.04	21.88	24.03
一汽轿车	2.51	9.49	-2.14	3.56	23.03
海马汽车	10.80	9.39	10.92	-18.17	-28.28

第一，北京汽车的现金流动负债比率总体上呈上升趋势，但是其变化幅度不大。这是因为北京汽车的流动负债是逐年增长的，但经营活动产生的现金流量净额在2014年12月至2015年12月是增长的，而且其增长幅度要大于流动负债的增长幅度，所以2014年12月至2015年12月期间的现金流动负债比率是上升的。在2015年12月至2016年6月期间，经营活动产生的现金流量净额是下降的，所以在这期间，现金流动负债比率是下降的。在2016年6月至2017年6月期间，经营活动产生的现金流量净额是呈上升趋势的，而且其增长幅度大于流动负债的增长幅度，所以在这期间，现金流动负债比率是呈上升趋势的。总的来说，北京汽车的偿债能力是在缓慢增强。

第二，众泰汽车的现金流动负债比率总体上呈下降趋势。众泰汽车的流动负债是逐年增长的，而经营活动产生的现金流量净额总体呈下降趋势，所以其现金流动负债比率总体下降，偿债能力在减弱。

第三，吉利汽车的现金流动负债比率从总体上看是呈上升趋势。这是因为吉利汽车的流动负债逐年增长，而经营活动产生的现金流量净额总体呈上升趋势，但经营活动产生的现金流量净额的增长幅度大于流动负债的增长幅度，总的来说，吉利汽车的偿债能力在变强。

第四，一汽轿车的现金流动负债比率总体来说呈上升趋势。这是因为一汽轿车的流动负债总体呈下降趋势，而经营活动产生的现金流量净额总体呈上升趋势。所以，现金流动负债比率总体是上升的，同时也说明一汽轿车的偿债能力在增强。

第五，海马汽车的现金流动负债比率总体来看呈下降趋势。这是因为海马汽车流动负债和经营活动产生的现金流量净额总体呈下降趋势，而经营活动产生的现金流量净额的下降幅度大于流动负债的下降幅度，所以现金流动负债比率总体呈下降趋势。

总的来说，吉利汽车的现金流动负债比率普遍比其他四家企业的要高，因此吉利汽车在五家企业中具有较强的偿债能力。

（3）资产负债率的比较。如表3-11所示，可以看出：

第一，北京汽车的资产负债率总的来看呈增长趋势，但增长幅度不大。因为资产总额逐年增长，而负债总额在2014年12月至2017年6月是增长的，其增长幅度大于资产总额的增长幅度，因此在此期间，资产负债率是呈增长趋势的。然而在2017年6月至2017年12月期间，其负债总额有所下降，所以在此期间，资产负债率有所下降。但总的来说还是有所增长的，这说明北京汽车的偿债能力有小幅度的减弱。

表3-11　众泰汽车与其他汽车企业的资产负债率比较分析表

时间	资产负债率（%）				
	2014.12	2015.12	2016.6	2017.6	2017.12
北京汽车	61.80	63.05	63.85	67.66	64.37
众泰汽车	94.45	82.78	82.22	53.60	49.33
吉利汽车	53.15	53.33	52.49	58.22	59.04
一汽轿车	57.90	51.52	53.84	53.64	56.88
海马汽车	39.66	44.18	41.30	39.08	47.65

第二，众泰汽车的资产负债率呈下降趋势，而且下降幅度颇大。其资产总额和负债总额逐年增长，由于2017年金马股份成功收购众泰汽车，2017年6月众泰汽车的资产总额有大幅度增长，资产总额的增长幅度大于负债总额的增长幅度，资产负债率得到大幅度下降。同时也说明了众泰汽车的偿债能力在增强。

第三，吉利汽车的资产负债率保持在50%～60%之间，增长幅度不大。吉利汽车的资产总额和负债总额是逐年增长的，而且增长幅度大致同步，因此，吉利汽车的资产负债率保持稳定，偿债能力比较稳定。

第四，一汽轿车的资产负债率保持在50%～60%之间，变化幅度不大。一汽轿车的资产总额和负债总额总体来看呈下降趋势，而且下降幅度大致相同，因此，一汽轿车的资产负债率保持稳定水平，说明偿债能力较为稳定。

第五，海马汽车的资产负债率保持在39%～50%之间，变化幅度不大。这是因为，海马汽车的资产总额和负债总额的变化幅度较一致，所以偿债能力比较稳定的。

一般来说，企业的资产负债率在45%～65%之间是比较合理的。北京汽车、吉利汽车和一汽轿车的资产负债率是比较合理的，众泰汽车和海马汽车的资产负债率偏低，需要加强其融资能力。

（4）权益乘数的比较。如表3-12所示，可以看出：

第一，众泰汽车的权益乘数呈下降趋势，而且其下降幅度颇大。众泰汽车的资产总额和所有者权益总额逐年增长，且资产总额增长幅度大于所有者权益总额的增长幅度。这是由于2017年金马股份收购了众泰汽车，众泰汽车的资产总额在2017年6月有大幅度的增加，同时其偿债能力逐渐增强。

表3-12　众泰汽车与其他汽车企业的权益乘数的比较分析表

时间	权益乘数（%）				
	2014.12	2015.12	2016.6	2017.6	2017.12
北京汽车	261.76	270.65	276.61	309.25	280.68
众泰汽车	1805.25	580.73	562.51	215.50	197.35
吉利汽车	213.44	214.25	210.46	239.34	244.12
一汽轿车	237.55	206.27	216.63	215.69	231.92
海马汽车	165.73	179.16	170.36	164.15	191.02

第二，北京汽车的权益乘数小幅增长。北京汽车的资产总额和所有者权益总额是逐年增长的，其增长幅度基本一致，权益乘数变化幅度不大，说明偿债能力比较稳定。

第三，吉利汽车的权益乘数在200%～250%之间小幅增长。吉利汽车的资产总额和所有者权益总额逐年增长，而且资产总额的增长幅度略大于所有者权益总额的增长幅度，所以权益乘数有细微增长，说明偿债能力较为稳定。

第四，一汽轿车的权益乘数保持在200%～250%之间。一汽轿车的资产总额总体小幅下降，而其所有者权益也有小幅下降，但是下降幅度都不大，因此权益乘数和偿债能力比较稳定。

第五，海马汽车的权益乘数在150%～200%之间，有小幅增长。海马汽车的资产总额和所有者权益总额都有小幅下降，所有者权益总额的下降幅度大于资产总额的下降幅度，所以海马汽车的权益乘数有小幅增长，这说明海马汽车的偿债能力较稳定。

汽车行业的权益乘数平均值在200%～220%之间，众泰汽车、吉利汽车和一汽轿车的权益乘数处于行业平均水平，这说明众泰汽车、吉利汽车和一汽轿车的偿债能力与行业平均相当；北京汽车的权益乘数高于行业平均值，这说明北京汽车的偿债能力比行业平均水平弱；海马汽车的权益乘数低于行业平均值，这可能是因为海马汽车的融资能力较弱，应该加强其融资能力。

2. 营运能力分析

（1）应收账款周转率分析。如表3-13所示，可以看出：

第一，北京汽车、一汽轿车和众泰汽车的应收账款周转率总体的趋势是下降的。应收账款和应收票据的总额逐年增长，营业收入大致是逐年增长的，但是应收账款和应收票据总额的增长幅度要大于营业收入的增长幅度，所以应收账款周转率总体下降。这说明营运能力在下降，营运资金呆滞在应收账款上。

表3-13　众泰汽车与其他汽车企业的应收账款周转率比较分析表

时　间	应收账款周转率（%）				
	2014.12	2015.12	2016.6	2017.6	2017.12
北京汽车	877.73	768.24	287.22	299.50	674.77
众泰汽车	413.49	677.09	263.76	106.44	263.10
吉利汽车	132.67	203.14	130.50	203.48	277.08
一汽轿车	553.66	566.82	250.91	240.74	405.37
海马汽车	461.87	433.23	528.98	454.26	489.95

第二，吉利汽车的应收账款周转率呈增长趋势。吉利汽车的应收账款、应收票据的总额和营业收入都是逐年增长的，且营业收入的增长幅度要大于应收账款和应收票据总额的增长幅度，所以应收账款周转率呈增长趋势。这说明吉利汽车的营运能力在增强。

第三，海马汽车的应收账款周转率基本保持在450%～500%之间，有小幅增长。海马汽车的营业收入、应收账款和应收票据的总额逐年下降，而应收账款和应收票据总额的下降幅度大于营业收入的下降幅度，所以应收账款周转率有小幅增长，营运能力有小幅提升。

(2) 存货周转率分析。如表 3-14 所示，可以看出：

第一，北京汽车和吉利汽车的存货周转率基本呈上升趋势。因为北京汽车的存货总额和营业成本均逐年增长，但是存货总额的增长幅度要小于营业成本的增长幅度，所以存货周转率总体增长，营运能力在加强。

表 3-14　众泰汽车与其他汽车企业的存货周转率比较分析表

时　间	存货周转率（%）				
	2014.12	2015.12	2016.6	2017.6	2017.12
北京汽车	428.14	697.36	308.84	354.64	584.62
众泰汽车	2389.20	1337.84	440.95	123.56	560.47
吉利汽车	1097.60	2011.76	1167.59	626.23	1240.67
一汽轿车	633.20	640.46	221.96	328.96	974.71
海马汽车	771.10	667.13	404.34	265.34	642.50

注：数据来自公开数据整理。

第二，众泰汽车的存货周转率呈下降趋势。因为众泰汽车的存货总额和营业成本逐年增长，但存货总额的增长幅度要大于营业成本的增长幅度，所以存货周转率总体下降，营运能力在变弱。

第三，一汽轿车的存货周转率基本呈上升趋势。一汽轿车的存货总额和营业成本都大致呈下降趋势，而存货总额的下降幅度大于营业成本的下降幅度，所以存货周转率呈上升趋势，营运能力在变强。

第四，海马汽车的存货周转率基本呈下降趋势。海马汽车的存货基本保持在 15 亿～16 亿元之间，但营业成本逐年下降，所以存货周转率呈下降趋势，营运能力减弱。

一般来说，提高企业的存货周转率较好。吉利汽车的存货周转率普遍都比其他四家汽车企业高，所以就存货周转率而言，吉利汽车的营运能力较强。而众泰汽车的存货周转率在下降，存货逐渐增长，所以众泰汽车应该减少存货，加快存货的周转速度。

(3) 总资产周转率的比较分析。如表 3-15 所示，可以看出：

第一，北京汽车和吉利汽车的总资产周转率基本呈上升趋势。资产总额和营业收入逐年上升，而营业收入的增长幅度大于资产总额的增长幅度，所以，总资产周转率是呈增长趋势的，营运能力是在增强的。

第二，众泰汽车的总资产周转率大致是呈下降趋势的。众泰汽车的资产总额和营业收入都是呈上升趋势的，但是资产总额的上升幅度大于营业收入的上升幅度，所以总资产周转率大致是呈下降趋势的，营运能力在减弱。

表 3-15　众泰汽车与其他汽车企业的总资产周转率比较分析表

时　间	总资产周转率（%）				
	2014.12	2015.12	2016.6	2017.6	2017.12
北京汽车	51.31	66.03	34.81	39.87	80.14
众泰汽车	96.25	105.33	67.34	19.21	62.72

续上表

时　间	总资产周转率（%）				
	2014.12	2015.12	2016.6	2017.6	2017.12
吉利汽车	58.31	71.26	40.22	58.17	109.15
一汽轿车	161.72	147.82	50.27	76.57	150.51
海马汽车	76.68	70.02	40.56	32.17	61.31

第三，一汽轿车和海马汽车的总资产周转率总体是呈下降趋势的。资产总额和营业收入小幅下降，而营业收入下降的幅度大于资产总额下降的幅度，所以，总资产周转率总体呈下降趋势，营运能力在变弱。

因此，众泰汽车的总资产周转率在下降，众泰汽车应该加快资产的周转速度，提高其营运能力。

3．盈利能力分析

（1）主营业务毛利率比较分析。如表3-16所示，可以看出：

第一，北京汽车的主营业务毛利率在逐年上升。从总体来看，北京汽车的主营业务收入和主营业务成本都是呈上升趋势的，但是主营业务收入的增长幅度大于主营业务成本的增长幅度，所以，北京汽车的主营业务毛利率明显逐年上升。这说明，北京汽车的盈利能力在逐年增强。

表3-16　众泰汽车与其他汽车企业的主营业务毛利率比较分析表

时　间	主营业务毛利率（%）				
	2014.12	2015.12	2016.6	2017.6	2017.12
北京汽车	15.94	18.16	21.93	26.21	26.46
众泰汽车	9.77	17.95	17.38	17.52	18.77
吉利汽车	18.23	18.15	17.73	19.16	19.38
一汽轿车	21.42	20.59	14.74	25.34	22.48
海马汽车	15.61	15.52	15.13	13.46	9.87

第二，众泰汽车和吉利汽车的主营业务毛利率变化幅度不大，盈利能力比较稳定。

第三，一汽轿车的主营业务毛利率变动较大，盈利能力稳定性不强。

第四，海马汽车主营业务毛利率是呈下降趋势的。海马汽车的主营业务收入和主营业务成本大致是呈下降趋势的，主营业务毛利率的下降幅度大于主营业务收入的下降幅度，所以主营业务毛利率呈下降趋势，盈利能力是减弱的。

从表3-16可以看出北京汽车的主营业务毛利率是最高的，所以从主营业务毛利率的角度来看，北京汽车的盈利能力在五家汽车企业中最强。

（2）净利率的比较分析。如表3-17所示，可以看出：

第一，北京汽车的净利率在5%～10%之间，有小幅下降。北京汽车的营业收入和净利润大致呈上升趋势，但是净利润的增长幅度小于营业收入的增长幅度，所以净利率小幅下降。这说明,北京汽车的盈利能力还是较为稳定的,有小幅度的减弱。

表3-17 众泰汽车与其他汽车企业的净利率比较分析表

时间	净利率(%)				
	2014.12	2015.12	2016.6	2017.6	2017.12
北京汽车	10.36	7.52	9.01	7.56	8.20
众泰汽车	3.02	7.04	4.27	3.84	5.46
吉利汽车	6.67	7.59	10.67	11.13	11.57
一汽轿车	0.40	0.23	-10.32	3.23	1.14
海马汽车	2.18	0.84	1.67	0.43	-14.62

第二,众泰汽车的净利率大致在3%~7%范围内,盈利能力较为稳定,但净利率不突出。

第三,吉利汽车的净利率基本呈上升趋势。吉利汽车的营业收入和净利润大致是逐年增长的,而净利润的增长幅度大于营业收入的增长幅度,所以,净利率基本呈上升趋势,盈利能力增强。

第四,一汽轿车的净利率不容乐观,营业收入呈下降趋势,盈利能力下降。

第五,海马汽车的净利率呈下降趋势,盈利能力在减弱。

(3)净资产收益率的比较分析。如表3-18所示,可以看出:

第一,北京汽车的净资产收益率在10%~20%之间,表现较好。北京汽车的所有者权益总额和净利润大致都是呈上升趋势的,而净利润的增长幅度大于所有者权益总额的增长幅度,所以净资产收益率和盈利能力有较好提升。

表3-18 众泰汽车与其他汽车企业的净资产收益率比较分析表

时间	净资产收益率(%)				
	2014.12	2015.12	2016.6	2017.6	2017.12
北京汽车	13.92	13.43	8.68	9.33	18.44
众泰汽车	52.49	43.08	16.17	1.59	6.76
吉利汽车	8.30	11.59	9.03	15.49	30.84
一汽轿车	1.56	0.69	-11.24	5.34	3.98
海马汽车	2.76	1.05	1.16	0.23	-17.12

第二,众泰汽车的净资产收益率是逐年下降的。众泰汽车的所有者权益总额是逐年增长的,而它的净利润在2亿~10亿元之间,所以净资产收益率呈下降趋势,盈利能力在减弱。

第三,吉利汽车的净资产收益率是呈增长趋势的。吉利汽车的净利润和所有者权益总额都是逐年上涨的,而且净利润的增长幅度大于所有者权益总额的增长幅度,所以净资产收益率和盈利能力在显著增强。

第四,一汽轿车的净资产收益率和盈利能力不够稳定,变动较大。

第五,海马汽车的净资产收益率是呈下降趋势的。海马汽车的所有者权益总额和净利润呈下降趋势,但净利润的下降幅度大于所有者权益总额的下降幅度,所以,净资产收益率呈下降趋势,盈利能力在减弱。

近三年来,汽车行业的净资产收益率在逐年下降,但是普遍在12%以上。北京汽车和吉利汽车大致都能达到行业平均水平,而众泰汽车、一汽轿车和海马汽车的净资产收益率要低于行业平均。所以众泰汽车、一汽轿车和海马汽车应该设法提高自身的净利润,从而提高其盈利能力。

4. 发展能力分析

(1)销售增长率的比较分析。如表3-19所示,可以看出:

第一,北京汽车的销售增长率有所下降,但是还是保持正向增长,这说明,北京汽车的营业收入大致呈增长趋势,发展能力较好。

表3-19 众泰汽车与其他汽车企业的销售增长率比较分析表

时间	销售增长率(%)				
	2014.12	2015.12	2016.6	2017.6	2017.12
北京汽车	—	49.21	—	36.09	—
众泰汽车	—	107.63	—	-38.07	—
吉利汽车	—	38.64	—	117.94	—
一汽轿车	—	-21.25	—	57.84	—
海马汽车	—	-1.38	—	-24.15	—

第二,众泰汽车的销售增长率有所下降,但是2017年6月的销售增长率为负,也就是说2017年6月的销售收入比2016年6月的营业收入要低。这意味着众泰汽车的发展能力有减弱的趋势。

第三,吉利汽车的销售增长率上升,这说明吉利汽车的营业收入呈上升趋势,发展能力良好。

第四,一汽轿车的销售增长率有所上升,这意味着一汽轿车的营业收入大致呈上升趋势,发展能力有所增强。

第五,海马汽车的销售增长率呈下降趋势,营业收入逐年下降,发展能力在减弱。

2017年,汽车行业的销售增长率的均值为14.29%,北京汽车、吉利汽车、一汽轿车的销售增长率都高于行业平均值,说明它们的发展能力高于行业平均水平;而众泰汽车和海马汽车的销售增长率低于行业平均值,它们应该设法提高销售收入,增强其发展能力。

(2)净利润增长率的比较分析。如表3-20所示,可以看出:

第一,北京汽车、吉利汽车的净利润增长率是呈上升趋势的,说明其发展能力逐年增强。

第二,众泰汽车、一汽轿车和海马汽车的净利润增长率呈下降趋势,说明其发展能力在减弱。

表 3-20　众泰汽车与其他汽车企业的净利润增长率比较分析表

时间	净利润增长率（%）				
	2014.12	2015.12	2016.6	2017.6	2017.12
北京汽车	—	8.23	—	14.20	—
众泰汽车	—	384.00	—	-44.36	—
吉利汽车	—	57.93	—	127.29	—
一汽轿车	—	-55.80	—	-149.43	—
海马汽车	—	-62.03	—	-80.31	—

注：数据来源为公开数据整理。

汽车行业的净利润增长率 3 年复合的均值是 14.15%。北京汽车、吉利汽车的净利润增长率都高于行业平均值，说明北京汽车、吉利汽车的发展能力强于行业平均水平。众泰汽车、一汽轿车、海马汽车的净利润增长率低于行业平均值，所以它们应该设法提高营业收入，降低成本费用，从而提高发展能力。

三、众泰汽车的财务风险和研发投入

（一）财务风险分析

1. 众泰汽车营业收入分析

如表 3-21 所示，可以看出众泰汽车的营业收入从总体上来看大致是呈上升趋势的，但是在 2016—2017 年之间有所下降。在金马股份收购众泰汽车后，众泰汽车的营业收入开始增长，这可能是因为资金投入更多，而且企业生产的范围扩大所引起的。

表 3-21　众泰汽车营业收入分析表　　　　单位：亿元

时间	2014.12	2015.12	2016.6	2017.6	2017.12
营业收入	66.20	137.45	93.45	57.87	208.04

注：数据来源为公开数据整理。

2. 众泰汽车的新能源汽车产销量

从 2018 年 4 月 1 日开始，"双积分"政策开始实施。所谓"双积分"，是指平均燃油消耗量积分加上新能源汽车积分。过去，汽车制造商的平均燃油消耗量达标了，其旗下的车型就能顺利生产。如果没达标，那么平均油耗就是"负积分"。"负积分"没抵偿，会受到暂停高油耗产品申报或生产等处罚。目前，国家在这个基础上又加上了"新能源汽车积分"。就是汽车公司没生产新能源汽车或新能源汽车产量不够，会要求汽车公司停产高油耗车型作为处罚。如果不想停产，汽车公司就需要花钱去向其他制造商买新能源积分来补偿自己的负分。另外，新能源汽车也能结转，如果头一年生产的新能源汽车数量超过标准数，即赚了"正积分"，就可以用来弥补第二年新能源汽车的"负积分"。

2017 年 6 月，众泰汽车的非电动乘用车的生产比例占全部汽车的 87.68%，而销售比例占 87.77%；纯电动乘用车的生产比例仅占 12.32%，销售比例占 12.23%。总体来看，纯电动乘用车的生产比例还是偏低。

3. 众泰汽车财务费用分析

如表3-22所示，可以看出众泰汽车的财务费用总体上呈上升趋势，这说明众泰汽车向银行借款和贴现的金额越来越多。同时也可以说，众泰汽车的自有资金不足以支撑其企业运作。众泰汽车应该要在合理的范围内借款，而且要设法提高营业收入，同时要加快应收账款的回转速度。

表3-22 众泰汽车财务费用分析表

时间	2014.12	2015.12	2016.6	2017.6	2017.12
财务费用（亿元）	0.59	0.66	0.79	0.45	1.09

（二）研发投入分析

1. 研发投入构成

2017年，众泰汽车投入的研发人员为1876人，研发人员的数量占比为11.57%。

最近几年，众泰汽车的开发支出正在逐年上涨，研发费用也在逐年上升，但是众泰汽车的销售收入仍是不理想。如表3-23所示，可以看出众泰汽车对研发投入的支出是在逐年增长的，但是研发投入占营业收入比重较低。而众泰汽车的研发人员投入数量颇多，是一汽轿车研发人员的2.74倍，但效益转化不明显。

表3-23 众泰汽车研发投入分析表

时间	2014.12	2015.12	2016.6	2017.6	2017.12
开发支出（亿元）	—	0.06	0.58	1.46	1.76
开发支出中的资本化（亿元）	—	—	0.06	—	0.67
管理费用中的研发投入（亿元）	0.33	1.47	0.80	0.90	3.44
研发投入（亿元）	0.33	1.53	1.44	2.36	5.88
研发费用化支出与管理费用的比值（%）	37.16	48.16	26.52	33.19	39.02
研发费用资本化支出与研发支出的比值（%）	0.00	0.00	4.01	0.00	11.46
研发费用总和与营业收入的比值（%）	0.49	1.11	1.54	4.08	2.82

注：数据来源为公开数据计算整理。

四、讨论题目

1. 根据所学的知识，请解释什么是沃尔评价指标体系和经济增加值法？
2. 公司偿债能力分为短期偿债能力和长期偿债能力。试问：哪些属于短期偿债能力比率？哪些属于长期偿债能力比率？
3. 表3-24所示，是众泰汽车与其他汽车企业的流动比率比较分析表，请依据案例中所给的分析思路对流动比率展开分析、讨论。

表3-24 众泰汽车与其他汽车企业的流动比率比较分析表

时间	流动比率（%）				
	2014.12	2015.12	2016.6	2017.6	2017.12
北京汽车	86.06	77.24	84.36	83.20	90.50
众泰汽车	92.92	87.95	87.76	106.24	121.12
吉利汽车	141.79	123.95	123.47	121.74	106.22
一汽轿车	97.25	100.05	88.41	105.52	107.65
海马汽车	112.60	102.52	91.04	79.15	90.71

注：数据来源为公开数据整理。

4. 针对众泰汽车当前的经营状况，除了案例中所提出的几点建议，你还有其他可行建议吗？

五、参考资料

[1] 龚梦泽. 福特众泰合资建厂应对"双积分"政策中国新能源汽车开启合资时代 [N]. 证券日报，2017-8-25（C02）.

[2] 孙国为. 吉利汽车颠覆性创新模式研究 [D]. 哈尔滨：哈尔滨理工大学，2014.

[3] 李聂. 解密众泰：一家民营车企的逆袭之路 [N]. 金华日报，2016-02-02（A01）.

[4] 王伟. 众泰汽车：成功借壳，主营升级 [N]. 新能源汽车报，2017-06-12（016）.

[5] 张洪杰. 新品牌、新能源双双发力——众泰加速品牌重构 [N]. 中国经营报，2017-09-04（C11）.

[6] 徐筑奇. 吉利并购沃尔沃的动因及绩效研究 [D]. 长沙：湖南大学，2014.

[案例说明书]

一、案例要解决的关键问题

本案例研究众泰汽车的发展路径以及财务绩效，从而了解目前中国汽车行业的发展状况，特别是中低端汽车的发展状况。

同时，通过教师对案例的引导和学生的深入讨论，以解决如下关键问题：

（1）熟悉掌握财务绩效的评估方法，包括财务指标分析法、沃尔评价指标体系和经济增加值法等。

（2）公司偿债能力分为短期偿债能力和长期偿债能力。准确区分并使用短期偿债能力比率和长期偿债能力比率。

（3）灵活运用财务指标对公司的偿债能力、营运能力、盈利能力和发展能力，以及现金流量进行分析。

（4）根据财务绩效分析得出的结论，为公司提出针对性的建议。

二、案例讨论的准备工作

为实现本案例的教学目标，学员应在案例讨论前预发材料了解如下相关知识。

1. 理论

发展路径概念；财务绩效相关概念，包括财务绩效概念、财务绩效评估概念、财务绩效的评估方法。

2. 行业背景

汽车工业在制造业中占有很大比重，是世界上规模最大和最重要的产业之一，对工业结构升级和相关产业发展有很强的带动作用。汽车工业涉及冶金、石油、机械、金属加工、化工、橡胶、塑料、仪器仪表、电器、电子等多个领域，是一个具有高度产业关联的产业，其发展水平代表一个国家工业发展的综合实力。

三、案例分析要点

（一）需要学员识别的关键问题

本案例需要学员识别的关键问题包括：熟悉掌握财务绩效的评估方法，包括财务指标分析法、沃尔评价指标体系和经济增加值法等；公司偿债能力分为短期偿债能力和长期偿债能力；准确区分并使用短期偿债能力比率、长期偿债能力比率；灵活运用财务指标对公司的偿债能力、营运能力、盈利能力、发展能力以及现金流量进行分析；根据财务绩效分析得出的结论，为公司提出针对性的建议。

（二）解决问题的可供选择方案及其评价

1. 根据所学的知识，请解释什么是沃尔评价指标体系和经济增加值法？

沃尔评价指标体系的原理是：把若干个财务比率用线性关系结合起来。对选中的财务比率确定其在总评价中的比重，比重总和为100，然后确定标准比率，并与实际比率相比较，评出每项指标的得分，最后得出总评分。

经济增加值的基本原理是：公司的投资者可以自由地将他们投资于公司的资本变现，并将其投资于其他资产。因此，投资者从公司至少应获得其投资的机会成本。也就是说，从经营利润中扣除按权益的经济价值计算的资本机会成本后，才是股东从经营活动中得到的增值收益。经济增加值的大小依赖于企业的经营效率和对资产负债的管理。

2. 公司偿债能力分为短期偿债能力和长期偿债能力。试问：哪些属于短期偿债能力比率？哪些属于长期偿债能力比率？

短期偿债能力是指企业以流动资产偿还流动负债的能力，反映企业偿付日常到期债务的实力。短期偿债能力指标包括：流动比率、速动比率等。

长期偿债能力是指支付长期债务的能力。长期偿债能力的分析既要重视资产负债表反映的偿债能力，也要分析损益表反映的偿债能力。长期偿债能力指标包括：现金流动负债比率、资产负债率、权益乘数等。

3. 表3-24是众泰汽车与其他汽车企业的流动比率比较分析表，请依据案例中所给的分析思路对流动比率展开分析、讨论。

如表3-24所示，可以清晰地看出：

第一，北京汽车的流动比率基本保持在80%以上，变化幅度不大，这是因为北京汽车的流动负债和流动资产的增长幅度基本保持一致；同时也能说明北京汽车的短期偿债能力比较稳定。

第二，众泰汽车的流动比率呈上升趋势。这是因为众泰汽车的应收票据、应收账款、存货等流动资产是保持增长趋势的，而众泰汽车的应付票据、应付账款等流动负债也是呈上升趋势的，但流动资产的增长幅度大于流动负债的增长幅度。这说明众泰汽车的短期偿债能力在逐年变强。

第三，吉利汽车的流动比率呈下降趋势。吉利汽车的流动资产和流动负债都在逐年增长，但是流动负债的增长幅度逐渐大于流动资产的增长幅度，因此流动比率是呈下降趋势的，说明吉利汽车的短期偿债能力在减弱。

第四，一汽轿车的流动比率基本上呈平缓上升趋势。在2014年12月至2017年12月期间，一汽轿车的流动资产和流动负债都是先减少，在2016年6月后再增长，在2017年6月后，流动资产的金额才高于流动负债的金额。总体来说，一汽轿车的短期偿债能力在逐年变强。

第五，海马汽车的流动比率先呈下降趋势再呈缓慢上升趋势，总体看来海马汽车的流动比率还是呈下降趋势的。2015年12月至2017年6月之间，海马汽车的流动资产和流动负债都是呈下降趋势，而且流动资产的下降幅度要大于流动负债的下降幅度，所以在这期间，流动比率是呈下降趋势的。而在2017年6月至2017年12月期间，流动资产和流动负债都有所上升，流动资产的上升幅度要大于流动负债的上升幅度，所以在此期间，流动比率是有所增长的。总的来说，海马汽车的短期偿债能力是有所下降的。

总而言之，在这五个汽车企业中，吉利汽车的流动比率比较高，短期偿债能力是最强的。北京汽车的偿债能力比较稳定，众泰汽车和一汽轿车的偿债能力在增强，海马汽车的偿债能力在减弱。

4. 针对众泰汽车当前的经营状况，除了案例中所提出的四点建议，你还有其他可行建议吗？

（1）提升自主创新的能力和产品质量。立足全球，建设协同研发体系，提升自主创新的能力和产品质量。在过去三十年的发展中，中国汽车工业侧重于通过引进和消化吸收国外的先进技术，提高自主开发创新能力。现在，需要改变思路，借鉴丰田等国外汽车的经验，在全球设立研发中心、利用全球人才来提升自主创新的能力，而不局限于国内。对于整车和零部件的关键技术，需要国家出台相应的扶持政策进行支持。

（2）创新商业模式。多用并购和战略联盟等创新合作模式，整合全球资源，进行全球生产、营销和供应链体系的布局，支撑全球化业务的发展。

（3）建立产品优势。通过加强技术创新，特别发展电子技术、信息技术、智能驾驶和新能源动力等关键技术，实现未来汽车的超越式发展。

四、教学组织方式

1. 问题清单及提问顺序、资料发放顺序

本案例讨论题目依次为：

（1）根据所学的知识，请解释什么是沃尔评价指标体系和经济增加值法？

（2）公司偿债能力分为短期偿债能力和长期偿债能力。试问：哪些属于短期偿债能力比率？哪些属于长期偿债能力比率？

（3）表3-24为众泰汽车与其他汽车企业的流动比率比较分析表，请依据案例中所给的分析思路对流动比率展开分析、讨论。

（4）针对众泰汽车当前的经营状况，除了案例中所提出的几点建议，你还有其他可行建议吗？

2. 课时分配（90分钟左右）

本案例可以按照如下的课堂计划进行分析和讨论，仅供参考，可根据授课具体情况调整时间或略去其中某一部分。整个案例课的课堂时间控制在90分钟左右。

内容	主讲人	时间	说　明
课前准备	教师		提前发放资料，提出启发思考题，请学员在课前完成阅读和初步思考
讨论问题一	分组讨论	15分钟左右	根据学员获得的资料发表观点和看法
讨论问题二	分组讨论	15分钟左右	学员自由发言，教师参与讨论并帮助分析
讨论问题三	分组讨论	20分钟左右	学员自由发言，教师参与讨论并帮助分析
讨论问题四	分组讨论	20分钟左右	学员自由发言，教师参与讨论并帮助分析
案例总结	教师	20分钟左右	学员自由发言，教师进行总结
课后计划	学员		以本案例为基础，关注其他同行业公司，进一步对比分析

3. 讨论方式

本案例拟采取小组式的讨论方式。

4. 课堂讨论总结

课堂讨论总结的关键是：根据小组发言与辩论情况进行归纳总结，教师就学员的讨论情况进行点评，就如何运用理论知识去解决实际问题，提出建议，引导学员对案例后续发展做出展望，并在课后继续跟踪最新进展。

案例 4

内外交困：凯瑞德财务风险分析*

---

* 1. 本案例由广东工业大学大学管理学院的陈文涓、陈沉、肖鑫、陈越、黄江峡、林金敏、岳薪卉撰写，作者拥有著作权中的署名权、修改权、改编权。
2. 本案例授权广东工业大学产教融合 MPAcc 教学智库实验平台使用，广东工业大学产教融合 MPAcc 教学智库实验平台享有复制权、修改权、发表权、发行权、信息网络传播权、改编权、汇编权和翻译权。
3. 由于企业保密的要求，在本案例中对有关名称、数据等做了必要的掩饰性处理。
4. 本案例只供课堂讨论之用，并无意暗示或说明某种管理行为是否有效。

[案例封面]

专业方向： 财务会计

适用课程： 财务会计理论与实务

选用课程： 适用于会计专业硕士、工商管理硕士财务管理方向的"财务会计理论与实务""财务管理理论与实务""财务分析"等相关课程的教学研讨。

编写目的： 通过本案例的教学和讨论，帮助学员了解财务指标变化以及经营上、财务上面临的各种不利因素，识别出凯瑞德现阶段存在的主要财务风险并进行评价研究，针对加强凯瑞德的财务风险控制水平提出对策，为企业管理人员提供有效的财务风险管理方法，可以对行业相同领域内的其他企业在财务风险控制方面提供借鉴与参考。

知 识 点： 财务分析；财务风险

关 键 词： 凯瑞德；财务报表；财务风险；对策

中文摘要： 在信息飞速发展的时代，合理运用各家企业的财务报表对企业自身的财务状况以及相关的经营状况、现金流量等进行了解，并评价企业的盈利、偿债、运营能力，对于帮助企业制订战略计划、经济决策有着无可替代的重要作用。针对目前企业经营业务的跨行变迁、并购业务的拓展、股权分散、连续亏损的现状，分析凯瑞德当前面临的财务风险，如：信息披露不规范、股东股权质押、对外担保风险等，并重点研究提出其采取相应的防范与控制措施，针对企业内部制衡、进军陌生领域以及财务绩效方面的措施，旨在通过分析凯瑞德的财务报表以及风险研究，了解互联网彩票行业未来的发展方向以及目前存在的风险困境。

[案例正文]

一、背景简介

2016年,凯瑞德的重大资产出售(纺织资产出售)和重大资产暨关联交易收购(收购北京屹立由数据有限公司100%股权)基本完成,原纺织类资产基本交割完成,并于2016年5月完成北京屹立由数据有限公司的股权过户手续,公司主业由原来的纺织主业变更为互联网加速服务相关业务。

企业的并购业务从2014年年底转型后开始,截至2016年12月31日,凯瑞德的主要子公司以及对企业净利润影响达到10%以上的参股公司为:北京屹立由数据有限公司、德州锦棉纺织有限公司、山东第五季商贸有限公司、天津德棉矿业有限公司、德州凯佳商贸有限责任公司、新疆德棉矿业有限公司、深圳德棉博元基金管理有限公司等。2017年凯瑞德又通过其他的途径收购了其他的企业,其中包括零元收购北京晟通恒安科技有限公司51%股权以及东泰控股51%的股权。

凯瑞德在转型之后采取并购业务的目的是通过不断并购,扩大市场份额,抢占市场先机,从而确立凯瑞德在互联网彩票行业中的领导地位,并通过扩大经营规模来降低其成本费用,同时通过子公司的经营战略,完成凯瑞德从纺织行业向互联网行业的转型。

1. 公司简介

凯瑞德控股股份有限公司,原名山东德棉股份有限公司,成立于2000年6月12日,并于2006年10月18日在深圳证券交易所上市(证券代码:002072)。自2014年11月24日起,经公司申请以及深圳证券交易所核准,公司全称由"山东德棉股份有限公司"变更为"凯瑞德控股股份有限公司",公司证券简称由"德棉股份"变更为"凯瑞德"。

更改前,公司生产的主要产品为各种成分的高支纱、特种纱及各种组织的高档纯棉色织服装面料和大、小提花床上用品装饰面料和休闲服装面料和各类新型功能性产品。

2014年11月24日更改后,公司主营业务由纺织业务变更为互联网加速服务、彩票等业务。在此期间,财政部先后出台了《互联网销售彩票管理暂行办法》《电话销售彩票管理暂行办法》等政策,财政部、民政部、国家体育总局于2015年1月15日联合下发《关于开展擅自利用互联网销售彩票行为自查自纠工作有关问题的通知》,要求对国内各省、自治区、直辖市财政厅(局)、民政厅(局)、体育局针对目前彩票市场中存在擅自利用互联网销售彩票现象开展自查自纠工作。但此次行业"自查自纠"和交叉抽查并没有否定互联网彩票的合法性,只是"对彩票销售机构擅自委托网络公司等单位(个人)利用互联网销售彩票行为进行重点检查"。因此,公司存在无法取得后续经营许可资质的可能性,如出现这种情况,公司将面临经营资质风险。

2. 行业背景

互联网有效提升了彩票购买的便利性,提供了方便的彩票分析工具和资讯。互联网作为彩票销售的一种新兴渠道,凭借其彩票购买的便利性和互联网渗透率的不断提升,逐渐得到彩民们的青睐。2014年互联网彩票销售额达850亿元,较2013年销售规模翻番,增长102.4%,2015年继续加快增速,互联网彩票的增速远超彩票整体市场发展速度,渗透率首次超过五分之一,已成为推动彩票市场发展的重要力量。正是因为互联网彩票的盈利潜力如此巨大，使得凯瑞德在2014年底到2015年抛弃自己的传统产业，转向互联网彩票行业。

但在2015年期间，根据《彩票管理条例》（国务院令第554号，以下简称《条例》）有关规定，财政部制定了《互联网销售彩票管理暂行办法》（以下简称《暂行办法》）。中国福利彩票发行管理中心、国家体育总局体育彩票管理中心要按照《条例》《暂行办法》的规定，对各地彩票销售机构利用互联网销售彩票的行为进行全面清理检查，认真纠正和制止未经财政部批准利用互联网销售彩票的行为；抓紧选择具备《暂行办法》规定条件、管理基础好的单位，报财政部批准后开展试点，为互联网销售彩票的规范管理和健康发展打好基础。未经财政部批准，不得利用互联网销售彩票。

目前凯瑞德的互联网彩票经营许可资质尚未获得，其目前主营业务为互联网加速服务相关业务，主要通过整合基础电信带宽出口、传输或电路等电信资源，利用设备资源及自主研发的软件与系统，为客户提供互联网出口带宽优化服务、互联网应用加速服务，并收取相应的服务费用。如果监管机构后续加强监管，并针对互联网和移动互联网彩票推出准入资质要求，凯瑞德将积极申请以获取准入资质，加速互联网彩票销售业务发展，进一步抢占市场份额，扩展公司的盈利空间。

3. 公司发展历程

2000年6月12日，山东德棉股份有限公司成立。

2006年10月18日，德棉股份在深圳证券交易所上市。

2014年9月30日，收购北京和合永兴科技有限公司100%股权，并于2014年11月6日办妥工商变更登记手续。2015年1月5日北京和合永兴科技有限公司更名为中彩凯德（北京）科技有限公司。鉴于互联网彩票业务（线上）于2015年2月暂时停售，恢复时间尚不明确，中彩凯德暂时无法取得相关部门授予的经营资质，被浙江第五季实业有限公司收购全部股权。

2014年11月24日，德棉股份完成工商变更登记、变更公司名称和证券简称，更改为凯瑞德股份有限公司。

2014年12月10日，收购中悦科技10%股权，后因中悦科技互联网经营许可资质迟迟无法取得，导致当前的标的估值与原预期估值存在较大差异，双方无法就收购对价达成一致，因此经双方友好协商，终止本次收购事宜。

2014年12月26日，收购北京华夏百信科技有限公司10%的股权，截至2016年财务报告报出日，华夏百信尚未进行工商变更手续。

2015年2月4日，出售本公司拥有的德州锦棉纺织有限公司100%股权、纺织设备以及部分债权债务组成的资产包。

2015年2月9日，收购百宝彩（北京）信息技术有限公司51%股权，但后期由于国家出台相关政策规范彩票市场，公司的彩票业务未能实现预期发展，且下一步监管调控政策尚不明朗，恢复时间暂不确定。为有效维护公司权益和业务整合的实际，公司与百宝彩股东协商一致，双方决定解除原签署的《股权转让协议》及《补充协议》，终止该收购项目。2016年3月18日，公司与百宝彩股东签署了《解除协议书》。

2015年4月17日，收购深圳德棉博元基金管理有限公司50%股权，成为凯瑞德重要合营企业。

2015年4月28日，与东方财蕴股东签署了《增资控股框架协议》，凯瑞德拟通过增资扩股方式控股东方财蕴51%的股权。

2016年5月17日，将子公司凯瑞德（深圳）基金管理有限公司（100%股权以人民币壹元的价格转让给深圳市泓盛信达资产管理有限公司。

2016年10月31日，凯瑞德收到中国证券监督管理委员会《调查通知书》》（编号：鲁证调查字2016020号），因公司信息披露涉嫌违反证券法律规定，根据《中华人民共和国证券法》的有关规定，中国证监会对凯瑞德进行立案调查。后续2017年12月19日，中国证监会再次下发《调查通知书》（编号：稽查总队调查通字171519号），两案目前仍在进行中。

2016年12月24日，增资并持有杭州全之脉电子商务有限公司1.5444%的股权。

2016年12月30日，因涉嫌违反证券法律法规，中国证监会决定对董事长吴联模进行立案调查。

2017年3月27日，吴联模辞去董事长之位，由张培峰担任。

2017年4月20日，设立深圳市宝煜峰科技有限公司，由公司以自有资金出资，100%控股。

2017年6月19日，因涉嫌信息披露违法违规，中国证监会决定对公司第一大股东（第五季实业）、实际控制人（吴联模）进行立案调查。

2017年6月29日，拟零元收购北京晟通恒安科技有限公司51%股权。

2017年7月11日，董事长张培峰以集中竞价方式增持公司股份342 500股，增持均价为31.00元/股。本次买入前，张培峰持有公司股份8 800 634股，占公司总股本的5.00%。本次增持后其合计持有公司股份9 143 134股，占公司总股本的5.19%。

2017年9月13日，拟零元收购东泰控股51%的股权。

2017年10月28日，凯瑞德公告称董事长张培峰为支持全资子公司深圳市丹尔斯顿实业有限公司的融资需求，于2016年10月25日将持有的本公司股票9 143 134股全部质押。

2017年12月21日，因公司信息披露涉嫌违反证券法律规定，被中国证监会立案调查，目前尚未收到中国证监会就立案调查事项的结论性意见或决定。

2018年3月29日，浙江第五季实业有限公司因借款合同纠纷，其持有的公司股票1 624.7万股（占总股本9.23%）被司法拍卖，上述拍卖已流拍。

二、案例概况

（一）凯瑞德被立案调查事件的前因后果

1. 凯瑞德此次调查前存在的问题

2006年上市以来，凯瑞德只有前两年营业利润和净利润是正值，其余都是一年盈利，一年亏损，并且都是小幅盈利，大幅亏损，且近几年业绩表现更不乐观，盈亏交替现象显著。财务数据显示，2011—2016年，公司实现的归属于上市公司股东的净利润分别为-9 704.40万元、508.12万元、-6 042.67万元、459.22万元、-1.06亿元、1 435.64万元。从数据中不难看出，凯瑞德确实是在大幅亏损、小幅盈利之间循环往复。事实上，德棉集团于2011年底将凯瑞德控股权转让给第五季实业后，凯瑞德当年亏损接近1个亿。为了等待时机，第五季实业开出的药方是卖资产和债务重组，使得上市公司净利润一年为正一年为负，避免被戴上ST（如果在股票的名字加上ST就是警告该股票存在投资风险），面临被退市的风险。

凯瑞德此次被中国证监会立案调查并非偶然。早在2007年2月—2008年5月，凯瑞德当时的控股股东德棉集团就因占用上市公司资金，后被深圳证券交易所通报批评；在2016年10月31日，凯瑞德又涉嫌因信息披露违反法律规定而收到证监会的调查通知书；2016年年报也被审计机构出具带强调字段的保留意见，具体强调事项内容如下：

（1）截至2016年12月31日，银行借款3 932.50万元已逾期，截至财务报告日有13 612.50万元逾期借款。

（2）2016年度经营活动产生的现金流量净额为-5 796 921.49元。凯瑞德提出了拟采取的改善措施，但存在可能导致对其持续经营能力产生疑虑的不确定性。

（3）2016年10月31日，凯瑞德因涉嫌信息披露违法违规被中国证券监督管理委员会立案调查，公司股票可能被深圳证券交易所实施退市风险警示并暂停上市。截至2016年年报出具日，凯瑞德公司尚未收到中国证券监督管理委员会相关调查结论。

之后，在2017年6月份，公司第一大股东第五季实业和实际控制人吴联模收到了证监会下达的《调查通知书》，因涉嫌信息披露违法违规，证监会决定对第五季实业、吴联模进行立案调查。目前案件正在调查过程中，尚不清楚具体违法违规事项。

2．凯瑞德两度被立案调查

2016年10月凯瑞德遭到调查时，曾有分析称或与公司实控人前期"曲线增持"一事有关。当时，公司实控人吴联模通过他人代持方式借道信托增持公司，存在违规之嫌。据悉，当时公司的实控人吴联模在2015年A股市场"非理性下跌"时曾表示，将自2015年7月9日起在6个月内增持上市公司股份，增持资金不低于3 000万元，并承诺自增持计划完成之日起6个月内，不减持公司股票。而在2016年1月8日，凯瑞德收到吴联模的书面告知函，获悉其承诺增持公司股份的计划已经实施完毕，公司还披露了增持股份计划完成的公告。当时的公告中称，吴联模通过西藏信托-鼎证36号集合资金信托计划进行增持，以21.84元每股的均价增持139.1万股。

凯瑞德2017年12月21日的公告称，12月19日收到证监会调查通知书，因公司信息披露涉嫌违反证券法律规定，证监会决定对公司立案调查。这也是最近一年多的时间里其遭遇的第二次立案调查。

同时，因凯瑞德正在筹划重大资产重组事项，自12月7日开市起已停牌至今。值得注意的是，2016年10月凯瑞德收到的调查通知书编号为鲁证调查字2016020号，这意味着当时的调查是由山东证监局着手进行的，而如今的调查通知书编号为稽查总队调查通字171519号，意味着证监会稽查总队直接接手。时隔一年多，山东证监局还未给出明确结论，新的调查却是稽查总队来进行了。这是否意味着凯瑞德的违规事件已经"升级"，目前还不得而知。

(二) 凯瑞德财务指标分析与财务风险研究

1. 偿债能力分析

（1）短期偿债能力。流动比率是流动资产与流动负债之间的比率，这是用来评估流动资产对于短期债务的保障能力。

速动比率是指企业流动资产减去变现能力较差的存货部分、预付账款、一年内到期的非流动资产后剩余的资产与流动负债之间的比率，因为在这之中剔除掉了一些变现能力差、周转时间长的存货，能更为准确、可靠地分析短期偿债能力的强弱。

现金比率是指现金类的资产与流动负债的比率，现金类资产主要包括货币资金、银行存款、交易性金融资产等，这是衡量企业短期偿债能力的参考性指标。

表4-1列出了凯瑞德2012—2016年五年的流动比率、速动比率、现金比率等指标的变化情况。

表4-1 凯瑞德2012—2016年短期偿债能力

年份	2012	2013	2014	2015	2016
流动比率	0.5688	0.5579	0.8486	0.7746	0.7665
速动比率	0.3613	0.3310	0.6384	0.4742	0.7665
现金比率（%）	13.2544	12.0895	12.3028	0.1428	1.7231

流动比率在合理情况下维持在2左右是比较适当的，因为过高的流动比率说明企业在流动资产上占用资金过量，没有合理有效地利用资金，这会影响到企业获利能力。凯瑞德流动比率在前两年是在0.55左右，而在2014—2016年则是在0.8左右，2014年应该是凯瑞德流动比率最高的年度，也是流动负债偿还保障最强的年度，而这一年是凯瑞德转型的关键一年，这一年凯瑞德由原先的棉纺行业转为互联网行业，还因此大量出售棉纺机器等，但随后两年的比率都逐年略微下降。且凯瑞德的流动比率小于1，说明流动资产对流动负债的保障程度过小，如果流动负债到期，便不能通过流动资产来偿还，这会使企业产生资金链断裂的危险。

速动比率在合理情况下维持在1左右是比较合适的。速动比率过高或过低都不行，过低说明企业短期偿债风险较大，过高则说明企业在速动资产上占用过大资金，增加企业投资的机会成本。在2012年、2013年、2015年，凯瑞德的速动比率在0.4左右，而2014年、2016年则在0.7左右，速动比率上升。现金比率在合理情况下维持在20%左右，现金比率指的是在一定时期内，企业现金类资产与流动负债的比值，作为衡量企业实时偿还流动负债的能力。该指标过低，说明企业即期以现金偿还债务存在困难；该指标过高，则说明企业可立即用于偿还债务的现金类资产较多，偿还即期债务能力较强，但企业流动资产并未得到有效利用。在2012—2014年的现金比率维持在12%左右，而到了2015年后现金比率骤降到0.1428%、1.7231%，从近五年的资产负债表中可以看出从2014年后，企业的现金类资产就大幅度下降，再看看企业的流动负债，流动负债在相应的时间内也骤降了，但金额较多，这给企业埋下了安全隐患，一旦债务到期，企业就不得不通过其他途径筹资弥补此处空缺。

(2) 长期偿债能力。长期偿债能力可以通过资产负债率、产权比率等分析,其能力体现企业对债权人、投资者、经营者与企业其他相关利益者权益的保障。

资产负债率是负债总额除以资产总额的比率,它反映的是总资产中通过借债来筹资的比例,这也可以衡量企业在最终清算时保护债权人权益的程度。一般情况下认为资产负债的适宜水平为40%～60%。而企业近五年的资产负债率都在85%左右,相对于适宜水平来讲较高,从企业的资产负债表中可以看出企业的资产总额在不断减少,而负债总额也在不断减少,总体上两者的增减趋势是一致的。由于公司在2015年的时候转型为互联网行业,进而公司大部分的资产(即纺织设备等)出售,出售所得到资金用于还债以及投入到收购其他公司的股权,所以公司的流动资产跟流动负债也相应减少,企业的非流动资产也减少很多。且从大方向上看,企业在转型之后就出现了资产负债率上涨的情况,这考验着企业的战略部署。

产权比率,是指负债总额与所有者权益总额的比率,反映的是股东持有的股权是否过多或者不够充分,同时,也从侧面表明企业借款筹资经营的程度。这一比率是衡量企业长期偿债能力的重要指标之一。如表4-2所示,凯瑞德从2012—2015年的产权比率都在逐年增加,其中2014—2015年增加的幅度竟高达57.363%,而一般情况下,认为产权比率的标准值为1.2,但从表中可以看到凯瑞德的普遍产权比率都高于380%,最高达780%。由此可以看出,凯瑞德的财务结构是高风险与高报酬并存的结构,而这样的财务结构是特别不稳定的。

表4-2 凯瑞德2012—2016年长期偿债能力

年 份	2012	2013	2014	2015	2016
资产负债率(%)	79.6329	82.7822	83.2123	88.6365	86.3083
产权比率(%)	381.3382	468.2002	495.6759	780.0108	630.3693

2. 营运能力分析

表4-3列出了应收账款周转天数、存货周转天数、流动资产周转天数等指标的变化情况。

表4-3 凯瑞德2012—2016年营运能力

年 份	2012	2013	2014	2015	2016
应收账款周转天数(天)	22.7032	34.4795	76.3877	1324.5033	1406.7995
存货周转天数(天)	58.179	79.0496	100.1001	822.8571	—
总资产周转天数(天)	362.1366	452.6025	552.4014	5471.1246	7578.9474

凯瑞德从2012年开始应收账款周转天数持续上升,2015年与2016年高达1324.5033天和1406.7995天。这意味着企业的应收账款一旦发生,平均收款时间将长达3—4年时间才能收回,收款期限长,则发生坏账的概率大大增加,给企业带来不必要的损失,影响企业正常经营。

凯瑞德的存货周转天数在2012—2014年虽然逐渐上升,但是控制在50—100天内,即 4 个月内就可以完成一个存货的周转。而在 2015 年达到了巅峰 822.8571 天，说明一件存货周转出去需要 2.25 年，这说明凯瑞德存货的周转速度越来越慢，存货占用水平较高，占用资金多，流动性差，积压严重。由于 2014—2015 年期间凯瑞德剥离纺织业务正在转型，所以相对的存货管理较弱，旧库存问题急需解决，而 2016 年凯瑞德转型互联网后无库存。

凯瑞德的总资产周转天数不断上升，2012—2014 年上升的幅度是在 20% 左右，而在 5 年之中，2012—2015 年竟然上升了 890.43%，2015—2016 年上升了 38.53%，其中 2015—2016 年的总资产周转天数为 5 471.1246 与 7 578.9474，这说明凯瑞德的总资产在完成整个周转流程时大概需要 15—20 年，这明显不符合一个企业经营运作的战略布局。凯瑞德的周转率过低原因是 2014—2015 年凯瑞德大量抛售纺织设备等，用余下的资金进行投资以及重大资产重组，所以凯瑞德不再进行生产销售纺织产品，没有销售收入。

3. 盈利能力分析

表 4-4 反映了凯瑞德的盈利能力水平。

表 4-4　凯瑞德 2012—2016 年盈利能力

年　份	2012	2013	2014	2015	2016
总资产利润率（%）	0.4512	-5.6913	0.4114	-14.7644	2.0505
成本费用利润率（%）	0.5208	-6.358	1.1732	-64.2152	24.1085
营业利润率（%）	-6.5296	-6.8347	-6.1855	-188.5039	-156.5499
市盈率（%）	229.6552	-19.4169	514.6154	40.2326	353.6585

根据凯瑞德互联网行业的特点以及凯瑞德经营范围，本案例选取了总资产利润率、成本费用利润率、营业利润率以及市盈率进行分析。

凯瑞德资产利润率是不断波动的，处于一正一负的状态，最高不超过 2.1%，而最低却达到了 -14.7644%，而凯瑞德在 2013 年跟 2015 年都是亏本的，虽然其他三年都在盈利，但从表 4-4 中的数据看出，盈利并不高，所以凯瑞德在五年内总体上是亏本的，这不利于一个企业的长期发展，凯瑞德需要重新思考如何长久地走下去。

凯瑞德在前三年的成本费用比率都是在 1% 左右，其中 2013 年的比率是 -6.358%，利润总额为负数，其比率较小，影响不大。在 2015 年，成本费用利润率为 -64.2152%，说明企业投入 100 元的成本费用，不仅没盈利，还亏损了 64 元。而在 2016 年，成本费用率为 24.1085%，说明凯瑞德开始注重这其中的效益问题，提高资产的利用效益。

凯瑞德的营业利润率都是为负数的，前三年都维持在 -6.5% 左右，2015 年下降到 -188.5039%，降幅达到 2 947.51%，2016 年的营业利润率为 -156.5499%，较 2015 年有所上升，这说明企业在过去五年的时间里处于一个亏本运营的状态。

凯瑞德市盈率在 2013 年为负数，对于投资者来说应当减持，因为没有投资的价值。而 2014—2015 年市盈率降低，2015—2016 年市盈率则有所上涨，凯瑞德市盈率变动幅度大，这与凯瑞德高风险、高报酬的结构相符合。

4. 发展能力分析

表4-5反映了凯瑞德的发展能力。

表4-5 凯瑞德2012—2016年发展能力

年 份	2012	2013	2014	2015	2016
主营业务收入增长率（%）	53.9285	-20.4806	-18.4361	-91.496	-44.2695
净资产增长率（%）	7.1661	-20.2924	2.512	-56.5082	17.6145
总资产增长率（%）	4.7234	-5.7131	5.1387	-35.7481	-2.3853

凯瑞德在2012年时主营业务收入增长率为正数，且大于30%，这说明公司产品处于成长期，将继续保持较好的增长势头，且尚未面临产品更新的风险。但从2013年起，凯瑞德主营业务收入增长率为负数，且在2015年达到-91.496%，连续四年的负数，说明企业的规模不进反退，需要各个投资者、债权人以及企业相关利益者重视。

净资产增长率实际反映了企业的资本规模扩张速度，是评估企业总量规模变动以及成长状况的重要指标；而总资产收益率是另一个评估企业收益能力的指标，总资产收益率的高低直接反映了公司的竞争实力和发展能力，也是决定公司是否应当举债经营的重要依据。凯瑞德净资产增长率与总资产增长率的变化趋势大体上相同，2015年两者降到了-56.5082以及-35.7481，而在2016年，净资产增长率是为正数的，但是总资产增长率则为负数，这说明本期净资产相比上期净资产增长了不少，但是细细一算企业却没有一点利润，实在有点反常。

5. 现金流量分析

表4-6反映了现金流量状况。

表4-6 凯瑞德2012—2016年现金流量分析

年 份	2012	2013	2014	2015	2016
经营现金净流量对销售收入比率	0.1051	0.0513	-0.05	-0.3407	-0.1724
经营现金净流量对负债比率	0.1283	0.0508	-0.0382	-0.0323	-0.0096
现金流量比率	13.1523	5.2159	-3.8205	-3.2341	-0.9593

从经营现金净流量对销售收入比率可以看出前两年企业经营现金净流量为正数，但其占销售收入的比重不大，只有0.1%和0.05%，也就是说企业的销售收入中现金只是一小部分，大部分是应收账款与预收账款，所以企业的经营现金流在后三年均为负数，说明企业现金入不敷出，但其占比不超过0.5%，所以对企业影响不大。

经营现金净流量对负债比率，从数据上看，数据的趋势与经营现金净流量对销售收入比率的趋势一致，五年的数据幅度在5%～-0.05%，占的比重并不大，对企业整体的影响不大。

现金流量比率=经营活动产生的现金净流量/期末流动负债。该比率是用于衡量企业经营活动产生的现金流量可以抵偿多少流动负债。比率越高，说明企业财务弹性越好。

基本上凯瑞德的现金流量分析指标都是前两年为正数，后三年为负数，这源于企业前身为纺织业,生产产品投入大量流动资金,使得现金的占有量比较少;再者,销售商品大多数是预收账款或者是应收账款,留给客户较大空间的付款期限,所以凯瑞德的现金流量增长比率都不大。而后,凯瑞德转行业,将大量资金投入到子公司中,使得企业的现金不断流出,如2018年3月份凯瑞德还拟以现金方式收购北京乐盟互动科技有限公司51%股权,这收购的可行性受到证监会的质疑,因而,证监会向凯瑞德发出问询函,了解并披露此次收购的相关具体事项,包括独立财务顾问意见及企业财务状况的影响。

(四) 对赌协议下并购风险分析

1. 经营状况风险

在经过凯瑞德年报的分析以及相关公告的研究后,在经营状况上出现的情况分为以下几种:

其一,凯瑞德在信息披露方面存在较大问题,需要披露的问题并未披露,涉嫌违规,目前正因为该问题,凯瑞德被证监局立案调查,调查结果尚未出来。

其二,凯瑞德大量抛售原先的产业设备,进军陌生的行业领域——互联网彩票行业与互联网加速服务行业,但转型后不久,财政部、民政部以及国家体育总局出台相关政策,移动互联网彩票停售,截至2017年12月31日暂未开放。与此同时,凯瑞德对行业内的情况并不熟知,导致转型后出现决策失误,收购其他企业的股份失败,还有的正在进行中,但收购期限特别长。

其三,凯瑞德的股东股权过于分散(见表4-7和表4-8)。虽然张培峰与公司股东任飞、王腾、黄进益、郭文芳共同签订了《关于凯瑞德控股股份有限公司的一致行动协议》,而在2018年3月期间前第一大股东的股权被拍卖流拍,但两者的股权总数都不过1/4,第一大股东股票被拍卖后其主要持股股东的占比只有1/10左右,因而凯瑞德面临着随时被收购的风险。

表4-7 凯瑞德一致行动人持股比例

编号	股东名称	持股数量(股)	持股比例(%)	编号	股东名称	持股数量(股)	持股比例(%)
1	张培峰	9 143 134	5.19	4	黄进益	1 671 948	0.95
2	任飞	6 229 900	3.54	5	郭文芳	1 546 601	0.88
3	王腾	3 093 800	1.76	合计	—	21 685 383	12.32

数据来源:Wind资讯。

表4-8 凯瑞德前10大股东持股比例

编号	股东名称	持股数量(股)	持股比例(%)
1	浙江第五季实业有限公司	16 247 000	9.23
2	张培峰	9 143 134	5.19
3	北京阳光融汇医疗健康产业成长投资管理中心(有限合伙)	8 800 097	5
4	任飞	6 229 900	3.54
5	中央汇金资产管理有限责任公司	4 091 300	2.32

续上表

编号	股东名称	持股数量（股）	持股比例（%）
6	云南国际信托有限公司-云信永盈10号证券投资单—资金信托	3 584 700	2.04
7	王腾	3 093 800	1.76
8	海通期货股份有限公司-海通玄武舞象2号资产管理计划	3 015 000	1.71
9	程成	2 668 001	1.52
10	魏东婷	2 565 100	1.46

数据来源：Wind资讯。

其四，凯瑞德现任董事长张培峰的全部股权于2016年10月25日全部质押，质押的股权价值如果一直下跌，跌破底线后就会自动平仓，一旦平仓股权就会被出售这使得企业面临着一定的风险。

其五，凯瑞德在前董事长吴联模的带领下，还有提供对其他企业的担保，而担保也具有很高的风险。2015年与2016年期间，凯瑞德对外提供担保共计7 500.00万元，其中为德州晶峰日用玻璃有限公司提供担保2 800.00万元，为德州晶华集团振华有限公司提供担保3 200.00万元，为德州晶华集团有限公司提供担保1 500.00万元。

再者，企业与关联方交易密切，2016年年报显示，凯瑞德2016年期末应收关联方债权的合计金额就达到了6 513.81万元，其中从期初就存在的应收关联方债权金额就已经多达4 030.19万元，久欠不还，这其中的怪异可想而知，虽说凯瑞德2016年年报说占用的资金大多为非经营性资金，并不会对企业日常经营造成影响，但是，金额过大，影响必然不小。

2. 财务状况风险

通过对凯瑞德的偿债能力、营运能力、盈利能力、发展能力等的分析，发现企业财务指标上出现的问题，目前出现的问题有以下几点：

（1）2014年后企业的现金类资产过少，现金流量在近三年均为负数，且在凯瑞德的收购方案中，不乏有现金收购方式，这影响企业的现金类资产减少，进而引发一系列连锁反应。

（2）凯瑞德各项周转率过低，出现周转不开的情况，企业资金一旦投入到收购合并等业务中会出现难以回收的困境，同时会引发资金链断裂问题，凯瑞德后期周转需要的资金从何而来是个问题。

（3）凯瑞德当前的流动速率、现金比率过低，凯瑞德现金类资产过少，对于临期的负债不能及时归还，出现逾期情况，不仅降低了企业的信用，还会对企业的正常经营活动、筹资活动等造成不小的负担。尽管流动资产在近两年也有下降，但流动负债的金额远大于货币资金的金额，如表4-9所示，2012—2014年两者的比例还在8左右摆动，而2015年却猛然增加到700，极其特殊。随后的2016年与2017年也都居高不下，但没有破百，在45～60之间波动。再者，根据凯瑞德的2014—2015年年报，均出现已逾期未偿还的短期借款情况，如表4-10所示。

表4-9 凯瑞德股2012—2017年货币资金、流动负债和两者的比率

时间	货币资金金额（万元）	流动负债金额（万元）	流动负债/货币资金	时间	货币资金金额（万元）	流动负债金额（万元）	流动负债/货币资金
2017-12-31	1 264.17	61 701.41	48.81	2014-12-31	11 427.99	92 889.09	8.13
2017-06-30	1 019.91	59 944.99	58.77	2014-06-30	10 921.13	93 462.14	8.56
2016-12-31	1 041.20	6 0426.93	58.04	2013-12-31	1 0347.39	85 590.12	8.27
2016-06-30	140.12	5 4743.19	390.68	2013-06-30	13 285.06	91 408.34	6.88
2015-12-31	90.90	63 573.38	700.16	2012-12-31	11 592.15	87 458.65	7.54
2015-06-30	2 366.66	90 660.92	38.31	2012-06-30	12 181.52	94 543.18	7.76

表4-10 凯瑞德2012—2016年借款情况

时间	逾期项目
2016年期末	公司银行借款逾期3 932.50万元
2015年期末	公司银行借款逾期1 432.50万元
2014年期末	期末已逾期未偿还的短期借款总额为2 996 910.44元

（4）凯瑞德的财务结构在转型之后逐渐偏向于高风险、高报酬，财务结构不稳定，且周转天数过高，资金回流慢，企业资金运转不顺，容易出现资金断裂现象，且影响企业的获利能力与股利的分配。

（5）凯瑞德的营业利润率近五年均为负数，说明企业的获利能力越来越差，而总资产利润率维持在一正一负，不难发现，凯瑞德一直以来为小幅度盈利，大幅度亏损，而这样维持可以避免被戴上"ST"的帽子，被强制退市。同时，通过数据的研究，不难发现凯瑞德自上市以来，只有前两年营业利润和净利润是正值，其余都是一年盈利，一年亏损，并且都是小幅盈利，大幅亏损，凯瑞德连最基本的盈利能力都没有，现在企业的状态是个空壳，而董事们正在苦苦维持着。

（6）凯瑞德因收购产生的商誉过高，通过查询年报可知，2016年期末商誉余额为198 073 723.13元，使得在资产负债表中资产的数据较高，2016年期末余额为700 128 809.83元，商誉在资产总额中所占的比例为28.291%。企业在商誉过高期间，如果不能保持经营利润的持续增长，势必会带来巨额的减值损失，而在会计处理上规定的减值测试，若该资产的账面价值超过其可收回金额，其差额确认为减值损失，上述资产的减值损失一经确认，在以后会计期间不予转回，即商誉的减值损失是永久性的。

三、研究启示

（一）针对股东股权质押

2017年10月27日凯瑞德公告称：董事长张培峰为支持全资子公司深圳市丹尔斯顿实业有限公司的融资需要，其于2016年10月25日将本人持有的本公司股票9 143 134股全部质押给自然人赵俊，并于2016年10月26日在中国证券登记结算有限责任公司办理

完成了全部股权质押登记手续。

化解股权质押风险，至少应该从两个方面着手进行防范处置。首先，已上市的企业应当开展股权质押自查，摸清自己的家底，对于存在一定风险的股权质押，要及早提出处置方案，防患于未然。其次，已上市的企业也应当将自查的结果上报当地的证券监管部门。风险较高的股权质押企业，证券监管部门要与企业共同商议，做出应对风险的预案。同时，证券监管部门也应与其他监管部门、受质方积极沟通，制定妥善解决的方案，将风险逐一化解。

（二）针对信息披露

鉴于上市公司信息披露违法所可能引发的多重法律风险和当前证券市场监管的严峻形势，就上市公司如何防范信息披露违法，提出如下建议：

（1）优化内部治理结构，完善信息披露规章制度。上市公司应积极优化、完善公司的股权结构和治理结构，规范"三会"职能和议事程序。同时，上市公司应积极完善公司的信息披露规范，明确信息披露主要责任人，建立信息披露绩效评价与激励机制。

（2）加强内部培训，提高信息披露风险防范意识。信息披露意识的提升需要建立在了解信息披露制度的基础上，上市公司应充分重视对大股东、实际控制人、公司管理层、董事会秘书、财务会计人员和相关业务人员的培训，着重提高上述人员对信息披露规则的把握以及对信息披露责任和可能造成的严重后果的认识。

（3）妥善处理与投资者、竞争对手和媒体的关系。上市公司被监管机构立案调查，很多时候是源于投资者和竞争对手的投诉、举报。新闻媒体关于上市公司存在信息披露违法行为的揭露报道，通常也会引起广大股民和监管机构的高度关注，导致相关事件持续发酵，进而成为上市公司被立案调查并最终被行政处罚的导火索。因此，上市公司应充分重视投资者的质询，合理解答投资者的疑问，妥善处理与竞争对手的关系，实时关注舆情，合理应对新闻媒体的相关报道，关注和防控可能引发证券监管机构调查和处罚的因素，避免陷入与投资者、交易所甚至监管机构对立或者被舆论审判的被动局面，及时采取措施，妥善处理。

（三）针对企业内部制衡

内部控制的环境因素主要是人，"人"是内部控制中的根本和核心因素，所有制度不仅是对"事"更是对"人"设立和实施的，人的素质、品行与能力是决定控制制度作用发挥的根本因素。整个企业内部控制制度的建立和运行取决于领导层的意识和态度；对特定的控制制度而言，员工的胜任能力与诚实性则从根本上决定着其效率与效果。反过来，人也受制度因素的影响，制度环境影响相关人员的行为并决定其作用的发挥。不同的制度对人员的胜任能力要求不同，企业有无描述可接受的商业行为、利益冲突、道德行为标准的行为准则将影响员工的诚实性和道德观；人的行为缺乏制度约束可能会使内部控制失效，内控制度过于苛刻严厉可能又会影响人员的积极性、创造性和潜能的发挥。因此，企业内部控制环境的重塑过程，也是企业内部人员的职责分工、权力分享与制衡的环境的构造过程，两者是辩证统一的。换言之，企业要构建适合自身的内部控制环境，必须充分考虑组织内部不同人员在分工、权力分享与制衡方面的平衡因素。

(四) 针对公司对外担保提出的对策

(1) 重策略方能有的放矢。一般而言，公司为了控制对外担保都会讲担保的总额控制在不超过公司净资产50%的范围内，这一点给很多想迅速发展的企业带来了极为不利的限制，如若可以突破这一限制将企业的担保额度与资产比例相脱钩，将会大大增加企业发展的能力，拼速度抢占先机扩大规模。虽然这会在一定程度上加大企业的风险，但只要有大局意识，学会有意识地把控融资核心机制，看齐坚持创新成就品牌的领航梦想，给予企业适度宽松的融资运营环境，满足企业在新的上升时期对资金的极度渴求。纵使有金融机构抛来的风险"绣球"，企业也应该在融资担保中去发展，并用强劲脉动追求进步。

(2) 在正确的方向上抠细节。随着我国企业融资需求的加大，完善信用体系是兴起行业前进的不变之路。在很多盲区尚无细节化的监管措施，使得担保的市场秩序受到了一定程度的破坏，并给整个"担保"业务扣上了高风险的标签。但是在国资委、银监会、外管局等有关部门大力支持的大背景下，多部委主动改善国有企业融资担保状况，促进加快发展，更好地服务经济社会发展大局。企业可以向"构建可持续金融商业合作模式"看齐，可以尝试风险补偿的获取途径、多方可能性的风险合理分担方式，合理下调风险权重，把握全局能动性。积极开拓新的融资工具，健全担保体系是第一要务，市场游戏中风险与机遇并存，在面临国家经济增速放缓、实体经济经历结构转型的阵痛时期，对于企业的融资担保业务提供便利条件是负责任的做法。

四、讨论题目

1. 内忧外患的凯瑞德应该如何发展？
2. 目前凯瑞德的财务状况以及影响财务的因素？
3. 凯瑞德应该如何规避经营风险？
4. 商誉会成为影响凯瑞德的不定时炸弹吗？这枚炸弹何时会被引爆？
5. 凯瑞德应该如何做好外延式的发展？

五、参考资料

[1] 聂品. 解码凯瑞德及董事长被查隐情 [N]. 上海证券报, 2017 - 01 - 17.
[2] 卢青. 凯瑞德剥离纺织业务转型互联网彩票 [N]. 证券时报, 2015 - 02 - 10.
[3] 崔启斌, 许晨辉. 凯瑞德基金被母公司1元甩卖 [N]. 北京商报, 2016 - 05 - 18.
[4] 矫月. 痛割纺织业务凯瑞德转型互联网大玩彩票 [N]. 证券日报, 2016 - 02 - 28.
[5] 韦伟. 德棉股份"改头换面"转型多元化 [N]. 中国纺织报, 2012 - 09 - 30.
[6] 腾飞. 德棉股份剥离纺织资产扩增热门产业 [N]. 上海证券报, 2012 - 09 - 18.
[7] 王冉. 互联网企业财务风险管理探讨 [D]. 南昌：江西财经大学, 2016.
[8] 桂小笋. 凯瑞德被证监会立案调查公司提示暂停上市风险 [N]. 证券日报, 2017 - 12 - 21.
[9] 朱文彬. 新董事长"结盟"四股东上位凯瑞德实控人 [N]. 上海证券报, 2017 - 08 - 01.

[案例说明书]

一、本案例要解决的关键问题

本案例的教学和讨论，帮助学员了解财务指标变化以及经营上、财务上面临的各种不利因素，识别出凯瑞德现阶段存在的主要财务风险，而后对存在的财务风险进行评价研究，旨在针对相应的财务风险控制提出对策，加强凯瑞德的财务风险控制水平，为企业管理人员提供有效的财务风险管理方法。根据凯瑞德提出的财务风险应对对策，可以为同行业相同领域内的其他企业在财务风险控制方面提供借鉴与参考。

二、案例讨论的准备工作

为了有效实现本案例目标，学员应该具备下列相关知识。

（一）理论

（1）国外财务报表分析研究内容。Clyde P. Stickney 于 1999 年在《Financial accounting: An introduction to concepts, methods, and uses》中，深入研究了财务分析的框架内容，主要分三个部分：①企业当前行业经营环境、被分析企业主营业务与市场之间的关系；②对企业三大财务报表中的会计项目质量进行会计分析；③从企业的盈利能力、发展状况、价值评估等方面进行财务分析。

（2）国外财务风险研究。Ohlson 于 1980 年在《Financial rations and the probabilistic prediction of bankruptcy》中对企业财务风险以及企业陷入财务危机概率进行分析时首次采用模型。模型显示评价一个企业的财务情况和判断是否会陷入财务危机的四个理想指标要看企业规模的大小、财务结构是否合理、流动性是否合适以及企业经营业绩是否理想。Cornell 于 2014 年在《Financial Risk Control of Mergers and Acquisitions》中认为并购财务风险控制不仅可以有效优化资源配置，也是扩张资本的手段，通过防范并购活动的财务风险，企业资本运营活动才能稳步进行，这在其中起着重要的作用。

（3）财务报表分析方法研究。各种财务分析指标在揭示企业财务经营状况的同时又都有其局限性，这就要求报表使用者更加理性地使用各项财务分析指标，并在工作中不断修正和改进，使其更加完善与合理，更能真实地反映企业的财务状况，为领导决策提供真实的会计信息。

（4）财务风险成因研究。我国学者对于财务风险管理的研究是自 1980 年后开始进行，在借鉴国外研究成果的同时加以创新，将风险控制与相对应的防范措施引用到研究中。崔军、刘英于 2005 年在《企业财务风险成因及规避》一文中提出一家企业想要在竞争日益激烈的市场中持续发展，需要有效防范财务风险，而企业财务风险主要来源于筹资风险、投资风险以及并购风险，同时针对不同的风险提出对应的防范策略与规避措施。

（5）财务风险控制与防范研究。当前上市公司实践中存在筹资风险、投资风险以及资产重组风险。着重研究存在的风险，建立财务风险预测模型与预警系统，强化上市公司的风险意识，并对上市公司的财务风险管理提供理论和实践上的指导。

（二）行业背景

根据 WLA 统计数据，近年全球彩票行业整体处于向上发展趋势，2013 年、2014 年、2015 年全球彩票销售额 YOY 分别为 4.9%、9.9%、2.0%。其中 2015 年 YOY 为近 5 年来最低，主要受累于因中国互联网渠道叫停导致的亚太地区销售额大幅降低。2014 年我国彩票收入占 GDP 比例约为 0.60%，同期较意大利 2.6%、英国 0.9% 的水平仍有较大提升空间。而凯瑞德转型其中还有另一个原因是传统企业向互联网转型的必然趋势，首先国家在转型、经济在转型、市场在转型，这一切对于企业而言意味着企业依靠原有传统大规模生产、大规模销售的增长模式来获取人口红利的日子难以为继。其次，无论是现在还是将来，4 亿多 80 后、90 后绝对是市场的消费主力，而他们天生亲近网络，尤其是 90 后更是互联网的"原住民"，所以当企业跟互联网没有关系的时候，意味着 4 亿多 80 后、90 后与你无法连接，这意味着他们的消费跟企业的收入也没什么关系。最后，移动互联网技术的迅猛发展推翻了信息不对称，导致人与信息的无限自由链接，意味着过去所有依靠信息不对称的盈利模式将瞬间坍塌。

三、案例分析要点

（一）需要学员识别的关键问题

本案例需要学员识别的主要知识点包括：财务分析的定义、财务分析的常用方法、财务分析的局限性、财务分析的理论基础、财务风险的识别。

（二）解决问题的可供选择方案及其评价

1. 凯瑞德的财务分析给学员带来哪些思考？

第一，偿债能力分析。流动比率在合理情况下维持在 2 左右是比较适当的，因为过高的流动比率说明企业在流动资产上占用资金过量，没有合理有效地利用资金，这会影响到企业获利能力。速动比率在合理情况下维持在 1 左右是比较合适的，这表明每有一份流动负债就有一份变现能力较强的速动资产进行偿还，短期债务偿还得到保证。现金比率指的是在一定时期内，企业现金类资产与流动负债的比值，作为衡量企业实时偿还流动负债的能力。

第二，营运能力分析。存货周转天数用于反映存货流动性的好坏以及存货资金的占用是否合理，也是体现企业销售能力与存货管理水平的重要指标，使企业在保证生产经营连续性的前提下，提高资产的使用效率与企业的短期偿债能力。总资产周转天数越高，则周转率越低，这说明企业利用其资产生产经营的效率越差，这不仅仅影响企业的获利能力，还直接影响企业的股利分配。

第三，盈利能力分析。总资产利润率：该比率越高，说明资产利用的效益越好，企业获利的能力越强，经营管理的水平越高。成本费用利润率：该比率越高，说明企业耗费同等的资金时所取得的收益更好，企业通过生产销售的增加、费用开支的节约，都能提高该比率。所以，这是一个能直接反映增产节约效益的指标。营业利润率：该比率越高，则说明企业的盈利能力越强，市场竞争力越大，发展的潜力越高。市盈率：该指标越高，说明企业获利的潜力越大，其是反映股票盈利状况的指标，也是投资者对于从股票获得一元利益所愿意支付的价格。

第四，发展能力分析。主营业务收入增长率低于 -30% 时，表明公司的主营业务大幅滑坡，预警信号产生。另外，当企业的主营业务收入增长率小于企业的应收账款增长率，甚至主营业务收入增长率为负数时，公司存在操纵利润行为的可能性，需严加防范。净资产增长率实际反映了企业的资本规模扩张速度，是评估企业总量规模变动以及成长状况的重要指标。净资产增长率也等于企业本期净资产的增加额与期初净资产的比值。总资产收益率（ROTA）是一个更为有效的指标。总资产收益率的高低直接反映了公司的竞争实力和发展能力，也是决定公司是否应当举债经营的重要依据。

2. 凯瑞德的财务风险及影响因素

（1）经营状况风险。

其一，凯瑞德在信息披露方面存在较大的问题，需要披露的问题并未披露，涉嫌违法违规，目前正因为该问题，凯瑞德被证监局立案调查，调查结果尚未出来。

其二，凯瑞德对于行业内的情况并不熟知，导致转型后出现决策失误，收购其他企业的股份失败，还有的正在进行中，但收购期限特别长。

其三，凯瑞德的股东股权过于分散，实际控制人与前第一大股东的股权总数只有 23.93%。

其四，凯瑞德现任董事长张培峰的全部股权于 2016 年 10 月 25 日全部质押，质押的股权价值如果一直下跌，跌破底线后就会自动平仓，一旦平仓股权就会被出售，这使得企业面临着一定的风险，这也需要提前向广大民众公示。

其五，凯瑞德在前董事长吴联模的带领下，还有提供对其他企业的担保，而担保也是具有很高的风险，需要仔细了解被担保企业的详细财务状况以及相应的风险。

（2）财务状况风险。

第一，2014 年后企业的现金类资产过少，现金流量在近三年均为负数，且在凯瑞德的收购方案中，不乏有现金收购方式，这影响企业的现金类资产减少，进而引发一系列连锁反应。

第二，凯瑞德各项指标过低，出现周转不开的情况，企业资金一旦投入到收购合并等业务中后会出现难以回收的困境，同时会引发资金链断裂问题，凯瑞德后期周转需要的资金从何而来是个问题。

第三，凯瑞德当前的流动速率、现金比率过低，凯瑞德现金类资产过少，对于临期的负债不能及时归还，出现逾期情况，同时，不仅降低了企业的信用，还会对企业的正常经营活动、筹资活动等造成不小的负担，尽管流动资产在近两年也有下降，但流动负债的金额远大于货币资金的金额。

第四，凯瑞德的财务结构在转型之后逐渐偏向于高风险、高报酬，财务结构不稳定，且周转天数过高，资金回流慢，企业资金运转不顺，容易出现资金断裂现象，且影响企业的获利能力与股利的分配。

第五，凯瑞德的营业利润率近五年均为负数，说明企业的获利能力越来越差，而总资产利润率维持在一正一负，不难发现，凯瑞德一直以来为小幅度盈利，大幅度亏损，而这样维持可以避免被戴上"ST"的帽子，被强制退市。

第六，凯瑞德因收购产生的商誉过高，如果不能保持经营利润的持续增长，势必会带来巨额商誉的减值损失。而在会计处理上规定的减值测试，若该资产的账面价值超过其可收回金额，其差额确认为减值损失，上述资产的减值损失一经确认，在以后会计期间不予转回，即商誉的减值损失是永久性的。

（三）推荐解决问题的方案

1. 财务分析方法

财务指标法通过利用上市公司各种会计数据资料以及财务报表，选取具有代表性的企业财务业绩指标，分别从营运能力、偿债能力、成长能力以及盈利能力四个方面进行分析。

偿债能力可以划分为长期以及短期的偿债能力，通过流动比率以及资产负债率这两个指标进行分析。一般来说，流动比率越大，表明公司的短期偿债能力越好；越小的资产负债率，表明企业的长期偿债能力越好。

营运能力是考察企业经营运行的能力，主要反映了公司对资产的管理与营运效率。可以通过应收账款周转率和总资产周转率这两个指标进行分析。一般来说，比率越高，公司的营运能力越强，说明公司的资产周转速度越快，公司获得收益的可能性就越大。应收账款周转率反映了公司从赊销客户处收回现金的能力；总资产周转率粗略地反映了公司资产创造收入的能力。

盈利能力主要是指一个公司挣得利润的能力。可以通过主营业务利润率、总资产净利率和净资产收益率三个指标进行比较。通常来说，这三个指标都是正向指标，数值越大表明企业的盈利能力越强。也可以通过营业收入增长率和净利润增长率两个指标分析，一般来说，这两个指标数值越大，则表明企业的成长能力越强。但是如果营业收入或资产规模不断增长，而净利润增长并不同步，甚至出现同比下降，这种情况则不能说明企业具有良好的成长性。

成长能力是指公司未来生产经营活动的发展趋势和增长潜力。

2. 凯瑞德的财务风险影响因素给学员带来哪些思考？

首先，凯瑞德在信息披露方面存在较大的问题，需要披露的问题并未披露，涉嫌违法违规，目前正因为该问题，凯瑞德被证监局立案调查，调查结果尚未出来。

其次，凯瑞德大量抛售原先的产业设备，进军陌生的行业领域——互联网彩票行业与互联网加速服务行业，但转型后不久，财政部、民政部以及国家体育总局出台相关政策，移动互联网彩票停售，截至2017年12月31日暂未开放。与此同时，凯瑞德对于行业内的情况并不熟知，导致转型后出现决策失误，收购其他企业的股份失败，还有的正在进行中，但收购期限特别长。

最后，凯瑞德的股东股权过于分散，实际控制人与前第一大股东的股权总数只有23.93%。凯瑞德现任董事长张培峰的全部股权于2016年10月25日全部质押，质押的股权价值如果一直下跌，跌破底线后就会自动平仓，一旦平仓股权就会被出售，这使得企业面临着一定的风险，为此需要提前向广大民众公示。

3. 凯瑞德的财务风险防范思考

（1）化解股权质押风险，至少应该从两个方面着手进行防范处置。首先，已上市的企业应当开展股权质押自查，摸清自己的家底，对于存在一定风险的股权质押，要及早提出处置方案，防患于未然。其次，已上市的企业也应当将自查的结果上报当地的证券监管部门。风险较高的股权质押企业，证券监管部门要与企业共同商议，做出应对风险的预案。同时，证券监管部门也应与其他监管部门、受质方积极沟通，制定妥善解决的方案，将风险逐一化解。

（2）优化信息披露。优化内部治理结构，完善信息披露规章制度。上市公司应积极优化、完善公司的股权结构和治理结构，规范"三会"职能和议事程序。加强内部培训，提高信息披露风险防范意识，信息披露意识的提升需要建立在了解信息披露制度的基础上。上市公司应充分重视对大股东、实际控制人、公司管理层、董事会秘书、财务会计人员和相关业务人员的培训，着重提高上述人员对信息披露规则的把握以及对信息披露责任和可能造成的严重后果的认识。妥善处理与投资者、竞争对手和媒体的关系，上市公司被监管机构立案调查，很多时候是源于投资者和竞争对手的投诉、举报。聘请擅长证券合规的律师，提供日常的法律帮助。由于信息披露问题既专业又复杂，上市公司应聘请在证券合规领域经验丰富的专业律师提供日常的法律帮助，遇到拿不准的信息披露问题时，要及时听取专业律师的意见，防范信息披露违法行为的发生。

（3）互联网彩票行业的持续健康发展离不开政府的市场化监管，预计发放互联网彩票代销许可/牌照、上线全新的全国彩票销售系统等举措将陆续出台。一方面，国内互联网彩票代销许可/牌照将有序发放，长期规范运营、与各省彩票中心保持良好合作关系的彩票代销网站将最具竞争力。另一方面，彩票大系统的上线，既能够有效提升出票速度和准确性，也有利于牌照发放后市场准入制度的加强，大系统的自动识别系统能够保证只有获得互联网代销牌照的网站才能接入，从而避免了之前缺乏监管规则、出票混乱等问题。

四、教学组织方式

（一）问题清单及提问顺序、资料发放顺序

本案例讨论题目依次为：
1. 内忧外患的凯瑞德应该如何发展？
2. 目前凯瑞德的财务状况以及影响财务的因素？
3. 凯瑞德应该如何规避经营风险？
4. 商誉会成为影响凯瑞德的不定时炸弹吗？这枚炸弹何时会被引爆？
5. 凯瑞德应该如何做好外延式的发展？

（二）课时分配

1. 课后自行阅读资料：约 2 小时；
2. 小组讨论并提交分析报告提纲：约 2 小时；
3. 课堂小组代表发言、进一步讨论：约 2 小时；
4. 课堂讨论总结：约 0.5 小时。

（三）讨论方式

本案例可以采取小组式进行讨论。

（四）课堂讨论总结

课堂讨论总结的关键是：归纳发言者的主要观点，重申其重点及亮点，提醒大家对焦点问题或有争议观点进行进一步思考，建议大家对案例素材进行扩展研究和深入分析。

案例 5

并购浪潮中隐藏的"雷区"：英飞拓并购商誉减值风险案例*

---

*1. 本案例由广东工业大学管理学院的陈文涓、陈沉、肖鑫、陈越、黄江峡、张柳、于泽涛等共同撰写，作者拥有著作权中的署名权、修改权、改编权。
2. 本案例授权广东工业大学产教融合MPAcc教学智库实验平台使用，广东工业大学产教融合MPAcc教学智库实验平台享有复制权、修改权、发表权、发行权、信息网络传播权、改编权、汇编权和翻译权。
3. 由于企业保密的要求，在本案例中对有关名称、数据等做了必要的掩饰性处理。
4. 本案例只供课堂讨论之用，并无意暗示或说明某种管理行为是否有效。

[案例封面]

专业领域： 财务管理
适用课程： 财务管理理论与实务
选用课程： 财务管理理论与实务
编写目的： 本案例旨在引导学生从企业并购的动机和绩效入手，分析企业并购中可能产生的高额商誉减值，以及随之带来的风险，在分析风险产生的原因和影响的基础上，探讨市场监管者和企业本身如何采取防范措施。
知 识 点： 并购动因；商誉会计处理；风险识别
关 键 词： 英飞拓；商誉减值；风险防范
中文摘要： 2014年以来，我国资本市场并购重组活动日渐活跃，并购作为企业实现规模扩张的有效途径，在市场经济中发挥着重要的作用。而并购后又有越来越多的上市公司披露，由于受到并购业务中产生的商誉减值的影响，公司当期业绩下滑甚至巨额亏损。本文拟通过研究英飞拓并购藏愚科技的案例，展开分析，探讨并购过程、并购方案、并购业务产生的商誉减值带来的风险，对如何防范巨额商誉减值风险提出针对性的建议。

[案例正文]

随着经济的飞速发展，企业之间的竞争越来越激烈。2014以来，我国资本市场并购重组活动日渐活跃，并购作为企业实现规模扩张的有效途径，在市场经济中发挥着重要的作用。企业纷纷投入到并购的"浪潮"当中，通过并购来扩充自身竞争实力，平衡企业风险，进而实现企业的可持续发展。但在这看似美丽的"浪潮"下，也隐藏了许多的"雷区"。由于并购市场的活跃和资本市场的繁荣，被收购公司在并购中估值往往远高于账面可辨认净资产公允价值，导致市场上商誉占净资产的比例迅速上升。而并购后又有越来越多的上市公司披露，由于受到并购业务中产生的商誉减值的影响，公司当期业绩下滑甚至巨额亏损。

英飞拓公司在2015年2月12日发布资产收购预案，合计作价2.1亿元收购杭州藏愚科技有限公司100%股份。其中，以现金方式支付交易对价的42%，总计8 820万元；以发行股份方式支付交易对价的58%，按11.81元/股的发行价格计算，合计发行股份数1 031.33万股。那么，这起并购案例的动因都有什么？这起并购浪潮中又有哪些"雷区"？又要如何"排雷"呢？

一、案例概况

（一）案例背景

1. 案例主角——深圳英飞拓科技有限公司

深圳英飞拓科技股份有限公司是全球领先的电子安防与光通信设备制造商，2010年12月在深交所上市，股票代码为002528。公司产品涵盖全系列视频监控设备，包括摄像机、快球、高速云台、视频矩阵、IP视频系统，以及光端机和门禁控制系统，并被全球许多大型安保项目选用，英飞拓多次被评为中国"平安城市"建设的推荐品牌。

2. 行业背景

随着安防行业竞争的不断加剧，大型安防企业间并购整合与资本运作日趋频繁，企业集中度大幅提高，行业竞争加剧，资源向龙头企业集中趋势愈发明显，具有技术壁垒的安防龙头公司占据优势。行业长尾效应明显，龙头企业依托技术、资源和规模优势仍能保持高速增长，而位于尾端的众多中小企业生存艰难。

如表5-1所示是2016年英飞拓各项财务指标在行业中的排名情况，可以看出英飞拓的市盈率较高，排名靠前，反映了其股票价格较高，获利能力较强，公司发展前景较好。而市净率在行业排名中靠后，说明其每股净资产的价格相对较高，企业具有投资价值。从行业排名中得出结论，英飞拓在安防行业中竞争力比较强，企业规模大，总体上盈利能力处于行业中游。

表 5-1　2016 年英飞拓各项财务指标在行业中排名

	总市值	净资产	净利润	市盈率	市净率	毛利率	净利率	ROE
英飞拓	50.3 亿元	28.6 亿元	7.25 千万元	29.91	1.75	29.03%	3.81%	2.48%
行业平均值	268 亿元	37.8 亿元	4.67 亿元	71.07	4.19	38.80%	10.70%	6.11%
行业排名	15｜23	10｜23	11｜23	5｜23	21｜23	19｜23	17｜23	16｜23

数据来源：网易财经网。

3. 英飞拓并购之路

英飞拓是电子安防产品制造商和行业解决方案提供商。近几年英飞拓通过并购手段，积极向高清数字方向转型，并逐步开拓了平安城市、智能家居、行业应用等众多市场。英飞拓并购的部分企业如表 5-2 所示。

表 5-2　英飞拓并购历程概况

年份	被并购方	并购金额	支付方式	股权比例（%）
2012	March Networks	5.54 亿元	现金	100
2014	Swann	8717 万美元	现金	97.5
2015	藏愚科技	2.1 亿元	现金及发行股票	100
2016	北京普菲特	6.4 亿元	现金	100
2016	上海伟视清	630 万元	非公开发行股票	60

数据来源：深交所网站。

March Networks 主要产品为 NVR/DVR 和监控软件。而英飞拓的主要销售产品是前端设备。收购完成后，由英飞拓提供的前端视频采集设备，将大大降低目标公司的采购成本；在 NVR/DVR 等诸多领域英飞拓将实现技术的补充与提升；也将大大拓展英飞拓海外销售渠道和海外市场运营能力。由于合并了 March Networks 的营业收入，这次收购直接导致了英飞拓 2012 年营业收入增加，其中出口 41453 万元，增长 681.35%。完成此次收购之后，2014 年英飞拓将 March Networks 在银行、连锁零售等领域的优势产品及技术与英飞拓现有产品体系进行全面整合，完成从模拟向数字的转型。

Swann 是从事 DIY 安防视频监控产品销售的企业，是民用安防自装行业的第一品牌。Swann 公司主要提供适用于家庭用户的摄像机加 NVR/DVR 产品套装组合，完成对 Swann 并购后，英飞拓以 Swann 现有家用安防监控解决方案为基础，借力 Swann 的民用安防市场产品、品牌及渠道优势，积极挖掘消费者家庭安防、远程控制、智能管理等需求，研发升级，于海外市场推出了全新的"Swann One"智能家居管理平台，正式完成了其在智能家居的布局。

藏愚科技是平安城市、智能交通领域视频监控整体解决方案提供商。收购藏愚科技，提升了英飞拓在平安城市和智能交通项目的整体解决方案能力，增强并丰富在平安城市和智能交通等细分市场的技术、人员、项目管理经验、市场渠道及产品线的储备，提升公司在平安城市和智能交通的业务开拓能力。

从英飞拓近年并购同行业的海内外大企业的情况中可以看出，英飞拓通过行业并购取得了较大的"协同效应"和"互补效应"。并购可以帮助英飞拓迅速扩大生产规模,实现规模经济;减少竞争对手,提高行业的集中程度,增强产品在同行业中的竞争能力,控制或影响同类产品市场;消除重复设施,提供系列产品,有效地实现节约,扩大海内外市场占有份额,提升企业竞争力,促进公司的快速成长。

(二) 并购动因

1. 扩大市场,完善产业链

我国安防企业数量很多,但是总体上来看规模不大,安防行业的现象大体可以总结为:一方面拥有大量工作人员但是公司经营收入额不高,市场集中程度很低。这样就会造成资本量大的公司想要快速吞并相对弱小的公司,从而达到扩大自己市场份额的目的;另一方面我国的安防行业是新兴行业,发展的时间和历史都很短,企业的结构有待改善,进行企业的并购和业务扩展是扩大市场的有效方法。此次对藏愚科技的并购业务是英飞拓积极开展外延式发展战略的重要举措,经过此次对藏愚科技的并购业务,英飞拓增加了"智慧城市""平安城市"等业务,固有业务中已经开展的研发中心到终端设备产业链条便能够更趋完整,尤其是获得核心技术和营销渠道,能够以此来加速技术实力和扩大营销网络,在短时间内提升品牌价值和竞争力。

2. 企业成长压力

自从改革开放以来,经济体制的改变使得市场经济格局逐渐改善,我国安防行业作为资本市场的后来者,在行业整合上正刚刚起步,跟国内其他已经成熟的行业相比,国民认知度低,在行业内没有形成规模效应,各企业之间无序竞争,不利于整个行业的发展,有着巨大的成长压力。

3. 协同效应

收购优质资产,发挥协同作用。未来安防企业的并购行为,仍以有实力的大企业为主导,通过收购优良资产,完成市场细分和行业竞争格局的分布,迅速占领新的市场区域、快速扩大市场份额。资源互补、优势互现、价值增值的整体优势就是企业进行并购的根本原因。藏愚科技是平安城市、智能交通领域视频监控整体解决方案提供商,收购藏愚科技,提升了英飞拓在平安城市和智能交通项目的整体解决方案能力,增强并丰富在平安城市和智能交通等细分市场的技术、人员、项目管理经验、市场渠道及产品线的储备,进一步提升公司在平安城市和智能交通的业务开拓能力。

(三) 业绩补偿协议

截至 2014 年末,藏愚科技总资产为 1.27 亿元,净资产为 0.63 亿元,2013 年度和 2014 年度分别实现营业收入 0.83 亿元、1.00 亿元,净利润分别为 1 738.43 万元和 1 481.09 万元。根据 2015 年 2 月藏愚科技与英飞拓科技签订的《业绩补偿协议》,如表 5 -3 所示,藏愚科技原股东承诺藏愚科技 2015 年、2016 年及 2017 年的考核净利润分别不低于 2 300 万元、3 000 万元及 3 900 万元。

表 5-3 藏愚科技业绩承诺实现情况   单位：万元

年份	2015	2016	2017	合计
承诺归属母公司所有者净利润	2 300	3 000	3 900	9 200

数据来源：2015 年英飞拓年报。

若藏愚科技在业绩承诺期间内每个会计年度实现的实际的考核净利润未能达到上述利润承诺数，藏愚科技原股东应进行补偿。英飞拓应在需补偿当年年报披露后的 10 个交易日内，依据约定公式计算并确定藏愚科技当年应补偿的金额。

（1）补偿责任的承担。如藏愚科技在业绩承诺期任一年内，截至当期期末累积实际实现的考核净利润低于截至当期期末累积承诺考核净利润的，则交易对方项下各主体按其持有的藏愚科技股权比例承担本协议的补偿责任，交易对方项下各主体之间需承担连带责任。

（2）业绩补偿。如藏愚科技在业绩承诺期任一年内，截至当期期末累积实际实现的考核净利润低于截至当期期末累积承诺净利润的，则交易对方当期应补偿金额 =（截至当期期末承诺考核净利润 - 截至当期期末累积实现考核净利润数）÷ 业绩承诺期各年度承诺考核净利润之和 × 本次交易的总对价 - 已补偿金额。

（四）并购结果

英飞拓公司以合计作价 2.1 亿元的资产成功收购杭州藏愚科技有限公司，成为其 100% 控股股东。其中，以现金方式支付交易对价的 42%，总计 8 820 万元；以发行股份方式支付交易对价的 58%，按 11.81 元/股的发行价格计算，合计发行股份数 1 031.33 万股。

如表 5-4 所示，2012—2015 年英飞拓公司在海内外通过并购同行业公司，资产金额迅速提升。同时，合并商誉的金额也不断增加，其占资产总额的比重也呈上升趋势。

表 5-4 英飞拓商誉占资产总额比例变动情况

报告年度	2012	2013	2014	2015	2016
商誉（万元）	29 515	28 629	59 664	78 958	102 196
资产总计（万元）	246 186	240 631	264 610	295 214	408 079
商誉占资产总额之比（%）	11.99	11.90	22.55	26.75	25.04

数据来源：网易财经网。

但是，藏愚科技被并购后由于产业结构转型，项目周期过长，导致承诺业绩不达标。具体情况如表 5-5 所示。

对此，英飞拓在年报中说明：根据英飞拓与藏愚科技原股东签订的相关协议规定的业绩考核办法，公司需要将藏愚科技的账面实现净利润调整为考核净利润，藏愚科技调整后的 2016 年度考核净利润为 286.78 万元，业绩承诺考核的合并净利润人民币为 3 000.00 万元，实现数低于业绩承诺考核数人民币 2 713.22 万元。综上所述，藏愚科技 2016 年度调整后的实际考核净利润的实现数低于业绩承诺考核要求的净利润 2 713.22 万元，未达到业绩承诺考核要求。

表 5-5 藏愚业绩承诺实现情况　　　　　　　　　　　　单位：万元

年　份	2015	2016	2017	合计
承诺归属母公司所有者净利润	2 300	3 000	3 900	9 200
实现数	2 197.55	286.78	2 490.72	4 975.05
差异	102.45	2 713.22	1 409.28	4 224.95
承诺完成率（％）	95.55	9.56	63.86	168.97

数据来源：2017 年英飞拓年报。

二、案例分析

（一）合并商誉的初始确认

由于权益结合法下企业不确认商誉，案例中合并商誉的初始确认方法应选择购买法。企业会计准则中规定，非同一控制下的企业并购的资产和负债是按合并日的公允价值来确定的。根据不同的情况，商誉的价值在企业购买日的合并成本与被并购企业可辨认净资产的公允价值之间存在差额时进行确认；同一控制下应使用账面价值的份额作为初始投资成本。这是由于同一控制下的企业合并中，参与并购的双方都归属于母公司，合并后控制主体不变，为了防止并购双方通过关联交易来控制利润，需按账面价值确认。

从英飞拓 2015 年年度报告中可知，合并资产负债表上列示的商誉的金额为 789 577 325.14 元，而 2014 年商誉为 596 635 860.05 元，增加了 192 941 465.09 元，同比增长 32.34%，其中因收购藏愚科技确认的商誉金额为 154 949 659.21 元。本次并购业务由沃克森（北京）国际资产评估有限公司（以下简称沃克森）评估，评估基准日为 2014 年 12 月 31 日，采用收益法对藏愚科技的股东全部权益评估值为 22 376.98 万元，评估值较账面净资产增值 15 751.45 万元，增值率 237.74%。

根据英飞拓 2015 年年报中"合并报表主要项目注释"第八条列示：本期非同一控制下合并杭州藏愚科技有限公司，合并日杭州藏愚科技有限公司可辨认净资产公允价值为 55 050 336.69 元，合并日净资产账面价值为 48 446 037.15 元，本公司合并成本包括现金 88 200 000 元，发行的权益性证券的公允价值为 121 799 995.90 元，所以合并成本总计为 209 999 995.90 元，持有股权合计为 100%。由此可知：

（1）合并成本 = 209 999 995.90 元
（2）被并购方可辨认资产的公允价值为 55 050 336.69 元
（3）商誉 = 209 999 995.90 - 55 050 336.69 × 100% = 154 949 659.21（元）

账务处理如下：
　　借：资产类　　　　　　　　　　　55 050 336.69
　　　　商誉　　　　　　　　　　　　154 949 659.21
　　贷：股本　　　　　　　　　　　　121 799 995.90
　　　　银行存款　　　　　　　　　　88 200 000

（二）并购前后财务绩效分析

1. 偿债能力

先观察比率的变动及比较：从表5-6可知英飞拓的流动比率和速度比率从2014年的4.16和3.22下降到2015年的3.35和2.44，流动比率也与一般认为较为合适的2:1的水平有差异；从之前的分析可知，英飞拓在2015年以现金支付及发行股份的方式并购藏愚，因而流动比率下降，也可能是因为除货币资金以外的存货及其他流动资产持有量较少或是流动负债过高。综合来说，英飞拓偿债能力还是比较强的。

表5-6 2012—2016年英飞拓偿债能力概况

报告年份	2012	2013	2014	2015	2016
流动比率（%）	8.56	9.55	4.16	3.35	3.22
速动比率（%）	7.56	8.25	3.22	2.44	2.63
资产负债率（%）	10.35	9.24	17.67	18.65	29.14

数据来源：网易财经网。

2. 营运能力

如表5-7所示应收账款的周转情况：英飞拓应收账款周转率从2015年的3.35下降到2016年的3.04，出现小幅下降。可以看出，英飞拓的收回应收账款的速度比较高，资产管理水平处于领先地位。及时收回应收账款，不仅可以避免发生坏账损失，还能增强企业的偿债能力。再看看存货周转方面：英飞拓的存货周转率小幅增长，其持有的流动资产较充足，存货周转率不会影响到其资金的正常周转。最后看看资产周转率的情况：流动资产周转率从2015年的1.11下降到2016年的0.99，总资产周转率则从2015年的0.65下降到2016年的0.56，说明英飞拓对总资产和流动资产的综合使用效率较低，存在一定程度资金浪费等问题，影响公司盈利能力。

表5-7 2012—2016年英飞拓营运能力分析

报告年份	2012	2013	2014	2015	2016
应收账款周转率（次）	3.71	3.45	2.57	3.35	3.04
存货周转率（次）	1.75	1.91	1.51	2.61	2.82
总资产周转率（次）	0.32	0.39	0.39	0.65	0.56
流动资产周转率（次）	0.36	0.49	0.54	1.11	0.99

3. 盈利能力

如表5-8所示盈利能力的相关指标：销售净利率从2015年的3.81%下降到2016年的-21.33%；总资产利润率从2015年的2.34%下降到2016年的-10.34%；净资产收益率从2015年的2.85%下降到2016年的-14.61%，均出现大幅度下降。从总资产利润率、销售净利率和净资产收益来看，英飞拓在2013—2015年的盈利能力还是比较强的，较高的销售净利率表明在剔除支付给债权人的利息费用后的所有者获得的净利率较高，公司获取净利润的能力也较高。再结合较高的净资产收益率来看，英飞拓在较强的盈利能力支持下，对于股东投资者的投资收益也是远高于其他安防企业。但随着2016年计提巨额商誉减值后，盈利指标大多出现了大幅度的下降。

表5-8 2012—2016年英飞拓盈利能力分析

报告年份	2012	2013	2014	2015	2016
总资产利润率（%）	0.55	2.58	1.27	2.34	-10.34
营业利润率（%）	-0.96	4.29	2.37	3	-22.63
销售净利率（%）	1.78	6.45	3.44	3.81	-21.33
净资产收益率（%）	0.61	2.84	1.55	2.85	-14.61

4. 发展能力

如表5-9所示，可以看到公司在2012—2014年没有并购藏愚科技之前，主营业务增长率波动较小，而净利润增长率波动较大，2015年对藏愚科技进行并购之后，主营业务收入增长率和净利润增长率出现下降的趋势，尤其是净利润增长率大幅下降。

表5-9 2012—2016年英飞拓发展能力分析

报告年份	2012	2013	2014	2015	2016
主营业务收入增长率（%）	113.43	26.81	1.97	85.12	9.13
净利润增长率（%）	-68.52	360.5	-45.6	104.66	-711.45
净资产增长率（%）	-1.47	-1.05	-0.25	10.23	20.41
总资产增长率（%）	6.27	-2.26	9.97	11.57	38.23

5. 市场效应

英飞拓是上市公司，且上市多年，其资本市场表现可以从一个侧面反映公司实力及经营状况。如果公司经营情况良好，公司每股收益就会上升，股票价格也会上升，有实力的公司在分红派息上也会更加慷慨，更愿意与股东分享经营成果。如图5-1所示是2013—2016年英飞拓股价变动情况，尤其是在2016年股价降到近年最低值，原因之一是2016年英飞拓巨额亏损4.2亿元，股价大跌。

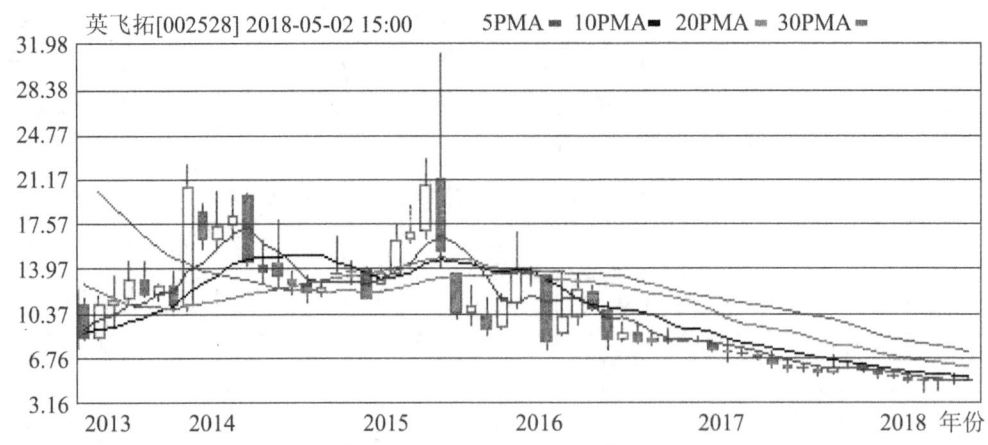

图 5-1 英飞拓 2013—2018 年股价变动情况

数据来源：东方财富网。

（三）合并商誉减值

1. 英飞拓对合并商誉进行减值测试

2006 年我国企业会计准则规定：不再使用系统摊销法对商誉进行后续计量，企业应使用减值测试法在每年度终了时计提减值准备。英飞拓在子公司藏愚科技 2016 年经营状况不佳时计提了巨额的商誉减值，使财务报表的数据与前几年同期相比出现极值（比如商誉减值损失一项金额高达 386 612 049.64 元，其中藏愚科技产生的减值损失为 66 339 359.01 元），上文计算出英飞拓并购藏愚科技产生的商誉价值为 154 949 659.21 元。2016 年资产负债表日，英飞拓公司管理层根据会计准则和公司会计政策规定对商誉进行减值测试，公司商誉减值测试结合与其相关的资产组合进行，将归属于少数股东权益的商誉包括在内，调整资产组的账面价值，然后根据调整后的资产组账面价值与其可收回金额进行比较，以决定是否对其计提相应的减值准备。

公司对各项商誉进行减值测试的过程中，将收购藏愚科技而产生的 15 494.97 万元商誉计提 6 633.94 万元资产减值准备。主要原因以及方法如下：由于 2016 年度藏愚科技的经营业绩不达预期，公司管理层根据《企业会计准则》和公司会计政策的相关规定，结合实际情况，对藏愚科技由于非同一控制下合并形成的商誉进行减值测试，测试后的结果显示：2016 年末藏愚科技包含商誉的资产组价值 25 733.15 万元，运用收益法计算藏愚科技包含商誉的资产组未来产生的现金流量金额折现计算到 2016 年 12 月 31 日的价值（即可收回金额）为 19 099.21 万元，小于包括商誉的资产组组合的账面价值，故该资产组存在减值迹象。基于谨慎性原则，公司将该合并产生的商誉 6 633.94 万元计提减值准备。

2. 英飞拓受商誉减值影响

一方面，商誉减值会直接减损上市公司当期利润，容易引发业绩变脸。相关会计准则规定，公司合并形成的商誉，至少应当在每年年终作减值测试，一经确认的资产减值不得转回，所以商誉减值将直接造成上市公司当期业绩的减损。英飞拓 2016 年年报显示，自 2014—2016 年，主要财务指标变动情况如表 5-10 所示。

表 5-10 英飞拓近 3 年财务指标变动情况

报告日期	2016 年度	2015 年度	增减	2014 年度
主营业务收入（万元）	197 871	181 311	9.13%	97 943
归属于上市公司股东的净利润（万元）	-42 083	6 836	-715.55%	3 359
经营活动产生的现金流量净额（万元）	-6 748	3 992	-269.05%	1 257
基本每股收益（元/股）	-0.436	0.0748	-682.89%	0.0374
总资产（万元）	408 079	295 213	38.32%	264 609
加权平均净资产收益率（%）	16.79	3	-19.79	1.55
归属于上市公司股东的净资产（万元）	287 968	239 488	20.24%	217 299

数据来源：英飞拓 2016 年年报。

如表 5-10 所示，自 2015 年英飞拓并购藏愚科技以来，英飞拓主营业务收入增加 9.13%，但归属于上市公司股东净利润却为 -42 083 万元，年报中显示净利润亏损主要是由于计提巨额商誉减值准备，而这些商誉多为前期并购产生的。

由于英飞拓合并商誉减值风险很大，公司在 2016 年年报中已对商誉减值部分做了相关说明，2016 年英飞拓计提商誉减值准备 3.87 亿元中，子公司 Swann 计提减值 3.52 亿，而藏愚科技业绩不达标引起的商誉减值数额为 6 633.94 万元。从整体来看藏愚科技此次的商誉减值占母公司总资产比例不大，但由于 2015 年计提的商誉减值准备较少，2016 年突然计提巨额减值，趋势显著，引发了媒体对"商誉减值潮"的深思。

2016 年 4 月英飞拓对商誉减值的说明中，披露藏愚科技 2016 年业绩下滑未能实现业绩承诺的原因有两方面，一方面是藏愚科技由设备提供商向整体方案提供商升级，该业务转型导致项目周期拉长；另一方面，其 2016 年重点发力的几个区域项目招投标进度缓慢，未如预期形成收入，因此 2016 年未能实现业绩承诺。

（四）减值原因分析

1. 资产评估机构估价过高

企业价值的大小主要取决于企业未来获利能力的折现值。企业的获利能力是企业通过自身的经营活动获取收益的能力。企业未来净现金流量、折现率和收益年限这三个因素是影响企业价值的最根本因素，而其他的因素是通过影响这三个因素间接地影响企业价值的大小。英飞拓并购藏愚科技的企业价值评估，是由沃克森（北京）国际资产评估有限公司（以下简称沃克森）评估，评估基准日为 2014 年 12 月 31 日，本次评估对象为英飞拓拟发行股份及现金支付购买藏愚科技股权于评估基准日所涉及的藏愚科技股东全部权益市场价值，具体评估藏愚科技于评估基准日的全部资产及负债。同时，将藏愚科技控股子公司杭州科骏信息技术有限公司列入评估范围。通过对藏愚科技未来综合获利能力的预测，评估采用收益法，评估结果为藏愚科技的股东全部权益评估值为 22 376.98 万元，评估值较账面净资产增值 15 751.45 万元，增值率 237.74%。从评估结果看出，此次评估价相比账面价值增值幅度较大。

2. 藏愚科技经营业绩不达标

藏愚科技 2016 年度净利润的实现数低于盈利预测净利润数 1 974.38 万元，未实现盈利预测。藏愚科技 2016 年业绩下滑未能实现业绩承诺，一方面是藏愚科技由设备提供商向整体方案提供商升级，该业务转型导致项目周期拉长；另一方面，其 2016 年重点发力的几个区域项目招投标进度缓慢，未能如预期形成收入。因此，2016 年未能实现业绩承诺。

3. 并购后管理不善

通过梳理英飞拓进行的一系列并购重组事例，可以发现其具有产业并购的特点。与英飞拓类似的还有乐视网、华谊兄弟等。这种产业并购其实是具备一定的产业逻辑，旨在进行横向扩张以期扩大规模、提高市场占有率，或旨在拓展上下游产业链以增强抗风险能力等。英飞拓案例中并购的公司多为同行业的安防企业，其目的是扩大规模和提高市场占有率。因此，对并购后的整合有很高的要求，同时对被收购企业的股东或管理层的依赖就不可避免。

并购企业应该从产业链、人员管理、企业文化等各方面，积极与被并购企业融合，将协同效应最快最大的效用发挥出来。通过查阅此次的财务数据，可以看出英飞拓对被并购方的并购后管理可能较为宽松，整合效果不够显著。由此可以看出，英飞拓对并购后的企业的管理方式通常是在业务上保持独立，较重视后端管理。虽然在业务上给予被并购公司足够的自由权会是一件有益的事，但从整个企业集团来看，却不一定是利益最大化的一种手段。作为并购方的英飞拓和被并购方的藏愚科技都属于安防行业，英飞拓并购藏愚科技不只是为集团公司增加一条业务线，更重要的是要让新业务和现有的业务进行融合。如果英飞拓能发挥主动性，将藏愚科技的业务和客户进行融合、客户分享，集团会获得更大的效益，而不仅仅是藏愚科技财务并表后所带来短期收益的增加，还能从长远为集团整体发展起促进作用。

4. 管控力度的下降

2016 年 5 月 25 日，英飞拓披露了《关于控股股东及实际控制人拟减持股份的提示性公告》，控股股东 JHL INFINITE LLC 及实控人刘肇怀计划自 2016 年 5 月 27 日起未来六个月内以大宗交易或协议转让方式减持本公司股份合计不超过 4 634 万股，占当时公司总股本比例 5.01%。减持计划发布后，刘肇怀的减持分三次进行，于 2016 年 9 月 21 日、11 月 14 日和 11 月 16 日通过大宗交易方式分别减持股票 200 万股、3 300 万股和 971 万股，减持比例分别为 0.19%、3.16% 和 0.93%，合计达到 4.28%；减持均价分别为 8.27 元/股、7.37 元/股和 7.42 元/股。粗略计算此番减持后，刘肇怀累计套现达 3.32 亿元。在减持计划完成公告发布的同一天，英飞拓实控人再抛新减持计划。英飞拓公告称，11 月 28 日收到控股股东 JHL INFINITE LLC 及实控人刘肇怀的通知，称为支持公司第二期员工持股计划和公司运营发展所需，拟自 2016 年 12 月 2 日起未来六个月内，以大宗交易或协议转让方式方式减持股份合计不超过 5.5%。①

大股东大幅度减持的背后，更多反映了公司股权遭到稀释，控制权也相对分散。并购藏愚科技时的管理层可能由于减持而失去绝对话语权，同时管控力度也相对降低了，可能造成藏愚科技并购后的管理与此前的计划有所出入，一定程度上也会引起藏愚科技自身的经营状况变坏，造成合并商誉减值。

---

① 数据来源：新浪财经，英飞拓业绩变脸：1 年亏掉上市五年利润大股东连续减持。

5. 合并商誉的风险

商誉能够给企业带来超额收益。商誉的实质应从两个方面思考：一方面是被并购企业的自身价值；另一方面是双方企业的合并在未来能够创造出的经济效益。并购的购买价与被并购企业可辨认净资产的公允价值的差额并不能完全代表并购后的溢价，因为并购的完成意味着之后被并购企业需要摒弃一部分自身的经营理念和规划，重新融入新集体并配合实施母公司的企业战略，完成并购计划的协同效应。这样一来，被并购企业很可能因为部分不受控制的外界因素，无法延续之前的良好业绩。对藏愚科技的评估采用收益法，评估结果为藏愚科技的股东全部权益评估值为 22 376.98 万元，评估值较账面净资产增值 15 751.45 万元，增值率 237.74%。收益法从某种角度上更像是将被并购公司未来业绩确定性地纳入到合并商誉价值中。

虽然并购前藏愚科技的经营状况良好，但是并购后被并购企业的盈利能力不可避免会受到多方面影响，不见得会一直延续。在没有充分证据表明藏愚在重组后能达到如此业绩水平的情形下，资产评估公司并不能完全算是对并购子公司公允价值和预期业绩的合理评估。这样看来，对并购产生的商誉价值进行计量时，合并价差的计量方式并不能完全体现商誉能够给企业带来超额收益。收益法评估过程中的不确定因素会导致估值过高，而且并购方很有可能将子公司未来业绩并入商誉价值的一部分。因此，将差额确认为商誉的做法不能真实反映商誉的本质。商誉的本质决定了其自身不可避免的风险，商誉的确认与计量也相对困难，不稳定性较强。

三、并购中防范商誉减值风险的建议

（一）从市场监管者角度

1. 不断完善顶层设计和制度建设

市场监管者应继续不断完善顶层设计和制度建设。首先，进一步健全我国证券市场、金融市场和生产资料市场，提供公开公正合理的各种资产价格信息，使公允价值的计量有较为客观的依据。

2. 加强监管和问询

加强监管和问询，强制企业充分披露测试过程中采用的参数区间、参考的重要数据、获取的主要证据，从而得出计提结论。

3. 将商誉减值计提纳入非经常性损益

建议将商誉减值计提纳入非经常性损益，在制定上市公司有关上市、暂停上市、中止上市等业务规则时，考虑参考扣除非经常损益后的净利润指标，关注上市公司未来的持续经营能力，而不仅仅考虑净利润指标。此外，准则制定者要考虑商誉减值相关处理的可操作性，规范实施细则；行业协会也应为中介机构的执业提供技术指导和监督。

（二）从上市公司角度

越来越多的公司开始逐步认识到高额商誉给公司未来业绩和价值重估带来的不利影响，因此已经开始主动采取措施避免收购高估值资产形成巨额商誉。

1. 分次收购以降低商誉数额

部分公司通过分次收购来降低商誉数额，因为现行准则规定，继续收购已控股子公司的少数股权时，交易对价超过其可辨认净资产公允价值所占份额的差额，需冲减资本公积和留存收益，而不确认商誉资产。

2. 完善业绩补偿条款

有部分公司通过在对赌协议中签订业绩补偿条款避免大幅减值，当公司业绩无法达标时，公司虽然会面临业绩与减值的双重压力，但也能从对赌协议中获得相应的补偿收益，如果上市公司在并购活动中的谈判地位足够强势，未来商誉减值对净利润的影响也许会相对较小。

3. 应提高内增长能力

虽然并购能快速增强企业能力，尤其是当期的财务报表会使并购方业绩大增，但短期的获利容易，而长远来看就收益与风险并存了，特别是对并购后企业长期融合与协同方面。此外，对于像英飞拓这样大力推崇外延式发展的企业而言，在借助外力的同时，提升自身经营水平、增强内增长能力也是十分重要的。这次英飞拓巨额商誉减值事件提示了并购标的业绩不达标的风险。因此，并购有风险，企业更应该重视自身的内增长能力。

4. 签订激励措施条款

签订激励措施条款，对标的资产进行正向激励。除了签订业绩承诺对原股东及管理层进行反向激励外，还可以利用股权激励计划等，将子公司利益与母公司市值联系，使双方企业目标趋同，从而防止标的短视巧为，有利于其长远发展，实现其减值风险的降低。

5. 并购方应加强尽职调查

调查也是企业进行并购时最为重要的步骤之一，因为通过调查能尽量真实地掌握目标企业的实际情况，充分揭示标的企业的财务风险或危机，分析标的企业的盈利能力、现金流，并进一步预测企业未来前景；同时，还能通过尽职调查了解资产负债、内部控制、经营管理等各方面情况，为并购方案设计、交易谈判、并购决策打下基础。因此，尽职调查对标的企业估值、定价决策有着非凡的意义。对并购方来说，要重视尽职调查，既包括重视实施尽职调查的过程，也包括取得尽职调查的结果，在确定并购交易价格时要尽量参考尽职调查的结果，而不能过于相信标的方许下的业绩承诺。

（三）从中介机构角度

1. 改进估值方法

入账的资产需要满足相应的确认要求，商誉作为一项特殊的资产，其确认更加需要合理化，这离不开资产评估方法的改进。目前合并交易中对于资产的评估理论上可以用收益法、市场法和资产基础法等，但是在收购合并实务中绝大部分公司采用收益法进行评估。因此，不会对被收购企业稳定的客户群、适销对路的营销策略、优秀的研发团队等经营过程中形成的核心无形资产进行评估。对公司而言并购的主要动机是提高收益，商誉和无形资产（或其他长期资产）在经济利益消耗方式、受益年限、后续计量方面都存在较大差异。无形资产应在使用寿命内系统地摊销，商誉无须摊销，只要定期进行减值测试，而减值测试受主观因素影响较大。基于上述原因，受利益驱动的收购方会在商誉中混入未入账的无形资产以及其他非常规资产。因此，应当对当前估值方法进行改革或者是探索新的、有效的评估方法，对这些无形资源以及其他非常规资产进行估值，将其从商誉中分离出来。在评估方式上,强调除收益法外,必须采用其他的评估方式予以印证,如两种方法存在较大差异时,需予以定性说明。

2. 保持独立性

在发生商誉减值的上市公司并购案中,作为中介机构的券商、会计师事务所、律师事务所和评估机构的独立性并没有体现出来。尽管券商负有持续督导的责任,评估机构也应对标的作出合理估值,但在实践中,往往沦为上市公司的应声虫。以英飞拓为例,在收购的子公司藏愚科技于2016年业绩不及预期后,作为并购评估机构的沃克森只是发出致歉声明"深感遗憾,并向广大投资者诚恳致歉"。

中介机构应该为投资者服务,替投资者把关,保持自身独立性,坚守职业道德,客观公正地做出判断,出具真实可靠的报告。

四、问题讨论

1. 如何理解英飞拓近年来的连续并购行为?
2. 本案例的并购可以用哪些动因理论解释?
3. 企业并购可以用哪些绩效进行评价?
4. 本案例的并购对英飞拓产生了哪些影响?
5. 本案例的并购中存在的商誉减值风险从公司角度如何避免?

五、参考资料

[1] 英飞拓发布的公告及定期报告.
[2] 英飞拓招股说明书.
[3] 杜兴强. 商誉的性质及对权益计价的影响——理论分析与基于企业会计准则(2006)的经验证据[D]. 厦门:厦门大学,2010.
[4] 张娟. 合并商誉对企业盈利能力影响的实证研究[D]. 北京:首都经济贸易大学,2012.
[5] 孟荣芳. 上市公司并购重组商誉减值风险分析[J]. 会计之友. 2017,02:85-89.
[6] 秦素娟. 企业合并商誉会计问题研究[D]. 北京:首都经济贸易大学. 2015.
[7] 王静. 基于商誉本质的确认与计量思考[J]. 财会通讯,2015(25).

[案例说明书]

一、本案例要解决的关键问题

本案例要实现的教学目标：引导学员关注上市企业并购中存在的高额商誉的产生以及随之带来的商誉减值风险，了解企业商誉会计处理的方法，探究关于并购中商誉减值风险的防范。

二、案例讨论的准备工作

为了有效实现本案例目标，学员应该具备下列相关知识。

（一）理论

1. 商誉的定义

商誉，是能使企业中的人、财、物等因素在经济活动中相互作用，形成一种"最佳状态"的客观存在。能在未来期间为企业经营带来超额利润的潜在经济价值，或一家企业预期的获利能力超过可辨认资产正常获利能力（如社会平均投资回报率）的资本化价值。商誉是企业整体价值的组成部分，是企业能拥有或控制的、能够为企业带来未来超额经济利益的潜在经济价值，这种无形价值具体表现在该企业的获利水平超过了一般企业的获利水平。

2. 商誉的特征

（1）商誉能为企业创造间接的经济效益。它之所以作为一项具有价值的资产，正是因为它的这种效益性特征。它是企业收益水平与按社会平均收益率计算的差额的资本化价格。商誉的值有正值，但当企业亏损或企业收益水平低于本行业平均获利水平时，商誉也可有负值。

（2）商誉是一种不可确指的无形项目，它不属于无形资产。它不能独立存在，与企业的有形资产和企业的环境紧密相连。它既不能单独转让、出售，也不能以独立的一项资产作为投资，不存在单独的转让价值。它只能依附于企业整体，商誉的价值是通过企业整体收益水平来体现的。

3. 商誉的分类

商誉按其形成来源不同，分为自创商誉和合并商誉。自创商誉是企业在生产经营过程中自己创立和逐渐积累起来的能为企业带来超额利润的经济资源。合并商誉也称外购商誉，是企业合并过程中形成的并购企业支付的价款与被购买方各项可辨认资产、负债公允价值之间的差额。如果合并商誉确认时的差额为正即形成正商誉；如果合并商誉确认时的差额为负即形成负商誉。

4. 商誉的主要理论

（1）超额收益论。超额收益论的观点是：商誉是代表企业超额盈利的净现值，也就是说企业经常性投资报酬率超过未来净收益的贴现值的观点。此种论点存在一定的局限，例如对于独立的投资者，企业的预期盈利是由投资者的主观能动性来决定的。取决于投资者对未来企业的盈利能力的看好或者看坏程度、变化的机会报酬率和投资人对风险大小的厌恶程度等，使得相关的会计计量人员和企业的经营者就不能准确地对商誉进行计量，投资者在进行投资的同时，就不能理性地考虑商誉，不能准确区分商誉和其他的无形资源。

(2) 好感价值论。该观点认为商誉是达到的商业竞争关系、公司和受雇的员工的友好关系和企业对顾客产生的友好关系。这些友好关系存在于企业的不断发展中所存在的外在原因，包括优秀的管理经验、地理位置的优势、与客户之间的友好程度、创新的技术创造思维等。好感价值论观点主要研究商誉的构成，间接地研究商誉的来源和最终的作用。

(3) 核心商誉论。美国的相关机构在 SFAS [4]《企业合并》中将企业商誉划分为几个部分，主要包括：①被并购的企业其他净资产的市价；②并购方由于评估的或多或少而支付的不同金额；③并购双方经过整理合并产生超额的合并价值；④被并购当天被并购方的净资产的市价超过其他企业合并的情况；⑤并购方因为存在一定的误差，进而产生高的合并价格；⑥被并购方的超额合并效益，经常代表企业存在的商誉，即被并购企业原先的自创商誉和外购取得的合并商誉。

(二) 企业并购背景

随着经济全球化在全世界范围内迅速蔓延以及国际市场竞争的日趋激烈，企业为了自身的生存和发展，并购成了其维护市场竞争力的重要手段和措施。我国并购活动起步较晚，但发展势头强劲，加之国家政策的推动，国内企业并购热度仍然持续高涨，并购交易数量及金额迅猛上升，许多企业希望通过并购吸收优质资产以提高自身核心竞争力。

从最新的信息披露时间的维度来看，2016 年公告中有 580 家并购重组重大事件，较 2015 年的 379 家大幅提高 53.03%，交易金额共有 20 106.83 亿元，较 2015 年的 10 579.34 亿元，大幅上升 90.34%，平均每笔交易金额由 2015 年的 27.91 亿元上升到 2016 年的 34.67 亿元，上升 24.19%。从具体的行业分布的角度来看，2016 年涉足并购重组重大事项数量排名前五的行业分别为机械设备、化工、传媒、电子和计算机，这五个行业的累计占比为 33.97%，较 2015 年的 41.69% 大幅下降将近 8 个百分点，集中度较 2015 年有所下降。2016 年涉足并购重组重大事项金额排名前五的行业分别为机械设备、房地产、商业贸易、公用事业和非银金融，这五个行业累计交易金额为 7 374.35 亿元，较 2015 年的 5 756.20 亿元增长 28.11%，累计占比达到 36.68%，较 2015 年的 54.41% 下降将近 18 个百分点，集中度有所下降，这有可能与 2016 年涉足并购重组事项的上市公司的数量的大幅上升有关。[①] 具体数据如表 5-11、表 5-12 所示。

表 5-11　2012—2016 年并购重组交易数量行业排名前 5　　　　单位：笔

年份	2012	2013	2014	2015	2016
机械设备	4	6	14	34	54
化工	9	11	11	25	38
传媒	11	8	24	38	35

---

① 数据来源：量化精灵公众号，《2016 年并购重组专题分析报告》，2017 年 1 月 12 日。

续上表

年份	2012	2013	2014	2015	2016
电子	4	4	12	30	35
计算机	3	5	16	23	34

数据来源：Wind 数据库。

表 5-12　2012—2016 年并购重组交易金额行业排名前 5　　　　单位：亿元

年份	2012	2013	2014	2015	2016
机械设备	23.78	26.14	124.76	1 281.97	2 412.83
房地产	—	—	65.75	1 174.1	1 288.97
商业贸易	45.23	59.45	162.72	284.95	1 255.53
公用事业	250.07	363.94	249.53	516.86	1 231.06
非银金融	137.1	3.38	236.8	282.63	1 185.95

数据来源：Wind 数据库。

随着并购热潮席卷而来的还有巨额商誉，并购产生的商誉在金额上日益巨大，更有不少被并购资产的估值明显超过其账面价值，导致市场上商誉占净资产的比例加速上升。而有些公司甚至在 2016 年三季度业绩实现增长的情况下，全年亦因巨额商誉减值致业绩大幅"变脸"，出现巨额亏损。据 Wind 数据，2016 年国内并购市场交易额为 1.84 万亿元，较 2015 年增长了 76.6%。商誉价值首次突破万亿，接近 1.05 万亿元，较 2015 年增长 61.76%。从分板块来看，1 774 家主板上市公司合计商誉达到 5 995 亿元，同比增长 60%。851 家中小板企业合计商誉达 2 623 亿元，同比增长 67%。633 家创业板公司合计商誉达 1 896 亿元，同比增长 61%。事实上，在并购活动活跃的创业板，商誉泡沫也表现得最为明显。Wind 数据显示，2016 年创业板上市公司净利润合计 962 亿元，同期商誉则高达 1 896 亿元，商誉达到净利润的 2 倍，而主板及中小板这一数据分别为 0.22 倍和 1.1 倍。上市公司商誉资产数据如表 5-13 所示。

表 5-13　上市公司商誉资产数据

年份	商誉金额（亿元）	上市公司数	占净资产比例（%）	商誉减值（亿元）
2012	1 681.9	966	2.97	1 067
2013	2 131.71	1 087	3.72	16.06
2014	3 286.63	1 243	6.35	26.21
2015	6 487.06	1 464	11.09	79.23
2016	9 260.08	1 661	14.80	—

资料来源：微信公众号，资鉴咨询，《会计的艺术——"商誉"》。

三、案例分析要点

(一) 需要学员识别的关键问题

本案例需要学员识别的主要知识点包括:企业高商誉产生的原因和商誉减值风险的防范措施。

(二) 解决问题的可供选择方案及其评价

1. 企业并购中为什么会产生高额商誉?

(1) 从商誉本质角度分析。有"核心商誉论",核心商誉包含被并购方自身超额收益与合并后超额收益(协同效应)两部分。核心商誉的第一部分,企业自身的超额收益,可以解释为企业的市场占有率、研发能力、品牌忠实度等核心价值带来超额收益等能力。核心商誉的第二部分,合并后超额收益的创造,可以解释为并购双方发挥的协同效应,涉及双方管理、经营、财务等方面的整合问题。对于跨行业并购,其协同效应主要体现在财务整合方面,如利用联合资金的优势进行投资活动等。对于纵向并购及横向并购,并购后协同效应还体现在管理与经营方面,提高研发效率、借鉴运营经验等。

(2) 从现行会计准则角度分析。现行会计准则对于并购双方是否在并购前后均受同一方或相同的多方最终控制(即是否为同一控制下),规定了不同的会计处理方式;对于同一控制下的企业并购,不确认并购商誉;对于非同一控制下的企业并购,确认并购商誉。资本市场中的并购行为多为非同一控制下的合并,因此,本文主要讨论非同一控制下的企业并购活动。

对于非同一控制下的企业并购,准则规定:"对于合并成本大于合并中取得的被并购方可辨认净资产公允价值份额之差,购买方应当确认为商誉。"即:商誉 = 合并成本 − 合并日被并购方可辨认净资产的公允价值。

对于合并成本,准则规定其应当包含以下几方面:其一,为取得被并购方的控制权而直接付出的各对价的公允价值;其二,在多次分步并购中,合并成本为各次交易成本的总和;其三,为实现并购活动而发生的各直接相关费用;其四,未来很可能发生的事项对合并成本的可计量影响。在上述几方面中,对合并成本起决定性因素的是第一方面,即交易价格。一般来说,并购方会委托资产评估机构对标的企业进行价值评估,将评估结果作为交易价格。近年来,我国市场上各企业发展迅速,且资产交易市场尚未成熟,往往采用收益法进行评估。企业处在高速发展阶段,业绩增速快,在收益法的评估方法下,对未来的每年现金流入估计较高,导致上述企业的价值估计较高。

对于合并日可辨认净资产的公允价值,准则应用指南中明确了货币资金、金融工具、存货、无形资产、或有负债等各项资产及负债的公允价值确定方法。对于传统企业而言,其资产公允价值与账面价值的差异较为明显;而对于轻资产类型的企业,其表外资产较多,其并购时的可辨认净资产的公允价值较账面价值的增长幅度较为有限。

(3) 从市场反应角度分析。从并购市场来看,并购价格上涨从而导致并购高溢价也是企业并购中高商誉产生的原因之一。而并购价格的上涨由供求关系引起,可归因为以下两方面。

首先，优质资产作为良好的转型标的，供不应求。根据行为金融学中的过度反应理论，投资者并非总是出于理性做出投资决策，决策时的情绪和认知可能会起到加强效应，造成如市场的暴涨、崩盘等非理性现象。在传统企业纷纷并购转型的潮流中，并购方可能确实存在并购转型的需要，也有可能只是其管理层出于从众心理，随大流进行并购，以便在并购的热潮中分一杯羹。

其次，资本市场上热门概念炒作也将引起并购价格上涨。不少企业出于维持股价等目的，选择并购政策导向行业中的企业。根据委托-代理理论，由于信息不对称的存在，代理人较委托人在获得信息的质量与效率上更高，因此存在代理前与代理后的非对称信息博弈中做出利己行为，即"逆向选择"及"道德风险"。在企业的并购中，可能存在大股东为维持股价，管理企业市值，借购买热门企业进行概念炒作的动机；也可能存在管理层为业绩达标，选择进入盈利周期比其他行业短的行业，从而实现购买利润的动机。

2. 企业并购中商誉减值风险的防范措施有哪些？

（1）减少商誉产生的防范措施。该类防范措施从减少并购时产生商誉的角度入手，使商誉计提减值损失时计提的金额减少，从而降低其对财务报表的负面影响，以达到防范商誉减值风险的目的，属于事前防范措施。

首先，从并购商誉的计算方法讨论减少商誉产生的防范措施。如前所述，由我国会计准则，商誉为合并成本与合并日可辨认净资产的公允价值之差。因此，减少商誉产生可从减少合并成本与增加合并日可辨认资产两方面实现。其一，减少合并成本，即通过合理方式确定交易对价，防止并购溢价（被减数）过高而导致商誉增加。之前所述，资本市场的供求关系、对并购后协同效应的估计等，都会对交易对价构成影响。因此，在并购时，聘请中介机构对并购标的进行资产评估，参考评估报告结果进行谈判并确定交易价格，能够防止非理性的并购对价导致过高的商誉产生。其二，增加合并日可辨认资产，即通过增加可辨认资产公允价值（减数）使商誉产生减少。

其次，从并购商誉的涵盖范围讨论减少商誉产生的防范措施。如之前所述，对于非同一控制下的企业合并，确认并购商誉，而对于同一控制下的企业合并，并不产生商誉。基于此，若将一次并购活动拆分成两次并购活动，在第一次并购中收购多数股权取得控制权，而在第二次并购中收购剩余股权，则第一次并购活动属于非同一控制下的并购，确认商誉，第二次并购活动则属于同一控制下的并购，不确认并购商誉。因此，在分步并购的交易方案中，收购子公司剩余股权不再确认商誉资产，这种做法能够缩小并购对价中归属于商誉的范围，从而达到减少商誉产生的目的。

（2）减少商誉减值的防范措施。该类商誉防范措施从减少商誉减值可能性的角度入手，在并购后维持标的资产的收入可持续性，降低标的资产在减值测试中计提减值损失的可能性，以实现防范商誉减值风险，属于事中防范措施。

首先，利用业绩承诺对赌协议等辅助协议对并购后业绩进行保障。为了防止前述信息不对称导致的标的资产价格虚高，可在并购协议中设置业绩承诺对赌以保证并购后的业绩，对原股东及管理层进行反向激励，降低并购后出现委托代理成本，防止业绩下降导致标的可回收现值下降。

其次，签订激励措施条款，对标的资产进行正向激励。除了签订业绩承诺对原股东及管理层进行反向激励外，还可以利用股权激励计划等，将子公司利益与母公司市值联系，使双方企业目标趋同,从而防止标的短视行为,有利于其长远发展,以实现其减值风险的降低。

四、教学组织方式

(一)问题清单及提问顺序、资料发放顺序

本案例讨论题目依次为:
1. 如何理解英飞拓近年来的连续并购行为?
2. 本案例的并购可以用哪些动因理论解释?
3. 企业并购可以用哪些绩效进行评价?如何评价?
4. 本案例的并购对英飞拓产生了哪些影响?
5. 本案例的并购中存在的商誉减值风险从公司角度如何避免?

(二)课时分配

1. 课后自行阅读资料:约 3 小时;
2. 小组讨论并提交分析报告提纲:约 3 小时;
3. 课堂小组代表发言、进一步讨论:约 3 小时;
4. 课堂讨论总结:约 0.5 小时。

(三)讨论方式

本案例可以采取小组式进行讨论。

(四)课堂讨论总结

课堂讨论总结的关键是:归纳发言者的主要观点;重申其重点及亮点;提醒大家对焦点问题或有争议的观点进行进一步思考;建议大家对案例素材进行扩展研究和深入分析。

案例 6

在"屡败屡战"中寻找突破：
苏宁易购的股权激励之路*

---

* 1. 本案例由广东工业大学管理学院的陈越，汤丹莹，沈哲共同撰写，作者拥有著作权中的署名权、修改权、改编权。
2. 本案例授权广东工业大学产教融合 MPAcc 教学智库实验平台使用，广东工业大学产教融合 MPAcc 教学智库平台享有复制权、修改权、发表权、发行权、信息网络传播权、改编权、汇编权和翻译权。
3. 由于企业保密的要求，在案例中对有关名称、数据等做了必要的掩饰性处理。
4. 本案例只供课堂讨论之用，并无意暗示或说明某种管理行为是否有效。

[案例封面]

专业领域： 财务管理
适用课程： 财务管理理论与实务，公司治理
选用课程： 财务管理理论与实务
编写目的： 本案例在于引导学员学习上市公司股权激励政策的相关知识。结合苏宁易购历次股权激励方案的实施情况，讨论股权激励方案的设定方式与具体内容，了解公司实施股权激励的过程，分析其各自达到的效果。识别股权激励成功行权的关键条件。通过学习本案例，使学员对股权激励制度及其相关内容能够有一定的认识和了解。
知 识 点： 股权激励；股权激励条款设计；行权条件
关 键 词： 股权激励；股票期权；员工持股；股权激励条款设计
中文摘要： 2005年《上市公司股权激励管理办法》的颁布拉开了中国上市公司股权激励的大幕。苏宁易购正是在这样的背景下分别于2007年和2008年提出了自己的股权激励计划，但都以失败告终。于2010年第三次提出股权激励计划获准实施。然而，至2014年股权激励计划届满期将至时，苏宁却转而推行员工持股计划，并于2015年和2018年推出了第二期、第三期的员工持股计划。本文通过叙述苏宁历次股权激励的相关内容，使学员对上市公司股权激励的制定和细则有一定的了解，并对比前后不同形式的股权激励形式，以了解其对于公司的影响，拓宽学员对于股权激励的认识和研究思路。

[案例正文]

股权激励是对员工进行长期激励的一种方法,是企业为了激励和留住核心人才而推行的一种长期激励机制。在一定行权条件的约束下给予激励对象部分股东权益,使管理者和所有者成为利益共同体,从而从长远角度来提高企业的整体价值。自2006年《上市公司股票期权激励管理办法(试行)》出台以后,苏宁易购股份有限公司(以下简称"苏宁",股票代码:002024)亦不甘落后,于2007年1月首次推出股权激励计划,然而天不遂人愿,此次股权激励未获监事会批准。随后,苏宁又于2008年7月推出了第二轮股权激励计划,可惜正赶上了2008年的金融危机,此次股权激励计划的提出就此被搁浅。2010年,蛰居两年的苏宁第三次提出了股权激励计划,令人欣喜的是,本次股权激励计划获得批准并且成功实施。可就在此次股权激励计划届满之际,苏宁却转而实施员工持股计划,先后在2014年与2015年推行了两期员工持股计划。现如今,第二期员工持股计划存续期已满,2018年5月苏宁发布了第三期员工持股计划的相关细则。那么,让苏宁"三战"的股权激励究竟是什么?在苏宁发布的历次股权激励中,它们各自都有着怎样的特点和区别,实行股权激励的苏宁现在发展得怎么样了?

一、案例背景

(一)公司简介

1990年12月26日,中国第一家苏宁创办于江苏省南京市宁海路。2004年7月,苏宁电器股份有限公司成功上市(股票代码:002024)。2011年以来,苏宁推进云服务模式,逐步探索出线上线下多渠道融合、全品类经营、开放平台服务的业务形态,苏宁认为未来中国的零售模式将是"店商+电商+零售服务商",并称之为"云商"模式。2013年2月19日,由于企业经营形态的变化而将原为苏宁电器股份有限公司更名为苏宁云商集团股份有限公司。其经营商品从之前的3C产品扩大到涵盖传统家电、消费电子、百货、图书、虚拟产品等综合品类,成为全品类B2C在线电子商城。同时线下实体门店1600多家,线上线下的融合发展引领零售发展新趋势。2015年8月10日,阿里巴巴集团投资283亿元人民币参与苏宁的非公开发行,占发行后总股本的19.99%,成为苏宁的第二大股东。2015年8月17日,苏宁正式入驻天猫商城。在本案例中,苏宁电器、苏宁易购、苏宁云商均指向不同时段的同一研究对象。

(二)股权激励

1. 股权激励概念

股权激励是对员工进行长期激励的一种方法,是企业为了激励和留住核心人才,而推行的一种长期激励机制。在一定行权条件的约束下给予激励对象部分股东权益,使管理者和所有者成为利益共同体,从而从长远角度来提高企业的整体价值。股权激励效应是指实施股权激励的上市公司在实施后的市场和业绩表现,这些实施了股权激励的上市公司可能会出现正效应,也可能会出现负效应。股权激励的有效性是指股权激励在特殊的环境下能否积极地提升企业价值和公司所有者的权益,能否使企业管理者和所有者的利益趋向相同,削弱管理者和所有者之间的既有矛盾,调动其工作的积极性,从而对激励对象发挥刺激效用。因为企业的价值和股东的效应与企业的业绩存在明显正相关关系,因此我们用企业绩效考核指标和价值考核指标作为衡量股权激励有效性的标尺。

2. 股权激励计划要点

激励目的:不同性质、不同规模的企业或者同一企业处于不同的发展阶段实施的股权激励计划都是不同的。有的激励计划是为了留住对企业整体业绩和持续发展有直接影响的管理骨干和核心技术人员,有的是为了调动员工积极性和潜力来为公司创造更大价值,有的是为了回报老员工使他们甘为人梯扶持新人等,目的不同,股权激励效果不同,相应的模式和方案也就不同。

激励模式:激励模式是股权激励的核心问题,直接决定了激励的效用。企业会根据内外部环境和激励对象不同,结合各种股权激励模式作用机理,选择合适的股权激励方法。

购股资金来源:由于鼓励对象是自然人,因而资金的来源成为整个计划过程的一个关键点。增加股权激励中股票的方式有股票回购、增发新股、库存股票等。而购买股票期权的资金可能来自激励对象自己直接出资、企业的资助资金或者是激励对象奖金和分红抵扣。

激励对象:股权激励是为了平衡企业的长期目标和短期目标,特别是关注企业的长期发展和战略目标的实现。因此,确定激励对象必须以企业战略目标为导向,即选择对企业战略最具有价值的人员。如今既有企业经营者(如 CEO)的股权激励,也包括普通雇员的员工持股计划、以股票支付董事报酬、以股票支付基层管理者的报酬等。但是需要综合考虑员工的职务、业绩和能力。

激励时间:确定激励计划中的时间安排,包括股权授予日、有效期、可行权日和禁售期等。这些日期的设定对公司股市的表现以及被激励对象的行权有着重要影响。

激励条件:获受条件是激励对象获受股权时必须达到的条件,主要与业绩挂钩。其中一部分是企业的整体业绩条件,另一部分是个人业绩考核指标。

二、苏宁易购的三轮股权激励计划

(一)苏宁的第一轮股权激励计划

自 2004 年 7 月苏宁易购上市以来,业绩屡屡攀升,截至 2004 年年底,苏宁易购的利润总额已达到 2 亿元,净利润高达 1.8 亿元,根据苏宁 2014 年年度财务报告,其 2014 年度主要利润指标如表 6-1 所示。

表 6-1 苏宁 2014 年度主要利润指标

指标	金额(元)	指标	金额(元)
利润总额	286 997 362.7	营业利润	292 272 825.1
净利润	181 203 668.4	投资收益	-1 175 163.46
扣除非经常性损益后的净利润	183 781 329.5	经营活动产生的现金流量净额	120 807 464.5
主营业务利润	871 287 194.8	现金及现金等价物净增加额	342 064 111.2
其他业务利润	361 734 926.9		

注:数据来源于《苏宁电器:2014 年度财务报告》。

公司主要控股人张近东一直以来都有实施股权激励的计划。2006 年《上市公司股票期权激励管理办法（试行）》出台以后，出于提升公司整体管理水平、以低成本换取高效益以及吸引并留住优秀人才的目的，早已"跃跃欲试"的苏宁也开始着手制定自己的股权激励制度。

苏宁董事会酬薪与考核委员会制定了《苏宁电器股份有限公司股票期权激励计划（草案）》，并提请 2007 年 1 月 29 日召开的第二届董事会第三十六次会议审议，获得董事会通过。其中，披露的激励计划要点如下：

1. 授予数量

公司拟授予激励对象 2 200 万份股票期权，每份股票期权拥有在激励计划有效期内的可行权日以行权价格和行权条件购买一股公司股票的权利。本激励计划的股票来源为公司向激励对象定向发行股票。

本次激励计划涉及的标的股票总数为 2 200 万股，占激励计划公告日公司股本总额 72 075.2 万股的 3.05%。

2. 授予价格

首次授予的 1 851 万份股票期权的行权价格为 66.60 元。

3. 行权安排

根据《苏宁电器股份有限公司股票期权计划实施考核办法》，苏宁第一轮股权激励计划的行权安排如表 6 - 2 所示。

表 6 - 2　苏宁第一轮股权激励计划行权安排

行权期	行权期限	可行权额度上限占获授期权数量比例（%）
第一个行权期	自首个行权日起 12 个月后的首个交易日起至授权日起 30 个月内的最后一个交易日当日止	20
第二个行权期	自首个行权日起 30 个月后的首个交易日起至授权日起 45 个月内的最后一个交易日当日止	40
第三个行权期	自首个行权日起 45 个月后的首个交易日起至授权日起 60 个月内的最后一个交易日当日止	40

注：数据来源于《苏宁电器股份有限公司股票期权计划实施考核办法》。

4. 行权条件

（1）第一个行权期内可以行权的，不超过获授股票期权总额 20% 的股票期权的行权还需满足如下条件：

苏宁电器 2006 年度的净利润较 2005 年度的增长率达到或超过 80%，且 2006 年度的每股收益不低于 0.9 元。

（2）第二个行权期内可以行权的，不超过获授股票期权总额 40% 的股票期权的行权还需满足如下条件：

苏宁电器 2007 年度的净利润较 2006 年度的增长率达到或超过 50%，且 2007 年度的每股收益不低于 1.35 元。

（3）第三个行权期内可以行权的，不超过获授股票期权总额 40% 的股票期权的行权还需满足如下条件：

苏宁电器2008年度的净利润较2007年度的增长率达到或超过30%，且2008年度的每股收益不低于1.75元。

苏宁上市发行之后，其业绩增长速度较快（根据《苏宁电器：2004年年度财务报告》如表6-3所示），其股票可谓是中小板里成长最快、市值最高的绩优股。正因如此优秀的表现，使得证券监管部门对苏宁实施股权激励方案一事格外重视。对于管理团队的行权条件，更是提出了严格的要求，以确保公司在持续有效增长和保护投资者利益的前提下，管理团队能进行行权。而公司监事也在本次激励计划的激励对象中。在这样的情况下，苏宁在2007年第一次提出的股权激励计划最终未获监管层的通过。

表6-3 苏宁2002—2004年度主要会计数据和财务指标　　　单位：元

指标	2004年度	2003年度	本年比上年增减（%）	2002年度
主营业务收入	9 107 246 657	6 033 716 430	50.94	3 525 560 321
利润总额	286 997 362.7	169 168 490.4	69.85	87 728 958.31
净利润	181 203 668.4	98 901 922.09	83.22	58 563 111.32
扣除非经常性损益后的净利润	183 781 329.5	100 941 266.8	82.07	57 761 831.3
总资产	2 051 738 918	755 216 775	171.68	425 216 480.4
股东收益	830 919 700.2	255 053 011.9	225.78	150 459 974.1
经营活动产生的现金流量净额	120 807 464.5	81 207 259.76	48.76	108 859 579.2

注：数据来源于《苏宁电器：2004年年度财务报告》。

（二）苏宁的第二轮股权激励方案

虽然第一轮股权激励计划失败，但苏宁的股权激励之路并没有就此止步。2008年7月，苏宁发起了第二轮股权激励计划。

此次苏宁易购仍采用股票期权的激励模式，拟向激励对象授予4 376万份股票期权，占公司总股本的2.93%。行权价为58元，较当时股票现价高出28%。根据《苏宁电器股份有限公司2008年股票期权激励计划（草案）》，本次激励计划部分内容如下。

1. 授予数量

苏宁2008年股票期权激励计划拟授予激励对象4 376万份股票期权，占激励计划公告日公司股本总额149 550.4万股的2.93%。每份股票期权拥有在激励计划有效期内的可行权日以行权价格和行权条件购买一股公司股票的权利。本激励计划的股票来源为公司向激励对象定向发行股票。

2. 授予价格

首次授予的4 076万份股票期权的行权价格为58元。

3. 行权安排

根据《苏宁电器股份有限公司2008年度股票期权计划》，苏宁第二轮股权激励计划的行权安排如表6-4所示。

表6-4 苏宁易购第二轮股权激励计划行权安排

行权期	行权期限	可行权额度上限占获授期权数量比例（%）
第一个行权期	自首个行权日起12个月后的首个交易日起至授权日起30个月内的最后一个交易日当日止	30
第二个行权期	自首个行权日起30个月后的首个交易日至授权日起45个月内的最后一个交易日当日止	30
第三个行权期	自首个行权日起45个月后的首个交易日至授权日起60个月内的最后一个交易日当日止	40

注：数据来源于《苏宁电器股份有限公司2008年度股票期权计划》。

4. 行权条件

根据《苏宁电器股份有限公司2008年度股票期权计划》，苏宁第二轮股权激励计划的行权条件如表6-5所示。

表6-5 苏宁易购第二轮股权激励计划行权条件

行权期	行权条件
第一个行权期	苏宁电器2008年度归属于上市公司股东的净利润较2007年度的增长率达到或超过60%，且2008年度的每股收益不低于1.60元
第二个行权期	苏宁电器2009年度归属于上市公司股东的净利润较2008年度的增长率达到或超过40%，且2009年度的每股收益不低于2.20元
第三个行权期	苏宁电器2010年度归属于上市公司股东的净利润较2009年度的增长率达到或超过30%，且2010年度的每股收益不低于2.85元

注：数据来源于《苏宁电器股份有限公司2008年度股票期权计划》。

与第一轮股权激励计划相比，此次授予激励对象的股票期权份额远远高于2007年的2 200万份，行权价也高于2007年的行权价，同时，行权条件较第一次也有所放宽。从方案的内容来看，如果达到行权条件，那么苏宁未来3年的业绩将相当好看。和2007年推出的激励计划相比，其行权条件也明显放宽。放宽行权条件，表明公司对未来业绩增长幅度的预期有所降低。另外，苏宁在上市以后，已经保持了多年的业绩高增长。即使行权条件放宽，如果达到上述复合增长率，业绩也十分优异。然而，令人意想不到的是，2008年12月，苏宁公告决定中止第二次股权激励计划，表示今后公司将在适当时机重启股权激励计划。

如果说第一轮股权激励计划的失败是由于监事会的否决，那么这次的股权激励计划失败完全可以说是因为外部原因。

2008年上半年，我国经济出现由偏快转为过热，我国经济形势的演变，尤其是经济景气指数的变化，对家电连锁业的收入及盈利增长影响很大。为了防止通胀，我国政府明确了从紧的宏观调控方针。而到了下半年，防通缩预期使得中国的A股市场的暴跌进一步加速。而导致这种前后预期发生巨大逆转的根本因素，是来自"百年不遇"的全球性金融海啸。在实体市场中，家电受到房地产下滑的冲击并没有想象中强烈。投资性需求被逐渐挤压掉后，真正有需求的购房者仍然会存在，家电市场的销量仅稍有下滑。而资本市场上，由于经济预期的不明朗，投资者信心严重缺失，从而导致股指加速下挫。2007年到2008年，两市总市值整体缩水22万亿元，中国股市跌幅处于全球第三。

苏宁在家电零售市场的优秀表现也未能扭转资本市场的熊市表现。上证综指探底当日，苏宁的收盘价为13.58元，年末收盘价为17.91元。2008年中期行权价格摊薄为29元，当时的股价与行权价产生了相当大的差距，使股票激励计划丧失了行权意义。由此，苏宁也放弃了其股权激励计划。

（三）苏宁易购的第三轮股权激励计划

前两次的激励计划由于种种原因均以失败告终。但苏宁却愈挫愈勇，2010年8月25日，推出第三轮股票期权激励计划草案。根据《苏宁电器股份有限公司2010年股票期权激励计划（草案）》，第三轮股权激励计划部分内容如下。

1. 授予数量

苏宁2010年股票期权激励计划拟授予激励对象8469万份股票期权，占激励计划公告日公司股本总额6996211866股的1.21%，每份股票期权拥有在激励计划有效期内的可行权日以行权价格和行权条件购买一股公司股票的权利。

2. 授予价格

本次授予的8469万份股票期权的行权价格为14.50元。

3. 行权安排

苏宁第三轮股权激励计划的行权安排如表6-6所示。

表6-6 苏宁易购第三轮股权激励计划行权安排

行权期	行权期限	可行权额度上限占获授期权数量比例（%）
第一个行权期	自首个行权日起12个月后的首个交易日起至授权日起24个月内的最后一个交易日当日止	25
第二个行权期	自首个行权日起24个月后的首个交易日起至授权日起36个月内的最后一个交易日当日止	25
第三个行权期	自首个行权日起36个月后的首个交易日起至授权日起48个月内的最后一个交易日当日止	25
第四个行权期	自首个行权日起48个月后的首个交易日起至授权日起60个月内的最后一个交易日当日止	25

注：数据来源于《苏宁电器股份有限公司2010年股票期权激励计划（草案）》。

4. 行权条件

苏宁第三轮股权激励计划的行权条件如表6-7所示。

表6-7 苏宁易购第三轮股权激励计划行权条件

行权期	行权条件
第一个行权期	苏宁电器2010年度销售收入较2009年增长率不低于20%，且归属于上市公司股东的净利润较2009年度增长率不低于25%

续上表

行权期	行权条件
第二个行权期	苏宁电器2011年度销售收入较2009年复合增长率不低于20%，且归属于上市公司股东的净利润较2009年度复合增长率不低于25%
第三个行权期	苏宁电器2012年度销售收入较2009年复合增长率不低于20%，且归属于上市公司股东的净利润较2009年度复合增长率不低于25%
第四个行权期	苏宁电器2013年度销售收入较2009年复合增长率不低于20%，且归属于上市公司股东的净利润较2009年度复合增长率不低于25%

注：数据来源于《苏宁电器股份有限公司2010年股票期权激励计划（草案）》。

通过与前两次股权激励计划的对比可以看出，苏宁在2010年制定的第三次股权激励计划覆盖面最广，总人数达了248人。因所有持苏宁易购股份5%以上的股东均不在激励范围内、高管占比高、且综合考虑岗位和工龄等因素，能有效稳定、激励骨干员工，达到股权激励的效果。另外，在苏宁易购2010年的股权激励计划中，行权条件较高，并且行权价格合理，具有较强的约束功能。将销售收入增长率和净利润增长率结合起来作为股权激励计划的业绩考核条件，可以避免管理层调节利润来实现利润增长进而损害股东利益的短期行为，从而使股东与管理层的长期利益保持一致。

（四）第三轮股权激励的实际行权情况

自2010年实施股权激励计划以来，苏宁一直保持着良好的发展势头。至2016年，首次成功实施的股权激励计划届满，根据当年3月12日苏宁发布的《关于2010年股票期权激励计划终止及注销事项的公告》称：依据公司审计机构普华永道中天会计师事务所（特殊普通合伙）出具的公司2009—2013年度审计报告，公司销售收入、归属于上市公司股东净利润财务指标如表6-8所示。

表6-8 苏宁易购2010—2013年业绩概况

年 份	2010	2011	2012	2013
销售收入（千元）	75 504 739	93 888 580	98 357 161	105 292 229
复合增长率（%）	29.51	26.90	19.05	15.93
归属于上市公司股东的净利润（千元）	4 011 820	4 623 986	2 515 093	306 725
复合增长率（%）	40.63	27.31	-4.11	-42.74

注：数据来源于《关于2010年股票期权激励计划终止及注销事项的公告》。

公司股票期权激励计划第一个行权期、第二个行权期等待期指标、行权条件均已达成，由于受市场影响，股票市价低于行权价，故激励对象未在上述行权期内行权。

公司股票期权激励计划第三个行权期、第四个行权期等待期指标、行权条件均未达成相关要求，故激励对象不能行权。

综上，在行权期内，苏宁激励对象未行权。

由表6-8所示，苏宁2010—2013年的销售收入逐年增长，据此可以推断，实施股权激励计划确实起到了一定的激励作用。然而，前两个行权期受到市场影响，后两个行权期又未完成相关要求,就总体而言,苏宁此番股权激励计划并没有成功达到其设立之初要完成的目标。

三、苏宁易购的三轮员工持股计划

(一)苏宁易购前两轮员工持股计划

首次实施股权激励计划并没有成功行权,这让苏宁不得不寻求新的解决途径,推行员工持股计划便成了最佳选项。2014年9月和2015年7月苏宁相继推出了第一期和第二期员工持股计划。

根据《苏宁云商:2014年员工持股计划(草案)》,苏宁第一期员工持股计划相关细则如下:

(1)员工持股计划的资金总额不超过5.5亿元,具体金额根据实际出资缴款金额确定。本计划以标的股票2014年9月2日收盘价7.68元作为本员工持股计划全部股票平均买入价格。

(2)此次员工持股计划涉及的标的股票数量约为7 161.46万股,涉及的股票数量约占公司现有股本总额的0.97%,累计不超过公司股本总额的10%,任一位持有人持有的员工持股计划份额所对应的标的股票数量不超过公司股本总额的1%。员工持股计划持有的股票总数不包括员工在苏宁首次公开发行股票上市前获得的股份、通过二级市场自行购买的股份及通过股权激励获得的股份。

(3)本员工持股计划的存续期为30个月,自本计划草案通过股东大会审议之日算起。

(4)员工持股计划的参加对象涵盖了公司线上线下运营管理、商品经营、物流、服务等业务体系中高层人员,以及技术开发体系、职能管理体系的中高层人员。

根据《苏宁云商:2014年年度财务报告》,其2014年度经营成果如表6-9所示。

表6-9 苏宁2014年度主要经营成果概况   单位:千元

项　目	2014年度	2013年度	增减率(%)
营业收入	108 925 296	105 292 229	3.45
营业成本	92 284 572	89 279 061	3.37
销售费用	14 105 025	12 739 711	10.72
管理费用	3 356 570	2 805 687	19.64
财务费用	66 770	-149 087	144.79
营业利润	-1 458 933	183 903	-893.32
利润总额	972 613	144 386	573.62
净利润	824 038	104 303	690.04
归属于上市公司股东的净利润	866 915	371 770	133.19
少数股东权益	-42 877	-267 467	83.97
经营活动产生的现金流量净额	-1 381 419	2 238 484	-161.71

注:数据来源于《苏宁云商:2014年年度财务报告》。

不难看出，相较苏宁以往年度实施的股票期权激励计划，这次受益群体更加广泛的员工持股计划，其激励效果并没有让人失望。在2014年度，苏宁的营业收入和利润总额与前一年度相比都有所增长。可见，员工持股计划的推行对于激励员工，实现业绩增长确实起到了一定的作用。为了乘胜追击，获得更好的激励效果，2015年9月，苏宁又推出了第二期员工持股计划。在《苏宁云商：第二期员工持股计划（草案）》中，苏宁的第二期员工持股计划相关内容如下：

（1）员工持股计划的资金总额不超过10亿元，具体金额根据实际出资缴款金额确定。本计划以标的股票2015年7月7日收盘价11.74元作为本员工持股计划全部股票平均买入价格。

（2）员工持股计划涉及的标的股票数量约为8 517.9万股，涉及的股票数量约占公司现有股本总额的1.15%。员工持股计划实施后，全部有效的员工持股计划所持有的股票总数累计不超过公司股本总额的10%，任一持有人持有的员工持股计划份额所对应的标的股票数量不超过公司股本总额的1%。员工持股计划持有的股票总数不包括员工在公司首次公开发行股票上市前获得的股份、通过二级市场自行购买的股份及通过股权激励获得的股份。

（3）员工持股计划的存续期为30个月，自本计划草案通过股东大会审议之日算起。

（4）员工持股计划的参加对象涵盖了董事、监事和高级管理人员；公司线上线下运营管理、商品供应链经营、物流服务等业务体系中高层人员；技术开发体系骨干；职能管理体系的中高层人员以及公司认可的有特殊贡献的其他员工。

根据《苏宁云商：2015年年度财务报告》，其2015年度经营成果如表6-10所示。

表6-10 苏宁2015年度主要经营成果概况　　　　　　　单位：千元

项　　目	2015年度	2014年度	增减率（%）
营业收入	135 547 633	108 925 296	24.44
营业成本	115 981 182	92 284 572	25.68
销售费用	16 644 676	14 105 025	18.01
管理费用	4 291 475	3 356 570	27.85
财务费用	104 282	66 770	56.18
营业利润	-610 021	-1 458 933	58.19
利润总额	888 957	972 613	8.60
净利润	757 732	824 038	8.05
归属于上市公司股东的净利润	872 504	866 915	0.64
经营活动产生的现金流量净额	1 733 339	1 381 419	225.48

注：数据来源于《苏宁云商：2015年年度财务报告》。

与第一期员工持股计划相比，2015年推出的第二期员工持股计划资金总额上限大幅提升，涉及的标的股票数量亦有所增加。对比2015年度苏宁的业绩可以发现，本年度营业收入与净利润也有所提升，呈现正增长的趋势。

值得注意的是，第二期员工持股计划和第一期相比呈现三个特点：一是董事、监事和高级管理人员参加，合计出资不超过 1.5 亿元；二是资金规模增加到不超过 10 亿元，第一期员工持股计划的资金规模为 5.3 亿元；三是股权激励范围扩大，符合规定的业务骨干、技术骨干和新引进的中高级人才都将受益。

（二）苏宁易购的第三轮员工持股计划

基于前两期员工持股计划的成功，在股权激励计划中失败的苏宁似乎有了更多信心和勇气。2018 年 5 月，苏宁推出了第三期员工持股计划。根据《苏宁易购：第三期员工持股计划（草案）》，本次员工持股计划相关内容如下：

（1）员工持股计划的资金总额不超过 5 亿元，本计划购买回购股票的价格为 6.84 元/股。

（2）公司员工持股计划股票规模为 2018 年 3 月 9 日至 2018 年 4 月 4 日期间公司回购的股票 73 070 874 股，占公司总股本比例 0.78%。员工持股计划实施后，全部有效的员工持股计划所持有的股票总数累计不超过公司股本总额的 10%，任一持有人持有的员工持股计划份额所对应的标的股票数量不超过公司股本总额的 1%。员工持股计划持有的股票总数不包括员工在公司首次公开发行股票上市前获得的股份、通过二级市场自行购买的股份及通过股权激励获得的股份。

（3）员工持股计划的存续期为 48 个月，自公司公告最后一笔标的股票过户至员工持股计划名下之日算起。

（4）员工持股计划的对象涵盖公司董事、高级管理人员，公司零售、物流、金融三大业务体系的中高层人员及业务骨干，技术开发体系核心技术人员，职能管理体系的中高层人员以及公司认为对公司经营业绩和未来发展有直接影响的其他员工。

对比前两期员工持股计划，第三期员工持股计划虽资金总额与股票规模不及第二期员工持股计划，但在第三期员工持股计划中，存续期有所延长，员工持股的对象进一步广泛和具体，可见苏宁对此次员工持股计划的成果是抱有较大希望的。由于 2018 年度公司经营成果还未可知，因此 2018 年度苏宁员工持股计划的激励成果暂不纳入比较范围。

四、苏宁易购现状

（一）2017 年度苏宁易购主营业务概况

根据《苏宁易购：2017 年年度财务报表》，2017 年度苏宁的主营业务概况如表 6-11 所示。

表 6-11 2017 年度苏宁易购主营业务情况　　　　　　　　　　　　　单位：千元

项　目	2017 年度	2016 年度	增减率（%）
营业收入	187 927 764	148 585 331	26.48
营业成本	161 431 791	127 247 541	26.86
销售费用	20 635 780	17 451 416	18.25

续上表

项　目	2017 年度	2016 年度	增减率（%）
管理费用	4 864 050	3 946 274	23.26
财务费用	306 467	415 828	-26.30
营业利润	4 076 096	504 344	708.20
利润总额	4 332 041	900 887	380.86
净利润	4 049 538	493 232	721.02
归属于上市公司股东的净利润	4 212 516	704 414	498.02
经营活动产生的现金流量净额	-6 605 293	3 839 235	-272.05

注：数据来源于《苏宁易购：2017 年年度财务报表》。

（二）营业收入变化情况

根据苏宁易购 2017 年度财务报告，报告期内，公司全渠道销售保持较快增长。线下优化店面体验，推进互联网建设及数据化运营，店面经营质量不断提升。线上聚焦流量经营、商品运营及会员营销，运营能力提升，平台交易规模保持高速增长。物流、金融业务稳步发展，完善客户体验的同时带来公司营业收入和经营效益的稳步实现。2017 年公司实现营业收入 1 879.28 亿元，同比增长 26.48%。

（三）毛利率变化情况

根据《苏宁易购：2017 年年度财务报表》，2017 年度苏宁易购的毛利率变化情况如表 6-12 所示。

表 6-12　苏宁易购 2017 年度毛利率变化情况表

项　目	2017 年	2016 年	增减变化	项　目	2017 年	2016 年	增减变化
主营业务毛利率（%）	13.08	13.39	-0.31	综合毛利率（%）	14.33	14.57	-0.24
其他业务毛利率（%）	1.25	1.18	0.07				

注：数据来源于《苏宁易购：2017 年年度财务报表》。

根据苏宁易购 2017 年度财务报告，在报告期内，公司一方面有效实施商品价格管控提升日常销售毛利，优化商品供应链，加强单品运作，改善毛利水平；另一方面，线上销售占主营业务收入比重提升至 45.02%，且由于公司在重大促销节点实施积极的竞争策略，线上毛利保持较低水平，对整体毛利率有影响。此外，开放平台、物流、金融方面的增值服务收入增加，有助于毛利提升。综合来看，公司综合毛利率水平基本保持稳定。

（四）归属于上市公司股东的净利润变化情况

报告期内公司基于整体发展战略安排，出售了部分阿里巴巴股份，在扣除初始购股本金以及股份发行有关成本及相关直接费用后，实现净利润约人民币 32.85 亿元。综上所述，报告期内公司实现利润总额 43.32 亿元，同比增长 380.86%；归属于上市公司股东的净利润 42.13 亿元，同比增长 498.02%。

总体来看,在第一次获准实施的股权激励届满停止的第二个年头,苏宁易购2017年度业绩表现可圈可点,与往年相比,营业收入逐年上升,净利润也大幅增长。股权激励的实施虽存遗憾,但苏宁易购却依然保持着稳步发展的势头。股权激励显著作用在平衡委托-代理机制下公司管理层与控制层之间的关系,但在"两权合一"的公司里也能够产生影响。中国股权激励制度的展开刚迈过第十个年头,未来在公司治理层面能够有怎样的发展依然有待关注与研究。

(五) 员工离职率变化情况

根据苏宁2011—2015年年度报告,自实施《苏宁电器2010年度股票期权激励计划》以来,激励对象离职人数统计如表6-13所示。

表6-13 2011—2015年度员工离职人数统计

苏宁	2011年度	2012年度	2013年度	2014年度	2015年度	共计
失效的股票期权(股)	0	903	437	396	86	1 822
占比(%)	0	10.68	5.16	4.86	1.02	21.72
每年离职人数(人)	0	25	13	12	2	52

注:数据来源于苏宁2011—2015年年度报告。

股权激励的一个重要作用就是留住企业优秀的人才,这也是苏宁实施这次股权激励的一个目的。但是,从上表我们可以看出,在整个股权激励期间,大约有21%的被激励对象离开了公司,特别是对于2012—2013年,苏宁的全面战略转型,很多优秀的员工离开公司,是对公司未来前景的不看好,同时也是股权激励的效果不佳。如果是一个成功的股权激励,就要达到被激励对象离开公司的百分比不到10%。综合上述分析可知,苏宁实施的股权激励对员工的吸引力不大,甚至没有起到激励作用。

苏宁的股权激励实施后,参与持股计划的员工流失率有下降趋势,但是依然很严峻。截至2015年,参加股权激励对象已经共有101人离职,离职率在10%左右,在未参与持股计划且进入公司的年数小于5年的员工流失率竟然高达45%,可以说是非常不合理的,大大增加了公司的人力资源的成本。考虑到现在城市生活成本高昂,城市生活经济压力非常大,而苏宁员工的薪酬与同行业的其他公司相比并无明显优势。同时,年轻员工被公司的员工持股计划排除在外,一些优秀的员工可能会觉得自己不被重视,负面情绪的产生会降低工作效率。这类的优秀年轻员工很容易会因为收入低以及觉得自己能力不被公司认可等问题而离职。除此之外,苏宁重要的高级管理人员也出现有在持股计划执行期间离职的情况,例如为了获得更高的收入,苏宁超市的总经理万明治选择跳槽加盟中百集团,苏宁的运营部执行总裁李斌也因私人原因辞去工作。苏宁重要的高级管理人员辞职会造成公司上下层的不稳定,容易造成员工辞职的跟风潮。

从对2010年实施的股权激励结果的分析发现,在激励实施的过程中,就激励对象中的离职率都不低于20%,普通员工离职率更高,2014年实施的股权激励方案,截至2015年激励对象已经有10%以上的员工离职,其中激励对象中的子公司总经理被竞争对手撬走。而对于非激励对象离职率达45%,说明没能成为股权激励对象的员工产生了不满情绪。所以说两次股权激励的激励作用都不佳,导致未能吸引和留住人才。总之,苏宁随着股权激励的实施，对于吸引和留住人才方面激励效果不佳，导致离职率依然很严重。

五、尾声

从股权激励计划到员工持股计划，从未能行权到成功激励，十年间，苏宁的历次股权激励见证了它在股权激励道路上的成长。不论是对中高层管理人员实施股权激励还是扩大受益群体，纳入技术骨干人员施以员工持股，对于不同的行业，不同性质的企业，应考虑其实际情况和发展能力来制定行之有效的股权激励计划。只有这样才能确保股权激励计划在保障企业利益的情况下达到激励员工，提升业绩的作用，使股权激励发挥其最大价值。

六、讨论题目

1. 众所周知，许多上市公司制定股权激励计划是为了能够合理地激励和约束公司管理团队和核心优秀员工，有效地解决委托－代理问题，现行的股权激励方式有哪些？分别有哪些特点？
2. 苏宁前两次股权激励的失败，一次是源于监事会的否决，一次是由于外部经济环境，这两次股权激励计划各自都有怎样的特点？
3. 2010年8月，苏宁第三次提出股权激励计划，这次最终获得通过并成功实施，这一次股权激励计划与前两次相比又有着怎样的差异？
4. 2014年，苏宁推行员工持股计划，它与之前实施的股权激励计划在内容设定上有怎样的区别？
5. 苏宁的三次股权激励计划与三次员工持股计划，在激励员工、提升企业业绩上分别造成了怎样的影响？如何评价苏宁的历次股权激励？

七、参考资料

［1］梁艺. 苏宁云商股权激励有效性案例分析［D］. 石家庄：河北经贸大学，2016.
［2］冯朝霞. 苏宁云商股权激励的动机及实施效果研究［D］. 苏州：苏州大学，2017.
［3］佚名. 苏宁电器创始人张近东的创业故事［J］. 中外企业家，2017（23）.
［4］赵英焕. 苏宁电器股权激励案例研究［D］. 长春：吉林财经大学，2016.
［5］申利霞. 民营上市公司股权激励计划研究——以苏宁电器为例［J］. 财会通讯，2014（5）：53－55.
［6］苏宁电器股份有限公司2007年股票期权激励计划（草案）.
［7］苏宁电器股份有限公司2008年股票期权激励计划（草案）.
［8］苏宁电器股份有限公司2010年股票期权激励计划（草案）.
［9］苏宁云商：关于2010年股票期权激励计划终止及注销事项的公告.
［10］苏宁电器：2008年度财务报告.
［11］苏宁云商：2015年度财务报告.
［12］苏宁易购：2017年度财务报告.

[案例说明书]

一、本案例要解决的关键问题

本案例的教学目的在于引导学员关注股权激励的制定以及股权激励的实施对公司的影响,结合案例资料分析公司上市实施股权激励的动因。通过对比苏宁数轮股权激励的内容和结果,结合公司当时运营情况分析公司制定股权激励方案的考量角度,并从两次股权激励计划的失败中思考总结实施股权激励计划所必需的环境和条件。苏宁第三次股权激励计划最终成功实施,那么第三次的方案又体现了公司怎样的目标?通过了解学习苏宁的三次股权激励计划,引导学员关注股权激励制度在上市公司中的作用及相关知识,拓宽股权激励的研究思路和领域。

二、案例讨论的准备工作

(一)理论

1. 股权激励的概念

股权激励是一种通过经营者获得公司股权形式给予企业经营者一定的经济权利,使他们能够以股东的身份参与企业决策、分享利润、承担风险,从而勤勉尽责地为公司长期发展服务的一种激励方法。

2. 股权激励的相关理论基础

(1)委托代理理论。公司所有权与经营权高度分离催生了委托代理经营模式,即公司股东委托职业经理人管理经营企业。代理人相比于委托人更加了解公司发展经营的情况,委托人需要一套制约机制以在满足代理人要求的同时促使其首先考虑公司的整体利益而非个人利益,即代理人在制定决策时注重考虑如何能够更快地完成委托人的目标。合约使得委托人与代理人可以保持"激励与约束相容"的关系,让他们在各自追求的目标上能够存在共同之处。

(2)人力资本理论。随着社会不断发展,劳动力发挥着越来越重要的作用。企业需要制定有效的激励并约束员工的薪酬机制,促使人力资源发挥最佳的效果。股票期权激励使公司的股东和高层管理人员一同对公司的经营和管理风险负责,同时使员工的自身利益与公司总体利益达成一致,推动员工努力发挥最大的作用。

(二)我国股权激励发展现状

我国上市公司股权激励机制建设进程相对迟缓,一方面由于我国真正意义上的现代企业制度建立较晚,另一方面,法规制度的制约也使得股权激励制度一直未得到较好实施。2006 年《国有控股上市公司境外实施股权激励试行办法》《国有控股上市公司境内实施股权激励试行办法》的颁布使得我国上市公司开展股权激励进入了可操作阶段。截至 2017 年底,我国已有 159 家上市公司实施了股权激励方案。

三、案例分析要点

(一) 需要学员识别的关键问题

本案例需要学员识别的主要知识点包括：上市公司实施股权激励的原因、股权激励的模式、当前在国际上通行的股权激励模式主要有哪些、影响上市公司实施股权激励制度的内部因素和外部因素分别是什么。

(二) 解决问题可供选择的方案和评价

本案例的教学目的在于引导学员关注股权激励的制定以及影响股权激励实施的因素。通过阅读苏宁的三次股权激励计划内容，分析三次股权激励内容制定的差异并探讨前两次激励计划失败的原因。2010年，苏宁第三次提出股权激励计划并成功实施。与前两次激励计划对比分析，第三次股权激励计划存在怎样的差别与进步。

1. 股权激励模式

现在国际上通行的股权激励模式主要有股票期权、员工持股计划、股票增值权、限制性股票等几种。具体模式与特点如表6-14所示。

表6-14 股权激励模式特点分析表

模式 项目	限制性股票	股票期权	员工持股 (二级市场购买)	员工持股 (定向增发)
股票来源	1. 定向增发 2. 上市公司股票回购	定向增发	二级市场购买 (大宗交易、协议转让)	定向增发
价格	前20日均价最低5折	Max（市价、前30日平均收盘价）	市场购买	前20日均价9折
激励性	较强	弱	强	弱
约束性	强	弱	强	强
灵活性	较弱	较弱	强	弱
风险	较低	低	高	中

注：数据来源于《苏宁电器股权激励案例研究》。

由表6-14可以看出股权激励各模式的不同特点，其中限制性股票和股票期权特点比较相似。但是，它们行权价格的确定方式不同，导致限制性股票的授予价格一般低于股票期权的行权价。限制性股票在激励性和约束性比股票期权强。而股票来自二级市场的员工持股激励性、约束性和灵活性都是最强的，但是其风险也是最高的。还有定向增发的员工持股风险比前一个有所下降，但是激励性和灵活性也较弱。

2. 股权激励模式选择原则

在我国，上市公司实施股权激励采用最多的模式是股票期权和限制性股票。表6-15给出了这两种模式的实施方式、优缺点以及所适用的企业。

表 6-15 股票期权与限制性股票对比分析

股权激励模式	详细内容	适用企业
股票期权	实施方式：公司向激励对象发放期权证书，承诺在一定期限内或一定条件达成时激励对象以约定价格购买股权。 优点：期权是一种权利而非义务，激励对象在股票价格低于行权价的时候可以放弃权利，因此对激励对象没有风险；有长期激励效果。 缺点：行权有时间和数量限制；激励对象行权需支出现金；存在激励对象为自身利益而采用不法手段抬高股价的风险。	上市公司
限制性股票	实施方式：公司按照预先确定的条件赠予激励对象一定数量的本公司股票，但激励对象不得随意处置股票，只有在规定的服务期限后或完成特定业绩目标时，才能出售股票收益，否则公司有权将免费赠予的限制性股票收回。 优点：激励对象无须现金付出；有长期激励效果。 缺点：公司现金流压力较大；激励对象实际拥有股票；享有所有权，公司对激励对象的约束困难。	1. 初创期的企业业绩爆发性不强的上市公司； 2. 产业调整过程中的上市公司； 3. 初创期的企业

注：数据来源于《苏宁云商股权激励有效性案例分析》。

由表 6-15 可以看出股票期权具有风险小、长期激励的优点，它主要应用于上市公司。但是，行权上存在时间和数量限制、激励对象行权需支出现金以及激励对象有时会为自身利益采用不法手段抬高股价。而限制性股票却不需要激励对象付出现金也能有长期激励的效果。这种激励模式使激励对象能够享有公司所有权，还会增大企业的现金流压力。它主要适用于业绩爆发性不强的上市公司、产业调整过程中的上市公司以及初创期的企业。

（三）推荐解决问题的方案及具体措施

1. 苏宁易购实施股权激励的主要原因

（1）提升公司整体管理水平。苏宁试图采取股权激励这种长期激励机制模式鼓励公司的高管人员、有特殊贡献员工和核心技术人员通过自身努力成为公司股东，在享受公司收益权利的同时承担相应的义务，使得员工的个人利益与股东的利益相一致，使企业的内部管理结构得到改善。

（2）以低成本换取高效益。高管人员可以通过股权激励计划以正常渠道获得高额收入，在增加他们安全感的同时还大大提高其违规违纪的成本，能够在一定程度上防范高管团队道德丧失的风险。苏宁股权激励计划中股票份额均来自定向增发，现金一直没有流出公司，这意味着他们的高额收益不是由公司进行支付而是由市场支付，所以，股权激励模式只需要付出较低的成本费用。同时，公司实施股权激励后，随着授权对象用现金支付行权其资本将有所增加。反之，如果授权对象不行权的话，也不会影响其生产经营需要的现金流。综上，公司实施股权激励计划可以实现付出相对较小的成本给予高管人员期权来获得巨大的收益。

（3）吸引和留住优秀人才。公司实行股权激励计划可以让授予对象为了各自的利益以及企业的整体效益而尽力工作，使公司走可持续健康的发展道路。股权激励计划中规定的条件满足之后，公司高管人员就可以行使股票期权。由于他们持有部分公司股票份额，使得大股东持有的份额相对减少，从根本上完善了内部治理结构，让管理人员积极地加入到公司的决策中来，增强其参与的主动性与积极性，改变了之前只是一味地服从大股东决策的现状。与此同时，股权激励计划的实施使高管人员可以通过付出努力获得高额收益，改变当前家电零售领域薪酬水平低、人才流动大的现状。苏宁电器正面临着严重的人才流失问题，股权激励计划的实施还有利于吸引和留住高管与核心技术人才，为企业的发展提供人才资源保障。

2. 苏宁易购三次股权激励的不同结局启示

苏宁上市发行之后，业绩大幅增长，其股票亦是中小板里成长最快、市值最高的绩优股，正因如此，证券监管部门对苏宁实施股权激励方案一事格外重视。尤其是对于管理团队的行权条件，提出了严格的要求。确保公司在有效增长和投资者利益得到有效保护的前提下，管理团队才能进行行权。在这样的背景下，2007年苏宁的第一次股权激励计划最终未获监管层的通过，以失败告终。

2008年，第二轮股权激励方案中对激励对象的股票期权份额和行权价格远远高于2007年的方案，同时，行权条件也有所放宽。从方案的内容来看，如果达到行权条件，那么苏宁未来3年的业绩将相当好看。并且行权条件也明显放宽，表明公司对未来业绩增长幅度的预期有所降低。另外，苏宁易购在上市以后，已经保持了多年的业绩高增长。即使行权条件放宽，如果达到上述复合增长率，业绩也十分优异。然而，令人意想不到的是，2008年12月，苏宁公告决定中止第二次股权激励计划，表示今后公司将在适当时机重启股权激励计划。

如果说第一轮股权激励计划的失败是由自身发展不成熟所致，那么第二轮失败可以说完全是因为外部原因。2008年发生了全球性金融海啸，在实体市场中，家电市场的销量仅稍有下滑，而资本市场上，由于经济预期的不明朗，投资者信心严重缺失，导致股指加速下挫。2007—2008年，两市总市值整体缩水22万亿元。上证综指探底当日，苏宁的收盘价为13.58元，年末收盘价为17.91元。2008年中期行权价格摊薄为29元，当时的股价与行权价产生了相当大的差距，使股票激励计划丧失了行权意义。由此，苏宁也放弃了其股权激励计划。

通过与前两次股权激励计划的对比可以看出，苏宁在2010年制定的第三次股权激励计划覆盖面最广，总人数达了248人。所有持苏宁股份5%以上的股东均不在激励范围内、高管占比高、且综合考虑岗位和工龄等因素，因此能有效稳定、激励骨干员工，达到股权激励的效果。其次，苏宁2010年的股权激励计划中，行权条件较高，并且行权价格合理，具有较强的约束功能。将销售收入增长率和净利润增长率结合起来作为股权激励计划的业绩考核条件，可以避免管理层调节利润来实现利润增长进而损害股东利益的短期行为，从而使股东与管理层的长期利益保持一致。

四、教学组织方式

1. 问题清单及提问顺序、资料发放顺序

本案例讨论题目依次为:

(1) 上市公司现行的股权激励方式有哪些?分别有怎样的特点?

(2) 苏宁前两次股权激励的失败,一次是源于监事会的否决,一次是由于外部经济环境,这两次股权激励计划各自都有怎样的特点?

(3) 2010 年 8 月,苏宁第三次提出股权激励计划,这次最终获得通过,成功实施,这一次股权激励计划与前两次相比又有着怎样的差异?

(4) 2014 年,苏宁推行员工持股计划,它与之前实施的股权激励计划在内容设定上有怎样的区别?

(5) 苏宁的三次股权激励计划与三次员工持股计划,在激励员工、提升企业业绩上分别造成了怎样的影响?你如何评价苏宁的历次股权激励?

2. 课时分配

(1) 课后自行阅读资料:约 3 小时;

(2) 小组讨论并提交分析报告提纲:约 3 小时;

(3) 课堂小组代表发言、进一步讨论:约 3 小时;

(4) 课堂讨论总结:约 0.5 小时。

本案例的参考资料及其索引,在讲授有关知识点之后一次性布置给学员。

3. 讨论方式

本案例可以采取小组式进行讨论。

4. 课堂讨论总结

课堂讨论总结的关键是:归纳发言者的主要观点;重申其亮点;提醒大家对关键问题或有争议观点进行进一步思考;建议大家对案例素材进行扩展研究和深入分析。

案例 7

利刃还是钝斧：论苏宁易购历次激励计划对其业绩的影响*

---

* 1. 本案例由广东工业大学管理学院的陈越、汤丹莹、沈哲共同撰写，作者拥有著作权中的署名权、修改权、改编权。
2. 本案例授权广东工业大学产教融合 MPAcc 教学智库实验平台使用，广东工业大学产教融合 MPAcc 教学智库平台享有复制权、修改权、发表权、发行权、信息网络传播权、改编权、汇编权和翻译权。
3. 由于企业保密的要求，在案例中对有关名称、数据等做了必要的掩饰性处理。
4. 本案例只供课堂讨论之用，并无意暗示或说明某种管理行为是否有效。

管理会计教学案例

[案例封面]

专业领域：财务管理
适用课程：财务管理理论与实务，公司治理
选用课程：财务管理理论与实务
编写目的：本案例在于引导学员学习并且关注上市公司激励制度的相关问题。结合本案例的描述和分析，通过阅读苏宁易购的历次激励方案，进一步讨论股权激励与员工持股计划的设定方式与具体内容，了解通过实施激励计划能够对公司的业绩形成怎样的影响。最后总结归纳，以达到对上市公司员工激励制度能够形成一个初步的学习与认识。
知 识 点：股权激励；员工持股；激励效果评价
关 键 词：股权激励；员工持股；激励效果评价
中文摘要：《上市公司股权激励管理办法》（试行）于 2005 年 12 月 31 日发布，此举揭开了中国上市公司股权激励的帷幕。那时，众多企业纷纷推出了股权激励计划。本案例所要探讨的对象苏宁易购正是一家这样的企业。在这一背景下，苏宁分别于 2007 年和 2008 年提出了自己的股权激励计划，但都以失败告终。2010 年，苏宁第三次推出股权激励计划，终于获得批准得以实施。然而，在首次实施的股权激励计划届满的 2014 年，苏宁却放弃继续实施股权激励，转而以员工持股的形式作为激励办法，那么股权激励计划对苏宁易购的业绩有着怎样的影响？本文介绍了苏宁的历次激励计划内容，并对比了实施前后苏宁的业绩，以引导学员能够对激励制度的内容设计及其对公司业绩的影响有一个初步的认识与了解。

[案例正文]

股权激励是一种通过经营者获得公司股权形式给予企业经营者一定的经济权利，使他们能够以股东的身份参与企业决策、分享利润、承担风险，从而勤勉尽责地为公司长期发展服务的一种激励方法。2006年，《上市公司股票期权激励管理办法（试行）》出台以后，许多上市企业相继实行自己的股权激励方案，以达到高效管理与合理的稳定优秀员工的目的，有效地解决委托-代理问题。苏宁易购股份有限公司（以下简称"苏宁"，股票代码：002024）就是其中的一员。苏宁于1990年创立于江苏南京，2004年在深圳中小板上市，公司控股股东及实际控制人皆为张近东先生。众所周知，股权激励是平衡公司股东与管理层之间的纽带，那么在苏宁易购这样"两权合一"的企业中，为何要实施股权激励？而苏宁的股权激励之路走得也并不顺利，2007年1月29日，苏宁第一次公告推出股权激励措施，却未获监事会同意。随后几经波折，三改细则，最终才在2010年8月25日，第三次推出了行之有效的股权激励方案。实施了股权激励的苏宁对其业绩又有什么影响呢？2014年，首轮股权激励计划届满之际，苏宁并没有继续开展第二轮股权激励计划，转而推行员工持股的方式以作为激励办法，苏宁为什么要这样做？经历了两次不同激励方式的苏宁，其业绩又有怎样的变化？

一、公司背景简介

1. 诞生

苏宁于1990年由张近东在江苏南京成立。彼时的张近东只有27岁，凭借着一股"初生牛犊不怕虎"的劲头辞去了固定工作。在远离闹市的宁海路上租下了一个面积不足200m²的小门面，成立了一家专营空调批发的小公司——苏宁交家电，开始了个人和苏宁的创业之路。当时的中国经济市场正处于空调销售的暴利时代，苏宁交家电成立的第一年就做到了净赚1000万元的业绩。这对20世纪90年代的南京国有大商场而言，民营企业苏宁无疑是半路杀入空调业的"程咬金"。然而好景不长，1995年以后，中国家电市场出现供大于求的状况，许多制造商直接接触零售市场。为此，张近东逐渐缩减批发业务，开始自建零售终端。业务也从单一的销售空调逐步增加到综合电器。1996年，苏宁进入扬州市场，标志着其开始走出南京探索家电连锁之路。

2000年对于苏宁而言是个转折年。这一年苏宁停止开设单一空调专卖店。全面转型大型综合电器卖场，并喊出"3年要在全国开设1500家店"的连锁进军口号。苏宁南京新街口店位于苏宁易购大厦内，该大厦位于南京最大商圈新街口商圈中心，属"黄金建筑"。现如今已成为全国家电销售第一店，一年销售额达10亿元。张近东说，"当时我们对连锁都很陌生，2000年我们提出要在全国开出1500家店时，受到业界颇多质疑。当时压力很大，甚至有些零售同行嘲笑我，认为是天方夜谭。可是，现在不仅苏宁实现了全国连锁，而且全国的零售同行都在学习苏宁走连锁化的道路。"

2. 成长

2004年7月21日，苏宁以苏宁电器股份有限公司之名，正式在深交所中小企业板挂牌交易。实际上，张近东为苏宁的上市足足筹备了5年。交易当日，苏宁股价涨幅

100.24%，一举成为沪深两市第一高价股。张近东身家也因此一夜超过12亿元。之后，苏宁一直稳居中国股市第一高价股，股价屡创新高，一度突破70元大关，如今仍稳居26元高位（除权后）。这个由张近东先生为公司实际控制人的苏宁电器经营包括空调、冰箱、洗衣机、彩电、音像、通讯、电脑、数码八大类，近千个名品牌，超过二十多万个规格型号的商品。

3. 飞跃

2010年及以后几年内，苏宁逐步建成了包含全国300多个城市的大型连锁网络，与此同时苏宁易购还进驻香港设立连锁店。由专卖店和员工数量来看，苏宁一共在国内和日本市场设立了将近1500家，其中有近15万名员工。同时，为了稳健快速、标准化的开发目标，保持快速稳健的发展趋势，苏宁建立了覆盖直辖市、省会、副省级城市、地级市、发达县级市和乡镇在内的六级市场连锁网络。

到2011年年底，苏宁已经在中国大陆300多个城市开设了将近1700家连锁店，当时拥有17万名员工，位居商务部统计的全国前100家连锁企业前三甲，在同年国内评选民营500强中名列第三。

在2013年，苏宁迎来跨越式的发展，2013年2月19日公司发布公告，高调宣布更名为苏宁云商，此次更名表明苏宁的科技转型战略又迈出了一大步且能够更好地与企业经营范围和商业模式相适应，从此苏宁"云商"模式正式面世。苏宁为了能给客户带来舒心快速的服务、专业先进的产品安装技术以及全面的维修服务，还致力于建设完善的配送物流中心、售后服务中心和客户服务中心，同时售后服务中心还接待客户回访，为他们提供专业有效的回复。自上市以来，苏宁始终保持稳健高速的发展，最终受到了投资市场各方投资者的充分认可，快速发展成为世界市场上家电连锁价值很高的企业之一。

经历了两年的飞速发展，从2015年起，苏宁线下门店开始陆续更名为"苏宁易购"。至此，苏宁逐步形成了其独特的智慧零售模式，并将线上线下多渠道、多业态的销售方式统一为全场景互联网零售形式。

二、苏宁易购的三轮股权激励计划

（一）苏宁易购的第一轮股权激励计划

继2004年7月苏宁上市以来，业绩屡屡攀升，截至2004年年底，苏宁的利润总额已达到2亿元，净利润高达1.8亿元，查阅《苏宁云商：2014年年度财务报告》可得苏宁当时优秀的业绩表现，其主要利润指标如表7-1所示。

表7-1 苏宁易购2014年度主要利润指标

指　标	金额（元）	指　标	金额（元）
利润总额	286 997 362.7	投资收益	-1 175 163.46
净利润	181 203 668.4	营业外收支净额	-5 124 547.69
扣除非经常性损益后的净利润	183 781 329.5	经营活动产生的现金流量净额	120 807 464.5
主营业务利润	871 287 194.8	现金及现金等价物净增加额	342 064 111.2
营业利润	292 272 825.1		

注：数据来源于《苏宁云商：2014年年度财务报告》。

公司主要控股人张近东一直以来都有实施股权激励的计划。2006年《上市公司股票期权激励管理办法（试行）》出台以后，出于提升公司整体管理水平、以低成本换取高效益以及吸引并留住优秀人才的目的，早已"跃跃欲试"的苏宁也开始着手制定自己的股权激励制度。并于2007年1月首次发布了《苏宁电器股票期权计划实施考核办法》。其中相关细则如下。

（1）采用股票期权的模式，拟授予激励对象2200万份股票期权，占公告日公司股本总额的3.05%。

（2）第一次授予的期权数量为1851万份，主要授予公司高管人员共34名，剩余349万份股票期权授予"董事长提名的骨干人员和特殊贡献人员"。首次授予的期权行权价格为公告前一日收盘价66.6元。

（3）根据《苏宁电器股票期权计划实施考核办法》，行权安排如表7-2所示。

表7-2 苏宁易购第一轮股权激励行权安排

行权期	行权期限	可行权额度上限占获授期权数量比例（%）
第一个行权期	自首个行权日起12个月后的首个交易日至授权日起30个月内的最后一个交易日当日止	20
第二个行权期	自首个行权日起30个月后的首个交易日至授权日起45个月内的最后一个交易日当日止	40
第三个行权期	自首个行权日起45个月后的首个交易日至授权日起60个月内的最后一个交易日当日止	40

注：数据来源于《苏宁电器股票期权计划实施考核办法》。

4. 行权条件

（1）第一个行权期内可以行权的，不超过获授股票期权总额的20%的股票期权的行权还需满足如下条件：

苏宁2006年度的净利润较2005年度的增长率达到或超过80%，且2006年度的每股收益不低于0.9元（若发生资本公积金转增股本、派送股票红利、股票拆细或缩股等事项，则每股收益指标作相应调整）。

如达到以上条件，则该部分股票期权可以在第一个行权期内行权；如达不到以上条件则该部分股票期权由公司注销；如达到以上条件但在该行权期内未全部行权的，则未行权的该部分期权由公司注销。

经董事长提名的骨干人员和特殊贡献人员获授的股票期权自该部分期权获授之日起满12个月后方可行权。

（2）第二个行权期内可以行权的，不超过获授股票期权总额的40%的股票期权的行权还需满足如下条件：

苏宁2007年度的净利润较2006年度的增长率达到或超过50%，且2007年度的每股收益不低于1.35元（若发生资本公积金转增股本、派送股票红利、股票拆细或缩股等事项，则每股收益指标作相应调整）。

如达到以上条件，则该部分股票期权可以在第二个行权期内行权；如达不到以上条件则该部分股票期权由公司注销；如达到以上条件但在该行权期内未全部行权的，则未行权的该部分期权由公司注销。

(3) 第三个行权期内可以行权的，不超过获授股票期权总额的40%的股票期权的行权还需满足如下条件：

苏宁2008年度的净利润较2007年度的增长率达到或超过30%，且2008年度的每股收益不低于1.75元（若发生资本公积金转增股本、派送股票红利、股票拆细或缩股等事项，则每股收益指标作相应调整）。

如达到以上条件，则该部分股票期权可以在第三个行权期内行权；如达不到以上条件则该部分股票期权由公司注销；如达到以上条件但在该行权期内未全部行权的，则未行权的该部分期权由公司注销。

苏宁上市发行之后，其业绩增长速度不容小觑（根据《苏宁电器：2004年年度财务报告》如表7-3所示），其股票亦是中小板里成长最快、市值最高的绩优股，正因如此，证券监管部门对苏宁实施股权激励方案一事格外重视。尤其是对管理团队的行权条件，提出了严格的要求。确保公司在有效增长和投资者利益得到有效保护的前提下，管理团队才能进行行权。而在本次激励计划的激励对象中包括监事。在这样的背景下，2007年苏宁的第一次股权激励计划最终未获监管层的通过，以失败告终。

表7-3 苏宁2002—2004年度主要会计数据和财务指标　　　单位：元

指标	2004年度	2003年度	本年比上年增减（%）	2002年度
主营业务收入	9 107 246 657	6 033 716 430	50.94	3 525 560 321
利润总额	286 997 362.7	169 168 490.4	69.85	87 728 958.31
净利润	181 203 668.4	98 901 922.09	83.22	58 563 111.32
扣除非经常性损益后的净利润	183 781 329.5	10 0941 266.8	82.07	57 761 831.3
总资产	2 051 738 918	755 216 775	171.68	425 216 480.4
股东收益	830 919 700.2	255 053 011.9	225.78	150 459 974.1
经营活动产生的现金流量净额	120 807 464.5	81 207 259.76	48.76	108 859 579.2

注：数据来源于《苏宁电器：2004年年度财务报告》。

（二）苏宁易购的第二轮股权激励计划

虽然第一轮股权激励计划失败，但苏宁的股权激励之路就这样终结了吗？并不。2008年7月，苏宁迎难而上，发起了第二轮股权激励计划。

此次苏宁仍采用了股票期权的激励模式，拟向激励对象授予4 376万份股票期权，占公司总股本的2.93%。行权价为58元，较当时的股票现价高出28%。

根据《苏宁电器股份有限公司2008年股票期权激励计划（草案）》，苏宁的第二次股权激励计划的部分细则如下。

1. 行权安排

苏宁第二轮股权激励计划行权安排如表7-4所示。

表7-4 苏宁第二轮股权激励计划行权安排

行权期	行权期限	可行权额度上限占获授期权数量比例（%）
第一个行权期	自首个行权日起12个月后的首个交易日起至授权日起30个月内的最后一个交易日当日止	30
第二个行权期	自首个行权日起30个月后的首个交易日起至授权日起45个月内的最后一个交易日当日止	30
第三个行权期	自首个行权日起45个月后的首个交易日起至授权日起60个月内的最后一个交易日当日止	40

注：数据来源于《苏宁电器股份有限公司2008年股票期权激励计划（草案）》。

注：经董事长提名的骨干人员和特殊贡献人员获授的股票期权自该部分期获授之日起满12个月后方可行权，该部分股票期权也须按照上述行权安排行权。

2. 行权条件

苏宁第二轮股权激励计划行权条件如表7-5所示。

表7-5 苏宁第二轮股权激励计划行权条件

行权期	行权条件
第一个行权期	苏宁电器2008年度归属于上市公司股东的净利润较2007年度的增长率达到或超过60%，且2008年度的每股收益不低于1.60元
第二个行权期	苏宁电器2009年度归属于上市公司股东的净利润较2008年度的增长率达到或超过40%，且2009年度的每股收益不低于2.20元
第三个行权期	苏宁电器2010年度归属于上市公司股东的净利润较2009年度的增长率达到或超过30%，且2010年度的每股收益不低于2.85元

注：数据来源于《苏宁电器股份有限公司2008年股票期权激励计划（草案）》。

经董事长提名的骨干人员和特殊贡献人员获授的股票期权自该部分期权获授之日起满12个月后方可行权。

与第一轮股权激励计划相比，此次授予激励对象的股票期权份额远远高于2007年的2 200万份，行权价也高于2007年的行权价，同时，行权条件较第一次也有所放宽。从方案的内容来看，如果达到行权条件，那么苏宁未来3年的业绩将相当好看。和2007年推出的激励计划相比，其行权条件也明显放宽。之所以放宽行权条件，表明公司对未来业绩增长幅度的预期有所降低。另外，苏宁在上市以后，已经保持了多年的业绩高速增长。即使行权条件放宽，如果达到上述复合增长率，业绩也十分优异。然而，令人意想不到的是，2008年12月，苏宁发布公告决定中止第二次股权激励计划，表示今后公司将在适当时机重启股权激励计划。

如果说第一轮股权激励计划的失败是由于监事会的否决引起的，那么这次的股权激励计划失败可以说完全是因为外部原因。

2008年上半年，我国经济出现由偏快转为过热，我国经济形势的演变，尤其是经济景气指数的变化，对家电连锁业的收入及盈利增长影响很大。为了防止通胀，我国政府明确了从紧的宏观调控方针。而到了下半年，防通缩预期使得中国的 A 股市场的暴跌进一步加速。而导致这种前后预期发生巨大逆转的根本因素，来自"百年不遇"的全球性金融海啸。

在实体市场中，家电受到房地产下滑的冲击并没有想象中强烈。投资性需求被逐渐挤压掉后，真正有需求的购房者仍然会存在，家电市场的销量仅稍有下滑。而资本市场上，由于经济预期的不明朗，投资者信心严重缺失，从而导致股指加速下挫。2007 年到 2008 年，两市总市值整体缩水 22 万亿元，中国股市跌幅处于全球第三。

苏宁在家电零售市场的优秀表现也未能扭转资本市场的熊市表现。上证综指探底当日，苏宁的收盘价为 13.58 元，年末收盘价为 17.91 元。2008 年中期行权价格摊薄为 29 元，当时的股价与行权价产生了相当大的差距，使股票激励计划丧失了行权意义。由此，苏宁也放弃了其股权激励计划。

（三）苏宁易购的第三次股权激励计划

古语云："一鼓作气，再而竭，三而衰"，可是，苏宁的股权激励之路并没有印证这句话。前两次的激励计划由于种种原因均以失败告终。2010 年 8 月 25 日，苏宁愈挫愈勇，推出第三轮股票期权激励计划草案。根据《苏宁电器股份有限公司 2010 年股票期权激励计划（草案）》，本次激励计划部分内容如下。

此次激励计划拟授予的股票期权涉及的标的股票总数为 8 469 万股，占激励计划公告日公司股本总额 6 996 211 866 股的 1.21%。股票期权的行权价格为 14.50 元。根据规定范围确定的激励对象总数为 248 人，占公司截至 2010 年 7 月底在册员工总人数比例为 0.38%，其中属于 1 200 工程人员共 97 人。激励对象均在公司或公司下属分、子公司任职并领取报酬。

1. 行权安排

股票期权计划的有效期为自股票期权授权日起 5 年，自授权日至首个可行权日期限为 1 年。苏宁第三轮股权激励计划行权安排如表 7-6 所示。

表 7-6 苏宁第三轮股权激励计划行权安排

行权期	行权期限	可行权额度上限占获授期权数量比例（%）
第一个行权期	自首个行权日起 12 个月后的首个交易日起至授权日起 24 个月内的最后一个交易日当日止	25
第二个行权期	自首个行权日起 24 个月后的首个交易日起至授权日起 36 个月内的最后一个交易日当日止	25
第三个行权期	自首个行权日起 36 个月后的首个交易日起至授权日起 48 个月内的最后一个交易日当日止	25
第四个行权期	自首个行权日起 48 个月后的首个交易日起至授权日起 60 个月内的最后一个交易日当日止	25

注：数据来源于《苏宁电器股份有限公司 2010 年股票期权激励计划（草案）》。

2. 行权条件

苏宁第三轮股权激励计划行权条件如表 7-7 所示。

表 7-7 苏宁第三轮股权激励计划行权条件

行权期	行权条件
第一个行权期	苏宁电器 2010 年度销售收入较 2009 年增长率不低于 20%，且归属于上市公司股东的净利润较 2009 年度增长率不低于 25%
第二个行权期	苏宁电器 2011 年度销售收入较 2009 年复合增长率不低于 20%，且归属于上市公司股东的净利润较 2009 年度复合增长率不低于 25%
第三个行权期	苏宁电器 2012 年度销售收入较 2009 年复合增长率不低于 20%，且归属于上市公司股东的净利润较 2009 年度复合增长率不低于 25%
第四个行权期	苏宁电器 2013 年度销售收入较 2009 年复合增长率不低于 20%，且归属于上市公司股东的净利润较 2009 年度复合增长率不低于 25%

注：数据来源于《苏宁电器股份有限公司 2010 年股票期权激励计划（草案）》。

通过与前两次股权激励计划的对比可以看出，苏宁在 2010 年制定的第三次股权激励计划覆盖面最广，总人数达到 248 人。在本次股权激励计划中，所有持苏宁股份 5% 以上的股东均不在激励范围内、高管占比高且综合考虑岗位和工龄等因素，因此能有效稳定、激励骨干员工，达到股权激励的效果。另外，苏宁 2010 年的股权激励计划中，行权条件较高，并且行权价格合理，具有较强的约束功能。将销售收入增长率和净利润增长率结合起来作为股权激励计划的业绩考核条件，可以避免管理层调节利润来实现利润增长进而损害股东利益的短期行为，从而使股东与管理层的长期利益保持一致。

（四）第三轮股权激励的实际行权情况

自 2010 年实施股权激励计划以来，苏宁一直保持着良好的发展势头。至 2016 年，首次成功实施的股权激励计划届满，根据当年 3 月 12 日苏宁发布的《关于 2010 年股票期权激励计划终止及注销事项的公告》：依据公司审计机构普华永道中天会计师事务所（特殊普通合伙）出具的公司 2009—2013 年度审计报告，公司销售收入、归属于上市公司股东净利润财务指标如表 7-8 所示。

表 7-8 苏宁 2010—2013 年业绩概况

年 份	2010	2011	2012	2013
销售收入（千元）	75 504 739	93 888 580	98 357 161	105 292 229
复合增长率（%）	29.51	26.90	19.05	15.93
归属于上市公司股东的净利润（千元）	4 011 820	4 623 986	2 515 093	306 725
复合增长率（%）	40.63	27.31	-4.11	-42.74

注：数据来源于《关于 2010 年股票期权激励计划终止及注销事项的公告》。

公司股票期权激励计划第一个行权期、第二个行权期等待期指标、行权条件均已达成，由于受市场影响，股票市价低于行权价，故激励对象未在上述行权期内行权。

公司股票期权激励计划第三个行权期、第四个行权期等待期指标、行权条件均未达成相关要求，故激励对象不能行权。

综上，在 2010 年度股权激励计划的行权期内，苏宁的激励对象未行权。

由表 7-8 所示，苏宁 2010 年至 2013 年的销售收入逐年增长，据此可以推断，实施股权激励计划确实起到了一定的激励作用。然而，前两个行权期受到市场影响，后两个行权期又未完成相关要求，就总体而言，苏宁此番股权激励计划并没有成功达到其设立之初要完成的目标。

三、苏宁易购的三轮员工持股计划

（一）苏宁易购前两轮员工持股计划

首次实施股权激励计划并没有获得预期的效果，这使得苏宁转换了思路，不再继续使用股票期权的方式激励员工，转而使用员工持股的方式代替之前的股权激励计划，并于 2014 年 9 月和 2015 年 7 月相继推出了第一期和第二期员工持股计划。

根据《苏宁云商：2014 年员工持股计划（草案）》，苏宁第一期员工持股计划相关细则如下：

（1）员工持股计划的资金总额不超过 5.5 亿元，具体金额根据实际出资缴款金额确定。本计划以标的股票 2014 年 9 月 2 日收盘价 7.68 元作为本员工持股计划全部股票平均买入价格。

（2）此次员工持股计划涉及的标的股票数量约为 7161.46 万股，涉及的股票数量约占公司现有股本总额的 0.97%，累计不超过公司股本总额的 10%，任一位持有人持有的员工持股计划份额所对应的标的股票数量不超过公司股本总额的 1%。员工持股计划持有的股票总数不包括员工在苏宁首次公开发行股票上市前获得的股份、通过二级市场自行购买的股份及通过股权激励获得的股份。

（3）本员工持股计划的存续期为 30 个月，自本计划草案通过股东大会审议之日算起。

（4）员工持股计划的参加对象涵盖了公司线上线下运营管理、商品经营、物流、服务等业务体系中高层人员，以及技术开发体系、职能管理体系的中高层人员。

根据《苏宁云商：2014 年年度财务报告》，其 2014 年度经营成果如表 7-9 所示。

表 7-9　苏宁 2014 年度主要经营成果概况　　　　　　　　　　　　单位：千元

项　目	2014 年度	2013 年度	增减率（%）
营业收入	108 925 296	105 292 229	3.45
营业成本	92 284 572	89 279 061	3.37
销售费用	14 105 025	12 739 711	10.72
管理费用	3 356 570	2 805 687	19.64
财务费用	66 770	-149 087	144.79
营业利润	-1 458 933	183 903	-893.32
利润总额	972 613	144 386	573.62
净利润	824 038	104 303	690.04

续上表

项　目	2014 年度	2013 年度	增减率（%）
归属于上市公司股东的净利润	866 915	371 770	133.19
少数股东权益	－42 877	－267 467	83.97
经营活动产生的现金流量净额	－1 381 419	2 238 484	－161.71

注：数据来源于《苏宁云商：2014 年员工持股计划（草案）》。

不难看出，相较苏宁以往年度实施的股票期权激励计划，受益群体更加广泛的是员工持股计划，其激励效果并没有让人失望。在 2014 年度，苏宁的营业收入和利润总额与前一年度相比都有所增长。可见，员工持股计划的推行对于激励员工、实现业绩增长确实起到了一定的作用。为了乘胜追击，获得更好的激励效果，2015 年 9 月，苏宁又推出了第二期员工持股计划。在《苏宁云商：第二期员工持股计划（草案）》中，苏宁的第二期员工持股计划相关内容如下。

（1）员工持股计划的资金总额不超过 10 亿元，具体金额根据实际出资缴款金额确定。本计划以标的股票 2015 年 7 月 7 日收盘价 11.74 元作为本员工持股计划全部股票平均买入价格。

（2）员工持股计划涉及的标的股票数量约为 8517.9 万股，涉及的股票数量约占公司现有股本总额的 1.15%，本期员工持股计划实施后，全部有效的员工持股计划所持有的股票总数累计不超过公司股本总额的 10%，任一持有人持有的员工持股计划份额所对应的标的股票数量不超过公司股本总额的 1%。员工持股计划持有的股票总数不包括员工在公司首次公开发行股票上市前获得的股份、通过二级市场自行购买的股份及通过股权激励获得的股份。

（3）本员工持股计划的存续期为 30 个月，自本计划草案通过股东大会审议之日算起。

（4）本员工持股计划的参加对象涵盖了董事、监事和高级管理人员；公司线上线下运营管理、商品供应链经营、物流服务等业务体系中高层人员；技术开发体系骨干；职能管理体系的中高层人员以及公司认可的有特殊贡献的其他员工。

根据《苏宁云商：2015 年年度财务报告》，其 2015 年度经营成果如表 7－10 所示。

表 7－10　苏宁 2015 年度主要经营成果概况　　　　　　　　　　　　单位：千元

项　目	2015 年度	2014 年度	增减率（%）
营业收入	135 547 633	108 925 296	24.44
营业成本	115 981 182	92 284 572	25.68
销售费用	16 644 676	14 105 025	18.01
管理费用	4 291 475	3 356 570	27.85
财务费用	104 282	66 770	56.18
营业利润	－610 021	－1 458 933	58.19
利润总额	888 957	972 613	8.60

续上表

项　目	2015 年度	2014 年度	增减率（%）
净利润	757 732	824 038	8.05
归属于上市公司股东的净利润	872 504	866 915	0.64
经营活动产生的现金流量净额	1 733 339	1 381 419	225.48

注：数据来源于《苏宁云商：2015 年年度财务报告》。

与第一期员工持股计划相比，2015 年推出的第二期员工持股计划资金总额上限大幅提升，涉及的标的股票数量亦有所增加。对比 2015 年度苏宁的业绩可以发现，本年度营业收入与净利润也有所提升，呈现正增长的趋势。

值得注意的是，第二期员工持股计划和第一期相比呈现三个特点：一是董事、监事和高级管理人员参加，合计出资不超过 1.5 亿元；二是资金规模增加到不超过 10 亿元，第一期员工持股计划的资金规模为 5.3 亿元；三是股权激励范围扩大，符合规定的业务骨干、技术骨干和新引进的中高级人才都将受益。

（二）苏宁易购的第三轮员工持股计划

基于前两期员工持股计划的成功，"小试牛刀"的苏宁似乎品尝到了员工持股的激励方式带来的甜头，第二期员工持股计划的 30 个月存续期届满后，2018 年 5 月，苏宁推出了第三期员工持股计划。根据《苏宁易购：第三期员工持股计划（草案）》，本次员工持股计划相关内容如下。

（1）员工持股计划的资金总额不超过 5 亿元，计划购买回购股票的价格为 6.84 元/股。

（2）公司员工持股计划股票规模为 2018 年 3 月 9 日至 2018 年 4 月 4 日期间公司回购的股票 73 070 874 股，占公司总股本比例 0.78%。本员工持股计划实施后，全部有效的员工持股计划所持有的股票总数累计不超过公司股本总额的 10%，任一持有人持有的员工持股计划份额所对应的标的股票数量不超过公司股本总额的 1%。员工持股计划持有的股票总数不包括员工在公司首次公开发行股票上市前获得的股份、通过二级市场自行购买的股份及通过股权激励获得的股份。

（3）员工持股计划的存续期为 48 个月，自公司公告最后一笔标的股票过户至员工持股计划名下之日算起。

（4）员工持股计划的对象涵盖公司董事、高级管理人员，公司零售、物流、金融三大业务体系的中高层人员及业务骨干，技术开发体系核心技术人员，职能管理体系的中高层人员以及公司认为对公司经营业绩和未来发展有直接影响的其他员工。

对比前两期员工持股计划，第三期员工持股计划虽资金总额与股票规模不及第二期员工持股计划，但在第三期员工持股计划中，存续期有所延长，员工持股的对象进一步广泛和具体，可见苏宁对此次员工持股计划的成果是抱有较大希望的。由于 2018 年度公司经营成果还未可知，2018 年度苏宁员工持股计划的激励成果暂不纳入比较范围。

四、激励效果

(一) 股权激励计划实施前后的业绩比较

苏宁在 2010 年度计划的股权激励方案中对股票的行权条件制定了两个标准：首先是销售收入增长率应当比上一年度提高到 20% 以上，再者就是净利润增长率一定要比上一年度提高到 25% 以上。苏宁易购在快速发展的过程中出台了股权激励计划，使企业投资者的利益能够得到一定程度的保证。而且股权激励计划方案对企业的管理团队的行权条件有了更加严格的要求，方案规定只有销售收入和净利润的增长率达到行权标准时才能行权。通过表 7-11 和表 7-12 所示内容，我们能够看出苏宁易购实施股权激励之后公司业绩发生了明显的变化，资产在 2010 年呈现快速增长的趋势，同时 2010 年公司的资产总额与营业收入均比以前发生了大幅度上升，利润总额和净利润也有了大幅的上升。与 2009 年度对比可以看到净利润由 2009 年的 29.9 亿元上升至 2010 年 41.1 亿元。对此，苏宁的高管人员表示，一方面股权激励方案的实施，是在管理创新上对公司内部结构治理的一次重大突破，对公司未来的可持续发展和优秀核心技术人才的引进都有非常重要的意义；另一方面就是股权激励制度的建成，进一步促进管理人员的个人利益与股东的利益高度相同，使公司运营管理水平得到很大程度上的改善。

表 7-11 苏宁电器 2010 年度报表主要会计数据　　　　　　　单位：元

指　标	2010 年	2009 年	本年比上年增减（％）	2008 年
营业收入	75 504 739	58 300 149	29.51	49 896 709
利润总额	5 402 044	3 926 367	37.58	2 950 873
归属于上市公司股东的净利润	4 011 820	2 889 956	38.82	2 170 189
归属于上市公司股东的扣除非经常性损益的净利润	4 029 589	2 852 724	41.25	2 179 913
经营活动产生的现金流量净额	3 881 336	5 554 942	-30.13	3 819 141
总资产	43 907 382	35 839 832	22.51	21 618 527
归属于母公司所有者权益	18 338 189	14 540 346	26.12	8 775 957
股本	6 996 212	4 664 141	50.00	2 991 008

注：数据来源于《苏宁云商：2010 年年度财务报告》。

表 7-12 苏宁电器 2010 年度报表主要财务指标　　　　　　　单位：元

指　标	2010 年	2009 年	本年比上年增减（％）	2008 年
基本每股收益（注）	0.57	0.43	32.56	0.33
稀释每股收益	0.57	0.43	32.56	0.33
扣除非经常性损益后的基本每股收益	0.58	0.42	38.10	0.33
全面摊薄净资产收益率	21.88%	19.88%	2.00	24.73%

续上表

指标	2010年	2009年	本年比上年增减（%）	2008年
加权平均净资产收益率	24.48%	28.44%	-3.96	31.60%
扣除非经常性损益后的全面摊薄净资产收益率	21.97%	19.62%	2.35	24.84%
扣除非经常性损益后的加权平均净资产收益率	24.58%	28.07%	-3.49	31.75%
每股经营活动产生的现金流量净额	55.00%	1.19%	-53.78	1.28%
归属于上市公司股东的每股净资产	2.62%	3.12%	-16.03	2.93%

注：数据来源于《苏宁云商：2010年年度财务报告》。

（二）2010年股票期权有效期届满终止及授予期权注销

据苏宁2016年3月发布的《关于2010年股票期权激励计划终止及注销事项的公告》，2010年股票期权激励计划的有效期为自股票期权授权日起五年，有效期已届满，故本次期权计划终止。有效期间有2 287万份股票期权由于激励对象离职等原因失效由公司收回，全部股票期权8 469万份均未行权，依据公司股票期权激励计划相关安排，公司计划对授予的股票期权全部注销。

根据《企业会计准则第22号——金融工具确认和计量》中关于公允价值确定的相关规定，公司选择布莱特-斯科尔斯期权定价模型，并以确定的授权日2010年11月26日的收盘价等数据为参数对公司的股票期权的公允价值进行了测算。公司激励计划的股票期权公允价值为39 464.45万元，在授予日起的48个月内摊销完毕。由于公司2012年、2013年业绩条件未满足第三个、第四个行权期的行权条件，2010股票期权价值累计摊销13 946万元。

苏宁2010年股票期权激励计划有效期届满后将对授予的8 469万份股票期权全部注销。此次股票期权激励计划终止及期权注销，不会对公司股权结构和上市条件产生任何影响，对其管理团队也没有影响。对此，苏宁承诺将通过多种方式，丰富员工激励机制，推出员工持股计划，建立创新、人才发展基金等，完善员工激励绩效体系，有利于调动员工积极性，为公司、股东创造价值。

（三）员工持股计划实施前后的业绩比较

说到做到的苏宁于2014年推出了第一期员工持股计划，并于2015年推出了第二期员工持股计划，加强了第一期的激励程度，确实也取得了斐然的成绩。

员工持股计划的实施，推动了苏宁的互联网转型过渡到良性发展阶段，O2O运营模式帮助企业实现高于行业的收入增速，规模效应逐步显现，盈利能力、市场竞争能力都逐步提升。如表7-13所示是苏宁2015年度主要财务指标。

表 7-13　苏宁 2013—2015 年度主要财务指标

财务指标	2013 年	2014 年	2015 年
资产负债率（%）	65.1	64.06	63.75
存货周转天数	71.54	66.9	46.63
净资产周转率	3.64	3.74	4.41
应收账款周转天数	3.32	1.99	1.65
营业收入（同比增长率）（%）	7.05	3.45	24.44
总资产（同比增长率）（%）	8	-0.07	7.16
股东权益合计（同比增长率）（%）	-0.32	3.22	4.1
归属母公司股东的净利润（同比增长率）（%）	-86.11	133.19	0.64
营业收入（亿元）	1 052.92	1 089.75	1 355.48
归属于母公司股东的利润（亿元）	3.72	8.67	8.72
净资产收益率 ROE（平均）	1.31	3.01	3.92

注：数据来源于《苏宁云商：2015 年年度财务报告》。

从表 7-13 可以看出，存货和应收账款的管理能力在加强，净资产的使用效率在加快，缓解资金压力，也节约成本，公司的营运能力在增强。员工持股计划在一定程度上提高了苏宁内部管理能力。可以看出苏宁 2013 年度至 2015 年度的营业收入在逐年递增，说明市场占有率在提高。苏宁的总资产和股东权益增速缓慢，说明企业的总规模波动较小，但是在日益壮大、进行组织变革和战略转型后，苏宁的 ROE 和净资产都在大幅度下降，但在 2014 年实施员工持股计划后，净资产收益率和净利润都在变强，净利润呈上升趋势，涨幅大于股东权益和总资产的增长率，说明企业的费用率在下降，盈利能力在增强，成长发展能力上升，苏宁的前景也越来越好。

（四）苏宁易购现状

1. 2017 年度苏宁易购主营业务概况

根据《苏宁易购：2017 年年度财务报告》所列示数据可获得表 7-14～表 7-15 的信息。

表 7-14　2017 年度苏宁易购主营业务情况　　　　　　单位：千元

项　目	2017 年度	2016 年度	增减率（%）
营业收入	187 927 764	148 585 331	26.48
营业成本	161 431 791	127 247 541	26.86
销售费用	20 635 780	17 451 416	18.25
管理费用	4 864 050	3 946 274	23.26
财务费用	306 467	415 828	-26.30
营业利润	4 076 096	504 344	708.20

续上表

项　目	2017年度	2016年度	增减率（%）
利润总额	4 332 041	900 887	380.86
净利润	4 049 538	493 232	721 02
归属于上市公司股东的净利润	4 212 516	704 414	498.02
经营活动产生的现金流量净额	-6 605 293	3 839 235	-272.05

注：数据来源于《苏宁易购：2017年年度财务报告》。

表7-15　2017年度苏宁易购主要会计数据与财务指标情况

	2017年	2016年	本年比上年增减（%）	2015年
营业收入（千元）	187 927 764	148 585 331	26.48	135 547 633
归属于上市公司股东的净利润（千元）	4 212 516	704 414	498.02	872 504
归属于上市公司股东的扣除非经营性损益的净利润（千元）	-88 391	-1 107 612	92.02	-1 464 864
经营活动产生的现金流量净额（千元）	-6 605 293	3 839 235	-272.05	1 733 339
基本每股收益（元/股）	0.45	0.08	462.50	0.12
稀释每股收益（元/股）	0.45	0.08	462.50	0.12
扣除回购股份基本每股收（元/股）	0.45	0.08	462.50	0.12
扣除回购股份稀释每股收益（元/股）	0.45	0.08	462.50	0.12
加权平均净资产收益率（%）	5.76	1.41	4.35	2.87
总资产	157 276 688	137 167 241	14.66	88 075 672
归属于上市公司股东的净资产（千元）	78 958 410	65 709 680	20.16	30 482 556

注：数据来源于《苏宁易购：2017年年度财务报告》。

根据苏宁2017年度财务报告，报告期内，公司全渠道销售保持较快增长。线下优化店面体验，推进互联网建设及数据化运营，店面经营质量不断提升。线上聚焦流量经营、商品运营及会员营销，运营能力提升，平台交易规模保持高速增长。物流、金融业务稳步发展，完善客户体验的同时带来公司营业收入和经营效益的稳步实现。2017年公司实现营业收入1879.28亿元，同比增长26.48%。

2. 毛利率变化情况

根据苏宁2017年度财务报告，其毛利率变化情况如表7-16所示。

表7-16　苏宁易购2017年度毛利率变化情况表

项　目	2017年	2016年	增减变化
主营业务毛利率（%）	13.08	13.39	-0.31
其他业务毛利率（%）	1.25	1.18	0.07
综合毛利率（%）	14.33	14.57	-0.24

注：数据来源于《苏宁易购：2017年年度财务报告》。

在报告期内，公司一方面有效实施商品价格管控提升日常销售毛利，优化商品供应链，加强单品运作，改善毛利水平；另一方面，线上销售占主营业务收入比重提升至45.02%，由于公司在重大促销节点实施积极的竞争策略，线上毛利保持较低水平，对整体毛利率有影响。此外，开放平台、物流、金融方面的增值服务收入增加，有助于毛利提升。

综合来看，公司综合毛利率水平基本保持稳定。

3. 归属于上市公司股东的净利润变化情况

报告期内公司基于整体发展战略安排，出售了部分阿里巴巴股份，在扣除初始购股本金以及股份发行有关成本及相关直接费用后，实现净利润约人民币32.85亿元。综上所述，报告期内公司2017年度实现利润总额43.32亿元，同比增长380.86%；归属于上市公司股东的净利润约42.13亿元，同比增长498.02%。

总体来看，在第一次获准实施的股权激励届满停止的第二个年头，苏宁易购2017年度业绩表现可圈可点，与往年相比，营业收入逐年上升，净利润也大幅增长。股权激励的实施虽存遗憾，但苏宁易购却依然保持着稳步发展的势头。股权激励显著作用在平衡委托——代理机制下公司管理层与控制层之间的关系，但在"两权合一"的公司里也能够产生影响。中国股权激励制度的展开刚迈过第十个年头，未来在公司治理层面能够有怎样的发展依然有待关注与研究。

五、尾声

通过推行股权激励计划以实现企业提升业绩、保留人才的目标不可谓是一个行之有效的解决方案。但是，股权激励是否可以起到作用，将其价值发挥到最大化，更在于股权激励计划的制定上。设定的目标能够实现，激励的股权可以促进员工工作的积极性，都是在设计股权激励的内容时需要纳入考虑的因素。既能够保留企业自身的利益，又可以促进员工工作，保证激励得以实施，才是一份对企业业绩起到正面影响的股权激励计划。

六、讨论题目

（1）众所周知，许多上市公司制定股权激励计划是为了能够合理地激励和约束公司管理团队和核心优秀员工，有效地解决委托-代理问题，现行的股权激励方式有哪些？分别有怎样的特点？

（2）苏宁前两次股权激励的失败，一次是源于监事会的否决，一次是由于外部经济环境，这两次股权激励计划各自都有怎样的特点？

（3）2010年8月，苏宁第三次提出股权激励计划，这次最终获得通过，成功实施股权激励后的苏宁在业绩上是否有所表现？你认为这次苏宁易购的股权激励有什么作用？

（4）2014年，苏宁第一次股权激励计划届满，未能行权。同年，苏宁就推出了员工持股计划，对比股权激励计划，两者在激励方式上有何不同？

（5）苏宁的股权激励之路走得坎坷又不失精彩，要想使股权激励方案发挥作用，应该怎样制定这份股权激励计划？

七、参考资料

[1] 梁艺. 苏宁云商股权激励有效性案例分析 [D]. 石家庄：河北经贸大学，2016.

[2] 冯朝霞. 苏宁云商股权激励的动机及实施效果研究 [D]. 苏州：苏州大学，2017.

[3] 佚名. 苏宁电器创始人张近东的创业故事 [J]. 中外企业家，2017（23）.

[4] 赵英焕. 苏宁电器股权激励案例研究 [D]. 长春：吉林财经大学，2016.

[5] 申利霞. 民营上市公司股权激励计划研究——以苏宁电器为例 [J]. 财会通讯，2014（5）：53-55.

[6] 苏宁电器股份有限公司2007年股票期权激励计划（草案）.

[7] 苏宁电器股份有限公司2008年股票期权激励计划（草案）.

[8] 苏宁电器股份有限公司2010年股票期权激励计划（草案）.

[9] 苏宁云商：关于2010年股票期权激励计划终止及注销事项的公告.

[10] 苏宁电器：2008年度财务报告.

[11] 苏宁云商：2015年度财务报告.

[12] 苏宁易购：2017年度财务报告.

[案例说明书]

一、本案例需要解决的关键问题

本案例的教学目的在于引导学员关注股权激励的制定以及股权激励的实施对公司业绩的影响。根据本案例的资料，学员可以剖析，为什么在"两权合一"的上市公司中要实施股权激励；股权激励实施后，对公司业绩会产生怎样的影响。通过阅读苏宁的历次股权激励计划，对股权激励的制定与内容有一个初步的认识，对比实施股权激励前后公司业绩的差异，思考股权激励计划的设定对公司业绩有怎样的作用。激励计划届满停止后，对公司的业绩又会有怎样的影响。了解并学习苏宁的历次股权激励计划，从而引导学员关注股权激励制度在上市公司中的作用及相关知识，拓宽股权激励的研究思路和领域。

二、案例讨论的准备工作

（一）理论

1. 股权激励的概念

股权激励是一种通过经营者获得公司股权形式给予企业经营者一定的经济权利，使他们能够以股东的身份参与企业决策、分享利润、承担风险，从而勤勉尽责地为公司长期发展服务的一种激励方法。

2. 股权激励的相关理论基础

（1）委托代理理论。柏利和明斯在1932年首次提出，在公司股权相对分散的情况下，如果管理层能够拥有部分股权，将使他们为追求更高的利益而努力提高公司业绩。股份公司是现代企业制度框架下最具有代表形态的企业组织，它的发展在大大促进委托代理理论发展的同时也加快了实践运用的步伐。现代股份公司的股东数量多且非常分散，让他们全部参加公司日常的经营管理是几乎不可能的。这是因为如果全都参与日常的经营管理，就会提高股东投资企业的成本减少企业收益。所以，公司所有权与经营权高度分离的现象顺其自然地出现了，此时公司产生了委托代理经营模式，即公司股东委托职业经理人管理经营企业。代理人与委托人相比更加了解公司发展经营的情况，举例来说有与生产经营有关的信息、经营业绩以及如何计算成本、经营人员的业务能力、努力程度、道德与品行、委托过程中发生的问题以及解决方法等，这就会导致股东委托代理人后不能全面地了解公司的经营与发展。因此需要公司委托人提供一份用来解决上述矛盾的特殊合约，在满足代理人要求的同时此合约还会使他们首先考虑公司的整体利益而不是只想着自身的个人利益，也就是说代理人在制定决策时注重考虑如何能够更快地完成委托人的目标。合约使得委托人与代理人可以保持"激励与约束相容"的关系，让他们在各自追求的目标上能够存在共同之处。股权激励就是这样一种合约，它能在一定程度上解决股权分离引发的问题，为了使股东和高管人员的效用一致，公司授予高管人员一些股票期权，以便起到监督和激励的作用。被激励对象就是高管人员，在一定期限内只有他们努力达到激励方案中制定的目标，才能有机会行权获得高额收益。

（2）人力资本理论。在社会不断发展以及财富慢慢积累的过程中，劳动力发挥着越来越重要的作用，与劳动力相比资本发挥的作用开始逐渐变小。或者换句话说，经济理论的发展与现实的结合，使那些进行理论研究的经济学家们逐渐发现在促进经济的发展中劳动力发挥了很大的作用，人力资本就是发挥作用的元素。1960 年美国经济学会的主席，著名的经济学家舒尔茨曾提出了"人力资本"，之后人力资本的理论体系到 20 世纪 80 年代已经基本建立，美国的经济学家都一致认同人力资本是促进经济发展的重要因素。

在当今已经逐渐进入知识经济的时代，人力资本对企业的建立与拓展发挥着越来越重要的作用。现代企业管理和经营具有鲜明的挑战性、风险性和创造性三大特点。在竞争日益激烈的经济环境中，企业不断面临新的机遇和挑战，他们需要将压力转化成动力，坚持不懈地吸引、稳定更多具有创造价值和创新力的优秀人才，这样才会使企业能够一直适应外部经济环境的不断变化，同时拥有强大的市场竞争力和生命力，最终得以在竞争中快速发展。

在引进优秀人才时，企业首先需要做出好的计划，使优秀员工在引进来之后可以转变成为对企业发展有利的真正人力资本，能够推动企业快速发展。其次，企业还需要一种能够合理有效地激励并约束员工的薪酬机制，因为一方面员工的自身能力水平是高低不同的，因而他们每个个体为企业发展做出的贡献同样会出现大小不等，所以我们进行人力薪酬不同等级分配最重要的依据是人力资本贡献程度的大小；另一方面就是企业和员工形成劳动雇佣关系时必须同时制定激励和约束体制，因为只有它们两者达到平衡时，人力资源才可以发挥最佳的效果。股票期权激励就是可以使激励和约束达到平衡进一步促进员工发挥的一种机制。实施股权激励计划之后，高级管理人员通过行权可以增加持有股份的比例。他们为了行权尽心尽力就有可能成为同行业中效率较高的管理团队，在公司的运营过程中和优质的物质资本一同分享经营价值。通过股票期权激励的实施，还可以使公司的股东和高层管理人员一同对公司的经营和管理风险负责，它有助于使高层管理人员更加专注于企业资产的保值以及增值这两个主要方面，坚持走可持续的健康发展道路，使员工的自身利益与公司总体利益达成一致，推动员工努力发挥最大的作用。

(二) 行业背景

1. 苏宁易购所处行业地位

苏宁自 2009 年起推进转型创新，运用互联网技术再造业务流程、组织体系建立起了覆盖全客群、全渠道、全品类的运营能力，成为主流零售行业中唯一具备线上线下双向销售及服务能力的企业。基于前瞻性的创新布局，苏宁智慧零售模式已经从概念进入到了落地实施并快速发展的阶段。2017 年，公司实现营业收入同比增长 26.48%，远超行业增速。

2. 我国股权激励发展现状

股权激励是一种以公司股票为标的，对其董事、监事、高级管理人员、骨干员工及其他人员进行长期性激励的机制安排。它大约产生于美国 20 世纪的 50 年代。经过美国硅谷的高技术企业和知识型创业企业的实践推广，股票期权等激励制度已经发展较为完善，并在对企业经理、董事、雇员的长期激励方面具有显著的成效。最近十多年，股票期权制度在美国、英国、新加坡、日本以及欧洲一些国家，得到了广泛的发展并取得良好的效果。美国经验证明，20 世纪 80 年代蓬勃发展起来的股权激励制度在促进公司价值创造、推进经济增长等方面发挥了积极作用。股权激励尤其是股票期权制度被认为是美国新经济的推动器。在20世纪90年代后期,美国的公司治理模式逐渐暴露出许多问题,出现了一系列大公司和会计事务所丑闻。其中引人注目的是上市公司高管人员的过高薪酬,尤其是薪酬中股票期权的滥用引发了广泛的质疑和争议,导致公司高管薪酬的"完美风暴"。2003年美国的微软公司和花旗集团宣布放弃股票期权制度,将这股质疑推向高潮。学术界、政府和市场各参与主体对股权激励的作用、与公司治理的关系、相关配套的制度进行反思和重新审视。我国上市公司股权激励机制建设进程相对迟缓,一方面由于我国真正意义上的现代企业制度建立较晚,另一方面,法规制度的制约也使得股权激励制度一直未得到较好实施。随着新《公司法》《证券法》颁布实施,以及股权分置改革的顺利推进,2005年12月31日,中国证监会颁布了《上市公司股权激励管理办法试行》,为我国上市公司的股权激励机制建设提供了明确的政策指引和操作规范,国务院国资委和财政部分别于2006年1月27日和2006年9月30日颁布了《国有控股上市公司境外实施股权激励试行办法》《国有控股上市公司境内实施股权激励试行办法》,对国有上市公司建立股权激励制度做出了进一步的规定。由此,中国上市公司的股权激励进入了一个实际可操作的阶段。截至2010年底,我国共有149家股上市公司公告股权激励方案,其中92家已经正式实施。从披露激励方案的上市公司类型看,149家上市公司民营企业约占70%,按照实际控制人详细分类,中央国有企业13家,地方国有企业21家,集体企业5家,境外控股5家,自然人实际控制的98家,其他7家。149家上市公司中主板上市公司73家,中小板上市公司58家,创业板上市公司18家。从上市公司行业看,149家上市公司中,制造业企业87家,占58%;信息、技术业26家,占17%;其余为房地产业12家,批发和零件贸易业7家,建筑业5家,社会服务业4家,传播与文化产业2家,电力煤气及水的生产和供应2家,农林牧渔2家。

三、案例分析要点

(一)需要学员识别的关键问题

本案例需要学员识别的主要知识点包括:上市公司实施股权激励的原因、股权激励的模式,当前在国际上通行的股权激励模式主要有哪些以及股权激励对上市公司业绩的影响。

(二)解决问题可供选择的方案与评价

1. 股权激励模式

现在国际上通行的股权激励模式主要有股票期权、员工持股计划、股票增值权、限制性股票等几种。

由表7-17可以看出股权激励各模式的不同特点,其中限制性股票和股票期权特点比较相似。但是,它们的行权价格的确定方式不同,导致限制性股票的授予价格一般低于股票期权的行权价。限制性股票的激励性和约束性比股票期权强。而来自二级市场的员工持股激励性、约束性和灵活性都是最强的,然而其风险也是最高的。还有定向增发的员工持股风险比前一个有所下降,但是激励性和灵活性也较弱。

表 7-17 股权激励模式特点分析表

模式 项目	限制性股票	股票期权	员工持股 （二级市场购买）	员工持股 （定向增发）
股票来源	（1）定向增发 （2）上市公司股票回购	定向增发	二级市场购买 （大宗交易、 协议转让）	定向增发
价格	前20日均价最低5折	Max（市价、前三十日平均收盘价）	市场购买	前20日均价9折
激励性	较强	弱	强	弱
约束性	强	弱	强	强
灵活性	较弱	较弱	强	弱
风险	较低	低	高	中

注：数据来源于《苏宁电器股权激励案例研究》。

2. 苏宁实施股权激励的主要原因

苏宁的股票于2004年7月21日在深交所正式上市发行，当时的发行价为每股16.33元。经过6年的快速发展，公司的股票价格至2010年增长到将近1000元。苏宁处于不断的快速发展阶段，此时实施股权激励计划恰逢其时，对于激励授予对象来说可以获得大额收入。经过3次不断总结经验使得苏宁最终制定出更加注重激励涵盖范围的股权激励计划方案，得到多数高管及核心人才的一致认可。苏宁此时正处在快速成长的发展阶段，此阶段是进行股权激励最适当的时期。苏宁从建立至今总计发布过三次股票期权激励实施计划，其中于2007年1月以及2008年7月相继提出了两次激励计划，但是第一次股权激励计划最终未获监管层的通过，以失败告终；第二次则因为我国经济环境的变化，特别是经济景气指数的变化而夭折，此次在恰当的时机进行股权激励不仅能够顺利完成计划，还可以使企业的经营业绩大幅度上升。2010年8月苏宁公开发布的最后一个股权激励计划，在填充之前那两次激励计划夭折空缺的同时还能够使公司优异的发展情况得以持续下去。

（1）提升公司整体管理水平。为了能够建立一种长期的激励机制，苏宁试图采取股权激励这种模式来鼓励公司的高管人员、有特殊贡献员工和核心技术人员。如果经过他们的努力能够实现公司制定的预期目标，他们就可以获得公司股票，之后再通过股票行权获得额外收益，即行权价与市场价之间的差额。由此看来，员工也可以成为公司的股东，在享受公司收益权利的同时承担相应的义务，这样就使得员工的个人利益与股东的利益相一致，进而可以防止委托者和代理人之间出现问题。与此同时，还可以使企业总体管理者的经营管理水平上升，使企业的内部管理结构得到改善。

（2）以低成本换取高效益。苏宁高管人员可以通过股权激励计划以正常渠道获得高额收入，这在增加他们安全感的同时还大大提高其违规违纪的成本，能够在一定程度上防范高管团队道德丧失的风险。苏宁股权激励计划中股票份额均来自定向增发，现金一直没有流出公司，这意味着他们的高额收益不是由公司进行支付而是由市场支付的，所以，股权激励模式只需要付出较低的成本费用。同时，公司实施股权励后，随着授权对象用现金支付行权其资本将会所增加。反之，如果授权对象不行权的话，也不会影响其生产经营需要的现金流。综上可得，公司实施股权激励计划付出相对较小的成本给予高管人员期权来获得巨大的收益是非常值得的，而且高管人员得到的大部分收益均是由市场承担的。

（3）吸引和留住优秀人才。公司实行股权激励计划可以让授予对象为了各自的利益以及企业的整体效益而尽力工作，这样可以使公司走可持续健康的发展道路。对于一个想要持续发展的企业来说，不应只是关注公司的近期收益，还应注重公司的长久利益。如果二级市场上的投资者对企业的未来发展持有积极的看法，那么这个企业股票的价格将会有所上涨。但是情况相反的话，授予对象将会不作为，在他们的利益遭遇亏损的同时也不能够保证公司股东的利益不受损失。苏宁发布股权激励计划方案的原因是此方案不只会使授予对象赢得剩余索取权所带来的高额效益，更为重要的是在运营发展过程中显现的各种危机能由他们和企业一起负担，促使管理人员站在企业的立场做出经营决策。实施股权激励计划方案能够做到鼓励与限制管理人员的决策行为，还可以合理地防止管理人员做出为了不伤害企业股东的利益而采取短暂的行为来提升公司业绩。

股权激励计划中规定的条件满足之后，公司高管人员就可以行使股票期权。由于他们持有部分公司股票份额，使得大股东持有的份额相对减少，从根本上完善了内部治理结构，让管理人员积极地加入到公司的决策中来，增强其参与决策的主动性与积极性，改变了之前只是一味地服从大股东决策的现状。与此同时，股权激励计划的实施使高管人员可以通过付出努力获得高额收益，改变当前家电零售领域薪酬水平低、高管团队的付出与获取不平衡的状态以及人才流动大的现状。股权激励计划的实施还有利于吸引和留住高管与核心技术人才，为企业的发展提供人才资源保障。苏宁正面临着严重的人才流失问题，因而企业首当其冲应该解决的问题就是实施股权激励计划，此计划能够进一步完善公司现今出现的人员管理问题，完善职工薪酬制度，使人力资本能够发挥出最大的价值。

（三）推荐解决问题的方案及具体措施

1. 股权激励模式选择原则

在我国，上市公司实施股权激励采用最多的模式是股票期权和限制性股票。股票期权是一种长期激励的受益权，企业如果授予管理层股票期权，他们将拥有在一定时期（一般为10年）以固定的价格（即授权日股票的公平市场价格）购买公司部分股票的权利。被授予者行权时，无论当时股票市场的价格是多少，只需要支付期权价格，他们的收益就是期权价格与交易价之间的差额。限制性股票则是企业以确定的条件给予管理层部分股票，只有在工作效益或工作时间上达到激励方案中规定的目标，被授予者才能够抛售此股票来获利。下面通过表格的形式分析这两种模式的实施方式、优缺点以及所适用的企业。

从表7-18可以看出股票期权具有风险小、长期激励的优点，它主要应用于上市公司。但是，行权上存在时间和数量限制、激励对象行权需支出现金以及激励对象有时会为自身利益采用不法手段抬高股价。而限制性股票却不需要激励对象付出现金也能有长期激励的效果。这种激励模式使激励对象能够享有公司所有权，还会增大企业的现金流压力。它主要适用于业绩爆发性不强的上市公司、产业调整过程中的上市公司以及初创期的企业。

表 7-18 股票期权与限制性股票对比分析

股权激励模式	详细内容	适用企业
股票期权	**实施方式**：公司向激励对象发放期权证书，承诺在一定期限内或一定条件达成时激励对象以约定价格购买股权。 **优点**：期权是一种权利而非义务，激励对象在股票价格低于行权价的时候可以放弃权利，因此对激励对象没有风险；有长期激励效果。 **缺点**：行权有时间和数量限制；激励对象行权需支出现金；存在激励对象为自身利益而采用不法手段抬高股价的风险。	上市公司
限制性股票	**实施方式**：公司按照预先确定的条件赠予激励对象一定数量的本公司股票，但激励对象不得随意处置股票，只有在规定的服务期限后或完成特定业绩目标时，才能出售股票收益，否则公司有权将免费赠予的限制性股票收回。 **优点**：激励对象无须现金付出；有长期激励效果。 **缺点**：公司现金流压力较大；激励对象实际拥有股票；享有所有权，公司对激励对象的约束困难。	（1）初创期的企业业绩爆发性不强的上市公司； （2）产业调整过程中的上市公司； （3）初创期的企业

注：数据来源于《苏宁云商股权激励有效性案例分析》。

2. 苏宁 2010 年股权激励实施情况

通过研究苏宁 2010 年度的股权激励计划不难发现，苏宁在计划的股权激励方案中对股票的行权条件制定了两个标准：首先是销售收入增长率应当比上一年度提高到 20% 以上，再者就是净利润增长率一定要比上一年度提高到 25% 以上。苏宁在快速发展的过程中出台了股权激励计划，使企业投资者的利益能够受到一定程度的保证。而且股权激励计划方案对企业管理团队的行权条件有了更加严格的要求，方案规定只有销售收入和净利润的增长率达到行权标准时才能行权。如表 7-19 和表 7-20 所示，我们能够看出苏宁实施股权激励之后公司业绩发生了明显的变化，资产在 2010 年呈现快速增长的趋势，同时 2010 年公司的资产总额与营业收入均比以前发生了大幅度上升，利润总额和净利润也有了大幅的上升。与 2009 年度对比可以看到净利润由 2009 年的约 28.9 亿元上升至 2010 年的约 40.1 亿元。对此，苏宁的高管人员表示，一方面股权激励方案的实施，是在管理创新上对公司内部结构治理的一次重大突破，对公司未来的可持续发展和优秀核心技术人才的引进都有非常重要的意义；另一方面就是股权激励制度的建成，进一步促进管理人员的个人利益与股东的利益高度相同，使公司运营管理水平得到很大程度上的改善。

表 7-19 苏宁 2010 年度主要会计数据　　　　　　　　　　　　　单位：千元

指标	2010 年	2009 年	本年比上年增减（%）	2008 年
营业收入	75 504 739	58 300 149	29.51	49 896 709

续上表

指标	2010 年	2009 年	本年比上年增减（%）	2008 年
利润总额	5 402 044	3 926 367	37.58	2 950 873
归属于上市公司股东的净利润	4 011 820	2 889 956	38.82	2 170 189
归属于上市公司股东的扣除非经常性损益的净利润	4 029 589	2 852 724	41.25	2 179 913
经营活动产生的现金流量净额	3 881 336	5 554 942	-30.13	3 819 141
指标	2010 年末	2009 年末	本年末比上年末增减（%）	2008 年末
总资产	43 907 382	35 839 832	22.51	21 618 527
归属于母公司所有者权益	18 338 189	14 540 346	26.12	8 775 957
股本	6 996 212	4 664 141	50.00	2 991 008

注：数据来源于《苏宁电器：2010 年度财务报告》。

表 7-20　苏宁 2010 年度主要财务指标

指标	2010 年	2009 年	本年比上年增减	2008 年
基本每股收益	0.57 元	0.43 元	32.56%	0.33 元
稀释每股收益	0.57 元	0.43 元	32.56%	0.33 元
扣除非经常性损益后的基本每股收益	0.58 元	0.42 元	38.10%	0.33 元
全面摊薄净资产收益率	21.88%	19.88%	2.00%	24.73%
加权平均净资产收益率	24.48%	28.44%	-3.96%	31.60%
扣除非经常性损益后的全面摊薄净资产收益率	21.97%	19.62%	2.35%	24.84%
扣除非经常性损益后的加权平均净资产收益率	24.58%	28.07%	-3.49%	31.75%
每股经营活动产生的现金流量净额	55.00 元	1.19 元	-53.78%	1.28 元
指标	2010 年末	2009 年末	本年末比上年末增减	2008 年末
归属于上市公司股东的每股净资产	2.62 元	3.12 元	-16.03%	2.93 元

注：数据来源于《苏宁电器：2010 年度财务报告》。

股权激励的实施能够弥补传统管理方法和激励手段的缺陷。在公司管理方面，此方案使员工拥有了公司股权，将员工与公司的关系由以前简单的雇佣关系变成了平等的合作关系；在激励与约束方面，股权激励方案使所有者与员工分享所有权、管理权、经营收益、公司价值以及事业成就等，他们之间组成了利益共同体；而在管理效果方面，此方案将之前以员工自身的内在激励为主、外部激励为辅的管理变为以自律性的自我约束为主同时兼顾制度性的环境约束。于是就可以充分调动核心技术员工的工作积极性，还带动人力资本潜在价值得以加速实现。

四、教学组织方式

1. 问题清单及提问顺序、资料发放顺序

本案例讨论题目依次为：

（1）众所周知，许多上市公司制定股权激励计划是为了能够合理地激励和约束公司管理团队和核心优秀员工，有效地解决委托-代理问题，现行的股权激励方式有哪些？分别有怎样的特点？

（2）苏宁前两次股权激励的失败，一次是源于监事会的否决，另一次是外部经济环境导致的，这两次股权激励计划各自都有怎样的特点？

（3）2010年8月，苏宁第三次提出股权激励计划，这次最终获得通过，成功实施股权激励后的苏宁在业绩上是否有所表现？你认为这次苏宁易购的股权激励有什么作用？

（4）2014年，苏宁第一次股权激励计划届满，未能行权。同年，苏宁就推出了员工持股计划，对比股权激励计划，两者在激励方式上有何不同？

（5）苏宁的股权激励之路走得坎坷又不失精彩，要想使股权激励方案发挥作用，应该怎样制定这份股权激励计划？

2. 课时分配

（1）课后自行阅读资料：约3小时；

（2）小组讨论并提交分析报告提纲：约3小时；

（3）课堂小组代表发言、进一步讨论：约3小时；

（4）课堂讨论总结：约0.5小时。

本案例的参考资料及其索引，在讲授有关知识点之后一次性布置给学员。

3. 讨论方式

本案例可以采用小组式进行讨论。

4. 课堂讨论总结

课堂讨论总结的关键是：归纳发言者的主要观点；重申其亮点；提醒大家对关键问题或有争议观点进行进一步思考；建议大家对案例素材进行扩展研究和深入分析。

案例 8

"带刺的玫瑰":东趋西步的万科地产与上海航空负债经营之旅*

---

* 1. 本案例由广东工业大学管理学院的陈越、张超群共同撰写,作者拥有著作权中的署名权、修改权、改编权。
 2. 本案例授权广东工业大学产教融合 MPAcc 教学智库实验平台使用。广东工业大学产教融合 MPAcc 教学智库实验平台享有复制权、修改权、发表权、发行权、信息网络传播权、改编权、汇编权和翻译权。
 3. 由于企业保密的要求,在本案例中对有关名称、数据等做了必要的掩饰性处理。
 4. 本案例只供课堂讨论之用,并无意暗示或说明某种管理行为是否有效。

[案例封面]

专业领域： 财务管理
适用课程： 财务管理理论与实务
选用课程： 财务管理理论与实务
编写目的： 本案例旨在引导学员进一步掌握企业负债经营的利弊及如何通过适度举债经营来提升企业的价值。负债经营对于企业来说犹如"带刺的玫瑰"，企业财务管理面临的问题焦点是如何得到"玫瑰的芳香"而不被扎伤。根据案例中两个公司的负债经营状况及效果，要求学员掌握负债经营这把"双刃剑"的正面意义和负面影响，从而能够通过适度的负债经营来提高企业的财务管理水平和经济效益。
知 识 点： 负债经营
关 键 词： 负债经营；财务杠杆效应；资本结构
中文摘要： 企业负债经营是收益与风险并存的，可谓是经营管理中的一把"双刃剑"，企业如何选择负债经营的方式以及怎样把控负债经营的度就成了关键性的问题。本文通过研究万科和上海航空两家运用负债经营的典型企业，分别从其行业和公司概况引出相关背景，并分析负债经营在两家企业中的运用方式及效果。通过对两家典型企业的负债经营状况的分析，总结出适用于一般企业防范负债经营风险的建设性建议。

[案例正文]

一、背景介绍

(一) 我国负债经营现状

在以前的计划经济时代,由于传统观念的束缚,国内企业在负债经营方面很谨慎,很多企业都不愿意有太多负债。这使得企业的发展速度很缓慢,并因此而错失一些良机。而如今,国内企业已挣脱传统观念的束缚并转变思路,负债经营已经成为企业经营发展的一种重要手段。出色企业家的特征之一就是能将财务杠杆的效益发挥到最大,"炉火纯青"地玩转负债经营,避免资金沉淀,达到企业利润最大化。而负债经营运用的好坏直接影响到企业的偿债能力和现金流量状况,从而影响企业的经营业绩,甚至会决定着企业的生死存亡。因此,从某种意义上说,企业的负债经营掌握着企业的发展命脉。

随着外部环境的不断变化以及市场经济的不断成熟,我国企业在实际经营过程中所面临的资金供应压力也在不断增加,大中型企业表现尤为突出。大中型企业的发展规模、所需要的资金数目以及支撑经营管理的资金需求都是小型企业所无法比拟的,因此举债在大中型企业中已成为筹集资金的主流形式。与此同时,我们也应该看到,大中型企业的偿债压力也很大,一旦不能正确运用负债经营模式,所带来的后果将是无法想象的。基于我国企业负债经营的现状,企业在利用负债经营模式来增加现金储备的同时,也应注意企业现金流的稳定性和及时偿债的能力。

(二) 我国负债经营发展趋势

在市场经济的大环境下,负债经营在企业管理筹资方面发挥着独有的优势,企业要想有稳定可靠的资金来源,必须合理利用好负债经营模式。

1. 主流化

随着资本市场的发展,越来越多的企业将摒弃"无债一身轻"的传统观念,在自有资金的基础上,丰富资金筹集来源,增加企业现金流量,充分发挥财务杠杆效应,使企业获取最大利润,提高经营效益,增强市场竞争力。对于大中型企业来说,举债将成为其筹集资金的有效方式;对于小微型企业来说,虽然目前面临着缺少必要的融资理论与意识及我国苛刻的信贷条件等问题,但是越来越多的企业在挣脱因各种束缚而使资金不足所造成的自身发展局限。

2. 科学化

随着负债经营失败案例的浮现,企业开始意识到负债经营的风险。企业将依据实际情况制订负债计划,明确负债风险,提前做好风险预警工作,做好负债经营风险的防范措施,从企业内外部环境出发,全局考虑,科学有效地运用负债经营策略,审时度势地将负债结构、规模与财务风险的考量相结合,制定出一套适合本企业的负债经营策略。

二、案例公司相关介绍

(一) 万科相关介绍

1. 房地产行业概况

在我国，房地产行业经过改革开放和市场经济快速发展阶段之后，形成了对国家经济影响明显的发展态势。房地产行业负债经营由来已久，而房地产企业通过大量融资获取资金的原因概括起来主要有以下几个方面：

（1）房地产行业发展向好。1998年房地产市场化改革之后，房地产行业进入快速发展阶段。得益于政府的鼓励和政策引导，中国房地产市场出现温暖期，而市场化改革后房价的一路飙升，使得房地产行业的利润显得更加诱人。市场需求加大，房地产公司为抓住发展机会大量借入资金来囤积土地。近几年虽然一系列调控政策的出台对房地产行业发展产生了很大的影响，但是房地产公司的利润仍是可观的。

（2）不动产更易融资。不动产作为不会"移动"的资产，安全性大，在进行银行贷款和其他渠道的融资时，不动产的升值能力和保障力，使其相对于动产抵押融资更容易。房地产公司的主要商品是房屋或其他物业，一方面可以利用已开发的房屋借入大量资金，开发下一项目，获取更多的利润。另一方面，企业只要按期偿还债务，不动产的所有权就不会发生转移，对于房地产公司而言是十分有利的。

（3）降低企业经营成本。房地产融资不占用资本本金，降低了企业经营成本。对于发展状况良好的企业而言，融资利息是固定的，房地产企业的利润越高，投资者获得的利益越大，同时负债经营的"减税效应"也使企业从中获利，因此，房地产行业公司融资规模大，负债经营明显。

2. 万科公司简介

万科企业股份有限公司（简称"万科"）成立于1984年5月，1988年进入房地产行业，1991年在深圳证券交易所挂牌上市，经过三十余年的发展，已成为国内领先的房地产公司。2016年公司首次跻身《财富》世界500强，位列榜单356位；2017年再度上榜，位列榜单307位。

公司核心业务包括住宅开发和物业服务。近年来，公司在巩固核心业务优势的基础上，围绕城市配套服务商的定位，积极拓展业务版图，同时积极参与混合所有制改革。公司聚焦城市圈带的发展战略，截至2016年底，万科地产已经进入中国内地65个城市，分布在以珠三角为核心的南方区域、以长三角为核心的上海区域、以京津冀为核心的北方区域以及由中西部中心城市组成的中西部区域。2015年万科实现销售面积2 067.1万 m^2，销售金额2 614.7亿元，2016年其销售额超过3 600亿元，销售规模居全球同行业前列。

(二) 上航相关介绍

1. 航空行业概况

由于上海航空股份有限公司（简称"上航"，也称"上海航空"）于2010年被东航（东方航空简称）吸收合并，因此，在此对航空行业概况的介绍是基于上航收购前的行业发展状况。

我国改革开放后，航空运输业保持着良好的发展态势，但2008年爆发的国际金融危机对其造成了一定程度的负面影响。在"十二五"期间，我国高铁建设成为交通基础设施建设的重中之重，这无疑加剧了空铁之间的市场竞争，使得航空公司负债经营成为常态。航空行业负债经营中主要存在以下问题：

（1）降低了企业防御风险的能力。由于高负债经营而导致的净资产收益率或每股收益的不确定性，使航空公司有可能面临不能如期还本付息的财务风险，其主要源于经营不善以及战略失误导致的资金周转困难。

（2）易引起财务杠杆的负效应。企业负债经营的程度越高，财务杠杆的作用就越明显。航空公司这类对资金需求巨大的企业正是看中了这一点，所以其比较愿意采取负债经营策略。当航空公司的经营状况出现持续恶化，其高负债比例必将产生巨额的利息，导致企业的投资利润率小于债务利息率，企业的实际收益就变成了负数，不仅没有收益，还要支付巨额的利息费用，此时便会产生巨大的财务风险。

（3）企业的再筹资难度增大。在向金融机构借款筹资方面，航空公司高负债经营会影响其在金融机构中的信用评级程度。金融机构出于对自身利益考虑，对高负债经营而信用级别不高的上市航空公司的贷款额度会采取一些限制措施，这会影响航空公司的再筹资额度，也加大了其再筹资难度。

2. 上航公司简介

上海航空股份有限公司（简称"上航"）于1985年12月注册登记，其中上海市财政投资占73.89%。2000年11月，上海航空有限公司整体变更设立股份有限公司，注册资本为52 100万元。其经营范围包括：国内航空客货运输业务、旅游服务、航空公司间的代理业务，以及培训、广告业务、宾馆、旅游相关代理等其他服务。

上航是中国第一家由地方集资组建、自主经营、自负盈亏的客货运输的有限责任公司。上海航空有限公司在2000年11月整体把公司变更为上海航空股份有限公司，于2001年10月发行股票正式上市。但由于公司经营不善，在2010年1月28日，以东航换股吸收合并上航的联合重组完成，上海航空成为东航的全资子公司。这一行动，实际上等于向社会宣告原公司的经营失败。

三、"带刺的玫瑰"的"生长"

（一）万科负债经营的运用

1. 高负债支撑大规模

万科近五年来的资产与负债情况如表8-1所示。

表8-1 万科近五年的相关财务数据

报告期	2013.12.31	2014.12.31	2015.12.31	2016.12.31	2017.12.31
资产总计（万元）	47 920 532	50 840 876	61 129 557	83 067 421	116 534 692
负债总计（万元）	37 376 590	39 251 514	47 498 595	66 899 764	97 867 298
资产负债率（%）	78.00	77.20	77.70	80.54	83.98
产权比率（%）	346.74	328.05	332.98	393.63	524.27

与其他房地产公司一样,万科通过增大融资规模实现了企业规模的不断扩大。从表8-1可以看到,万科的资产负债率相当高,在2016年就已经超过了80%,2017年达到83.98%,同时其产权比率已经高达524.27%。高负债加上高增长,说明万科规模的扩大基本都是依靠负债来支撑的。负债经营是其迅速发展的一个重要原因,另外,万科除了长期借款和发行债券外,还利用信用负债免费占用资金。

2. 多元化融资方式

(1) 短期融资行为。银行贷款:资金与土地是房地产企业两大最基本的生存要素。房地产行业特点决定了房地产企业往往有很大的存货余额,存货占用了大量的流动资金,短期资金的融通能力对房地产企业的发展至关重要,对大量非上市地产企业来说,银行信贷无疑是资金的最大来源。万科在银行的信用较好,负债率在同行中也控制得较低,因此银行对万科是很支持的。万科公司与中国银行总行、中国农业银行总行、中国建设银行总行等金融机构建立了长期友好的合作伙伴关系,它们多年来为公司的发展提供了有力的资金支持。2012年8月17日,万科与中国建设银行股份有限公司签署《战略合作协议》,双方一致同意深化长期战略合作关系,中国建设银行股份有限公司将向万科提供授信额度人民币500亿元贷款。

(2) 长期融资行为。万科主要长期融资历程如表8-2所示。

表8-2 万科主要长期融资汇总表

年份	股本（万股）	融资方式	备注（影响股本因素）
1989	4 133	首次发行A股,发行面值1元,融资2 800万元	我国第一批股份制企业
1991	7 797	(1) 配股(2股配售1股),配股价为4.4元;(2) 定向发行新股770万股,增发价为4.8元。两次融资共约1.27亿元	(1) 1991年1月,在深交所正式挂牌上市交易。(2) 每5股派送1股
1993	18 355	首次发行4 500万股B股,融资约为4.51亿元	(1) 每4股派送1股;(2) 公积金转增股本,每4股转增1股;(3) 制定员工持股第一阶段方案(1993—1995)
1995	28 823	实施首期员工持股计划第一阶段方案,每股发行价格为人民币3.01元,共计发行8 826 500股,筹集资金总额约为2 700万元	每10股派送1.5股
1997	45 086	配股(每10股配2.37股),配股价为4.5元,融资约3.8亿元	每10股派送1.5股
2000	63 097	配股(每10股配2.727股),配股价为7.5元,融资约6.25亿元	此次配股中,国有股、主要法人股以及B股股东未参与配股

续上表

年份	股本（万股）	融资方式	备注（影响股本因素）
2006	436 990	向10家发行对象、非公开增发4亿A股，增发价为10.5元，募集资金余额42亿元	"万科转2"部分债转股，股本约增加2.5亿股。剩余部分可转债被公司赎回
2007	687 201	公开增发A股，增发价为31.35元，募集资金约99亿元	公积金转增股本，每10股转增5股
2014—2016		B股发行，融资45 128万元；B股配股，融资8 668万元。三年间海外授信贷款总计约43.76亿元	

数据来源：公开资料整理。

（3）发行公司可转债。2002年发行公司可转债：本次发行后，使公司的总资产由原来的648 291万元增至798 291万元，共募集资金约15亿元，增加23.1%，公司实力大大增强，大大提高了公司的盈利能力。同时本次募集资金投资项目的实施，有力地提高了公司在房地产行业中的市场地位，增强了公司的综合竞争实力。公司的资产负债率从发行前的51.78%上升到发行后的60.8%，随着短期借款的偿还和小部分债券的成功转股，2002年末资产负债率又下降到56.7%。2003年末，由于大部分债券已经转股，资产负债率保持在56.8%。债转股的上市流通增加了流通股的份额，2002年、2003年，流通股占总股本比例分别上升到82.5%和84.2%。2004年公司可转债19.9亿元人民币的成功发行，为公司整合自身优势、优化产业结构、提高公司在房地产行业的竞争力及公司的长远发展奠定了坚实的基础。可转债发行完成后，公司资产负债结构也发生了相应的变化，公司资产负债率由发行前的56.72%上升到62.3%。万科公司的两次可转债成功发行为公司募集了近35亿元资金，极大地缓解了公司快速发展的资金压力。

3. 预收账款降低财务风险

万科近五年来的预收账款的变化情况如图8-1所示。

从图8-1可以看到，万科近年来的预收账款呈现逐年增加的趋势，2017年，万科的预收账款已高达4 077亿元，这部分资金对于万科的发展起到了举足轻重的作用。这与万科房地产企业的性质有很大关系，房地产企业执行房屋预售制度，很多房屋已经出售并已收房款但未交工或未办清手续，这样已收

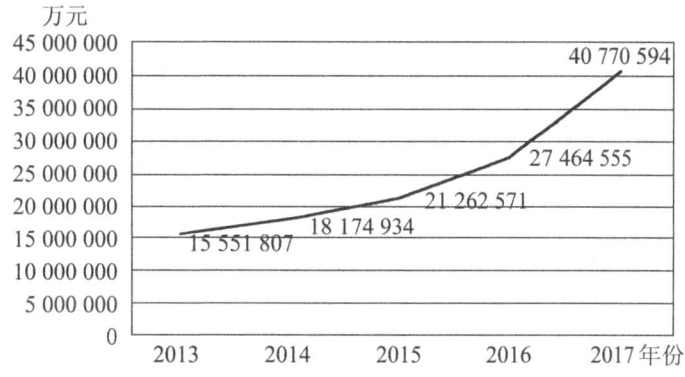

图8-1 万科近五年预收账款情况

注：数据来自公开资料整理。

房款计入"预收账款",等手续办清后再转入营业收入。而房屋预售的预收账款不仅能够为企业偿还债务及利息提供资金,还能够为企业的下一轮的融资提供资金,增强资金的流动性。这其实在一定程度上就降低了企业的财务风险,减轻了企业的偿债压力,使企业获得了财务杠杆正效应。

4. 保持合理的净资产负债率

万科近五年来的净资产负债率如图 8-2 所示。

资产负债率代表了企业除去预收款项后的负债比率,房地产行业由于其前期投资巨大,且具有房屋预售和预收账款金额较大的特点,而预收款项在财务核算上按负债核算,但并不是企业真正意义上的负债,所以净资产负债率能够反映企业比较真实的负债状况。虽然万科的资产负债率已经超过了80%,但是净资产负债率却始

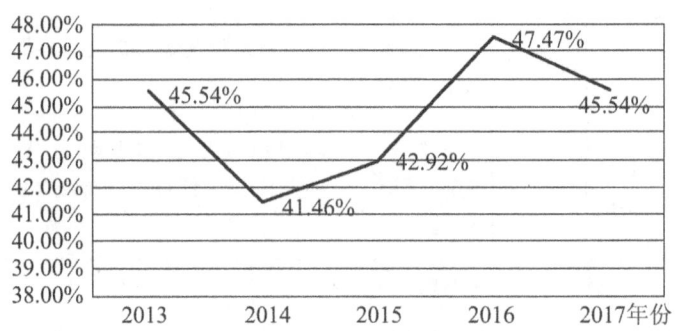

图 8-2 万科近五年净资产负债率情况

注:数据来自公开资料整理。

终保持在50%以下,而且2017年较之2016年还有所下降,这也是万科能够在竞争如此激烈的房地产行业中一直处于领先地位的原因。从以上数据分析中,我们不难发现,万科十分善于利用负债的力量不断发展自身。

(二) 上航负债经营的运用

1. 高负债规模

上海航空公司一直以负债经营模式为主,据财务报表显示,其正常经营的几年当中,负债率一直高达90%左右。这除了反映航空业独有的飞机租赁经营特点外,也说明公司在初创时期规模比较小,只能靠地方政府信用举债经营。上航2006—2009年的部分财务数据如表8-3所示。

表 8-3 2006—2009 年上航部分财务数据

报告期	2006.12.31	2007.12.31	2008.12.31	2009.12.31
资产总额(万元)	111 854	1 303 790	1 421 228	1 606 290
负债总额(万元)	910 490	1 139 717	1 382 498	1 495 147
资产负债率(%)	81	87	97.27	93.1

注:数据来源自公司财报整理。

根据表8-3中所显示的资产负债情况,上航基本靠着负债为公司不断地"输血",几乎只有靠着大量地"输血"才能艰难维持,已经失去了其自身的"造血"功能。以上几年的具体经营状况为:2006年出现经营性亏损。2007年度公司营业收入为123亿元,与上年同期相比增加22.82%,但经济效益下滑,公司亏损5亿元。2008年度,公司亏损

12.49亿元，净资产总额为142亿元，负债总资产达到138亿元，负债率高达97.27%，据上海航空2008年年报显示，公司2008年实现营业收入133.73亿元，同比上升8.63%，公司现金流为11亿元，短期贷款加上长期贷款总额达到75亿元，其中短期贷款为49亿元，面临着巨大还贷压力。同时，受地震、国内外下半年经济下滑及航油价格持续高位影响，公司同期经营成本上升14.59%；净亏损12.49亿元，上年同期净亏损4.35亿元；每股亏损1.155元（2007年每股亏损0.4元）。

除上述提及的亏损原因外，2008年下半年油价的大幅波动，导致公司燃油套保产生1.7亿元的账面浮亏。受国际货运需求大幅下滑影响，上海国际货运航空有限公司——上海航空的控股子公司，2008年共计亏损2.6亿元，大幅抵消了上海航空的合并净利润。2009年1—6月，随着中国经济的逐步好转以及国际航油价格的回落，上海航空的经营状况也有所好转，2009年1—6月公司归属于母公司所有者的净利润为 -9 129.4万元，至2009年9月30日，公司亏损1.34亿元，公司的股票面临退市的风险。

2. 盲目扩张规模

上航为了抢占市场，在企业已高负债的情况下，选择了非常冒险的做法，依然选择扩充机队规模、扩大航线网络，但却丢失了利润。例如，2006年上航引进了3架新飞机，至2006年12月31日，上航已拥有包括波音737、757、767、CRJ、HAWKER、MD–11等各类飞机共46架的机队规模。在战略发展过程中，形成了"主业突出，两翼齐飞"的战略。上航在2004年7月受让了原中国联合航空公司，2005年10月25日中联航正式复航重返蓝天。上海货运航空公司在2006年组建完成正式起飞。与此同时，上航已经形成了"航空、旅游、宾馆"较为完整的产业链，第一个"上航假日酒店"于2006年2月18日开业迎客。截至2008年12月31日，上海航空总股本为108 150万股，大股东为上海联合投资。上航拥有多种类型飞机，总计66架，其中主要以精良的波音机型为主。虽然其规模在扩张，但是经济效益却下滑。

企业在有如此之高的负债的情况下，应充分提高资金的使用率，把精力集中在增加资金的流转速度上，以缓解巨大的债务压力，才可以考虑适当的规模扩张。

3. 单一融资渠道

航空运输业属于资金密集型行业，飞机的购置、维修等需要大量的资金；相较于较低的股东权益比率，上航的资产负债率很高，说明上航特别依赖债权融资。而一旦资金流断裂，公司会出现重大的财务危机，给公司带来巨大的冲击。上航融资渠道过于单一，这主要缘于该公司的规模。一般情况下，企业的资产规模能在很大程度上体现出企业的偿还能力。据调查显示，上航一半以上的融资主要来源于银行贷款，狭窄的融资渠道，束缚着上海航空的发展。而银行贷款的融资方式面临着到期偿还的问题，而且利息费用相对较高。上航拥有如此之高的资产负债率，说明公司存在着借新债还旧债的现象，而导致该现象的根本原因是其融资方式单一。同时企业经营状况不佳，不能够创造经营效益来偿还已有债务，也无法拓展自身的融资渠道，这实际上是一个融资的"恶性循环"。

四、"带刺的玫瑰"的"绽放"

(一)万科负债经营的效果

1. 筹集到大量资金

万科近5年来通过借款收到的现金如表8-4所示。

表8-4 万科近5年取得借款收到的现金

报告期	2016.12.31	2015.12.31	2014.12.31	2013.12.31	2012.12.31
取得借款收到的现金(万元)	6 877 457	2 291 010	3 088 481	4 446 777	4 747 733

注:数据来自公司财务报表整理。

从表8-4可以看出,万科近几年通过借款筹集到的资金量很大。负债筹资产生的现金流量为公司的业务发展提供了重要的资金支持。万科除了获得中诚信证券评估有限公司给予的主体信用和证券信用等级为AAA的评级之外,还在海外先后获得穆迪Baa1、标普BBB+、惠誉BBB+评级,是大陆房地产行业中信用最好的企业之一。其2017年年报显示,公司持有货币资金1 751.2亿元,远高于短期借款和一年内到期长期借款总和622.7亿元。

2. 获取强有力行业竞争地位

万科近5年来的相关财务指标数据如表8-5所示。

表8-5 万科近5年相关财务指标

报告年份	2013	2014	2015	2016	2017
净资产收益率(%)	19.66	17.86	18.09	18.53	21.14
现金比率(%)	13.49	18.14	12.66	15.01	20.55
利息保障倍数(%)	2 824.08	4 040.51	7 175.59	2 565.57	2 564.37
净利润增长率(%)	16.82	5.41	34.54	9.25	31.25
总资产增长率(%)	26.51	6.09	20.24	35.89	40.29
应收账款周转天数(天)	6.6	6.11	4.05	3.43	2.6

注:数据来自公司财务报表整理。

表8-5的数据显示,虽然万科采用高负债的筹资策略,但是企业依然有着强大的还债能力,利息保障倍数一直维持在不错的水平,且高于行业标准水平;企业的净资产收益率逐年增长,说明盈利能力很强,收益能支付较高的债务费用,所以企业才敢采用扩张型的筹资战略举债经营。现金比率也是逐年增长,说明企业用现金来偿还债务的能力越来越强,说明万科即使在大量举债经营,但也在为企业负债经营的风险做出防范措施,提高现金比率,从而降低企业到期无法偿还债务的风险;净利润增长率的逐年增长,表明企业的高成长能力,总资产增长率的直线增长表明企业规模的不断扩大;而应收账款周转天数的

逐年下降，不仅说明了万科对下游有强大的议价能力，同时周转天数越快可以使企业的资金流动性增强，从而有更充沛的资金来偿还到期债务。

从以上数据和分析可以看出，负债经营对于万科的发展起着至关重要的作用。可以说，万科是借助负债，包括银行借款、发行债券和商业信用等方式，取得了如此迅速的发展，这对于其他企业的发展，尤其是房地产企业的发展有着重要的借鉴意义。负债筹资产生的大量现金流为公司的业务发展提供了重要的资金支持。在房地产开发行业中，资金实力强、融资渠道畅通的企业在竞争中日益占据上风，而万科以其优秀的盈利能力、充沛的经营现金流、强劲的发展潜力和良好的资信评级，以及有力的外部担保在竞争日益激烈的房地产市场中脱颖而出。

（二）上航负债经营效果

1. 负债结构严重失衡

上航2006—2009年相关财务指标数据如表8-6所示。

表8-6　上航2006—2009年相关财务指标

报告日期	2006.12.31	2007.12.31	2008.12.31	2009.12.31
流动比率	0.4458	0.3769	0.2753	0.3453
速动比率	0.3516	0.3454	0.2429	0.3154
长期负债（万元）	290 364	264 493	253 132	358 609
流动负债总额（万元）	548 441	774 895	974 788	1 013 870
负债总额（万元）	910 490.31	1 139 717	1 382 498	1 495 147

注：数据来自公司财务报表整理。

一般国际上认可的资产负债率的合理范围为50%～70%，而上航资产负债率达到了90%以上，资金周转将出现困难，那么债权人也将考虑不再增加贷款，从而使它面临巨大的财务风险。同时上航的各项指标也严重偏离国际普遍认为的最佳值，比如流动比率和速动比率，世界普遍认为比较合适的值分别为2和1，而上航在上述年间的最高流动比率和速动比率也不过是0.4458和0.3516，说明企业的偿债能力存在严重隐患，尤其是短期偿债能力。究其原因，我们不难看出，在负债总额中流动负债占比极高。与此同时，上航的经营状况并不理想，利润有较大的波动，不宜过多借入短期债务。最后从企业的规模来看，也不应该让流动负债占如此之大的比重，因为短期债务对企业偿债要求高，相对风险较大。

2. 失去盈利能力

上航2005—2009年盈利能力指标变化情况如图8-3所示。

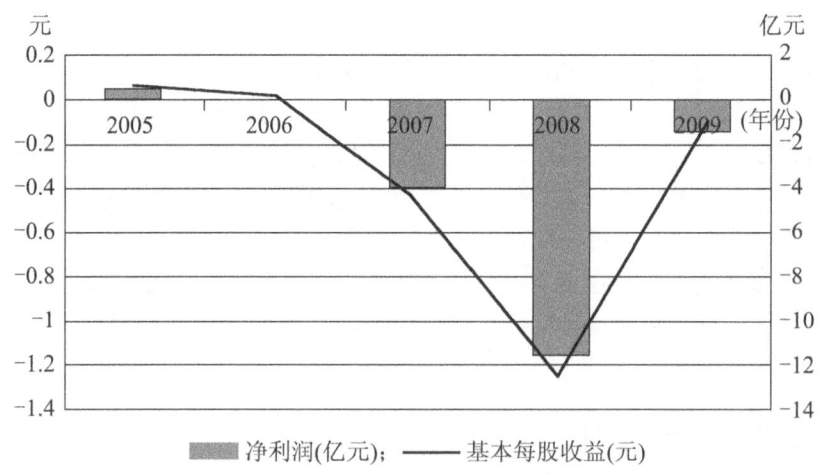

图 8-3 上航 2005—2009 年盈利能力指标变化图
注：数据来自公开资料整理。

由图 8-3 不难看出，上航盈利能力从 2006 年开始出现了非常大的下滑，一方面是其在过度负债经营的情况下依旧选择盲目地扩张规模；另一方面是受到国际燃油价格的影响。2009 年 1 月 20 日，上航发布公告：截至 2008 年 12 月 31 日，在燃油套期保值业务上，上航已经亏损 1.7 亿元，实际亏损的现金为 850 万元。燃油价格持续大幅上涨，航空公司为了规避风险，通常的做法是签订燃油套期保值的协议，上航亦是如此。从 2009 年 7 月开始，国际燃油价格持续下滑，这出乎了众多航空公司的意料，燃油套期保值业务拖累了航空公司发展的步伐，造成了极大的亏损。在国内众多航空公司中，国航和东方航空的燃油套期保值业务规模大，因此亏损得最多，高达数十亿元人民币。而上航的浮亏规模相对较小的原因在于，其套期保值合约占全年耗油量的比重小，仅有 4%。不过，上航依然难逃 2008 年大幅亏损的命运。2008 年外部形势严峻，1 月份开始的大范围雪灾、5 月份的汶川大地震、8 月份北京奥运会安保措施升级，与此同时，2008 年下半年全球经济开始衰退，这一系列事件对航空市场来说都是极大的打击。航空市场不景气，上航的运输需求被极大地压缩。2008 年报显示，上航亏损约达到 12 亿元，这其中也有燃油套期保值业务亏损过大的影响，而 2007 年年报显示其亏损 5 亿元。由于两年连续亏损，上航在 2009 年 3 月 27 日正式被中国证监会实施退市风险警示，最终于 2010 年 1 月 28 日被东航以吸收合并的方式收购。

在上航被东航收购后，我们也持续关注着东航的负债经营状况，截至 2011 年，东方航空的负债率为 80.27%。集团董事长刘邵勇公开表示希望通过市场融资、国家注资、企业盈利等多种方式，在"十二五"末将东航的负债率降到 70% 以下，说明东航当时已经意识到了其负债经营风险并做出了相关规划。在随后的几年中虽然其负债率已呈现下降趋势，2017 年下降到 75.15%，但仍远高于行业均值 52.05%，依然存在着较大的财务风险。而同样属于国有控股的南方航空和中国国航则已经在通过适当增加经营性租赁飞机数量、减少自购飞机的方式控制其负债率，减小负债与权益的比例来降低企业的筹资风险。两家企业的负债率都低于东航，虽然南方航空的负债率依然徘徊在 70% 左右，但近年来逐年在下降，而国航负债率 2017 年甚至降到了 59.73%，并且两家企业的营业收入和净利润也都处于行业前列且优于东航。

五、总结

通过以上案例的介绍，将上述两个案例公司的关键指标数据整理出来，以便学员更直观地比较分析，具体数据如表 8-7 所示。

表 8-7 万科与上航关键财务指标对比

	报告期	2013.12.31	2014.12.31	2015.12.31	2016.12.31	2017.12.31
万科	资产负债率（%）	78.00	77.20	77.70	80.54	83.98
	短期借款（万元）	510 251	238 307	190 009	1 657 659	1 610 886
	长期借款（万元）	3 668 313	3 453 671	3 383 858	5 640 606	9 602 904
	加权平均净资产收益率（%）	21.54	19.17	19.14	19.68	22.80
	报告期	2006.12.31	2007.12.31	2008.12.31	2009.12.31	2010.12.31
上航	资产负债率（%）	81	87	97.27	93.1	—
	流动负债（万元）	548 441	774 895	974 778	1 013 870	—
	长期负债（万元）	290 364	264 493	253 132	358 609	—
	加权平均净资产收益率（%）	0.46	-24.16	-129.96	—	—

注：数据来自公司年报及网站资料。

六、讨论题目

以下问题作为课堂讨论时引导学员思考问题，也可以布置给学员在课外准备案例时思考。

（1）国际上认可的资产负债率的合理范围为 50%～70%，而案例中万科的资产负债率却远远超过了该范围，为何还获得了较好的效用？

（2）谈谈案例中上海航空为何负债经营失败，试总结其原因并对其提出具有建设性的建议。

（3）通过对正反两案例的比较，总结出影响企业负债经营效果的主要因素。

（4）结合我国企业负债经营的情况，谈谈企业负债经营对企业存在的利弊，并就如何防范负债经营的风险提出几点建议。

七、参考资料

[1] 陈兆江，王珊琦. 论负债经营对企业的重要意义——以万科为例 [J]. 中国证券期货，2013（8）：160-160.

[2] 周兰，刘璇. 宏观经济波动、经营负债与企业价值 [J]. 东岳论丛，2016，37（3）：133-142.

[3] 潘光涛. 东方航空并购上海航空的财务绩效分析 [D]. 深圳：深圳大学, 2017.

[4] 金静静. 案例分析企业负债经营的作用 [J]. 现代经济信息, 2014 (12)：199-200.

[5] 刘志雄, 韦圆圆. 我国上市航空公司负债经营分析及风险防范 [J]. 财会月刊 (中), 2015 (11Z)：45-48.

[6] 洪哲. 万科地产集团资本结构优化研究 [D]. 湘潭：湘潭大学, 2015.

[7] 王伟伟. 企业负债经营的风险及防范措施 [J]. 财经界 (学术版), 2018 (3).

[案例说明书]

一、本案例需要解决的关键问题

负债经营在现代市场经济条件中已成为企业生存发展的重要环节，企业做好负债经营可以充分发挥负债的财务杠杆效用；反之，则会加大企业的经营风险。本案例试图通过正反两个案例引导学员了解案例中的公司是如何运用负债来经营公司的，分析它们的经营效果为何不同；最终培养学员能够基于不同行业的特点和环境，独立分析如何利用好负债经营的能力。帮助学员学习企业负债经营的基本理论，结合该案例的结果对负债经营的经济效果进行分析，从而对未来市场经济条件下负债经营的风险防范提出具有现实指导意义的建议。

二、案例讨论的准备工作

为实现本案例的教学目标，学员应在案例讨论前通过预发材料了解以下相关知识。

(一) 理论

1. 负债经营的定义

在我国，负债经营也称举债经营，指企业通过银行借款、发行债券、租赁和商业信用等方式来筹集资金的经营方式，因此只有通过借入方式取得的债务资金才构成负债经营的内涵。而西方的财务理论分析中往往将负债经营局限于偿还期在一年以上的长期债务，而将符合负债经营概念的借款性短期负债排除在外，这实际上是一种不完全的负债经营概念。简单来说，负债经营就是把筹集到社会上闲置的资金放在最优的资产上，通过产业链资源整合，最大限度地提高资金的使用效率，实现资产增值最大化的理想，从而达到"借钱生钱"的目的。

在本案例分析过程中将负债经营的内涵确定为所有符合负债经营概念要求的债务项目，即不仅包括长期负债，也包括短期的借款性负债。

2. 融资方式的选取

目前融资的方式分为两种，债务性融资和权益性融资。前者包括银行贷款、发行债券和应付票据、应付账款等，后者主要指股票融资。债务性融资构成负债，企业要按期偿还约定的本息，债权人一般不参与企业的经营决策，对资金的运用也没有决策权。而权益性融资是指向其他投资者出售公司的所有权，即用所有者的权益来交换资金。这将涉及向公司的合伙人、所有者和投资者间分派公司的经营成果和管理责任。

3. 财务杠杆的合理使用

财务杠杆又叫筹资杠杆或融资杠杆，是指由于固定债务利息和优先股股利的存在而导致普通股每股利润变动幅度大于息税前利润变动幅度的现象。

企业融资结构，或称资本结构，反映的是企业债务与股权的比例关系，它在很大程度上决定着企业的偿债和再融资能力，决定着企业未来的盈利能力，是企业财务状况的一项重要指标。合理的融资结构可以降低融资成本，发挥财务杠杆的调节作用，使企业获得更大的自有资金收益率。

(二) 制度背景

(1) 2015年3月,国家住房资金管理中心发布《关于进一步调整住房公积金个人贷款有关问题的通知》;央行、住建部、银监会联合下发通知:二套房贷款首付比例降至四成。

(2) 2016年6月,国务院发布《关于加快培育和发展住房租赁市场的若干意见》。

三、案例分析要点

(一) 需要学员识别的关键问题

(1) 国际上认可的资产负债率的合理范围为50%～70%,而案例中万科的资产负债率却远远超过了该范围,为何还获得了较好的效用?

(2) 谈谈案例中上航为何负债经营失败,试总结其原因并对此提出对其具有建设性的建议。

(3) 通过对正反两案例的比较,总结出影响企业负债经营效果的主要因素。

(4) 结合我国企业负债经营的情况,谈谈企业负债经营对企业存在的利弊,并就如何防范负债经营的风险提出几点建议。

(二) 解决问题的可供选择方案及其评价

1. 国际上认可的资产负债率的合理范围为50%～70%,而案例中万科的资产负债率却远远超过了该范围,为何还获得了较好的效用?

从万科的负债结构不难看出,预收账款在其负债总额中占比较大,从而使得企业的实际偿债压力小于其资产负债率上表现出来的偿债压力。从案例中可以看到企业拥有的大量的预收账款对于万科的发展起到了举足轻重的作用,而房屋预售的预收账款不仅能够为企业偿还债务及利息提供资金,还能够为企业的下一轮融资提供资金,增强资金的流动性。这就在一定程度上降低了企业的财务风险,减轻了企业的偿债压力,从而使企业获得了财务杠杆的正效应。

2. 谈谈案例中上航为何负债经营失败,试总结其原因并对此提出对其具有建设性的建议。

(1) 上航负债经营失败的原因

①巨大的财务风险,降低了自有资金的实际收益率。由于负债资金在使用上有着时间、固定利息等因素的限制,给企业带来了巨大财务风险。同时,公司各项资源紧张,尤其是飞行员、机务工程人员等人力资源的紧张,严重制约了公司经营规模的扩大;再有,就是经营管理不善;再加上油价持续增高、上航市场竞争激烈,上航平均票价低于其他主要航空公司,这些都造成企业经营成本太高,降低了企业资金的实际收益率,最终导致资不抵债。

②融资渠道单一。一般情况下,企业资产规模与自身的抗风险能力成正比,在负债经营过程中,债权人十分看重债务人的偿还能力,而企业的资产规模在很大程度上体现出企

业的偿还能力。本案例中，上航一半以上的融资主要来源于银行贷款，狭窄的融资渠道束缚着它的发展。银行贷款的融资方式面临着到期偿还的问题，而且利息费用相对较高，上航拥有如此之高的资产负债率，说明公司存在着借新债还旧债的现象。而导致该现象的根本原因就是融资方式单一，同时企业经营状况不佳，不能够创造经营效益来偿还已有债务，更无法拓展自身的融资渠道。

③盲目扩充机队规模、扩大航线网络。这样做虽然占到了市场，却丢失了利润。上航在重组之前虽然经济在持续加速发展，形成了一定的规模，但是在战略发展上速度不快，影响了上航的发展进程，特别是在三大集团组建后，上航的资本等各方面都比不上三大集团的综合能力，竞争格局形成了三大集团与中小航空公司的比拼。上航要紧追三大集团，其规模上新台阶的难度很大。此外，上航面临着高级财务管理人员的资源短缺，无法正确认识负债经营带来的收益与风险，严重阻碍了公司经营规模的扩大，导致无法运用负债经营来为企业创造经济效益。

（2）对上航负债经营的建议

上航在偿债能力指标严重偏离公认指标时，并未积极调整负债结构和规模，在债务越背越重时，企业的盈利能力虽有所改善，但总体却不盈利，导致根本无法偿还大量债务。此时，上航应及时变通，停止进一步扩大规模，选择投资少、见效快、收益高的项目，尽可能提升利润，及时偿还到期的短期债务，以免给企业商誉带来不良影响。上航还应合理优化负债结构，适量减少短期负债，增加长期负债，努力调整适合自身的负债结构后合理用债。此外，债务即将到期时如何合理还债，也是不容忽视的问题。此时企业需要一个合适的高级财务管理人员。企业有效运用负债经营的规划，具体可以分为以下几点：

①企业经营利润率要大于负债利息率。利息率是必须考虑的一个问题，进行负债经营，企业不单单要把本金还了，还要支付一定的利息作为资金的使用费。因此，就要求"借来的钱能够生钱"，把钱借出的债权人也是抱着"钱生钱"的心理才把钱借出。为此，"生出来的钱"一定不能少于债权人的期望值，即企业的经营利润率不能小于负债利息率，只有这样企业才不会亏钱。显然，仅仅是不低于是不够的，否则企业何必大费周折把钱借过来，所以，只有在经营利润率大于负债利息率时才能进行负债经营。

②确定合理的负债规模。分为以下两点：

第一，确定合理的范畴。"借鸡下蛋"，无疑是件占便宜的事情，同样，负债经营只要取得较好的经济效益，对于债务人来说是件"无本取利"的好事。然而，负债也要有一个"度"的问题，借债过多，加大了债务成本，并对还债造成不利影响。借债过少，不能满足生产经营活动的需要，就会影响生产经营活动的正常进行，有可能引起生产经营的中断，阻碍企业的发展。所以，企业在举债的同时要注意以下几个问题：一是企业的负债规模，这取决于所有者与债权人的认同程度；二是必须考虑企业的偿债能力。

第二，明确企业的负债结构。不仅要从资产结构、企业规模、利率状况这几方面来考虑借入资金的期限结构，还要从向银行借款、商业信用、发行企业债券、向资本市场拆借、引进外资这几种方式中选择适合企业的融资方式。

③合理地还债。天下没有免费的午餐，企业的债务最终还是要还的，除了极其特殊的情况外（如破产），没有不还的债。并且，还债的时间性很强，如若不按约定时间还债，不仅会给债权人带来重大的经济损失，而且也会给债务人带来无形资产的重大损失。拖欠

债务，或有钱也不还债，给债权人带来的损失是多方面的：或影响债权人资本的正常运转；或影响债权人生产经营活动的正常进行，如无钱购买生产资料而引起生产中断；或影响债权人拖欠其他债权人的债，从而连锁形成恶性债务链；等等。因此，借款必须按约定时间及时还债。其实，债务人拖欠债权人的债，自己也要付出高昂的代价，首先表现为丧失信誉，成为"不讲信誉"的人，严重损害了自己在市场竞争中的形象，并受到广泛的舆论批评，使其难以立足市场；其次，表现为因失去信誉而失去了再借债的机会，也失去了扩大生产经营规模的机会，使债务人处于十分尴尬的境地；最后，表现为因失去信誉而使债权人的债权难以收回，使其生产经营活动陷入瘫痪之中。由此可见，合理还债对于债权人和债务人双方都是十分重要的。

在对上海航空的后续跟进中，2010年随着其与东航的合并完成，上航作为一个独立企业的历史已成为过去，最终加入东航这个大家庭，实现了两家企业的"弱弱联合"。虽然合并后业绩有所好转，近年来的资产负债率也呈现出下降的趋势，但还是未摆脱资产负债率高的状况，依然存在着较高的财务风险。主要是由于东航自行购买飞机的占比较高，截至2017年，其自行保有的客机247架，融资租赁235架，经营租赁145架，自行占有的比例达到了38.8%。因此建议东航增加租赁客机的占比，减少大额的融资，适当降低企业的财务风险。

3. 通过对正反两案例的比较，总结出影响企业负债经营效果的主要因素。

通过案例中万科负债经营的成功与上航负债经营的失败，总结出以下影响企业负债经营效果的主要因素。

（1）行业性质。从案例中的两个公司来看，虽然两个公司都属于资本密集型的企业，但是其行业性质不同。对于房地产行业的万科来说，虽然其资产负债率一直居高不下，但是由于其行业的特性使其拥有大量的预收账款。预收账款虽属负债，但并不会给企业带来偿债压力。在去除预收账款的影响之后，其净资产负债率是处于一个合理的水平范围之内的。而对于航空运输行业的上航来说，虽然其前期的投资支出与房地产行业一样需要大量的资金，但是其资产负债率基本能够反映出企业的负债水平，对于企业的负债必须有经营收入来支撑其负债的利息费用。

（2）宏观环境。从案例中的两个公司来看，行业所处的宏观环境也对其负债经营的效果产生了一定的影响。万科所处的房地产行业发展前景较好，在一定程度上对其负债经营的效果起到了一个助推作用。而2008年爆发的国际金融危机，对我国航空业发展造成了一定程度的负面影响；在"十二五"期间，我国高铁建设成为交通基础设施建设的重中之重，这也无疑加剧了空铁之间的市场竞争；再加上油价持续增高、上海航空市场竞争激烈，平均票价低于其他主要航空公司，这些都造成企业经营成本太高。因此，宏观经济环境对行业的影响将会增强或是降低企业负债经营的效果。

（3）融资方式。从案例两个公司的融资方式的对比可以看到，多元化的融资方式可以降低企业风险的集中度。当然企业是否或如何采用多元化的融资方式，不仅取决于其信用等级，同时也取决于公司的规模等。

除了上述从在案例中总结的因素，还总结出了我国影响企业适度负债经营的其他因素：

（1）财务风险。财务风险是指企业由于利用财务杠杆（即负债经营）而使企业可能丧失偿债能力，最终导致企业破产的风险，或者使得股东收益发生较大变动的风险。财务风险只发生在负债经营企业，就其产生的原因来看，负债风险具有两种表现形式：①现金性财务风险，即在特定时日，现金流出量超过现金流入量而产生的，到期不能偿还债务本息的风险。②收支性财务风险，即企业在收不抵支情况下出现的，难以偿还到期债务本息的风险。企业如果一味追求获取财务杠杆的利益，便会加大企业的负债筹资。

(2) 财务拮据成本。财务拮据成本是企业出现支付危机的成本，又称破产成本。它只会发生在有负债经营的企业中。负债越多，所需支付的固定利息越高，就越难实现财务上的稳定，发生财务拮据的可能性就越高。如果公司破产，可能被迫以低价拍卖资产，还有法律上的支出。如果还未破产，但负债过多，则会直接影响资金的使用，使企业在原材料供应、产品出售等方面受到干扰，最终提高收益率和加权平均资本成本率。

(3) 非负债节税。现代西方学者认为，折旧抵税和投资减税与负债融资的抵免税有替代作用，这类因素称之为非负债节税。它们的存在会减少公司负债的节税作用，影响公司负债经营的决策。如果通过折旧或投资可以在一定程度上替代负债的节税作用，在同时考虑节税和降低风险的层面上，企业一般会选择减少负债，这是替代效应，但是采用负债节税会刺激投资总量的增加，也会增加企业现金流入量，从而出现补偿性收入效应。因此，非负债节税对公司最优负债水平的实际影响，取决于替代效用和收入效用的合并效果。

(4) 代理成本。①负债代理成本。债权人由于享有固定利息收入的权利，并无参与企业经营决策的权利。所以，当贷款或债权投入企业后，企业经营者或股东就有可能改变契约规定的贷款用途而进行高风险投资，从而损害债权人利益，使债权人承担契约之外的附加风险而没有得到相应的风险报酬补偿。因此，债权人需利用各种保护性条款和监督贷款正确使用的措施来保护其利益免受公司股东的侵占。但是，增加条款和监督实施会发生相应的代理成本，这些成本随公司负债规模上升而增加。债权人一般以提高贷款利率等方式将代理成本转移到借款公司，所以公司在进行资本结构决策时要考虑这些负债代理成本。②股权代理成本。股权代理成本是指与公司外部股权相关联的代理成本。对于内部股权并存的公司，内部股权在公司经营决策、公司资产的使用与分配、信息的获得等方面占有一些便利。若内部股东利用这些便利谋取自身利益的最大化，如获取高额津贴、豪华的办公条件、追求个人享受，将导致公司的利润挤占外部股东利益，出现内、外部股东利益冲突，公司外部股东将不得不采取必要措施，监督公司按照股东利益最大化目标行事。这方面支出也是一种代理成本，并随外部股权比例的增大而增加。

(5) 其他因素。除以上几种主要因素，公司规模、公司经营收入的易变性、公司的盈利性以及公司产品和生产的独特性都可能对公司负债规模产生不同程度的影响。首先，公司规模的扩大可以使公司进行多样化经营，有效地分散经营风险，降低破产概率。因此，大公司具备更高的负债能力，而小公司则倾向于使用银行的短期借款。其次，企业的经营收入变化过大会增加企业的经营风险，相应降低负债能力。再次，当一家公司处于破产状态时，生产独特专用品的公司在破产清算时会发生较高成本。一个遭清算的企业，有特殊技能的工人难以找到新的工作，专用资产、公司的供给商和客户也难以迅速找到新的服务，所以独特性与负债规模相关。最后，一个公司的盈利能力往往是其负债能力的保证与标志，盈利能力较高的企业享有较高的信誉，因此容易从债权人处筹措款项，而盈利能力较低的企业则信誉不可能高,负债规模受到限制。

4. 结合我国企业负债经营的情况,谈谈企业负债经营对企业存在的利弊,并就如何防范负债经营的风险提出几点建议。

(1) 负债经营的优势分析

负债是企业的重要资金来源,几乎没有哪一家企业是只靠权益资本运营的,可以说,放弃负债经营方式就意味着放弃了市场机遇。负债经营对企业来说主要有五个方面的益处:

①能使企业获得财务杠杆效益。企业负债经营的直接目的就是通过举债,让债务资产投入全面营运,为企业所有者获得额外效益,即财务杠杆效益。企业利用收集到的债务资本创造的利润,在支付利息与税金后都是归属于企业所有者的收益,债务资本成本是固定不变的,所以以此创造的利润越大,每一元利润所负担的债务资本就会相对越小,从而给企业所有者带来的收益增加幅度的提高。

②能够降低加权平均资金成本。由于债务资本成本可以税前扣除,所以企业实际负担的债务资本成本低于投资人要求的必要报酬率,政府实际上负担了这部分差额,同时折旧形成的"减税效应",也降低了企业的加权平均资本成本。

③能降低通货膨胀的影响。通货膨胀率越高,因负债经营而得到的货币贬值利益就越大,企业实际上就将货币贬值的后果转嫁给了债权人。

④能保持了企业的控制权。在企业发生资金短缺时,如果选择权益资本筹资方式,增发新股,就会使企业股权分散,从而降低现有股东对企业的控制权。而债务资本筹资方式就会有效地避免这一影响。

⑤能增强企业风险意识,提高管理水平。由于企业资本结构中存在债务资本,企业在生产经营过程中就会承担相应的财务风险,而财务风险的存在有利于增强经营管理人员在资金使用上的责任感和紧迫感。

(2) 负债经营的弊端分析

负债经营并非有益无害的,对企业的弊端主要表现在以下三个方面:

①负债经营增加了企业的财务风险。企业只要使用债务融资方式,就必然存在财务风险,所以企业利用债务资金进行生产经营,必须保证投资回报高于债务资本成本;否则,负债经营非但无法为企业带来杠杆收益,反而会降低企业原有的收益能力,降低企业偿债能力。

②负债经营使企业的再融资能力降低。过度利用负债方式筹资,会导致企业偿债负担加大,若企业无法按照借款合同约定偿还本息,会破坏企业信誉,损害企业形象,金融机构或其他企业便不愿再给其提供资金,使再融资能力降低。

③负债比例过高可能导致估计价格下跌。就股份制企业而言,负债经营所产生的财务风险,不仅会影响企业所有者权益,同样还会影响股票的市场价格。

(3) 防范负债经营风险的建议

①树立风险意识。企业在如今的市场经济大环境下,已成为独立经营、自负盈亏、自我发展生存的经营主体,企业如何做强、做大是企业自身所需考虑的关键。在市场竞争中,如何把握风险,充分利用企业市场竞争所带来的机遇与挑战,是企业如何确立风险评估、风险预防的重要依据。做好充分的风险防范可以有效地应付负债等问题所带来的风险

与冲击，所以树立风险意识尤为关键。

②积极拓展多元化筹资渠道。目前国家中央银行采取提高银行存款和贷款利率的措施以及日益高涨的物价，使得企业在生产资料、劳动力等方面成本不断上升，这些冲击导致企业经营成本和负债成本加大。这就要求企业积极采取各种方式，面对这些问题及所带来风险。面对国家的宏观调控，无法像以前一样，能够轻松取得银行的贷款，所以应当扩展多元化、多渠道的筹资融资途径。开展以银行借款为主，向市场发行债券，利用合伙人筹资等为辅的多元化筹资方式筹集经营资金，利用长短期借款的比例，调节借款额度，充分利用财务杠杆的作用，在一定程度上减少负债所带来的风险，降低成本，从而做到适度负债。

③有效监控和适时调整负债规模与结构。企业应根据企业销售额的情况确定债务种类。如果企业的销售额能稳定地增长，企业拥有稳定的资金提供，则企业应借入适当的短期负债。而如果企业的销售额在大幅度地变动或者有下降的趋势，则企业应该借入长期负债，以减少企业短期债务的风险。所以企业在生产经营中，应合理规划负债结构。企业在流动资产较多的情况下，可以适当地增加企业短期负债所占的比例，利用流动负债来筹集企业的资金。但是企业不能只靠流动负债，应有合理的规划。

④制定负债财务计划，加强负债管理。企业经营者在利用负债经营过程中，如果忽略了企业负债的管理，将会使得企业举债不当。企业如果在生产经营中，只是短期负债，并没有从长远考虑，会给企业的发展带来很大的不利因素。在今后的发展中，企业应根据自身的具体情况，定期制订有关负债的计划。

四、教学组织方式

1．问题清单及提问顺序、资料发放顺序

本案例讨论题目顺次为：

（1）国际上认可的资产负债率的合理范围为50%～70%，而案例中万科的资产负债率却远远超过了该范围，为何还获得了较好的效用？

（2）谈谈案例中上航为何负债经营失败，试总结其原因并对此提出对其具有建设性的建议。

（3）通过对案例正反的比较，总结出影响企业负债经营效果的主要因素。

（4）结合我国企业负债经营的情况，谈谈企业负债经营对企业存在的利弊，并就如何防范负债经营的风险提出几点建议。

2．课时分配（90～120分钟）

本案例的案例正文及讨论问题，在讲授相关知识点之后、案例讨论之前（至少提前一周）一次性布置给学员。在案例讨论课上可以按照如下的课堂计划进行分析和讨论。

内容	主讲人	时间	说　　明
课前准备	教师		至少提前一周发放资料，请学员在课前完成阅读和初步思考
讨论问题1	分组讨论	20—25分钟	学员自由发言，教师参与讨论并帮助分析
讨论问题2	分组讨论	20—25分钟	学员自由发言，教师参与讨论并帮助分析
讨论问题3	分组讨论	20—25分钟	学员自由发言，教师参与讨论并帮助分析
讨论问题4	分组讨论	20—25分钟	学员自由发言，教师参与讨论并帮助分析
案例总结	教师、学员	10—15分钟	学员自由发言，教师进行总结

3. 讨论方式

本案例拟采取小组式的讨论方式。

4. 课堂讨论总结

课堂讨论总结的关键是：根据小组发言与辩论情况，进行归纳总结，教师就学员的讨论情况进行点评，就如何运用理论知识去解决实际问题，提出建议，并指导学员对案例的后续发展做出展望，同时在课后继续跟踪最新进展。

案例 9

低成本高回报：
春秋航空的生存之道*

---

* 1. 本案例由广东工业大学管理学院的李泽平、王妍、吴迪、吴维琪、何潇逸等共同撰写，作者拥有著作权中的署名权、修改权、改编权。
  2. 本案例授权广东工业大学产教融合 MPAcc 教学智库实验平台使用，广东工业大学产教融合 MPAcc 教学智库实验平台享有复制权、修改权、发表权、发行权、信息网络传播权、改编权、汇编权和翻译权。
  3. 由于企业保密的要求，在本案例中对有关名称、数据等做了必要的掩饰性处理。
  4. 本案例只供课堂讨论之用，并无意暗示或说明某种管理行为是否有效。

[案例封面]

专业领域： 财务管理
适用课程： 财务管理理论与实务
选用课程： 财务报表分析
编写目的： 本案例旨在引导学员进一步关注财务管理的主要方法与实践运用。根据本案例资料，一方面，学员可以进一步掌握比较分析法、四维分析法和战略矩阵分析法等管理工具的运用；另一方面充分了解各类财务指标，学会通过财务指标的变化来探寻公司的财务状况，提升学员对财务管理知识的实践运用能力。
知 识 点： 比较分析法；四维分析法；财务战略矩阵
关 键 词： 廉价航空；成本控制；资产质量；战略选择
中文摘要： 我国低成本航空发展潜力巨大、空间广阔。中国市场份额远远低于世界水平。近年来，低成本航空在全球市场扩张速度加速。春秋航空是国内首家低成本航空公司，多年来一直保持可观的利润及成长能力。本案例从财务管理的视角对春秋航空股份公司的财务报表进行分析，从财务指标入手，深入了解春秋航空公司过去和现在的偿债能力、盈利能力和成长性水平，从而分析春秋航空公司的经营情况、获取利润的能力、存在的财务风险，引导学员共同探讨该公司如何进行未来的战略选择。

[案例正文]

随着经济社会的持续发展，我国个人可支配收入逐年增加，人们用于交通旅游的消费比例也在不断提高，使得航空运输大众化的趋势变得愈发明显。但是我国机票价格明显偏高，每张机票价格占人均收入的5%～10%，而在国外，一张机票的平均价格仅占人均收入的0.5%。正因如此，低成本航空在中国拥有着巨大的市场需求和开发潜力。近年来，低成本航空在全世界范围内的市场份额不断增长。自中国民航局2014年出台支持低成本航空发展的多项政策措施以来，中国国内低成本航企逐渐兴起。然而，东南亚地区低成本航空超过50%的市场份额，东亚地区低成本航空市场份额仅为13%[①]左右，中国市场的低成本发展增速缓慢成为重要影响因素之一。我国虽然也出现了包括春秋、中联航在内的低成本航企，但由于体量小、难以跟大型全服务航企争夺优质航线资源等原因，一直步履艰难。作为中国第一家低成本航空公司，上海春秋航空公司自2005年7月18日首飞至今，平均客座率95%，顾客服务满意率97%，均高于国内平均水平。在财务数据上，截至2018年5月，春秋航空的市值已超过300亿元，公司业绩良好，整体呈现出高速发展态势。因此，科学分析春秋航空公司的竞争战略规划，总结归纳出其在发展过程中的优势与劣势以及应对风险时所采取的措施，为我国低成本航空市场的发展进一步指明方向和提供经验，对于促进整个航空经济的发展具有非常重要的意义。

一、公司简介

春秋航空股份有限公司（简称"春秋航空"）是首个中国民营资本独资经营的低成本航空公司，也是首家由旅行社起家的廉价航空公司，中国首批民营航空公司之硕果仅存者。春秋航空多年来一直保持可观的利润及成长能力，成为当前国内最成功的低成本航空公司，由春秋旅行社创办，注册资本8000万元人民币。春秋航空公司是中国唯一不参加中国民航联网销售系统（CRS）的航空公司。

1. 历史变迁

春秋航空还是中国国内第一批民营航空企业之一，早在2004年11月，由上海春秋国际旅行社和上海春秋包机旅行社共同出资成立；2015年初，春秋航空的股票在上海证券交易所上市。春秋航空主要从事业务包括国内、国际、港澳台地区的航空客货运输以及与航空运输业相关联的服务，截至2016年末，拥有空中客车A320型飞机66架，开辟国际/地区航线75条、国内航线120条，在华东的上海、华北的石家庄、东北的沈阳、华南的深圳设有四个运行基地，开航以来客座率高达93%。春秋航空公司自成立以来，在国内民航市场激烈的竞争格局中由小到大，由弱到强，发展迅猛。

2. 经营模式

该公司的经营模式可概括为"两单""两高"和"两低"：

（1）"两单"：单一机型与单一舱位。单一机型：该公司全部采用空客A320机型，统一配备CFM56-5B发动机。使用同一种机型和发动机可通过集中采购降低飞机购置和租

---

① 数据来源：亚太航空中心CAPA

赁成本、飞机自选设备项目成本、自备航材采购成本及减少备用发动机数量；通过将发动机、辅助动力装置包修给原制造商以控制飞机发动机大修成本；通过集约航材储备降低航材日常采购、送修、仓储的管理成本；降低维修工程管理难度；降低飞行员、机务人员与客舱乘务人员培训的复杂度。

单一舱位：该公司飞机只设置单一的经济舱位，不设头等舱与公务舱。可提供座位数比通常采用两舱布局运营 A320 飞机的航空公司高 15%～20%，可以有效摊薄单位成本。2015 年 9 月起，公司开始引进空客新客舱布局的 A320 飞机，座位数量在保持间隔不变的情况下由 180 座增加至 186 座。

（2）"两高"：高客座率与高飞机日利用率。高客座率：在机队扩张、运力增加的情况下，公司始终保持较高的客座率水平。高飞机日利用率（小时）：公司通过单一机型运营获得更高的保障效率，而更加紧凑的航线排班和较少的货运业务进一步缩短了飞机过站时间，此外，公司利用差异化客户定位的优势在确保飞行安全的前提下，更多地利用延长时段（8 点前或 21 点后起飞）飞行，从而增加日均航班班次，提升飞机日利用率。由于公司固定成本占主营业务成本的比重约为 1/3，因此通过提高飞机日利用率，可更大程度地摊薄单位固定成本（固定成本/可用座位公里），从而降低运营成本。

（3）"两低"：低销售费用与低管理费用。低销售费用：公司以电子商务直销为主要销售渠道，一方面通过销售特价机票等促销优惠活动的发布，吸引大量旅客在本公司网站预订机票；另一方面通过积极推广移动互联网销售，拓展电子商务直销渠道，有效降低了公司的销售代理费用。2017 年，公司除包机包座业务以外的销售渠道占比中，电子商务直销（含 OTA 旗舰店）占比达到 91.7%。2017 年，公司单位销售费用（销售费用/可用座位公里）为 0.0089 元/座公里，远低于行业可比上市公司水平。低管理费用：该公司在确保飞行安全、运行品质和服务质量的前提下，通过最大限度地利用第三方服务商在各地机场的资源与服务，尽可能降低日常管理费用。同时通过现金的技术手段实现业务和财务 ERP 一体化，以实现严格的预算管理、费控管理、科学的绩效考核以及人机比的合理控制，有效降低管理人员的人力成本和日常费用。2017 年，公司人机比为 86.7∶1，大幅度领先行业水平；单位管理费用（管理费用/可用座位公里）0.0075 元/座公里，远低于行业可对标上市公司水平。

二、资产、负债、利润、现金流结构与质量分析

众所周知，航空业属于高资产高负债行业，引进飞机的成本动辄成百上千亿元，资金大多需要通过直接或者间接的融资来完成。相对于国有航企来说，民营航企注册资本低，机队规模小，股权结构分散，抗风险能力弱，在全球经济金融危机等多种因素影响下，大部分民营航空公司出现巨额亏损，要么被国有航空公司并购重组，要么就破产清算。第一波民营航企大部分以此结局收尾。

所谓成也萧何，败也萧何。数年之后，当我们回过头来看，春秋航空却能突出重围，成功登陆资本市场，成为主板上市企业，不得不让我们刮目相看。春秋航空既成为中国航

空业中民营资本的"第一股",又成为中国首家低成本航空上市公司。① 对春秋航空资产和负债的结构和趋势分析,有利于了解资金的来源是否稳定,占用的资金用去了哪里以及公司的发展规模的具体情况。

(一) 资产负债结构分析

1. 资产情况

春秋航空 2015—2017 年管理用资产负债表见表 9-1,资产负债简要分析见表 9-2。从表中可知,春秋航空 2017 年总资产 20 602 424 202 元,其中经营性资产 20 531 485 060 元,占总资产比重的 99.7%,金融性资产 70 939 142.00 元。由此可见,春秋航空几乎所有的资产都用于经营方面,在 2015 年甚至没有金融性资产。

2017 年春秋航空持有的经营性流动资产约 66.05 亿元,其中货币资金约 42.69 亿元,其他应收款约 16.82 亿元。非流动资产约 139.26 亿元,其中固定资产约 106.91 亿元,在建工程约 17.39 亿元。

表 9-1 春秋航空 2015—2017 年管理用资产负债表　　　　　单位:元

项目	2017 年	2016 年	2015 年	2017 增减情况	2016 年增减
经营性流动资产					
货币资金(经营)	4 269 291 665	4 709 226 552	3 094 514 973	-0.09	0.52
应收账款	85 207 227	127 179 890	101 768 693	-0.33	0.25
预付款项	357 926 748	221 182 649	261 195 611	0.62	-0.15
其他应收款	1 681 619 873	1 415 669 303	720 547 120	0.19	0.96
存货	92 893 036	67 827 022	54 965 742	0.37	0.23
一年内到期的非流动资产	—	113 500 000	—	-1.00	
其他流动资产	118 118 971	82 214 706	31 445 675	0.44	1.61
合计	6 605 057 520	6 736 800 122	4 264 437 814	-0.02	0.58
经营性流动负债					
应付账款	426 376 061	325 606 186	339 501 233	0.31	-0.04
预收款项	839 884 584	969 191 279	1 355 036 098	-0.13	-0.28
应付职工薪酬	287 542 222	232 499 371	199 590 294	0.24	0.16
应交税费	262 826 482	199 673 366	316 967 080	0.32	-0.37
其他应付款	271 357 753	315 758 0220	150 333 628	-0.14	1.10
合计	2 087 987 102	2 042 728 224	2 361 428 333	0.02	-0.13
净经营性营运资产合计	4 517 070 418	4 694 071 898	1 903 009 481	-0.04	1.47

---

① 文字来源:中国民航网

续上表

项目	2017 年	2016 年	2015 年	2017 增减情况	2016 年增减
经营性长期资产（非流动资产）					
长期股权投资	20 798 045	8 762 407	95 344 515	1.37	−0.91
固定资产	10 691 347 147	9 670 090 326	5 858 353 393	0.11	0.65
在建工程	1 739 137 001	1 668 139 102	4 287 580 638	0.04	−0.61
无形资产	65 772 841	63 194 481	62 955 118	0.04	0.00
长期待摊费用	420 230 400	440 134 712	441 620 597	−0.05	−0.00
递延所得税资产	187 594 438	152 065 351	127 719 758	0.23	0.19
其他非流动资产	801 547 668	852 830 153	890 976 971	−0.06	−0.04
合计	13 926 427 540	12 855 216 532	11 764 550 990	0.08	0.09
经营性长期负债					
长期应付款	690 931 210	671 938 948	1 006 095 437	0.03	−0.33
递延收益	40 623 173	23 140 947	17 403 257	0.76	0.33
其他非流动负债	254 990 656	252 335 492	133 435 658	0.01	0.89
合计	986 545 039.00	947 415 387	1 156 934 352	0.04	−0.18
净经营性长期资产合计	12 939 882 501	11 907 801 145	10 607 616 638	0.09	0.12
金融负债					
短期借款	1 640 533 531	1 204 901 824	1 561 075 084	0.36	−0.23
以公允价值计量且其变动计入当期损益的金融负债	41 545 538	—	—		
一年内到期的非流动负债	1 597 974 536	1 893 882 689	1 023 397 246	−0.16	0.85
长期借款	3 409 812 582	3 863 979 188	3 353 526 351	−0.12	0.15
应付利息	81 053 449	82 142 322	32 848 394	−0.01	1.50
应付债券	2 292 978 405	2 288 021 186	—	0.00	
应付股利	92 800	—	—		
合计	9 063 990 841	9 332 927 209	5 970 847 075	−0.03	0.56
金融资产					
可供出售金融资产	52 873 863	50 000 000	—	0.06	
以公允价值计量且其变动计入当期损益的金融资产	9 845 540	—	—		
应收利息	8 219 739	4 543 978	—	0.81	
合计	70 939 142	54 543 978	—	0.30	
净金融负债合计	8 993 051 699	9 278 383 231	5 970 847 075	−0.03	0.55

续上表

项目	2017 年	2016 年	2015 年	2017 增减情况	2016 年增减
股东权益					
股本	800 580 000	800 580 000	800 000 000	—	0.00
资本公积	1 553 800 125	1 549 032 856	1 534 332 839	0.00	0.01
减：库存股	14 088 200	14 088 200	—	—	
其他综合收益	2 155 397	—	—		
盈余公积	478 622 278	364 366 230	279 527 216	0.31	0.30
未分配利润	5 642 831 620	4 623 598 926	3 925 918 989	0.22	0.18
归属于母公司所有者权益	8 463 901 220	7 323 489 812	6 539 779 044	0.16	0.12
少数股东权益	—	—	—		
合计	8 463 901 220	7 323 489 812	6 539 779 044	0.16	0.12

注：数据为作者根据公告数据整理。

表 9-2　2015—2017 年春秋航空资产负债表简要分析　　　单位：元

项目	2017 年	2016 年	2015 年
经营性资产	20 531 485 060	19 592 016 654	16 028 988 804
金融性资产	70 939 142	54 543 978	0
资产总额	20 602 424 202	19 646 560 632	16 028 988 804
经营性负债	3 074 532 141	2 990 143 611	3 518 362 685
金融性负债	9 063 990 841	9 332 927 209	5 970 847 075
负债总额	12 138 522 982	12 323 070 820	9 489 209 760
所有者权益合计	8 463 901 220	7 323 489 812	6 539 779 044

注：数据来自 2015—2017 春秋航空资产负债表。

2. 负债情况

春秋航空 2017 年负债为 12 138 522 982 元，其中经营性负债为 3 074 532 141 元，金融性负债为 9 063 990 841.00 元，占总负债的 75%。

经营性负债中应付账款为 4.26 亿元，预收账款 8.40 亿元；金融性负债中长期借款 34.10 亿元，短期借款 16.41 亿元，一年内到期的非流动负债 15.98 亿元。应付账款主要为应付起降费、应付通用物资采购款、应付航邮费、应付航材采购款等项目，短期借款和长期借款都是向银行借款。

3. 趋势变化分析

2017 年较 2016 年总资产变化不大，但是 2016 年总资产比 2015 年大幅增加，变化幅度较大的有存货、其他应收款、固定资产和在建工程。2015—2017 年这几项指标变化趋势如图 9-1～图 9-3 所示。

从图 9-1 可知，2015—2017 年存货都处于上升状态，存货增加主要是由于报告期内公司机队规模扩大导致航材消耗件采购相应增加。

图 9-2 显示的其他应收款增加主要是由于报告期内公司应收结构性存款增加。

图 9-3 显示，2015—2017 年春秋航空固定资产总值为上升趋势，主要是因为在 2016 年购置了 34.38 亿元的固定资产，2017 年购置 14.69 亿元固定资产，主要的购置物品为飞机、发动机及模拟机。而 2016 年在建工程大幅度减少，主要是因为有 9.05 亿元在建工程转入固定资产。可以看出春秋航空在飞机、发动机及模拟机的购置上每年都投入了大量的资金。

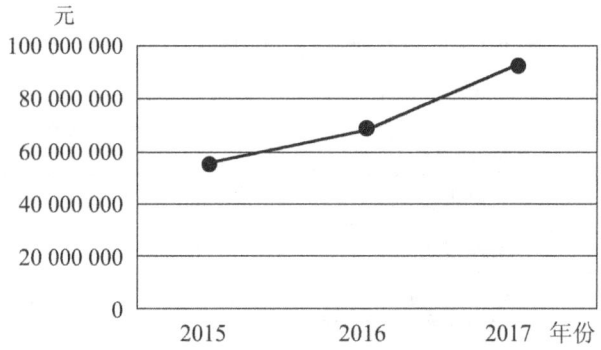

图 9-1 2015—2017 年春秋航空存货趋势分析

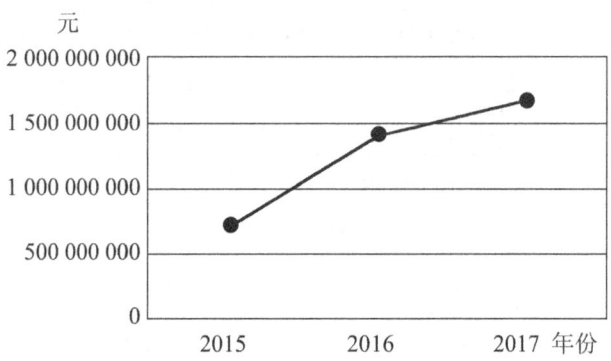

图 9-2 2015—2017 年春秋航空其他应收款趋势分析

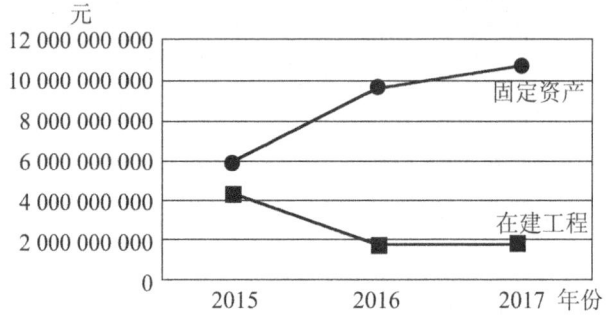

图 9-3 2015—2017 年春秋航空固定资产与在建工程趋势分析

4. 利润结构与趋势分析

主要从营业收入和营业利润、成本和费用以及经营利润方面结合各年间的变化分析利润结构和趋势。

（1）营业收入和营业利润分析。2017 年，公司完成运输总周转量 273 592 万吨公里，同比增长 22.0%；完成旅客周转量 3 024 804 万人公里，同比增长 22.2%；运输旅客 1717 万人，同比增长 20.7%；客座率为 90.6%，同比下降 1.1 个百分点；实现营业收入 10 970 589 893 元，同比增长 30.1%；实现归属于母公司普通股股东净利润 1 261 581 542 元，同比增长 32.7%。

其营业收入变化情况如图9-4所示。

营业收入2011—2014年总体呈上升趋势，2014年营业收入较2013年有一定幅度下降，公司2014年的营业收入为29 046 568 685元，2013年的营业收入为30 830 757 337元。

营业收入2015—2016年缓慢上升，2016—2017年显著上升，公司2015年营业收入为8 093 672 545元，2017年营业收入为10 970 589 893元。

由图9-4和图9-5可知，在纵坐标间隔相同的情况下2016—2017年营业利润走势明显陡于营业收入走势，说明营业利润增长率高于营业收入增长率，经营效益增加，盈利能力增强。这主要得益于年轻化的管理团队和卓越的成本控制。

（2）营业成本费用分析。

①营业成本分析。2016年，该公司营业成本为73.50亿元，同比增长13.7%。其中，主营业务成本为72.63亿元，同比增长13.8%，主要是机队运力增长和航线运行增加带来相应的运输成本增加，主营业务单位成本与2015年基本持平；其他业务成本为0.88亿元，同比增长6.0%，增幅小于其他业务收入的增长。2017年，该公司营业成本为96.38亿元，同比增长31.1%。其中，主营业务成本为95.22亿元，同比增长31.1%，主要由于机队运力增长和航线运行增加带来相应的运输成本增加，航油采购价格上涨以及民航局上调起降费收费标准；其他业务成本为1.16亿元，同比增长32.7%，主要由于报告期内公司增加系统软件业务的投入。其营业成本变化趋势如图9-6所示。

2015—2017年随着营业收入的上升，营业成本也有相应提升，两者整体趋势吻合。

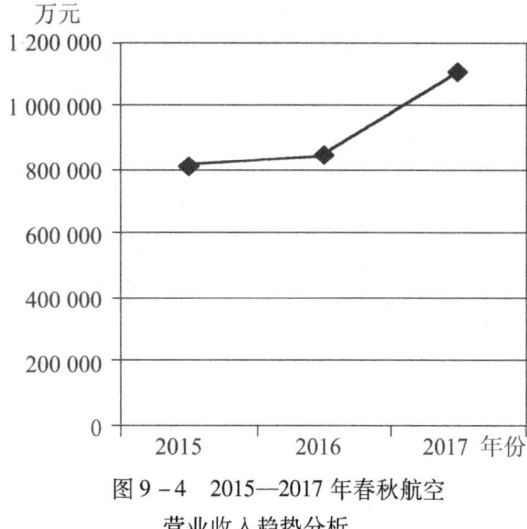

图9-4　2015—2017年春秋航空营业收入趋势分析

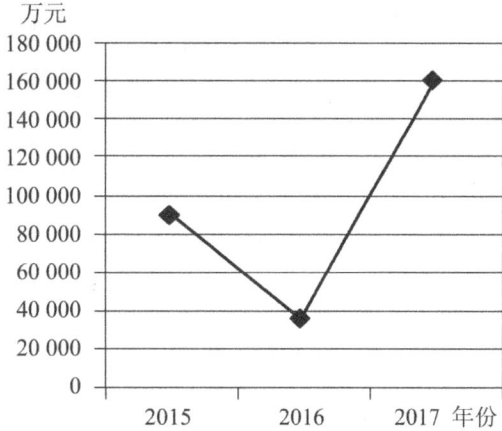

图9-5　2015—2017年春秋航空营业利润趋势分析

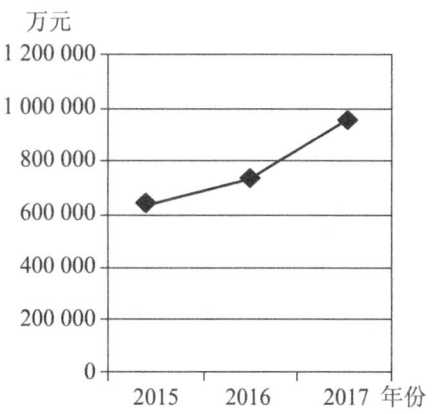

图9-6　2015—2017年春秋航空营业成本趋势分析

②费用分析。2015—2017 年期间，公司的管理费用、销售费用、财务费用总体呈上升的趋势，所得税呈下降趋势，见图 9-7。

(3) 利润结构和趋势分析。

如表 9-3 所示，2017 年公司的经营利润 7 亿元，营业利润为 15 亿元，利润总额为 16 亿元，净利润为 12 亿元。其利润规模较 2016 年有小幅度攀升，但对比 2015 年有一定程度的降低，具体趋势如图 9-8、图 9-9 所示。

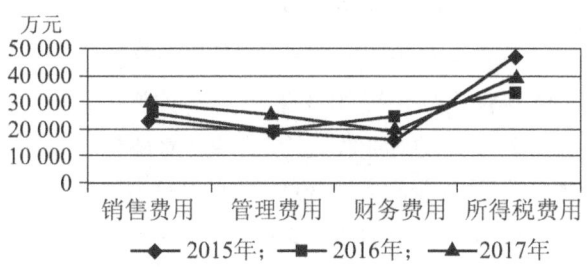

图 9-7 2015—2017 年春秋航空费用趋势分析

表 9-3 春秋航空公司管理用利润表　　　　　　　　单位：元

项　目	2015 年	2016 年	2017 年
一、营业收入	8 093 672 545.00	8 429 404 272.00	10 970 589 893.00
减：营业成本	6 466 408 463.00	7 350 403 076.00	9 638 278 131.00
二、毛利	1 627 264 082.00	1 079 001 196.00	1 332 311 762.00
减：营业税金及附加	24 071 991.00	6 683 462.00	14 341 568.00
销售费用	233 148 547.00	257 776 134.00	298 417 750.00
管理费用	194 587 755.00	188 345 852.00	251 395 161.00
资产减值损失			
加：经营性投资收益	-117 285 690.00	-90 700 810.00	1 150 781.00
三、经营利润	1 058 170 099.00	535 494 938.00	769 308 064.00
减：财务费用	154 475 357.00	246 346 829.00	191 769 148.00
加：金融性投资收益	—	—	-15 954 732.00
公允价值变动			-12 350 850.00
资产处置收益（损失以"—"号填列）	—	64 797 853.00	28 864 307.00
其他收益	—	—	1 018 867 398.00
四、营业利润	903 694 742.00	353 945 962.00	1 596 965 039.00
加：营业外收入	902 379 938.00	933 680 012.00	55 155 313.00
减：营业外支出	2 052 492.00	4 087 974.00	790 649.00
五、利润总额	1 804 022 188.00	1 283 538 000.00	1 651 329 703.00
减：所得税费用	476 163 416.00	333 019 049.00	389 748 161.00
六、净利润	1 327 858 772.00	950 518 951.00	1 261 581 542.00

注：数据为作者根据公告数据整理。

2015—2017年春秋航空净利润2016年较2015年有小幅度下降,但2017年又有回升,所以总体变化幅度不大。

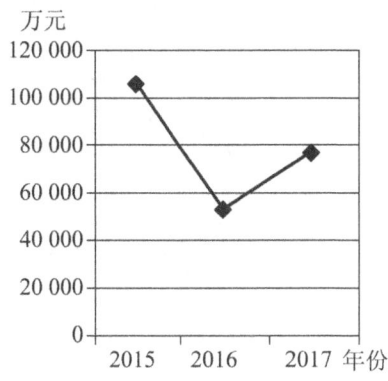

图9-8 春秋航空经营利润趋势分析
注:数据来自春秋航空2017年年报。

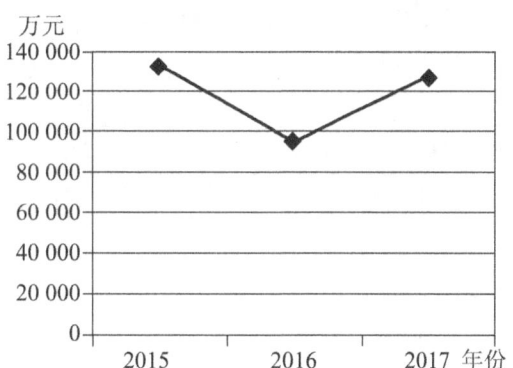

图9-9 春秋航空净利润趋势分析
注:数据来自春秋航空2017年年报。

5. 现金流量结构和趋势分析

表9-4为春秋航空2015—2017年现金流量表。

表9-4 春秋航空2015—2017年现金流量表 单位:元

项 目	2015年	2016年	2017年
一、经营活动产生的现金流量:			
销售商品、提供劳务收到的现金	9 588 910 416.00	11 220 111 597.00	13 694 633 522.00
收到其他与经营活动有关的现金	724 431 473.00	1 232 891 039.00	1 090 290 765.00
经营活动现金流入小计	10 313 341 889.00	12 453 002 636.00	14 784 924 287.00
购买商品、接受劳务支付的现金	5 294 864 596.00	5 712 566 353.00	7 352 775 702.00
支付给职工以及为职工支付的现金	1 210 949 190.00	1 570 280 380.00	2 094 037 705.00
支付的各项税费	2 017 783 652.00	2 852 177 839.00	2 703 249 956.00
支付其他与经营活动有关的现金	179 448 772.00	278 239 723.00	333 168 573.00
经营活动现金流出小计	8 703 046 210.00	10 413 264 295.00	12 483 231 936.00
经营活动产生的现金流量净额	1 610 295 679.00	2 039 738 341.00	2 301 692 351.00
二、投资活动产生的现金流量:			
取得投资收益收到的现金	1 846 003.00	1 881 298.00	2 056 319.00
处置固定资产、无形资产和其他长期资产收回的现金净额	1 288 570 302.00	508 329 196.00	32 815 798.00
收到其他与投资活动有关的现金	118 218 462.00	369 423 342.00	1 202 501 832.00
投资活动现金流入小计	1 408 634 767.00	879 633 836.00	1 237 373 949.00

续上表

项　目	2015 年	2016 年	2017 年
购建固定资产、无形资产和其他长期资产支付的现金	4 476 981 449.00	4 829 288 502.00	2 553 503 064.00
投资支付的现金	104 214 000.00	56 000 000.00	12 941 176.00
支付其他与投资活动有关的现金	220 000 000.00	1 086 111 703.00	1 401 073 679.00
投资活动现金流出小计	4 801 195 449.00	5 971 400 205.00	3 967 517 919.00
投资活动产生的现金流量净额	-3 392 560 682.00	-5 091 766 369.00	-2 730 143 970.00
三、筹资活动产生的现金流量：			
吸收投资收到的现金	1 754 630 200.00	14 088 200.00	—
取得借款收到的现金	5 473 238 490.00	6 302 599 731.00	3 186 304 639.00
发行债券收到的现金	—	2 285 128 343.00	—
收到其他与筹资活动有关的现金	696 823 555.00	2 404 197 271.00	757 183 100.00
筹资活动现金流入小计	7 924 692 245.00	11 006 013 545.00	3 943 487 739.00
偿还债务支付的现金	4 878 201 343.00	5 680 089 864.00	3 423 453 368.00
分配股利、利润或偿付利息支付的现金	302 705 196.00	519 431 303.00	429 454 508.00
支付其他与筹资活动有关的现金	308 865 603.00	311 491 994.00	36 053 452.00
筹资活动现金流出小计	5 489 772 142.00	6 511 013 161.00	3 888 961 328.00
筹资活动产生的现金流量净额	2 434 920 103.00	4 495 000 384.00	54 526 411.00
四、汇率变动对现金及现金等价物的影响	93 535 280.00	160 627 520.00	-95 722 176.00
五、现金及现金等价物净增加额	746 190 380.00	1 603 599 876.00	-469 647 384.00
加：期初现金及现金等价物余额	2 328 074 368.00	3 074 264 748.00	4 677 864 624.00
六、期末现金及现金等价物余额	3 074 264 748.00	4 677 864 624.00	4 208 217 240.00

注：数据为作者根据公告数据整理。

（1）2017 年现金流量结构分析。如表 9-5 所示，2016—2017 年支付的各项税费增长率由 0.41 减少到 -0.05，这是由于 2017 年支付系统软件服务费、飞发维修储备金、飞发经营租赁押金均有一定程度的减少。2016—2017 年现金及现金等价物增加额增长率由 1.15 下降到 -1.29，主要原因是 2017 年采购飞机需要先付定金。现金及现金等价物是指库存现金及可随时用于支付的存款，以及持有的期限短、流动性强、易于转换为已知金额现金、价值变动风险很小的投资。

表 9-5 现金流量表环比增长率

项　目	增长率	
	2016 年	2017 年
一、经营活动产生的现金流量：		
销售商品、提供劳务收到的现金	0.17	0.22
收到其他与经营活动有关的现金	0.70	-0.12
经营活动现金流入小计	0.21	0.19
购买商品、接受劳务支付的现金	0.08	0.29
支付给职工以及为职工支付的现金	0.30	0.33
支付的各项税费	0.41	-0.05
支付其他与经营活动有关的现金	0.55	0.20
经营活动现金流出小计	0.20	0.20
经营活动产生的现金流量净额	0.27	0.13
二、投资活动产生的现金流量：		
取得投资收益收到的现金	0.02	0.09
处置固定资产、无形资产和其他长期资产收回的现金净额	-0.61	-0.94
收到其他与投资活动有关的现金	2.12	2.26
投资活动现金流入小计	-0.38	0.41
购建固定资产、无形资产和其他长期资产支付的现金	0.08	-0.47
投资支付的现金	-0.46	-0.77
支付其他与投资活动有关的现金	3.94	0.29
投资活动现金流出小计	0.24	-0.34
投资活动产生的现金流量净额	0.50	-0.46
三、筹资活动产生的现金流量：		
吸收投资收到的现金	-0.99	—
取得借款收到的现金	0.15	-0.49
发行债券收到的现金	—	—
收到其他与筹资活动有关的现金	2.45	-0.69
筹资活动现金流入小计	0.39	-0.64

续上表

项 目	增长率	
	2016 年	2017 年
偿还债务支付的现金	0.16	-0.40
分配股利、利润或偿付利息支付的现金	0.72	-0.17
支付其他与筹资活动有关的现金	0.01	-0.88
筹资活动现金流出小计	0.19	-0.40
筹资活动产生的现金流量净额	0.85	-0.99
四、汇率变动对现金及现金等价物的影响	0.72	-1.60
五、现金及现金等价物净增加额	1.15	-1.29
加：期初现金及现金等价物余额	0.32	0.52
六、期末现金及现金等价物余额	0.52	-0.10

注：数据为作者根据公告数据整理。

2017 年公司经营活动产生的现金流量净额为 23.01 亿元，投资活动产生的现金流量净额为 -27.30 亿元，筹资活动产生的现金流量净额为 0.54 亿元，投资活动产生的现金流量净额为负，表明公司投资活动带来的现金流入较少，主要是经营活动带来的。经营活动产生的现金净流入是现金净流入的主要来源（见图 9-10）。

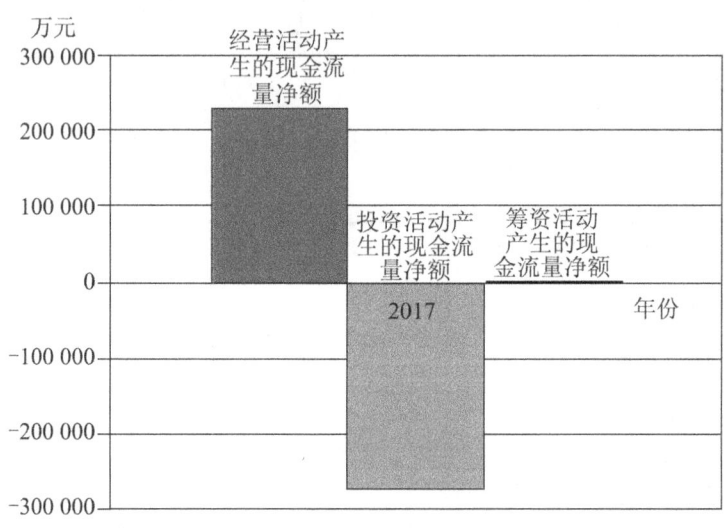

图 9-10 2017 年春秋航空现金流量结构分析

（2）现金流量趋势分析。2015 年公司经营活动产生的现金流量净额为 16.10 亿元，投资活动产生的现金流量净额为 -33.92 亿元，筹资活动产生的现金流量净额为 24.34 亿元，发展至 2017 年公司经营活动产生的现金流量净额为 23.01 亿元，投资活动产生的现

金流量净额为 -27.30 亿元，筹资活动产生的现金流量净额为 0.54 亿元（见图 9-11）。

①2017 年，经营活动产生的现金流量净额为 23.01 亿元，较 2016 年增加 0.261 亿元，上升主要由于公司 2017 年经营规模和航线补贴收入增加。

②2017 年，投资活动产生的现金流量净额为 -27.30 亿元，较 2016 年减少净流出 23.61 亿元，主要由于报告期内投资于自购飞机和发动机等经营性资产的现金流量较上年减少。

③2017 年，筹资活动产生的现金流量净额为 0.54 亿元，较 2016 年减少 44.40 亿元，主要由于公司报告期内自购飞机减少导致相应的筹资规模减小，以及 2016 年完成 23 亿元公司债券的发行使得上期基数较高。

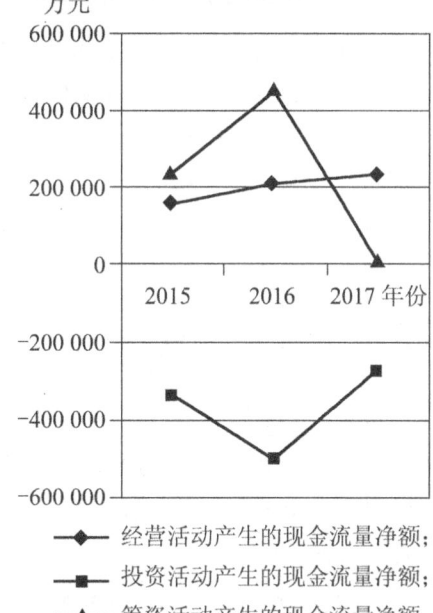

图 9-11 现金流量趋势分析图
注：数据来自春秋航空 2017 年年报

（3）2015—2017 年期末现金及现金等价物余额趋势分析。2015—2016 年期末现金余额有较大攀升，是因为经营活动、筹资活动带来的现金流稳步提升，2016—2017 年有小幅度下降是因为筹资活动产生的现金流大大减少，由 2016 年的 44.95 亿元下降到 2017 年的 0.54 亿元，没有产生大幅度波动是因为投资活动和经营活动带来的现金流略有增加，起到了一定程度的抵消作用。

总体而言，现金流量净流入主要是经营活动带来的，期末现金及现金等价物余额的总趋势如图 9-12 所示，呈现稳步上升的趋势，2017 年期末现金或现金等价物余额较 2015 年略微上升，基本维持在 40 亿元附近。表明公司经营活动产生的现金流较大，足以弥补开支，并且尚有存留，有充足的资金偿还债务和支付利息。

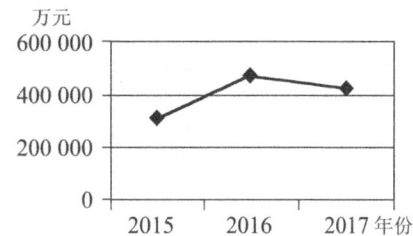

图 9-12 春秋航空期末现金及现金等价物余额趋势分析
注：数据来自春秋航空 2017 年年报

三、四维分析

财务报表中很多内在的项目之间存在对应关系，相互之间的对比可分析出很多指标，用来评价经营情况的好坏，比如偿债能力好不好、营运能力强不强、获取利润的能力怎样、发展动力如何等，都可通过很多比率分析结果体现出来。

本案例通过对春秋航空 2015—2017 年纵向间的对比以及 2017 年与同行业对比进行分析，得到春秋航空公司在流动性、安全性、营利性和成长性上的变化情况，以求了解春秋航空公司过去和现在的偿债能力、盈利能力和成长性水平。

(一) 春秋航空公司不同年份四维分析

基于表 9-6 中的数据绘出如图 9-13 所示雷达图，可直观地看出 2016 年与 2015 年相比，春秋航空 2016 年的成长性、安全性和收益性相较于 2015 年均有不同程度的下降；而流动性与 2015 年相比有显著提高，说明其变现能力强，短期偿债能力高，但成长能力不足。

表 9-6　春秋航空 2015 年、2016 年雷达图数据

	指标名称	公式	2015年实际值	2016年实际值	对比值	单位圆半径	外圆半径
获利能力	净资产收益率	净利润/所有者权益	0.20	0.13	0.64	1	3
	资产经营利润率	经营利润/净经营性资产	0.08	0.08	1.00	1	3
流动性	流动比率	流动资产/流动负债	0.86	1.29	1.50	1	3
	速动比率	速动资产/流动负债	0.85	1.28	1.51	1	3
	应收账款周转率	销售收入/应收账款	92.48	73.64	0.80	1	3
	存货周转率	销售成本/存货	132.23	119.72	0.91	1	3
安全性	资产负债率	负债总额/资产总额	0.59	0.62	1.05	1	3
	利息偿还倍数	息税前利润/利息费用	12.68	6.21	0.49	1	3
成长性	销售收入增长率	销售收入增长额/上年销售收入	0.10	0.04	0.40	1	3
	净利润增长率	本年净利润增长额/上年净利润	0.50	(0.28)	-0.57	1	3
	权益资本增长率	本年权益增长额/年初权益总额	0.84	0.12	0.14	1	3

注：数据来源自网易财经。

为进一步了解公司盈利能力、成长能力和偿债能力的变化，对比 2016 年数据，进行 2017 年四维分析。

基于表 9-7 中的数据绘出如图 9-14 所示雷达图，可直观看出：春秋航空 2017 年与 2016 年相比，流动性和收益性基本持平；而 2017 年成长性和安全性与 2016 年相比有明显提升，公司的偿债能力较好，有足够的资金偿还借款，销售收入增长较快，公司的经营能力变强，发展速度变快。

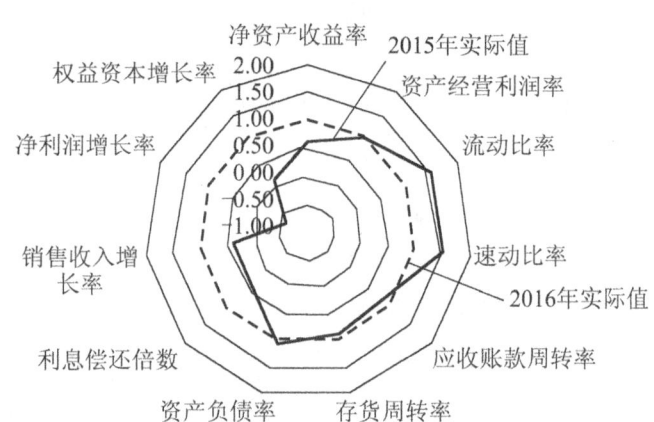

图 9-13　春秋航空 2015 年与 2016 年四维分析

表9-7 春秋航空2016年、2017年雷达图数据

	指标名称	公式	2016年实际值	2017年实际值	对比值	单位圆半径	外圆半径
获利能力	净资产收益率	净利润/所有者权益	0.13	0.15	1.15	1	3
	资产经营利润率	经营利润/净经营性资产	0.08	0.04	0.52	1	3
流动性	流动比率	流动资产/流动负债	1.29	1.22	0.95	1	3
	速动比率	速动资产/速动负债	1.28	1.2	0.94	1	3
	应收账款周转率	销售收入/应收账款	73.64	103.3	1.40	1	3
	存货周转率	销售成本/存货	119.72	119.93	1.00	1	3
安全性	资产负债率	负债总额/资产总额	0.62	0.59	0.95	1	3
	利息偿还倍数	息税前利润/利息费用	6.21	9.61	1.55	1	3
成长性	销售收入增长率	销售收入增长额/上年销售收入	0.04	0.30	3.00	1	3
	净利润增长率	本年净利润增长额/上年净利润	(0.28)	0.33	-1.15	1	3
	权益资本增长率	本年权益增长额/年初权益总额	0.12	0.16	1.30	1	3

注：数据来自网易财经。

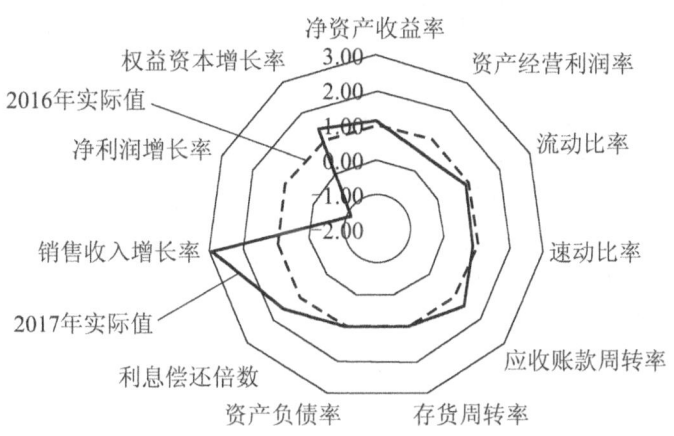

图9-14 春秋航空2016年与2017年四维分析

（二）与同行业对比的四维分析

基于表9-8中的数据绘出如图9-15所示雷达图，我们不难发现，公司的成长速度和流动性远高于同行业平均水平；收益性和安全性指标有高有低，但总体的偿债能力高于同行业。

表9-8 春秋航空与同行业对比雷达图数据

	指标名称	公式	公司实际值	行业平均值	对比值	单位圆半径	外圆半径
获利能力	净资产收益率	净利润/所有者权益	0.15	0.09	1.66	1	3
	资产经营利润率	经营利润/净经营性资产	0.04	0.06	0.73	1	3
流动性	流动比率	流动资产/流动负债	1.22	0.93	1.31	1	3
	速动比率	速动资产/速动负债	1.2	0.87	1.38	1	3
	应收账款周转率	销售收入/应收账款	1.03	0.41	2.52	1	3
	存货周转率	销售成本/存货	1.20	1.62	0.74	1	3
安全性	资产负债率	负债总额/资产总额	0.59	0.60	0.99	1	3
	利息偿还倍数	息税前利润/利息费用	9.61	6.66	1.44	1	3
成长性	销售收入增长率	销售收入增长额/上年销售收入	0.30	0.21	1.44	1	3
	净利润增长率	本年净利润增长额/上年净利润	0.33	0.22	1.49	1	3
	权益资本增长率	本年权益增长额/年初权益总额	0.16	0.12	1.30	1	3

注：数据来自网易财经。

通过该公司与以前年度和同行业的四维分析，得出以下结论：

（1）春秋航空的资产质量和流动情况较好，资产负债结构合理。航空运输业作为一个高负债的行业，资产负债率普遍较高，但是春秋航空同国内主要航空公司平均水平相比，仍然保持优势。保持较好的偿债能力，应收账款所占的比重较少，回款速度快，所有者权益金额也在不断增加。

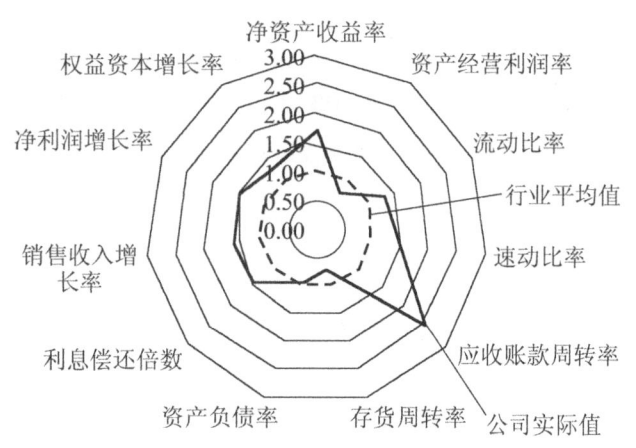

图9-15 "春秋航空"与同行业对比的四维分析

（2）春秋航空的短期偿债能力、长期偿债能力和营运水平比较好。各项资产的周转速度也比较快，获取现金能力较强，优于国内主要大型航空公司的平均水平，但营运指数上也有不足之处。

（3）从成长能力来看，春秋航空正处于快速扩张阶段，成长很快，各项指标增长明显。收入方面和利润方面都较其他大型航空公司有更快的环比增长速度。

四、基于"战略矩阵"对公司未来发展进行分析

春秋航空目标客户的定位是"游客和商务旅行者"等对价格比较敏感的消费人群,提出提供乘客安全、低廉的价格,准时、方便和温暖的航空运输服务运营理念。春秋航空公司目前所面临的内外部环境中,拥有显著的成本控制优势和外部机会,从上文财务分析可看出,春秋航空公司采取的是成本领先战略和差异化战略。

(一)战略矩阵分析

由表9-9、表9-10、表9-11财务战略数据分析得出图9-16:近三年春秋航空战略矩阵分析图。通过对矩阵的分析,我们可知该项公司近三年来均处在第二象限,处于增值型现金剩余的发展状态,企业可以持续为股东创造价值,但是增长缓慢,自身经营产生的现金超过销售增长所需要的现金,会导致现金剩余。

表9-9 财务战略数据分析(1) 单位:元

年份	净利润	利息费用	所得税	投入资本
2015	1 327 858 772	203 449 476	476 163 416	16 028 988 804
2016	950 518 951	403 618 074	333 019 049	19 646 560 632
2017	1 261 581 542	305 322 854	389 748 161	20 602 424 202

注:数据来自春秋航空2017年利润表。

表9-10 财务战略数据分析(2) 单位:元

年份	主营业务收入	所有者权益	留存收益	WACC
2014	7 327 613 512	3 553 290 072	2 973 587 433	—
2015	8 093 972 545	6 539 779 044	4 205 446 205	4.05
2016	8 429 404 272	7 323 489 812	4 987 965 156	3.8
2017	10 970 589 893	8 463 901 220	6 121 453 898	3.8

注:数据来自春秋航空2017年利润表。

表9-11 财务战略数据分析(3)

年份	2015	2016	2017
EBIT(元)	2007471664	1687156074	1956652557
ROIC	0.125240069	0.085875391	0.094971958
销售增长率	0.104585078	0.041442163	0.301466811
EVA(%)	8.47	4.79	5.7
销售-可持续(%)	-107.89	-72.13	-53.44

注:数据为作者计算所得。

截止到 2017 年末，春秋航空共运营 70 余架空客飞机，其中自购 40 余架，融资性租赁 1 架，经营性租赁 37 架飞机，平均机龄 4.1 年，同期的吉祥航空共运营 83 架飞机。春秋航空公司机队规模和吉祥航空非常接近。一方面，应利用剩余现金扩大机队规模，同时拓展新的航线，扩大业务范围；另一方面，进一步控制成本和费用，制定成本费用控制模型，将费用控制尤其是管理费用的控制与项目、部门绩效挂钩，将成本费用的控制落到实处。

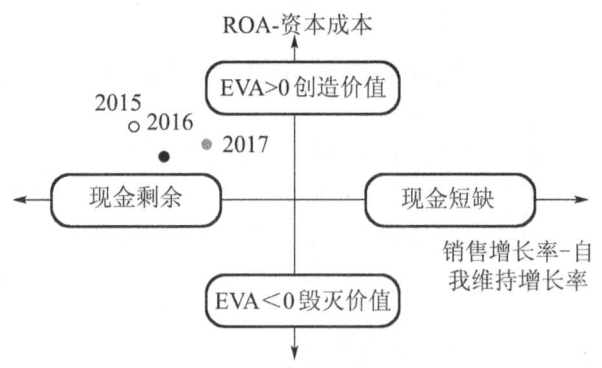

图 9-16　近三年春秋航空战略矩阵分析图

测试债权、股权融资比例和公司盈利之间的关系，选择最优的债权、股权融资结构。寻找合适的投资机会，进行相关领域的收购或增加投资来进行多元化经营，以实现全面快速发展。

五、问题讨论

1. 财务报表分析有什么作用？
2. 春秋航空营业收入 2015—2016 年缓慢上升，2016—2017 年显著上升的原因是什么？
3. 营业收入增加，但净利润变化幅度不大的原因是什么？
4. 财务战略矩阵对公司有哪些启示？
5. 廉价航空的核心竞争力有哪些？
6. 春秋航空应该如何选择今后的战略布局？

六、参考资料

[1] 高宜宜. 论财务报表分析的作用及问题 [J]. 现代经济信息.

[案例说明书]

一、本案例需要解决的关键问题

本案例旨在加强学员对财务报表分析的认识，使学员了解如何分析公司财务指标，进一步了解公司过去和现在的偿债能力、盈利能力和成长性水平。另外，在学员理解和掌握财务报表分析的基础上深入了解经营情况、公司获取利润的能力、存在的财务风险，引导学员共同探讨该公司应如何进行未来的战略选择。

二、案例讨论的准备工作

（一）理论

为讨论本案例，学员应了解以下理论：
（1）比较分析法；
（2）四维分析法；
（3）财务战略矩阵；
（4）雷达图的分析方法。

（二）行业背景

在国内经济稳健增长、人们出游需求持续提升的背景下，中国航空运输业 2017 年表现良好，民航主要运输指标稳中有升，全行业完成运输总周转量 1 083 亿吨公里、旅客运输量 55 157 万人次、货邮运输量 706 万吨，同比分别增长 12.5%、13.0% 和 5.7%。民航旅客周转量在综合交通运输体系中的比重达到 29.0%，较 2016 年上升 2.3 个百分点，在综合交通运输体系中的地位和作用逐步提高。

（三）制度背景

1. 民航市场化改革

中国民航"十三五"发展规划（以下简称"规划"），编制完成；

2015 年 12 月，民航局发布《关于推进民航运输价格和收费机制改革的实施意见》；

2017 年 12 月，民航局和国家发展改革委员会下发《关于进一步推进民航国内航空旅客运输价格改革有关问题的通知》；

2018 年 1 月，民航局下发《民航航班时刻管理办法》。

三、案例讨论的关键问题

（一）本案例讨论的关键问题

（1）财务报表分析有什么作用？
（2）春秋航空营业收入 2015—2016 年缓慢上升，2016—2017 年显著上升的原因是什么？

(3) 营业收入增加，但净利润变化幅度不大的原因是什么？
(4) 财务战略矩阵对公司有哪些启示？
(5) 为什么春秋航空能在同行业中脱颖而出？

（二）本案例讨论的问题

1. 财务报表分析有什么作用？

（1）从企业层次来看，财务报表分析主要包括对企业盈利能力、偿债能力及资产运营能力的分析。通过这些分析，企业管理者可以直接了解到企业相关能力及经营情况的现状，并发现其中存在的问题从而制定出正确的决策，有效提高经营者的管理水平。

（2）财务报表是投资人实施决策的重要工具。投资者通过财务报表分析中企业盈利能力及偿债能力的相关数据，可以对其投资后的相关收益和所受风险进行预测，并有助于其决策是否进行下一轮投资。

（3）促进企业提高经营管理水平。企业管理者通过对财务报表分析的有效使用，可以明确影响其经营现状的各种因素，并进一步划清各种经营环节中的主体责任。

2. 春秋航空营业收入2015—2016年缓慢上升，2016—2017年显著上升的原因？

宏观经济：2017年全球劳动力市场持续改善，物价水平温和上升，国际贸易量价齐升，促进了一些国家经济复苏，从而带动世界经济增速的回升，全球经济增长率持续下降趋势结束。中国已成为全球增长最快、最具潜力的消费市场，对世界消费增长的年均贡献率排名世界第一。同时，中国已连续多年保持世界第一大出境旅游客源国地位，2017年中国公民出境旅游1.3亿人次，比上年增长7%，国际旅游支出达1 152.9亿美元，增长5%。

行业发展：在国内经济稳健增长、人们消费出游需求持续提升的背景下，中国航空运输业2017年表现良好，民航主要运输指标稳中有升。

3. 营业收入增加，但净利润变化幅度不大的原因是什么？

我国航空运输业的利润水平波动较大，主要受到国际原油价格动荡、人民币汇率波动、重大突发性事件（如流行病疫情、雪灾、地震等）和其他特别事项等因素的影响。2017年，人民币结束了相对美元从2014年开始连续三年的贬值态势，升值幅度近6%；国内市场出行需求仍然旺盛，但受制于一二线市场增速放缓，供需差扩大带来收益提升；出境旅游需求持续增长，国际航线稳中有升；货运市场出现明显回暖；虽然油价创2015年至2017年的最高水平，但全行业仍有望创造十年来利润新高。

第Ⅱ象限(增值型现金剩余) EVA>0 销售增长率<可持续增长率，能够为股东创造新价值、现金剩余	第Ⅰ象限(增值型现金短缺)EVA>0 销售增长率>可持续增长率，能够为股东创造新价值、现金短缺
第Ⅲ象限(减损型现金剩余)EVA<0 销售增长率<可持续增长率，不能够为股东创造新价值、现金剩余	第Ⅳ象限(减损型现金短缺)EVA<0 销售增长率>可持续增长率，不能够为股东创造新价值、现金短缺

4. 财务战略矩阵对公司有哪些启示？

如果企业坐落在战略矩阵第一象限，建议其减少股利，通过发行新权益、增加借款等方式筹集资金，通过淘汰边际利润低和资产周转率低的产品来使销售成本增长降至可接受的水平；如果企业坐落在第二象限，建议其通过发起新投资、获取新业务等促进使用剩余现金加快增长，通过增加股利支付和回购股利；如果企业坐落在第三象限，建议其分配剩余现金，通过扩大市场份额、控制费用以提高营业利润率等方式提高资产管理效率；如果企业处于第四象限，建议尝试彻底重组。

5. 廉价航空的核心竞争力有哪些？

我国廉价航空处于快速发展的阶段，先后有春秋航空、西部航空、中联航、九元航空、成都航空、祥鹏航空等进入低成本航空的大家庭。其中春秋航空作为国内廉价航空典型的代表深入民心。面对如此低廉的票价，是什么样的核心竞争力使廉价航空发展如此迅速？我们可以将廉价航空的核心竞争力分为三部分：规模竞争力、发展竞争力、成本竞争力。

在廉价航空的核心竞争力上，选择单一机型来控制人力成本，同时提高座位数，利用营销手段换取更多的客座率，在飞机日利用率高的情况下缩减运行成本，使得廉价航空在航空运输业中拥有极强的生存能力。

6. 春秋航空应该如何选择今后的战略布局？

目前以春秋航空为代表的中国本土低成本航空公司，在中国仍面临着一些体制机制制约和发展瓶颈。由于其对传统的全服务航空公司带来冲击，客观上促进了我国民航运输业向更加合理健康的方向发展，在中国，低成本航空发展前景良好，更加需要通过坚持成本领先战略和差异化战略来推动企业健康长远发展。

四、教学组织方式

1. 课时分配（90—120 分钟）

本案例的正文及讨论问题，在讲授有关知识点之后、案例讨论课之前至少提前一周一次性布置给学员。在案例讨论课上可以按照如下的课堂计划进行分析和讨论。

内容	主讲人	时间	说　明
课前准备	教师	—	至少提前一周发放资料，请学员在课前完成阅读和初步思考
讨论问题	分组讨论	20—25 分钟/每个问题	学员自由发言，教师参与讨论并帮助分析
案例总结	教师、学员	10—15 分钟	学员自由发言，教师进行总结

2. 讨论方式

本案例拟采取小组式的讨论方式。

3. 课堂讨论总结

课堂讨论总结的关键是：根据小组发言与辩论情况进行归纳总结，教师就学员的讨论情况进行点评，就如何运用理论知识去解决实际问题和提出建议，并引导学员对案例后续发展做出展望，在课后继续跟踪最新进展。

案例 10

小米敲门港交所"尝鲜"同股不同权*

---

*1. 本案例由广东工业大学管理学院的王永霞撰写,作者拥有著作权中的署名权、修改权、改编权。
2. 本案例授权广东工业大学产教融合 MPAcc 教学智库实验平台使用,广东工业大学产教融合 MPAcc 教学智库实验平台享有复制权、修改权、发表权、发行权、信息网络传播权、改编权、汇编权和翻译权。
3. 由于企业保密的要求,在本案例中对有关名称、数据等做了必要的掩饰性处理。
4. 本案例只供课堂讨论之用,并无意暗示或说明某种管理行为是否有效。

[案例封面]

适用课程： 财务管理理论与实务
选用课程： 财务会计理论与实务
编写目的： 通过 IPO 上市筹集资金是企业财务管理管理活动的重要内容之一，我国企业现在不仅在国内资本市场融资，还到境外资本市场如美国、新加坡、中国香港等资本市场融资。本案例旨在引导学员思考同股不同权的原因，结合案例了解港股首例同股不同权的小米集团的股权结构，同时引导学员比较小米集团的财务指标与传统企业财务指标的不同。根据本案例资料，学员可以思考在经济全球化及我国经济步入新常态的大背景下，上市公司如何到国际资本市场融资，如何遵循国际惯例；学员还可以思考独角兽之类的上市公司有什么样的盈利模式。
知 识 点： IPO 股权结构盈利模式的财务指标
关 键 词： 同股同权；同股不同权；独角兽企业；小米集团
中文摘要： 本案例着重引导学员深入理解企业的股权结构，同股同权与同股不同权有哪些不同？借助案例引导学员了解我国境内资本市场与中国香港资本市场 IPO 条件的不同。小米集团成为港股首例同股不同权的上市公司，它有什么样的股权结构，它的财务指标与传统企业相比有哪些特点？通过学习，要求学员掌握灵活运用所学知识分析实际发生事件的方法，从而提高运用知识解决实际问题的能力。

[案例正文]

独角兽企业近来备受关注,国内外机构相继发布"独角兽"企业榜单和指数。中美两国是独角兽企业最重要的酝酿地。目前,独角兽企业平均估值最高的是美国,捕获了最多"独角兽"。根据全球四大榜单所涉及的 252 家"独角兽"企业,美国有 137 家,占 54%。中国独角兽企业数量紧随其后。

这与技术创新和应用市场规模密切相关。中国是全球最大的互联网市场,有超过 7 亿网民,为独角兽企业成长提供了肥沃的土壤;美国硅谷乃是集中全球前沿科技的地方,围绕某项关键技术进行产品开发是美国独角兽企业的优势。中美两国拥有全球最多的信息技术人才,这为独角兽企业快速成长提供了保障。中美两国基础设施相对较好,也为"互联网+"、物流等新兴领域企业爆发式增长提供了可能。另外,近年来中国出台的各类鼓励"双创"政策,很大程度上促进了以独角兽企业为代表的创新型企业的大量涌现。"互联网+"是中国独角兽企业集聚的领域,而美国独角兽企业则更多元化。

独角兽企业创新能力强,对市场的把握比较准确,对知识、信息的利用整合能力也很强,是"新经济"的重要组成部分。笔者对独角兽企业的经营模式与盈利模式都非常关注。小米集团的盈利能力具有可持续性吗?作为港股首例"同股不同权"的准上市公司,小米集团的盈利模式又是怎样的呢?本案例着重对上述内容进行研究。

一、案例背景

(一)"独角兽"简介

独角兽是古老神话传说中的一种稀有且高贵的生物,它形似白马,头顶螺旋角。无论在东方还是西方的传说故事中,独角兽的出现总象征着好运到来。

"独角兽"企业的概念最先由美国著名 Cowboy Venture 投资人 Aileen Lee 于 2013 年提出,指那些具有发展速度快、稀少、是投资者追求的目标等属性的创业企业。划分标准是创业十年左右,企业估值超过 10 亿美元,其中,估值超过 100 亿美元的企业被称为超级独角兽。

"独角兽"概念提出后,迅速在全球科技界和投资界得到了认可。我国科技部火炬中心榜单中确定的中国独角兽企业标准如下:

(1)在中国境内注册的,具有法人资格的企业;

(2)成立时间不超过十年(2007 年及之后成立);

(3)获得过私募投资,且尚未上市。

2018 年 3 月 23 日,科技部火炬中心公布"中国独角兽企业"名单。《2017 中国独角兽企业发展报告》显示:2017 年,中国独角兽企业共 164 家,新晋 62 家,总估值达 6284 亿美元。排名第一的为蚂蚁金服,估值为 750 亿美元,占总估值的 12%;排行前 10 名的企业为 10 个超级独角兽,占总估值的 53%,一定程度反映了一级市场资本和技术力量的高度集中,如表 10-1 所示。

表 10-1 2017 年中国独角兽企业估值排行前十名

排行	企业名称	估值（亿美元）	所属行业	成立年份	所在地
1	蚂蚁金服	750	互联网金融	2014	杭州
2	滴滴出行	560	交通出行	2012	北京
3	小米	460	智能硬件	2010	北京
4	阿里云	390	云服务	2009	杭州
5	美团点评	300	电子商务	2010	北京
6	宁德时代	200	新能源汽车	2011	宁德
7	今日头条	200	新媒体	2012	北京
8	菜鸟网络	200	物流	2013	深圳
9	陆金所	185	互联网金融	2011	上海
10	借贷宝	107.7	互联网金融	2014	北京

注：数据来自科技部火炬中心《2017 中国独角兽企业发展报告》。

（二）独角兽企业的特点

1. 行业分布

从创新形态来看，我国独角兽企业主要可以分为平台生态型和技术驱动型。平台生态型主要基于互联网来搭建平台，通过互联网平台实现流量的变现。从行业来看，榜单中以互联网为载体开展业务的企业多集中于文化娱乐、电子商务、汽车交通和科技金融等领域。技术驱动型是以高科技为主要推动力，例如大数据、云计算、人工智能、区块链技术等，代表企业多为高新制造业。

目前，我国行业在评判独角兽企业的估值时，也会考量其是否属于新技术、新产业、新业态、新模式的"四新"产业。除了要有一定的成长空间和潜在价值之外，考虑到我国上市制度支持新经济和资本市场支持实体经济的共通性，这些企业还应处于新兴行业的龙头位置，并且能够有效拉动区域经济，带动实体经济就业，成为新经济强大支撑力的一分子。

相比 2014 年科技部火炬中心发布的榜单，2014 年至 2018 年，我国独角兽企业数量激剧增长，平均每年新增 19 家独角兽企业，增长呈指数变化。这也反映我国新创企业具有成长周期短、创新能力强、爆发集中等特点，如图 10-1 所示。

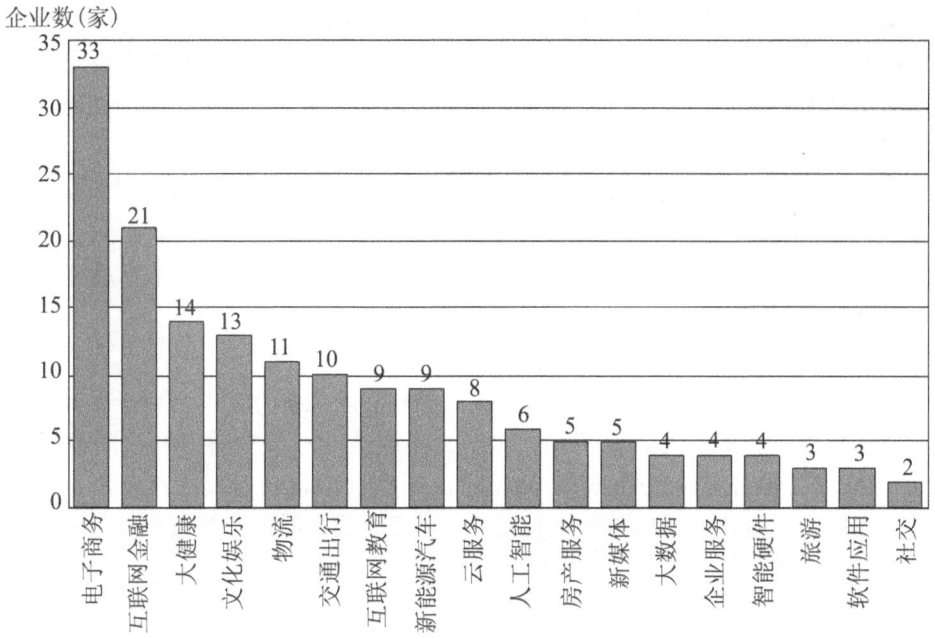

图 10-1 独角兽企业行业分布

注：数据来自科技部火炬中心《2017中国独角兽企业发展报告》。

2. 地理分布

从地理分布来看，近九成的独角兽企业聚集在"北、上、深、杭"四大城市，其中北京以 70 家企业位列第一，如图 10-2 所示。除此之外，武汉以 5 家独角兽企业排行第五。整体看来，北京以 2764 亿美金的整体估值领先于其他城市。有趣的是，虽然上海独角兽企业数量是杭州的两倍，但是其整体估值却低于杭州。上海独角兽企业的整体估值为 1027 亿美元，杭州的整体估值为 1419 亿美元。深圳以 529 亿美元排名第四。"北、上、深、杭"四大城市独角兽企业的整体估值占总估值的 91.34%。

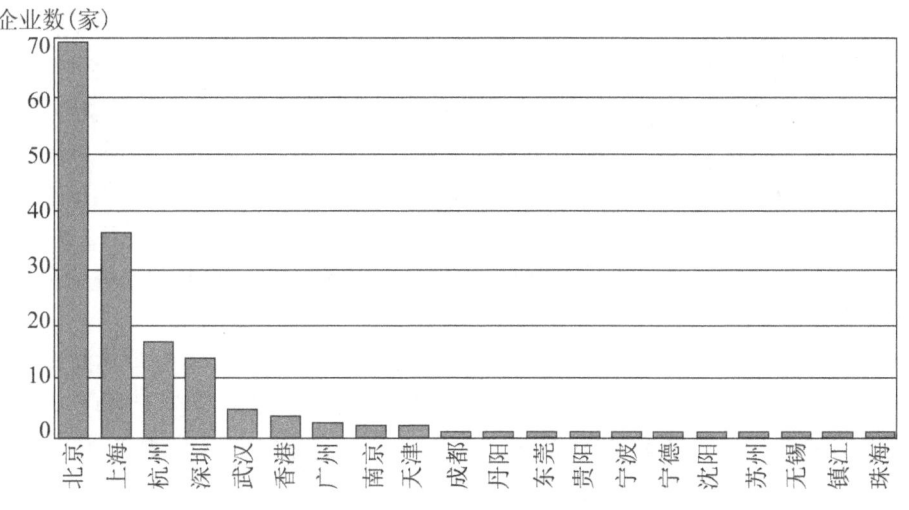

图 10-2 独角兽企业地区分布

注：数据来自科技部火炬中心《2017中国独角兽企业发展报告》。

众多独角兽企业聚集在"北、上、杭、深",首先是因为这些城市经济科技较发达,政府政策鼓励创新,扶持力度大;其次这些城市拥有大量人口,人才流动趋向明显;再次,这些城市拥有许多科创企业,为城市带来整体创新氛围,例如杭州的阿里巴巴集团。杭州独角兽企业 17 家,其中多半围绕阿里生态圈展开。

但是,四地各自的发展领域有所不同。受益于现有地理环境下的城市创新氛围,北京独角兽企业超 65%集中在风口领域,如互联网金融、大数据、人工智能方面;上海独角兽企业一半以上为新型"互联网+"企业;深圳独角兽企业 50%为技术驱动型;杭州则以电子商务和互联网金融为主。

3. 平台孕育

中国独角兽企业的成长离不开平台型企业的孕育。新经济背景下,裂变拆分成为中国独角兽企业的新晋或产生方式。2017 年,由平台型企业业务裂变拆分而来的独角兽企业共 36 家,占中国独角兽企业总数的 28.35%。依托平台型企业强大的资金积累、资源整合和系统管理能力,孵化出的独角兽企业展现出爆发式成长特征。热衷于孵化独角兽的平台包括阿里巴巴、腾讯、京东、中国平安等。

在当前企业生态化的趋势下,独角兽企业已经成为企业生态链的重要构成。通过自孵化以及战略投资的方式,平台型企业能够建构一个完整的生态系统。从榜单中可以看出,约一半的企业或多或少与 BAT 有关,其中,与阿里巴巴有关联的 27 家,与腾讯有关联的 37 家,与百度有关联的 16 家;与三者都有关联的三家,分别为饿了吗、滴滴出行和汽车帮。

(三) 独角兽企业的盈利模式

自 2018 年开年起,中国资本市场拥抱独角兽企业的态势已经清晰,2018 年或将开启资本市场的独角兽新时代。证监会为估值超 10 亿美元且创办时间不太长的独角兽企业开辟在 A 股上市的绿色通道。2018 年 2 月 28 日,有消息称证监会发行部对相关券商做出指导:在包括高端制造、生物科技、人工智能和云计算在内的 4 个行业中,如果有独角兽企业客户,立即向发行部报告,符合相关规定者,可以实行即报即审,不用排队。

消息传出,独角兽企业受到了中国资本市场的高度关注,最新独角兽企业 TOP100 名单也诞生。创业家&i 黑马从互联网、人工智能、智能制造、生物医药等领域,综合了企业行业地位、融资情况等条件,筛选出 100 家公司,出品了《2018 中国独角兽 TOP100》榜单。入榜企业或者是已处于行业龙头的成长迅速的领先企业,或者是虽然成立时间不算久,但拥有技术优势、具备高速发展潜力的创新型公司,均为具备高估值的独角兽公司。然而,除了所处行业和企业估值,作为上市硬指标的企业盈利,也是判断独角兽企业是否优质的重要标准。

根据 A 股 IPO 要求,对于主板和中小板而言,最近 3 个会计年度净利润为正数且累计超过人民币 3000 万元;创业板需要两年连续盈利,净利润累计不少于 1000 万元,或最近一年盈利且营业收入不少于 5000 万元。虽然独角兽企业将有"快速通道",但企业盈利水平仍然是十分重要的准入门槛。

很多新兴产业公司在创业前期都需要巨大的研发投入,在产品完全商业化前盈利能力较差,甚至完全不能盈利。大部分独角兽企业都难以跨过"连续 3 年净利润超过 3000 万元"的门槛。事实上，在美股上市的京东、特斯拉、亚马逊等都是连年亏损的。海外投资是独角兽企业重要融资来源，比如腾讯和阿里第一大股东都是外资。

如今，数据已经成为每一个行业和各种业务职能领域重要的生产因素和变革力量，从数据中也可以看出民众消费模式的改变，从传统到智能的消费变革升级是时代所需。从国内外互联网巨头的投资动向不难看出，传统盈利的大数据公司已经开始涉及硬件公司，而硬件正是连接线上线下的重要载体。独角兽企业由于很好地利用了互联网载体，掌握了海量消费者数据，利用数据驱动业务发展，流量变现是他们最好的盈利方式。

二、案例成长历程

（一）创始人的创业过程

2010年，1969年出生的雷军已经迈入了不惑之年。在外界看来，这位曾在金山工作了整整16个年头，期间完成了金山的IPO上市工作，但在金山成功上市两个月之后离开金山的企业家完全可以安逸地享受人生了，但是雷军心里始终有一个放不下的梦想，这个梦想促使他在40岁后从零开始再创业。

据雷军自己所说，他从金山时期起就是个不折不扣的手机控，16年里总共用过53部手机。不过，这个手机控从什么时候开始有了涉足手机行业的念头，并无明确的时间点。

2010年4月，雷军与原Google中国工程研究院副院长林斌、原摩托罗拉北京研发中心高级总监周光平、原北京科技大学工业设计系主任刘德、原金山词霸总经理黎万强、原微软中国工程院开发总监黄江吉和原Google中国高级产品经理洪峰六人，联合创办小米科技并于2011年8月公布其自有品牌手机小米手机。

雷军从一开始就决定要打破手机硬件行业的游戏规则。他是一个在互联网领域屡战不休，又曾被放逐的人，这一次，他选择用互联网的方式来做手机硬件。

在当时，国内智能手机市场主要有两种生态：一是高价格高性能，如苹果和三星；二是低价格低性能，如酷派等国产安卓机以及众多山寨机。如果小米能够把握这中间的空白地带，以低价格高性能好服务的姿态进入，是能够借这一股智能手机的风暴迅猛发展的。

雷军心中已有一张大致的前进蓝图：搭建一个融合谷歌、微软、摩托罗拉和金山的专业团队；先做移动互联网，至少一年之后再做手机；用互联网的方式做研发，培养粉丝，塑造品牌形象；手机定位是发烧友手机，坚持做顶级配置并强调性价比；手机销售不走线下，在网上销售；在商业模式上，不以手机盈利，借鉴互联网的商业模式，以品牌和口碑积累人群，把手机变成渠道。接下来，小米科技将沿着这条预设的轨道坚定地走下去。

小米推出的第一款产品并非手机，而是基于安卓系统的MIUI手机操作系统。自2008年第一部安卓智能手机发布以后，谷歌公司推出的安卓系统迅速被用户接受，成为了与苹果IOS系统并驾齐驱的手机操作系统。与IOS系统不同，安卓系统是开源的，在获到谷歌授权后，第三方手机商可使用、优化和再次开发这个系统。小米公司根据中国人习惯，将原生系统进行了深度优化、定制和开发，全面改进了其原生体验，让用户上手操作更容易。相比从头打造一条完整的手机生产供应链，对安卓系统进行深度研制，无论从难度还是资金投入上都要划算得多。此外，小米通过MIUI系统积累了可观的用户群，为小米手机问世打下了很好的基础，大大降低了市场风险。MIUI先行起到了一举多得的作用。

小米公司自创立之初就开始积攒社会化营销的经验。在 MIUI 早期,"米粉"正是通过论坛一点点成长起来。在"零预算"的前提下,黎万强首先在借鉴 MIUI 论坛的基础上,建立了小米手机论坛,论坛是小米社会化营销的大本营。后来,小米团队将营销又逐步试水到微博、微信、QQ 空间等社会化新媒体。小米的社会化营销让原本单向、线性的电商交流模式变得更具多向、网状、互动属性,充分体现了依靠口碑和社交圈进行品牌扩散和营销的特点。

8 年前,小米以互联网模式做手机,一度掀起业界前所未有的热潮。随之,大批模仿者跟随,造就"互联网公司都来做手机"的盛况,可以说是小米带领我们走进一个新的互联网手机时代。

(二) 小米集团的发展过程

2010 年 4 月 6 日,小米公司成立。

2010 年 8 月,MIUI 首个内测版发布;同年 12 月,米聊 Android 内测版正式发布。

2011 年 8 月,小米手机发布会暨 MIUI 周年粉丝庆典在 798 举行,国内首款双核 1.5G 手机小米手机 1 正式发布。

2012 年 8 月,小米手机 2 正式发布,成为小米手机史上最经典的一款机型。

2013 年 7 月,红米手机发布,让市场中的千元机开始拼配置。同年 9 月,小米电视和小米手机 3 正式发布。此时的小米手机业务已初具规模,小米生态链团队应运而生。

2014 年 3 月,红米 Note 发布;同年 5 月,小米平板发布;同年 7 月,小米手机 4 发布。

2015 年 1 月,小米 Note 发布;同年 2 月,MIUI 全球激活用户数量超过 1 亿。

2016 年 2 月,小米手机 5 发布;同年 7 月,红米 Pro、小米笔记本正式发布;同年 9 月小米支付上线;同年 10 月,小米 Note2、小米 MIX 发布。

2017 年 2 月,小米芯片澎湃 S1 发布,搭载自研芯片的小米 5C 发布;同年 3 月,小米电视 4A 发布;同年 4 月,工艺巅峰之作小米手机 6 发布;同年 9 月,小米 MIX 2 全面屏手机发布、小米 Note 3 和小米笔记本 Pro 同时发布;同年 12 月,千元全面屏手机红米 5 和红米 5 Plus 发布。

2018 年 1 月,小米与 Oculus 联手在 CES 2018 大展共同发布了小米 VR 一体机和 Oculus Go;同年 3 月 16 日,AI 双摄像头红米 Note 5 发布,同年 3 月 27 日,小米 MIX 2S 发布、小米游戏本和小米小爱音箱 mini 同时发布。

2018 年 5 月 3 日,小米集团在港交所递交上市招股书,有望成为港交所允许第一家"同股不同权"的上市公司。

(三) 小米集团简介

小米公司正式成立于 2010 年 4 月,是一家专注于高端智能手机、互联网电视以及智能家居生态链建设的创新型科技企业。

"让每个人都能享受科技的乐趣"是小米公司的愿景。小米公司应用互联网开发模式开发产品,用极客精神做产品,致力于让全球每个人都能享用来自中国的优质科技产品。

小米公司自创办以来,保持了令世界惊讶的增长速度,小米公司在 2012 年全年售出手机 719 万台，2013 年售出手机 1870 万台，2014 年售出手机 6112 万台。

小米公司在互联网电视机顶盒、互联网智能电视，以及家用智能路由器和智能家居产品等领域也颠覆了传统市场。截至 2016 年年底，小米公司旗下生态链企业已达 77 家，其中紫米科技的小米移动电源、华米科技的小米手环、智米科技的小米空气净化器、万魔声学的小米活塞耳机等产品均在短时间内迅速成为影响整个中国消费电子市场的明星产品。

2016 年 3 月 29 日，小米公司对小米生态链进行战略升级，推出全新品牌 MIJIA，中文名为"米家"，理念是"做生活中的艺术品"。小米生态链建设将秉承开放、不排他、非独家的合作策略，和业界合作伙伴一起推动智能手机的发展。

（四）小米集团商业模式

1. 运营模式

小米的运营模式与传统手机厂商如中兴、华为、酷派、联想完全不同。小米采取的是轻资产运营模式，自己负责研发、设计、售后服务等，生产、物流配送环节全部外包。外包形式减少了固定成本的投入和摊销，甩开了最重、最积压资金的部分。

在产品研发和设计上，小米用户的参与度非常高，整个过程可以说是由小米研发人员和用户共同完成的。这也与传统手机厂商完全不同。

在存货和供应链管理上，小米借鉴了"按需定制"的戴尔模式，力图实现零库存、按需定制。每周二中午 12 点，小米网都会放出一批手机产品，具体型号和数量提前在论坛发布，这个数字是由小米仓储中心反馈的库存数据决定的。在每周二中午 12 点之前，有购买意愿的消费者都需要提前填写信息、进行预约，才能在当天进行抢购。

这个预约数字是小米重要的生产计划制定指标之一，基于这个指标以及当周销售额、百度指数、论坛帖子数量等，小米公司的会计算出三个月之后的产量和开放购买的数量，并制作出相应的生产计划表，之后则根据计划表进行零部件的采购，如向夏普采购屏幕、向高通采购芯片、向索尼采购摄像头等，共计采购 600 多种元器件，最后再由英华达和富士康代工生产。

小米的销售方式也与传统手机厂商不同，小米以电商渠道为主，除了自己的电商网站外，小米产品也在京东、淘宝商城（天猫）等电商平台上销售。小米手机 1 推出的时候，其物流和配送是由凡客诚品全资自建的配送公司如风达负责，之后顺丰、申通、圆通、邮政等也成了小米的第三方配送公司。线下方面，除了自己的线下店，小米还借力电信运营商的线下渠道。

2. 商业模式

雷军曾对外解释，小米本质上是一家以手机、智能硬件和 IOT 平台为核心的互联网公司，也就是"铁人三项"商业模式：硬件＋互联网服务＋新零售。

硬件方面，招股书中写道，目前小米是全球第四大智能手机制造商，并且创造出众多智能硬件产品，其中多个品类销量第一。小米还建成了世界上最大的消费级 IOT 平台，连接了超过 1 亿台智能设备（不含手机和笔记本电脑）。2017 年按连接数量计算，小米的消费级 IOT 硬件全球市场份额为 1.7%，其后是苹果（0.9%）、亚马逊（0.9%）、三星（0.7%）和谷歌（0.6%）。

除了手机，小米布局的智能家居生态链已经初具规模。按照当初雷军的计划，五年时间孵化100家智能硬件公司,目前小米生态链企业投资正在接近当初预期的目标。据官方数据显示,截至2017年6月30日,小米已经投资了89家。

新零售方面,有小米商城、全网电商、小米之家、有品四个板块。据IDC统计,2017年第四季度,小米公司在中国大陆和印度的线上智能手机出货量均排名第一。自2015年以来,小米公司通过自营的小米之家门店扩大了线下零售直销网络。高效的全渠道新零售分销平台是小米增长策略的核心组成部分,使小米能够在高效运营的同时拓展用户覆盖范围并增强用户体验。

互联网服务已成为小米盈利的重要来源,2015年、2016年、2017年,小米互联网服务收入分别为32.4亿元、65.4亿元、98.9亿元,年复合增长率达74.7%。2015年、2016年、2017年,小米互联网服务毛利分别为20.8亿元、42.1亿元、59.6亿元,年复合增长率69.3%。

其他板块方面,小米拥有庞大且高度活跃的全球用户,还有MIUI、互娱、云服务、金融等板块。数据显示,截至2018年3月,小米用户每天使用小米手机的平均时间约4.5小时,MIUI每月活跃用户超过了1.9亿户,用户规模、活跃度、使用时长等指标均达到国际一流互联网公司水平。

3. 股权结构

招股书披露,小米上市的主体是"小米集团",也就是说是小米的全部整体上市,包括了小米科技、小米金融等按业务划分的子公司,以及小米印度、小米新加坡等按地域划分的子公司,在开曼群岛注册成立,以不同投票权控制。

小米建议采用不同投票权架构。根据该架构,公司股本将分为A类股份和B类股份。对于提呈公司股东大会的任何决议案,A类股份持有人每股可投10票,而B类股份持有人每股可投1票,极少数与保留事项有关的决议案投票除外,在此情况下,每股股份享有1票投票权。

招股说明书显示,目前,小米董事会共有7名董事,包括两名执行董事、两名非执行董事及三名独立非执行董事。其中,小米公司创始人、董事长兼CEO雷军持股31.41%,联合创始人、总裁林斌持股13.33%,联合创始人、品牌战略官黎万强持股3.24%,如图10-4、图10-5所示。雷军作为公司执行董事、董事会主席兼首席执行官,其持股比例为31.41%,如计入总股本ESOP员工持股计划的期权池,则他的持股比例为28%。通过双重股权架构,雷军的表决权比例超过50%,为小米集团控股股东。

港交所"同股不同权"新政刚出,小米立马提交招股书,说明其为上市已经筹备了很久。同股不同权,意思是管理层掌握的一部分股票的投票权远大于普通股,最高可达"1股顶10股"。理论上,小米管理层最少只要拥有9.1%的特殊股权,就可以保障投票权超过51%,从而掌握公司控制权。在这样的模式下,雷军可以在掌握少数股权的情况下依旧能够控制公司,一定程度上保证了管理层的权利。

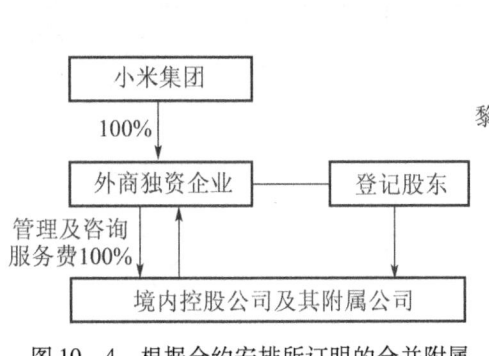

图 10-4 根据合约安排所订明的合并附属实体对小米集团的经济利益流向①

注：数据来自小米招股说明书。

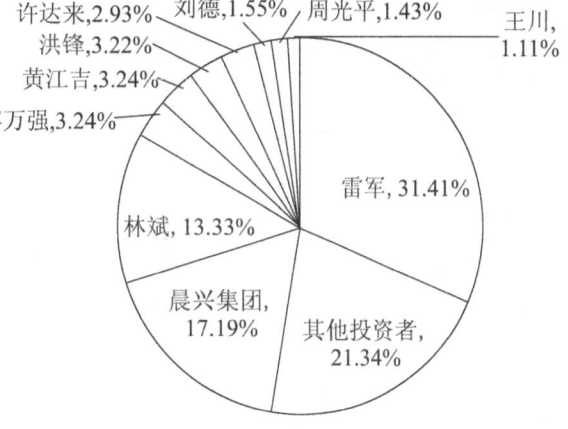

图 10-5 小米集团股权比例

注：数据来自小米招股说明书。

（五）小米集团财务指标

（1）小米集团资本结构，如表 10-2 所示。

表 10-2 小米集团资本结构

	2017 年年报	2016 年年报	2015 年年报
资产负债率（%）	241.55	281.34	321.37
权益乘数	-0.71	-0.55	-0.45
产权比率	-1.71	-1.55	-1.45
流动资产/总资产（%）	68.03	60.35	63.76
非流动资产/总资产（%）	31.97	39.65	36.24
流动负债/负债合计（%）	21.71	18.25	13.09
非流动负债/负债合计（%）	78.29	81.75	86.91
归属母公司股东的权益/投入资本（%）	-163.13	-225.07	-289.75

注：数据来自东方财富网。

（2）小米集团偿债能力，如表 10-3 所示。

表 10-3 小米集团偿债能力

	2017 年年报	2016 年年报	2015 年年报
流动比率	1.30	1.18	1.52
速动比率	0.95	0.85	0.99

---

① 登记股东指境内控股公司的登记股东，即北京瓦力文化、美卓软件设计、小米科技、北京多看、北京瓦力网络、小米影业、北京小米电子软件。

续上表

	2017年年报	2016年年报	2015年年报
货币资金/流动负债（%）	25.01	37.10	55.47
营业利润/流动负债（%）	25.92	14.52	8.34
经营活动产生的现金流量净额/流动负债（%）	-2.11	17.39	-15.80
归属母公司股东的权益/负债合计（%）	-58.63	-64.55	-68.94
经营活动产生的现金流量净额/负债合计（%）	-0.46	3.17	-2.07
营业利润/负债合计（%）	5.63	2.65	1.09

注：数据来自东方财富网。

（3）小米集团盈利能力，如表10-4所示。

表10-4 小米集团盈利能力

	2017年年报	2016年年报
销售毛利率（%）	13.22	10.59
销售净利率（%）	-38.29	0.72
净资产收益率（平均）（%）	39.94	-0.62
净资产收益率（年化）（%）	39.94	-0.62
总资产净利率（%）	-62.33	1.23
总资产净利率（年化）（%）	-62.33	1.23
销售毛利率（TTM）（%）	13.22	10.59
销售净利率（TTM）（%）	-38.29	0.72
净资产收益率（TTM）（%）	34.43	-0.60
总资产净利率（TTM）（%）	—	—
投入资本回报率ROIC（%）	-73.67	1.56
投入资本回报率（年化）（%）	-73.67	1.56
投入资本回报率（TTM）（%）	—	—

注：数据来自东方财富网。

（4）小米集团营运能力，如表10-5所示。

表10-5 小米集团营运能力

	2017年年报	2016年年报
存货周转率（次）	8.05	7.19
流动资产周转率（次）	2.50	2.46
固定资产周转率（次）	88.88	120.21
总资产周转率（次）	1.63	1.52

注：数据来自东方财富网。

(5) 小米集团发展能力，如表 10-6 所示。

表 10-6 小米集团发展能力

	2017 年年报	2016 年年报
总资产同比增长率（%）	77.03	29.71
每股净资产同比增长率（%）	-38.05	-6.32
总负债同比增长率（%）	51.99	13.55
税前利润同比增长率（%）	-3 658.40	115.73
基本每股收益同比增长率（%）	-7 965.50	107.29
毛利同比增长率（%）	109.04	168.50
归属母公司股东净利润同比增长率（%）	-8 021.56	107.30
归属母公司股东的权益同比增长率（%）	-38.05	-6.32
营业利润同比增长率（%）	222.73	175.74
营业收入同比增长率（%）	67.50	2.43
股东权益合计同比增长率（%）	-38.19	-6.26

注：数据来自东方财富网。

三、管理者总结

1. 公司定义

雷军在招股说明书中发表了一封公开信，声称"小米不是单纯的硬件公司，而是创新驱动的互联网公司"。具体而言，小米是一家以手机、智能硬件和 IOT 平台为核心的互联网公司，并且始终坚持做"感动人心、价格厚道"的好产品，让全球每个人都能享受科技带来的美好生活。"和用户交朋友，做用户心中最酷的公司"的愿景在驱动着每个小米人努力创新，不断追求极致的产品和效率，成就了一个不断缔造成长奇迹的小米。

2. 业务范围

创新科技和顶尖设计是小米的基因，从手机工艺、屏幕和芯片等技术的前沿探索，到数年赢得的 200 多项全球设计大奖；从"铁人三项"商业模式，到通过"生态链"公司集群；从"用户参与的互联网开发模式"，到小米线上线下一体的高效新零售创新精神，在小米公司蓬勃发展并渗透到每个角落，推动其不断加快探索的步伐。

目前，小米公司是全球第四大智能手机制造商，并且创造出众多智能硬件产品，其中多个品类销量第一。小米公司还建成了全球最大消费类 IOT 平台，连接超过 1 亿台智能设备。与此同时，小米还拥有 1.9 亿 MIUI 月活跃用户，并为他们提供一系列的互联网创新服务。中国智能手机和智能设备等一系列行业的面貌更是因为小米的出现而彻底改变。

优秀的公司赚的是利润，卓越的公司赢的是人心。小米是一家少见的拥有"粉丝文化"的高科技公司。被称为"米粉"的用户不但遍及全球、数量巨大，而且非常忠诚于小米的品牌，并积极参与小米产品的开发和改进。

3. 商业模式

作为一家年轻的互联网公司，小米的发展并非一路坦途。2016年，小米的市场占有率有过下滑。小米清醒地认识到早先几年过于迅猛的发展背后还有很多基础没有夯实，因此小米主动减速、积极补课。2017年，小米顺利完成"创新＋质量＋交付"的三大补课任务，迅速重回世界前列。除了小米，还没有任何一家手机公司的销量下滑之后能够成功逆转。

浴火重生，小米经历了一家能够长期稳定发展的公司所必需的修练，管理更加有序，人才储备更加充实，技术积累更加深厚，供应链能力和产能管理能力更加强大。更重要的是，小米的商业模式经历了考验，得到了充分验证。

小米独创的"铁人三项"商业模式是硬件＋新零售＋互联网服务。小米不是单纯的硬件公司，而是创新驱动的互联网公司。尽管硬件是小米重要的用户入口，但小米并不期望它成为利润的主要来源。雷军在招股说明书中承诺，永远坚持硬件综合净利率不超过5％。

小米把设计精良、性能品质出众的产品紧贴硬件成本定价，通过自有或直供的高效线上线下新零售渠道直接交付到用户手中，然后持续为用户提供丰富的互联网服务。小米至今的成就说明了这一模式强大的生命力。创业仅7年时间，小米年收入就突破了千亿元人民币，这一成长速度是许多传统公司无法企及的。

4. 未来愿景

雷军在招股说明书中称，小米要构建的绝不是一个封闭的商业帝国，小米也不仅是一家创新的科技公司，更是数字时代的生活方式的创立和推动者，让全球每个人都能享受科技带来的美好生活，要实现这一目标，1家小米远远不够，需要100家甚至更多的"小米"，一起建立起丰富而繁荣的新商业生态。

"德不孤，必有邻"，通过独特的"生态链模式"，小米的投资带动了更多志同道合的创业者，围绕手机业务构建起手机配件、智能硬件、生活消费产品三层产品矩阵。现在，小米已经投资了90多家生态链企业，改变了上百个行业，未来这个数字会更加庞大。建立全球化的开放生态，让小米长期发展的机遇更多、边界更广阔、根基更稳健。

5. 所获荣誉

2013年9月26日，小米公司被列入《财富》杂志2013年"最受赞赏的中国公司"。

2013年10月8日，小米创始人雷军获得《华尔街日报》中文版2013中国创新人物奖科技类奖。

2014年4月9日，世界吉尼斯纪录的工作人员沃顿先生在小米公司宣布，昨日小米网打破了世界单一网上平台24小时销售手机最多的吉尼斯世界纪录。

2014年10月30日小米电视2S、小米蓝牙音箱、小米蓝牙耳机、小米插线板荣获2015 Good Design Award全球著名设计大奖。

2015年11月14日，小米创始人雷军名列美国《财富》杂志的"2015年度商业人物"榜单第七。

2016年8月20日，小米MIX荣获IDEA设计金奖。

2018年2月1日，小米MIX 2等13款小米产品荣获2018年IF设计奖。

四、问题讨论

1. 什么是同股同权？
2. 什么是同股不同权？港股为什么在 2017 年修改了上市条款，允许存在同股不同权？
3. 什么是独角兽企业？独角兽企业有哪些特点？有什么样的盈利模式？
4. 小米为什么能成为赴港上市同股不同权的首例公司？
5. 从小米的招股说明书看，其股权结构有什么特点？
6. 从小米的招股说明书看，其财务指标与传统企业相比有什么特点？

五、参考资料

[1]《小米招股说明书》2018.05.03，东方财富网．
[2]《小米集团招股说明书财务分析报告》，2018.05.04，电子商研究中心．
[3]《独角兽企业迎 IPO 详解小米招股说明书：营收超千亿》，2018.05.04，腾讯证券网．
[4]《中国独角兽为什么牛？有啥特点？分布在哪？》，2018.04.08，凤凰网财经．
[5]《深度分析小米为什么能成功》，2015.01.02，青年创业网．
[6]《小米公司发展历程》，小米公司官方网站．

[案例说明书]

一、本案例要解决的关键问题

本案例旨在引导学员思考、学习上市公司优化股权结构的程序与方法，重点引导学员学习控制权的理论、上市公司财务绩效评价的基本理论与方法、上市公司财务报表分析的基本方法等。学员根据本案例资料，一方面可以思考我国上司公司股权结构与股权设计的理论、方法与实务，香港上市公司同股不同权的股权结构与股权设计；另一方面还可以思考通过哪些财务指标体系来分析独角兽企业的财务绩效，并进一步关注独角兽企业上市后的经营状况是否得到改善，盈利模式是否有所优化，财务绩效是否有所提升。

二、本案例的准备工作

（一）理论准备

《财务管理理论与实务》《财务会计理论与实务》中股权结构理论、企业发行股票筹集资金、财务分析指标体系等相关内容。

（二）行业背景

网上有这样一种说法，"最好的中国企业，都成了美国上市公司"。

以成就了美国历史上规模最大的 IPO 之一的阿里巴巴（简称"阿里"）为例，阿里巴巴的上市历程可谓一波三折，曾在选择香港还是美国上市时犹豫过颇久，但是国内 A 股市场却从未被认真考虑过。作为中国最强的电商企业，阿里从一开始就明白，不会也不可能在 A 股上市。不仅仅是阿里，中国目前最好的互联网创新企业在 A 股市场几乎找不到踪影。那些国际知名的创新企业大都是在美国上市：百度、新浪、优酷、盛大、携程……

于是有了这么一个奇怪的现象：这些最有发展前景的企业在中国创造利润，却对美国投资者负责，中国市场的发展红利最后变成了美国股民的投资分红。

当然，企业不该被责怪，赴美上市是企业理性选择的结果。首先，A 股过于严苛的上市门槛阻碍了新兴企业的上市；其次，A 股繁冗的上市流程和不够完善的市场秩序也令优质企业避之唯恐不及；此外，人民币在资本项目下尚未开放，这也是阻碍像阿里巴巴这类"中国制造"的国际级创新企业在 A 股市场发展的原因。

2018 年 5 月 3 日上午，小米集团（下文简称小米）向港交所递交了上市申请，被认为将是当年全球最大规模 IPO。招股说明书显示，中信里昂证券、高盛、摩根士丹利为联席全球协调人、联席账簿管理人兼联席牵头经办人。

据披露，小米公司 2017 年营业收入 1146 亿元，其中，智能手机营业收入约 805.6 亿元，占比 70.3%，IOT 与生活消费产品营业收入 234.4 亿元，占比 20.5%，互联网服务营业收入约 98.9 亿元，占比 8.6%。

另外，在营业纪录期，2015 年、2016 年及 2017 年，小米集团分别产生亏损人民币 76 亿元、利润人民币 491.6 百万元及亏损人民币 439 亿元。

招股说明书显示，小米是一家以手机、智能硬件和 IOT 平台为核心的互联网公司，采用了独创的"铁人三项"商业模式：硬件+新零售+互联网服务。小米把设计精良、性能品质出众的产品，紧贴硬件成本定价，通过高效的线上、线下零售渠道将产品送到全球用户手中，并持续提供丰富的互联网服务。

小米董事长兼 CEO 雷军在招股说明书的公开信中向所有现有和潜在的用户承诺："从 2018 年开始，每年小米整体硬件业务（包括智能手机、IOT 及生活消费产品）的综合净利率不会超过 5%。如有超出部分，我们都将回馈给用户。"公开信息显示，2017 年苹果整体业务净利率为 21.1%，华为整体业务净利率为 7.9%。即使是公认净利率较低的家电行业，海尔为 6.6%，美的为 7.7%，都高于 5%。

小米近三年的财务数据体现了业务飞速的增长。招股说明书披露，小米 2015 年至 2017 年收入分别为 668.11 亿元、684.34 亿元和 1146.25 亿元，2017 年同比增长 67.5%；经营利润为 13.73 亿元、37.85 亿元和 122.15 亿元，2017 年同比增长 222.7%。

根据艾瑞咨询，就收入增速而言，全球收入超过 1 000 亿元且赢利的大型互联网公司中，小米同比增长 67.5%，超过阿里巴巴、腾讯和 Facebook，排名全球第一。IDC 最新发布的数据显示，2018 年第一季度智能手机全球销量总体下降 2.9%，而小米同比增长高达 87.8%，排在全球第四。

值得注意的是，小米在海外市场的增速非常强劲。

招股说明书显示，2015 年、2016 年、2017 年，小米的海外市场收入分别为 40.5 亿元、91.5 亿元、320.8 亿元。其中 2017 年海外市场收入同比涨了 250%，充分验证了小米模式在全球市场具有普适性。

据招股说明书介绍，小米还建成了世界上最大的消费级 IOT 平台，连接了超过 1 亿台智能设备（不含手机和笔记本电脑）。2017 年按连接数量计算，小米的消费级 IOT 硬件全球市场份额为 1.7%，其后是苹果（0.9%）、亚马逊（0.9%）、三星（0.7%）和谷歌（0.6%）。

据招股书介绍，小米拥有庞大且高度活跃的全球用户，截至 2018 年 3 月，用户每天使用小米手机的平均时间约 4.5 小时，MIUI 月活跃用户超过了 1.9 亿户，用户规模、活跃度、使用时长等指标均达到国际一流互联网公司水平。互联网服务已成为小米盈利的重要来源，2015 年、2016 年、2017 年，小米互联网服务收入分别为 32.4 亿元、65.4 亿元、98.9 亿元，年复合增长率 74.7%。2015 年、2016 年、2017 年，小米互联网服务毛利分别为 20.8 亿元、42.1 亿元、59.6 亿元，年复合增长率 69.3%。

截至招股说明书签署日，在股权结构上，执行董事、董事会主席兼首席执行官雷军持股比例为 31.41%，如计入总股本 ESOP 员工持股计划的期权池，则雷军的持股比例为 28%。

又一家被我国工信部定义为独角兽企业的小米赴港上市，A 股资本市场值不值得思考呢？

三、案例分析要点

（一）需要学员识别的关键问题

本案例需要学员识别的主要知识点包括企业股权结构、同股同权、同股不同权、香港资本市场 IPO 的条件、独角兽企业财务指标与传统企业的不同等。

1. 同股同权

同股同权，同股同利：是指股东享有的分红权、抉择权、经营者选择权，这些是按股份进行分配或表决。

我国《公司法》第 130 条规定"股份的发行，实行公开、公平、公正的原则，必须同股同权，同股同利。同次发行的股票，每股发行条件和价格应当相同。任何单位或者个人所认购的股份，每股应当支付相同价额"。这便是"同股同权同利"的由来。

2. 同股不同权

同股不同权，又称为双重股权结构，或 AB 股结构。管理层试图以少量的资本达到控制整个公司的目的，因此将公司的股票分为高投票权的股票和低投票权的股票两种类型。

通常公司的股权结构属于一元制，所有的股票同股同权。但在很多发达国家的二元制（又称双重股权结构、AB 股结构）股权结构中，一般管理层总是希望通过资本来达到控制整个公司的目的，所以将股票分为高低两种投票权，高投票权每股具有 2～10 票的投票权，称之为 B 类股，主要由公司管理层控制持有；而低投票权基本上由其他股东持有，通常 1 股对应 1 票投票权，甚至没有投票权，称之为 A 类股。

总的来说，同股不同权，其目的就是让管理层掌握公司的控制权。不仅仅是小米属于这种股票制度，之前的阿里巴巴也是采用这种股权结构。很显然这种结构有利于公司的发展和成长。

3. 香港资本市场 IPO 的条件

根据港交所的介绍，主板是为根基稳健的公司而设的市场，上市的公司包括综合企业、银行、房地产开发公司、互联网及健康医疗公司等；而创业板是为中小型企业设立的"第二板"市场。

总体看来，内地企业到香港上市的相对优势主要体现在三方面：资本市场环境、IPO 过程和效果、上市后的便利。

首先，香港资本市场是一个比较国际化的市场，对于希望在国际市场发展业务，或有志于跨境兼并收购的内地企业，香港则是一个理想的资本运作平台。在流程和效果上，港股上市的时间可控性很高。这主要受益于香港上市有一套明确规范的程序，上市时间可控，意味着企业可以更好地把握上市时机。

在估值方面，香港市场对内地金融、新能源、消费品行业的接受程度较高，估值基本接近。对于一些拥有品牌和国际业务的公司，香港上市能给予公司一个借助上市过程在国际资本市场上宣传和推广业务的机会。

港交所上市在财务上较内地也更为宽松，在港交所主板上市的要求稍高，其中财务要求有三项，上市企业仅需满足其中一项即可。三项要求如下：

（1）三年累计盈利 ≥ 5000 万港元；预期市值 ≥ 2 亿港元。

（2）最近一年收入 ≥ 5 亿港元；预期市值 ≥ 40 亿港元。

（3）最近一年收入 ≥ 5 亿港元；预期市值 ≥ 20 亿港元；经营业务有现金流入，前三年营业现金流合计 ≥ 1 亿港元。

除了财务标准，还有 6 项其他要求：

①要求公众最低持股量为 25%（如上市时市值 > 100 亿港元可减至 15%）；

②至少有 300 名股东；
③管理层人员最近三年不变；
④拥有权和控制权最近一年不变；
⑤至少三名独立董事，且必须占董事会成员人数至少三分之一；
⑥每半年提交财务报告等。

在港交所创业板上市的条件相比内地要宽松得多，其中财务要求为：经营业务有现金流入，前两年营业现金流合计≥2000 万港元，预期市值大于等于 1 亿港元。可见，创业板上市无盈利要求。

随着时间的推移，内地企业赴港上市变得越来越方便。2017 年 12 月 15 日，港交所宣布将在主板上市规则中新增两个章节：

第一，接受同股不同权企业上市；

第二，允许尚未盈利或者没有收入的生物科技公司来香港上市。此外还将修改第二上市的相关规则，方便更多已在主要国际市场上市的公司来港进行第二上市。

港交所总裁李小加表示，这是香港市场二十多年来最重大的一次上市改革。有人认为，港交所此举，是要扫清内地科技企业赴港上市障碍，对于创业者来说，无疑为他们提供一个更方便的融资平台；而从 VC/PE 的角度看，以后的港股 IPO 退出更容易了。

2017 年 12 月 29 日，证监会公告称，经国务院批准，将开展 H 股上市公司"全流通"试点，进一步优化境内企业境外上市融资环境，深化境外上市制度改革。

以往内地企业去香港上市，上市前境内股东持有的股份为"内资股"，外资持有的被称为"外资股"。当内地企业上市后，其在香港市场发行的 H 股可以自由流通，外资股也能转为 H 股流通股，唯独"内资股"不能进行流通。

有人认为，如果允许 H 股全流通，大股东利益将会和公司业绩、公司股价密切关联，大小股东的利益将重新统一。

4. 独角兽企业财务指标与传统企业的不同

对于传统企业，从财务指标的角度看，企业高毛利、低负债、轻资产、高周转率是财务绩效优良的表现。但对于独角兽企业，则不以为然，小米高负债、营业收入高增长、低净利率低利润甚至亏损。学员可以从财务数据方面进行比较。

（二）解决问题可选择的方案及评价

从上述内容看，小米赴港上市无疑是成功的。虽然其海外业务高增长，负债率高，亏损额大，仅 2017 年就亏损四百多亿，因为有了港股同股不同权制度，所以可以赴港交所上市。公司上市后要走的路还很长。我们可以观察它如何提高盈利水平及降低负债。

当然，上述观点只是一家之言，仅供参考。

四、教学组织方式

本案例可以在"财务管理理论与实务"等相关专业硕士课程中使用。

1. 问题清单及提问顺序、资料发放顺序

（1）什么是同股同权？

（2）什么是同股不同权？港股为什么在 2017 年修改了上市条款，允许存在同股不同权？

（3）什么是独角兽企业？独角兽企业有哪些特点？其有什么样的盈利模式？

（4）小米为什么能成为赴港上市同股不同权的首例公司？

（5）从小米的招股说明书看，其股权结构有什么特点？

（6）从小米的招股说明书看，其财务指标与传统企业相比有什么特点？

2．课时分配

（1）课后自行阅读资料：约 3 小时。

（2）小组讨论并提交分析报告提纲：约 3 小时。

（3）课堂小组代表发言、进一步讨论：约 1 小时。

（4）课堂讨论总结：约 1 小时。

3．讨论方式

本案例可以采用小组式进行讨论。

课堂讨论总结的关键是，归纳发言者的主要观点；重申其重点及亮点；提醒大家对焦点问题或有争议观点进行进一步思考；建议大家对案例素材进行扩展研究和深入分析，进一步观察事件的发展。

4．案例总结

每位学员都可以对案例的看法畅所欲言，尽可能多地收集资料，运用自己分析问题和解决问题的能力，发挥自己的想象力，给出有理有据的观点。另外，学员也要密切关注小米今后的发展动态。

案例 11

从"昔日辉煌"到"神话陨落":
战略频变的两面针路在何方?*

---

* 1. 本案例由广东工业大学管理学院的张德鹏、吴迪、翁启航等共同撰写,作者拥有著作权中的署名权、修改权、改编权。
2. 本案例授权广东工业大学产教融合 MPAcc 教学智库实验平台使用,广东工业大学产教融合 MPAcc 教学智库实验平台享有复制权、修改权、发表权、发行权、信息网络传播权、改编权、汇编权和翻译权。
3. 由于企业保密的要求,在本案例中对有关名称、数据等做了必要的掩饰性处理。
4. 本案例只供课堂讨论之用,并无意暗示或说明某种管理行为是否有效。

[案例封面]

专业领域：管理会计
适用课程：战略管理，管理会计理论与实务
选用课程：战略管理
编写目的：本案例旨在引导学员进一步关注战略管理会计的主要方法和实践运用。本案例资料，一方面，可以使学员进一步掌握战略定位分析法、价值链分析法以及成本动因分析法等战略成本管理工具的运用；另一方面，引导学员从执行层到战略层全面剖析并解决企业成本管理中的典型问题，提升学员对战略成本管理的实践能力。
知 识 点：内外部环境分析；战略定位分析；财务指标分析；工具分析法；标杆分析法
关 键 词：战略管理；战略定位；战略决策
中文摘要：本案例基于战略管理会计的视角，对柳州两面针股份公司的逐渐萧条进行案例分析。两面针昔日的辉煌与战略定位有关，但之后的神话陨落也与战略定位和实施不无关系。本案例从退市风波出发，引出两面针战略定位的缺陷，通过工具分析法挖掘出两面针战略管理中的问题和品牌陨落的动因，引导学员给出合理的管理建议。通过对战略定位的剖析旨在引导学员进一步思考企业实施战略管理的必要性，提升学员对战略管理思想的理解与应用能力。

[案例正文]

2017年11月,柳州两面针股份有限公司(以下简称两面针)收到钟春彬提交的书面辞职报告,辞去公司董事长等职务。这位曾经在柳工机械创造出产值3年翻5倍战绩的掌门人,终究未能给两面针带来新的希望。无独有偶,2008年,马朝梅董事长也试图力挽狂澜,而后因亏损辞了职位。几番尝试无果,两面针已呈羸弱之势,无力再投资于新的项目。

1978年,两面针牙膏作为国内开创的第一支功能性牙膏,一经推出便红遍大江南北。随后二十年的风光无限,也许让两面针产生松懈,没有注意到市场已经发生了变化。2004年,外资品牌在几年摸索之后,开始在日化市场上争夺市场份额,以资金优势打压国内品牌;中华、六必治等民族品牌也乘势而上,一举将两面针赶下了"神坛"。两面针牙膏在2016年销售直线下滑的情况下,两面针管理者方才痛定思痛,以推行多元化战略来弥补业绩下滑。

然而,多元化战略未能改变两面针的状况。由于对进入行业的认识不足,两面针反而出现了更多的经营上的问题。而后两面针又进入了新一轮的调整,易帜换帅,重新举起了集中化战略的大旗。在一系列合并、调整、抛弃弱势副业之后,两面针虽然经营上得到一些好转,但是此前的多元化战略消耗了太多资金,公司无法再像以前一样,凭借资金优势建立规模经济。集中化战略也没能使两面针走出困境,几度亏损的两面针落得仅能依靠变卖股票来维持生计。

"一口好牙,两面针"。曾经耳熟能详的广告词现在鲜有耳闻。两面针作为中国第一支拥有临床实验数据的中药牙膏,逐渐在各大商场中销声匿迹。曾经叱咤风云的"牙膏大王",是应当继续在牙膏行业杀出血路,还是要另寻出路?风雨飘摇中的两面针应当何去何从?

一、企业简介

(一)企业概况

1. 历史变迁

柳州两面针股份有限公司其前身为1980年成立的柳州市牙膏厂,1993年经广西壮族自治区经济体制改革后设立为股份有限公司。2004年在上海证券交易所挂牌上市,成为行业内首家上市企业。公司原始总股本为7500万元,每股面值1元,合计7500万股,按1:1.8溢价发行。公司上市成功后,进行了一系列的资本运作,同时也开启了多元化经营的步伐。

公司总部位于山清水秀的广西工业重镇——柳州。公司拥有年产牙膏20亿支、香皂1.5亿块、药片(胶囊)15亿片(粒)、竹浆纸17万吨、妇女卫生巾5亿片、三氯蔗糖1500吨的生产能力,生产工艺处于世界或行业先进水平。①

2. 公司品牌定位

公司主导产品"两面针中药牙膏"为中国名牌产品,是行业内最早拥有临床数据证

---

① 数据来源:两面针官网《企业文化专栏》。

实有效减少牙龈出血的中药牙膏,连续多年在国内同类产品中产销量第一。两面针遵从着传承、健康、时尚的品牌核心价值,其企业品牌战略定位是构建以大日化为核心的大消费大健康产业圈。两面针公司将自身发展目标定位为中国最大的、源于绿色植物的个人及家居护理用品的生产商和销售商。

3. 人员规模

两面针母、子公司在职人员共3102人,其中需承担费用的离退休职工641人,占总人数比例为20.66%。在专业构成方面,技术人员399人,占总人数比例为12.86%,财务人员77人,占总人数比例为2.48%;在教育程度方面,大学本科及以上483人,占总人数比例为15.57%。然而同类型的云南白药集团股份有限公司本科及以上的总人数为6797人,母子公司总人数为8294,本科及以上人数占总人数的比例高达81.95%[1]。由此可见两面针员工教育程度明显低于云南白药的员工教育程度,说明其人才储备不足,如表11-1所示。

表11-1 两面针员工构成表[2]

母公司在职员工的人数	574
主要子公司在职员工的人数	2 528
在职员工的人数合计	3 102
母公司及主要子公司需承担费用的离退休职工人数	641
专业构成	
专业构成类别	人数
生产人员	1 744
销售人员	218
技术人员	399
财务人员	77
行政人员	465
其他人员	199
合计	3102
教育程度	
教育程度类别	人数
研究生及以上学历	56
大学本科	427
专科	549
高中、中专或技校	1 042
初中及以下	1 028
合计	3 102

---

[1] 数据来源:云南白药2017年年报。
[2] 数据来源:两面针2016年年报。

(二) 发展历程

1. 诞生：开拓创新艰苦创业（1980—1990年）[①]

1978年，第一支两面针药物牙膏研制成功，两面针开始迈向以两面针中草药功效性牙膏为主的发展之路，同时也开创了我国中药牙膏之先河。在这个发展阶段，依靠科技和产品创新，两面针赢得了企业发展的关键一步。

两面针是一味中草药，是广西特有的野生药材。1978年，两面针科技人员从民间使用野生两面针来降火消炎、治疗牙周炎和牙龈炎中得到启示，通过科技攻关，成功将两面针药液科学地融入牙膏配方中，研制出了独具特色的中药牙膏，率先倡导中草药及天然植物护理口腔的理念。两面针牙膏因产品功效显著，赢得了广大消费者的喜爱，产品迅速占领了市场。

2. 发展：自主自强铸就辉煌（1990—2000年）

从20世纪90年代起，随着对外开放的深入，国内日化行业掀起了一股与外商合资的浪潮。当时甚至有人断言：两面针不与外资合作，必无前途。广州的洁银、上海的白玉、杭州的小白兔、苏州的月中桂等人们耳熟能详的国产牙膏品牌，已经消失或接近消失，只剩下两面针、冷酸灵、田七、六必治、云南白药还在顽强抵御外资品牌的侵袭。作为中国牙膏生产的龙头企业，是跟随潮流与外商合作，还是坚持自我独树一帜，两面针人作出坚定的选择：走自主自强的发展之路。

坚守信念创佳绩。从1983年到2002年，两面针牙膏连续20年雄踞全国同类产品销量冠军；1997年，两面针在国内牙膏行业中率先获得ISO 9001国际质量体系认证，建立起与国际标准接轨的质量认证，出厂产品优质品率达到100%。1999年，"两面针"被国家工商总局认定为中国驰名商标，这也是广西企业首家获此殊荣。正是对民族品牌的坚定与执著，使两面针公司在发展历程中获得了巨大的成功。

3. 扩张：品牌标杆永不止步（2000—2006年）[②]

随着牙膏行业生产、销售逐步走向市场化，特别是跨国公司的大举进入，国内经营环境发生了根本性的变化，外资品牌强势打压，国内许多品牌逐步被淘汰。在这个历史发展阶段，作为民族品牌的代表和标杆的两面针，以深化改革、自主创新来提高市场竞争力，并不断扩大企业发展的新版图。

2004年1月30日，中国牙膏行业第一家上市公司在上海证券交易所正式挂牌上市——两面针人从此揭开了新一轮资本运作大幕。通过成功上市以及中信证券股权投资的收益，两面针有了充足的运作资金向多元化发展，通过整合、重组、兼并等方式，不断进入新的经营领域。

2007年，两面针公司在主营业务上发生了一定的扩张：增加了生产和销售三氯蔗糖、房地产开发经营、建筑工程设备租赁、室内外装饰、物业管理等业务。

2008年，公司的主营业务进行了进一步多元化扩张。在2007年业务扩张的基础上，新增了生产和销售宾馆酒店一次性用品的主营业务。2008年以后，两面针还陆续增加了

[①] 资料来源：《当代广西》2011年11月下半月号第22期。
[②] 资料来源：两面针2006年、2007年、2008年年报。

以下业务：生产和销售造纸原材料；生产和销售纸浆、纸及纸制品；造纸竹、木的收购、加工、销售；货物的进出口业务。

4. 停滞：过度扩张举步维艰（2006年至今）[①]

2004年，两面针作为牙膏行业的龙头老大，占据市场绝大份额，将其他竞争者远远甩在了后面。然而，两面针看似风光无限，实则暗涛汹涌。随着中华、黑人、黑妹、冷酸灵、六必治等品牌的加入和发力，中国牙膏市场竞争日益加剧，两面针主业销售并不如以往那般一帆风顺；另外，在中国加入WTO后，外资品牌纷纷涌进中国抢夺市场份额，资金相对贫弱的两面针已经守不住占据的市场，市场份额逐渐流失。

在外资品牌的围剿和国内企业的追赶下，两面针从2004年的鼎盛时期开始节节退守。两面针虽然屡次提及在牙膏等产品方面的措施，但经营情况并没有改观。从年报数据可以看出，2008年，两面针牙刷等日化产品的营业利润依然处于上升状态，但从2009年开始逐年减少，营业收入出现严重下滑的趋势。

两面针牙膏销量在2006年达到顶峰之后就开始直线下降。2008年，新任董事长马朝梅上任，让两面针的多元化纵深推进。然而，从多元化战略执行至今，两面针的8家子公司，有5家的净利润都处在亏损状态，捷康公司甚至出现环保问题而暂停营业。在此之后，两面针试图分食高端牙膏市场的蛋糕，主动停售部分毛利偏低的侧翼产品，放弃了大片低端市场份额，但是表现平平的高端牙膏产品没有赢得高端市场的认可。最终，两面针不得不放弃商超等高端渠道，借助批发渠道重新开拓低端市场，由此导致牙膏业务全面溃败。

2006年之后，两面针的牙膏业务开始走下坡路，2007年牙膏销售额骤降至1.78亿元，2013年销售额仅为0.79亿元，占市场份额已不足1%。之后，两面针重新贯彻集中化的战略，将八大产业整合为五大产业，然而辅业过多的投入已经严重拖累牙膏主业，生产能力也难以高度集中，集中化战略收效甚微。

如今，两面针牙膏在自身战略上仍然维持着五大产业的经营，仅能靠多次变卖股票来维持生计。2016年，两面针开始了新的尝试，携手行业伙伴开创酒店用品牙膏中草药新时代。[②] 牙膏大王两面针是否能突破经营困境扭亏为盈，借助供给制改革的政策优势弯道超车？

（三）运营现状

两面针是一家典型的日化企业，其主营业务产品为牙膏，在发展过程中拓展了多种制造业务，包括纸品加工、化工原料、塑料、洗涤用品等。在公司治理结构中，两面针设立的管理结构较为合理，执行和监督职能得到有效区分。

截至2017年，公司的运营状况并不理想。在披露的年报数据中，两面针主要是通过出售持有股票的投资收益来弥补营业带来的亏损。从2011年到2017年的年报数据来看，两面针的净利润均为负数，净利润率则由2009年的2.264%降低至2016年的-0.427%。净利润数据总体呈现逐渐下降的趋势，反映了两面针经营多元化业务后，公司经营状况并没有得

[①] 资料来源：吴影，《两面针多元化困境案例研究》，2015.05，暨南大学。
[②] 资料来源：新浪新闻2016年3月30日。

到改善，甚至有所拖累。

1. 业务类型

两面针公司以日化产业为主营业务，将现有业务分为日化、纸业、医药、精细化工及房地产五个板块，实施"相关多元化发展，专业化经营，一体化运作"的运营模式，致力于发展"大消费、大健康"产业。①

（1）主营业务日化板块：主要产品为牙膏（含酒店用品牙膏）、洗涤用品；由母公司日化事业部、江苏实业公司、芳草公司负责经营。

（2）纸业板块：主要产品为纸浆、生活用纸，纸品公司和纸业公司负责经营。

（3）医药板块：从事药品生产销售，主要产品为银杏叶片、苍鹅鼻炎片、银杏洋参胶囊、丹皮酚、细辛脑等，由亿康药业负责经营。

（4）精细化工板块：主要产品是三氯蔗糖，由捷康公司负责经营。

（5）房地产板块：房地产业务为公司辅业，主要以盘活开发自有土地资源为目的，由房开公司负责经营。目前正在开发"丹江雅筑"项目，位于融水县融水镇丹江桥头，商住用地规划总面积约 32 209m²。

2. 治理结构

公司治理结构主要为水平式双层制模式，其执行职能和监督职能是分开的，即董事会负责执行职能，监事会负责监督职能。在此治理结构下，监事会和董事会的地位是平行的，均对出资人和股东代表大会负责。监事会对于执行层有更大的独立性，对董事会人选具有重要的影响力。

两面针治理结构总览图如图 11-1 所示。

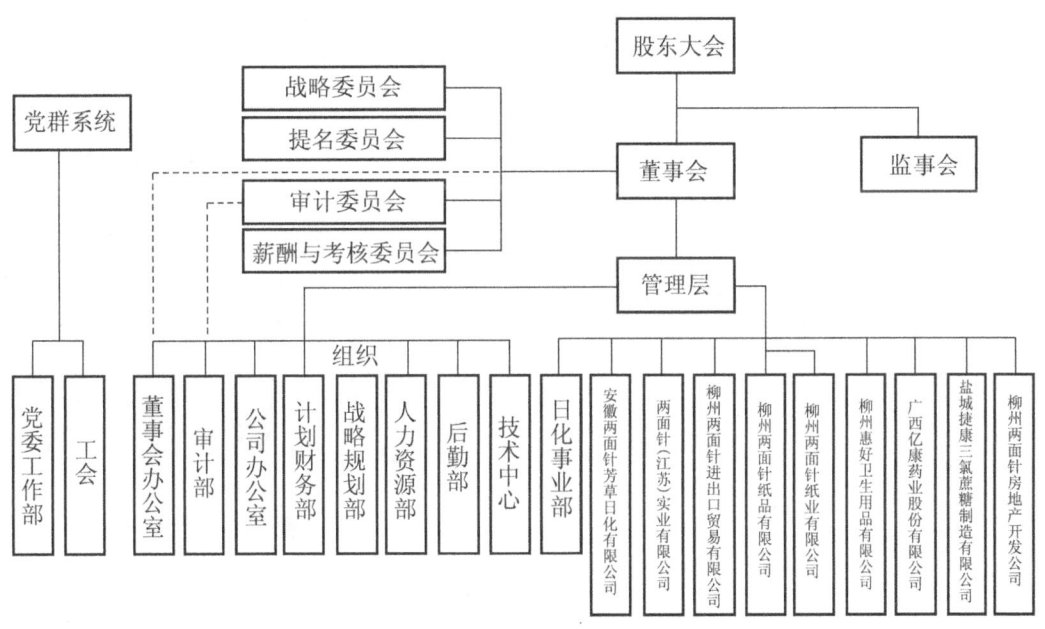

图 11-1 两面针治理结构总览图

---

① 资料来源：两面针 2013 年年报。

(四) 经营举步维艰

2004年开始,国内市场状况已经发生了巨大变化。一方面,中华、黑人、黑妹、冷酸灵、六必治等品牌的加入和发力,加剧了中国牙膏市场的竞争;另一方面,外资品牌如联合利华等,凭借资本优势疯狂抢夺日化行业的市场份额,使得两面针节节退守。

面对内外困境,两面针频变自身发展战略,试图在变化中寻求突破。然而,在多元化中过度发展次业后,两面针不仅尝不到甜头,还拖累了两面针的主业经营,失去了以往的资金实力,经营状况非常糟糕。在历经多元化战略和集中化战略之后,两面针面临以下两个问题:

1. 营运"丢了西瓜又没捡到芝麻"

20世纪90年代,高露洁、宝洁、联合利华等外资企业强势进入中国,其牙膏产品在高端市场形成了垄断性局面。进入21世纪,牙膏市场出现白热化竞争,外资企业通过新品开发、低价延伸、广告轰炸、终端垄断等方法逐渐抢得了市场的主动权。国内传统强势品牌则在改制过程中痛苦洗牌,生产量或稳步上升,或维持在原有水平,或大幅度下降,或与其他企业重组,或最终解体。

此外,现代生活的快节奏、高压力使中国人的口腔健康状况日渐复杂化、多样化。以含氟牙膏、中草药牙膏为代表的传统功效型牙膏逐渐被细分,不断推出了多功效、护龈、抗过敏等高端功效型牙膏。图11-2所示为2014年牙膏品类市场占有率情况,从图可看出,美白、清新、护龈功效的牙膏成为主要的消费者功能诉求。高端和超高端牙膏产品正在不断地吸引消费者,已成为牙膏市场迅速发展的主推力,而中端和低端牙膏产品的销售量则逐年下降。图11-3所示为2012—2014年牙膏销售量变化柱状图。截至2014年,高端和超高端牙膏的市场占有率已经达到52%,处于市场主导地位。

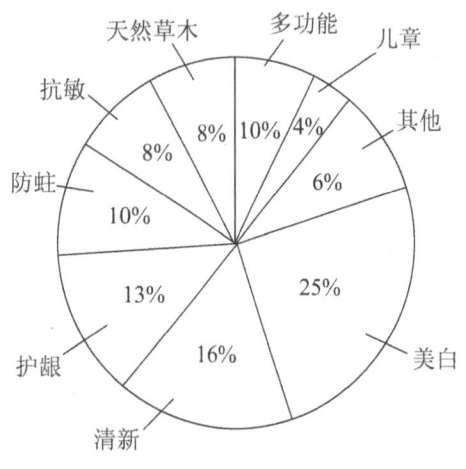

图11-2 2014年牙膏品品类市场占有率情况

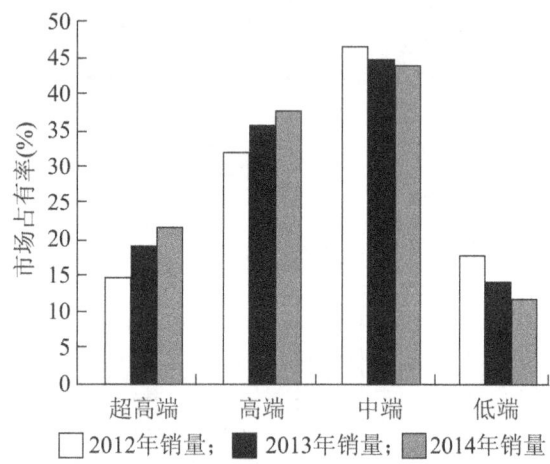

图11-3 2012—2014年牙膏销量变化柱状图

面对复杂的市场竞争环境,以及国内消费者偏好的变化,一些敏感的决策者及时嗅到商机,比如云南白药推出了专治牙龈出血的功能性牙膏,并且在产品投入初期选择药店营销模式,使得云南白药牙膏迅速打入市场。而定位同为中药牙膏的两面针却错失商机,既没有明确销售模式,也没有明确产品特点。之后,马朝梅董事长将公司2008—2013年的战略定位为多元化战略,但是,"多条腿走路"的两面针,既丢了主业,也没发展起副业。如图 11-4 所示,我们可以发现在 2014 年牙膏市场销售前十的品牌中已不见两面针的影子。

2. 财力渐渐"不足"

由于两面针公司在 2004 年开始从鼎盛转向衰退,但到 2006 年才进行战略方面的更变。因此,我们将研究该公司从 2004 年开始主营业务经营状况,以及进行多元化战略后的一些盈利情况。主要从以下几个方面进行分析:

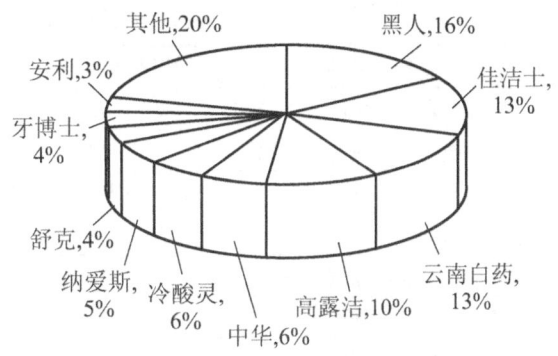

图 11-4　2014 年各类渠道的牙膏销售份额

(1)主业"衰落"。我们选取了从 2004 年至 2016 年两面针公司年报披露的营业收入与主营业务利润率这两组数据,如图 11-5 所示。由图中可以看出,在 2007 年之后,两面针公司的主营业务利润率与 2007 年之前相比非常低,甚至呈现负值的状况。说明在主营业务方面,两面针经营的情况并不理想。而 2007 年主营业务利润率的急剧上升,并非是由营业能力提升带来的。

由于 2007 年颁布了新会计准则,与金融资产相关的会计政策发生了更变,由原本的以历史成本计量改为以公允价值计量,因此才导致了在这一年资产的计量上相较于上一年有了巨幅的溢价。这说明两面针在主营业务上的经营能力仍然有待提高。

如图 11-5 所示,在营业收入方面,两面针在 2008 年开始发生了比较大的下降,一直到 2013 年营业收入才开始有所上升。从两面针的营业收入变化上我们可以发现,在实施多元化战略的期间,两面针公司的营业状况并不理想。而实施集中化战略之后,两面针的经营状况有所好转。这说明两面针实施多元化战略某种程度上拖累了公司的盈利。

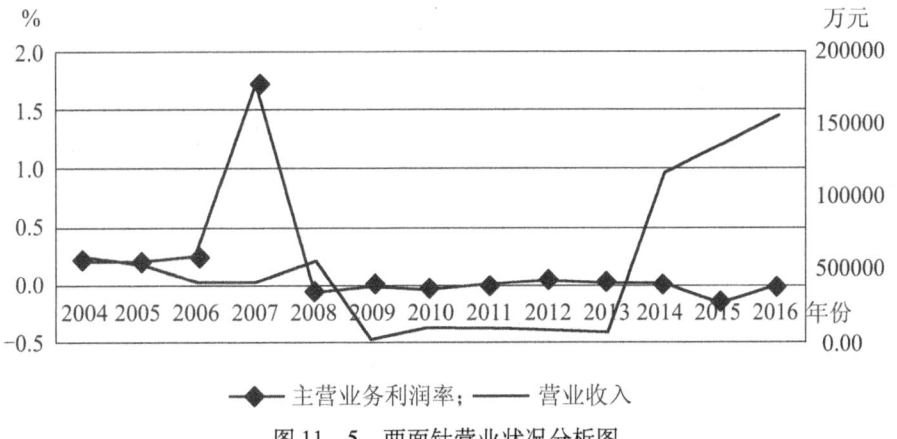

图 11-5　两面针营业状况分析图

(2)子公司利润"巨亏"。我们截取了 2016 年最新的财务报表数据进行披露,该年两面针子公司经营状况如表 11-2 所示。可以看到,经过集中化调整之后,子公司的经营状况仍然堪忧,净利润合计数仍然呈负数,一半的子公司呈现大额亏损。说明两面针发展多元化非但没有弥补公司主营业务的损失,反而进一步使两面针的损失扩大。

表 11-2 两面针 2016 年子公司经营状况表①

公司名称	权益比例（%）	注册资本（万元）	资产规模（元）	净利润（元）
柳州惠好卫生用品有限公司	75	USD210	15 905 458.20	-1 907 316.65
柳州两面针进出口贸易有限公司	51	RMB500	5 517 331.80	-93 169.19
柳州两面针洗涤用品厂	51%的收益分配权	USD40	12 803 334.12	-91 269.70
安徽两面针．芳草日化有限公司	70	RMB3500	99 951 107.19	-3 852 665.05
盐城捷康三氯蔗糖制造有限公司	35	RMB5968	487 831 084.07	33 699 621.10
柳州两面针房地产开发公司	80	RMB10000	156 179 200.82	-1 716 730.09
两面针（扬州）酒店用品有限公司	93.8	RMB6289.02	168 795 767.53	3 550 635.20
柳州两面针纸品有限公司	84.62	RMB10000	827 652 984.99	-20 244 428.23

（3）经营成果"差强人意"。两面针在 2009—2014 年期间的营业收入较大幅度的下降，然而披露在报表上的净利润数据仍然呈现较为稳定的状态。而这种数据变化的差异，主要是由净利润的构成产生。净利润主要涉及以下方面的数据：扣除非经常性损益的净利润、营业收入、投资收益、营业利润。表 11-3 所示为两面针 2009 年至 2014 年相关的财务数据。虽然净利润较为稳定，但是扣除非经常性损益后的净利润却全部呈现大额负数。其弥补营业利润的主要来源是投资收益。

2009 年至 2016 年的年报数据显示，两面针通过不断卖出所持有的中信证券的股票来获取投资收益，弥补营业所带来的亏损。这也从侧面说明了两面针在 2009 年至 2016 年之间的经营状况差强人意。

表 11-3 两面针 2009 年至 2014 年利润构成情况②

年度	2009	2010	2011	2012	2013	2014
净利润（元）	16 673 933.36	10 829 378.11	18 035 607.61	16 771 388.35	10 104 844.84	21 909 138.58
扣除非经常性损益的净利润（元）	-78 780 463.96	-81 636 368.13	-93 906 476.29	-79 988 727.55	-108 654 060.9	-177 080 408.2
营业收入（元）	712 994 548.8	936 393 649.7	1 115 283 525	131 465 963.3	144 933 036.4	1 186 989 186
投资收益（元）	130 324 256.6	123 845 504.7	183 651 802.8	155 817 307.1	170 881 494.8	271 158 586.5
营业利润（元）	2 775 575.44	-24 878 742.19	-3 555 536.06	43 608 570.53	56 668 013.14	130 984 042

二、案例概况

（一）开端——利润背后暗藏玄机

1. 探究利润表数据

如图 11-6、表 11-4、表 11-5 所示，从 2011 年至 2016 年，营业收入从 1 115 283 525 元缓慢增长至 1 561 837 700 元，同时期营业利润从 -3 555 536.06 变化到 -21 112 232.74，同时利润总额从 14 494 528.97 下降到 4 277 762.64。从中我们发现虽然营业收入整体呈增长

---

① 数据来源：根据两面针公告整理。
② 数据来源：根据两面针公告整理。

趋势，但是营业利润和利润总额却节节下降，特别是 2016 年，两面针年报显示，2016 年实现营业收入约 15.62 亿元，归属于上市公司股东净利润约为 2690.30 万元，实现"扭亏为盈"。究竟是什么交易使得两面针逃离退市风险，实现扭亏为盈？

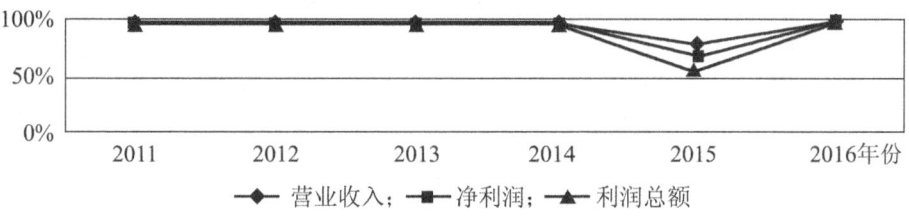

图 11-6　两面针利润图

表 11-4　两面针 2011—2016 年年报利润数据表①

报表日期	2016 年	2015 年	2014 年	2013 年	2012 年	2011 年
单位	元	元	元	元	元	元
上市前/上市后	上市后	上市后	上市后	上市后	上市后	上市后
公司类型	通用	通用	通用	通用	通用	通用
报表类型	合并报表	合并报表	合并报表	合并报表	合并报表	合并报表
一、营业总收入	1 561 837 700	135 3192 522	1 186 989 185	1 183 550 090	1 227 615 498	1 115 283 525
营业收入	1 561 837 700	135 3192 522	1 186 989 185	1 183 550 090	1 227 615 498	1 115 283 525
二、营业总成本	1 778 639 871	1 599 438 423	1 463 877 621	1 336 205 682	1 345 407 460	1 301 801 919
营业成本	1 335 715 600	1 175 030 175	1 048 171 953	937 410 356.4	991 708 474.1	961 485 138.7
营业税金及附加	26 751 461	7 789 615.27	6 380 586.14	5 097 685.93	8 058 927.85	3 063 774.13
销售费用	192 333 137.6	200 319 341.2	163 463 263.4	139 897 543.8	138 997 385	146 074 356.5
管理费用	159 864 637.1	163 864 406.9	183 239 518.4	187 358 158.3	172 378 294	151 532 877.1
财务费用	42 323 333.56	33 842 677.73	41 013 187.44	27 281 695.07	22 448 808.47	22 060 162.09
资产减值损失	21 651 701.97	18 592 207.11	21 609 112.94	39 160 242.29	11 815 570.89	17 585 610.52
公允价值变动收益	-16 586	-56 213.52	1 251 785.95	-413 173.07	152 057.69	-688 944.49
投资收益	195 706 524.7	31 105 222.6	271 958 123.7	171 257 290	156 061 427.8	183 651 802.8
其中：对联营企业和合营企业的投资收益	152473.61	148 871.75	-66 138.14	10 086.02	-85 170.67	-71 124.98
汇兑收益	0	0	0	0	0	0
三、营业利润	-21 112 232.74	-215 196 892.2	-3 678 526.78	18 188 525.01	38 421 523.44	-3 555 536.06

---

① 图片截自 2017-11-30 国际金融报。

续上表

报表日期	2016 年	2015 年	2014 年	2013 年	2012 年	2011 年
加：营业外收入	26 520 283.67	13 164 621.55	12 906 347.15	19 550 387.61	16 737 943.01	20 393 823.67
减：营业外支出	1 130 288.29	39 334 240.21	9 466 226.49	6 968 561.49	2 936 882.32	2 343 758.64
其中：非流动资产处置损失	172 272.41	38 432 302.98	7 843 440.57	5 894 913.99	1 510 320.15	1 618 494.22
四、利润总额	4 277 762.64	-241 366 510.8	-238 406.12	30 770 351.13	52 222 584.13	14 494 528.97
减：所得税费用	10 954 014.07	-10 576 062.64	32 143 396.55	21 591 655.9	17 755 749.32	11 819 351.41
五、净利润	-6 676 251.43	-230 790 448.2	-32 381 802.67	9 178 695.23	34 466 834.81	2 675 177.56
归属于母公司所有者的净利润	26 902 965.06	-173 258 005.4	21 909 138.58	10 104 844.84	16 771 388.35	15 563 273.83
少数股东损益	-33 579 216.49	-57 532 442.84	-54 290 941.25	-926 149.61	17 695 446.46	-12 888 096.27

表 11-5　两面针汇总利润表①

年份	2011	2012	2013	2014	2015	2016
营业收入	1 115 283 524.66	1 227 615 498.31	1 183 550 089.82	1 186 989 185.02	1 353 192 521.77	1 561 837 699.85
净利润	15 563 273.83	16 771 388.35	10 104 844.84	21 909 138.58	-173 258 005.36	26 902 965.06
利润总额	14 494 528.97	52 222 584.13	30 770 351.13	-238 406.12	-241 366 510.84	4 277 762.64

2. 八度卖股票保壳

2009 年至 2016 年年报数据显示，两面针每年都会卖出中信证券股份有限公司的股票，表 11-6 所示为 2009—2016 年两面针买卖中信证券股份情况。

表 11-6　两面针买卖中信证券股份情况②

年度	股份名称	买卖方向	期初股份数量	报告期买入/卖出股份数量（股）	期末股份数量	产生的投资收益（元）
2009	中信证券	卖出	66 530 000	2 845 000	63 685 000	90 707 714.98
2010	中信证券	卖出	63 685 000	7 913 347	87 614 153	85 155 241.52
2011	中信证券	卖出	87 614 153	17 914 468	69 699 685	177 444 345.40
2012	中信证券	卖出	69 699 685	14 980 000	54 719 685	118 208 730.17
2013	中信证券	卖出	54 719 685	17 319 685	37 400 000	149 232 615.27
2014	中信证券	卖出	37 400 000	10 000 000	27 400 000	257 908 608.05
2015	中信证券	卖出	27 400 000	661 100	26 738 900	14 055 856.17
2016	中信证券	卖出	26 738 900	11 620 000	15 118 900	156 843 920.13

---

① 数据来源：根据两面针公告整理。
② 数据来源：根据两面针公告整理。

如果没有靠买股票产生的投资收益，两面针早已深陷退市风波。根据公司年报可知，从2010年开始到现在，两面针六度抛售所持有的中信证券股票。2010年抛售中信证券股票获得投资收益约0.85亿元。2011年，两面针将约1791万股股票的账面财富落袋。2012年两面针出售1498万股，获利约1.18亿元。2013年抛售约1732万股，获利约1.49亿元。2014年抛售1000万股中信证券，获利约2.58亿元。2015年，两面针再度抛售中信证券股票，获利约1400万元。2016年，两面针出售中信证券股票1162万股，实现投资收益约1.6亿元。对于出售股票的原因，两面针对外多次公告称：为解决公司的资金问题，支持公司经营发展，补充流动资金。然而反映到财务报表上，完全是为扭转净利润的亏损。

（二）进程——深陷泥潭，前途未卜

1. 多元化战略

2009年12月1日马朝梅董事长上任便实施多元化的发展战略，努力发挥品牌优势，通过优化企业产业结构，强化打造竞争力，做强做优大日化、医药、精细化工、造纸及纸制品等产业板块，积极推动资本运作：战略投资，全面提升企业综合实力，稳步提高员工收入水平，致力于把"两面针"打造成为本土企业的一面旗帜。

多元化战略发展至2012年，形成成熟的发展脉络。

（1）口腔事业部稳步推进现代渠道终端系统建设，同时注重发展传统流通渠道。通过提高主流产品牙膏的价格，取消部分产品的常规促销形式，努力提高效益，同时积极实施产品多渠道运作，致力于产品销售的恢复性增长。

（2）洗涤事业部围绕提升产品质量，集中资源和力量，打造根据地市场。对核心区域市场，通过实施深入细分策略，促进广西、河北等重点区域市场销售稳步增长。对普通区域市场则集中资源，以点带面进行拓展，建立多个根据地。

（3）惠好公司集中精力深耕广西、云南、新疆等重点区域市场，通过调整产品结构提高综合毛利率、储囤低价原材料以及对富余低效生产人员和营销人员进行减员增效等多项措施，改善经营质量，同时加快渠道分销体系建设。

（4）亿康公司稳步上调银杏叶片、氨咖黄敏胶囊等主导品种产品价格，提高产品利润率，提升盈利水平；以苍鹅鼻炎片为龙头，推行OTC产品销售合作模式，连锁医药公司贴牌运作取得较好成效，2012年开发了多个大包产品公司连锁店；同时开发了市场前景较好的十一烯酸、十一烯酸锌原料药并顺利投放市场。

（5）纸业公司进行廉价制浆原料开发和产品结构调整，不断降低生产消耗和生产成本，并确保污水排放达到国家新的排放标准。

（6）扬州公司以转型升级为中心，开拓连锁酒店和高星级酒店等中高端市场，拓展销售渠道。同时积极开展外贸工作，对重点客户持续跟踪，外贸业务得到稳步提升，初步打入了中东市场、日本市场、中国台湾市场和东南亚市场。

（7）捷康公司加大扩能速度，产能达到1500吨/年。捷康公司并以扩产为契机，深入市场开发，进一步提升公司在食品、饮料、医药等行业的知名度，与国内外食品、饮料的大客户达成了合作关系，与全球排名前十的多个医药公司已建立业务联系并进入审核阶段。

(8) 芳草公司积极开发渠道资源，强化对产品终端的维护。同时加大了对芳草品牌的宣传推广，分别在省级主流电视媒体、报纸、广播、园林绿地、公交车身、经销商商铺、货车车身投放广告，促进产品销售。

(9) 房地产开发公司围绕"长风雅筑"项目开发管理和工程建设的工作核心，认真履行监督管理职能，狠抓进度计划的落实，确保了项目按进度推进，达到预期目标。

(10) 进出口公司积极开展牙膏和洗涤产品的出口业务，并开展了纸浆进口业务，维持了出口的格局，东非三国市场维持稳定。

截至2013年8月17日，公司旗下八家子公司的权益比例、注册资本、资产规模、净利润如表11-7所示，只有盐城捷康三氯蔗糖制造有限公司、两面针（扬州）酒店用品有限公司的净利润为正。

表11-7 子公司资产规模、净利润分析表①

公司名称	权益比例（%）	注册资本（万元）	资产规模（元）	净利润（元）
柳州惠好卫生用品有限公司	75	USD210	15 905 458.20	-1 907 316.65
柳州两面针进出口贸易有限公司	51	RMB500	5 517 331.80	-93 169.19
柳州两面针洗涤用品厂	51	USD40	12 803 334.12	-91 269.70
安徽两面针.芳草日化有限公司	70	RMB3500	99 951 107.19	-3 852 665.05
盐城捷康三氯蔗糖制造有限公司	35	RMB5968	487 831 084.07	33 699 621.10
柳州两面针房地产开发公司	80	RMB10000	156 179 200.82	-1 716 730.09
两面针（扬州）酒店用品有限公司	93.8	RMB6289.02	168 795 767.53	3 550 635.20
柳州两面针纸品有限公司	84.62	RMB10000	827 652 984.99	-20 244 428.23

2. 集中化战略

2013年年初，公司新领导班子刚刚履职，钟春彬董事长从马朝梅董事长手中接下已经亏损的两面针。面对全球经济下行压力和工业品市场疲软、企业生产成本上升、产品价格低迷等一系列困难和挑战，公司对业务板块和管理流程进行了调整，将经营日化产品的口腔事业部、洗涤事业部、扬州公司、芳草公司、惠好公司、进出口公司、技术中心合并为大日化板块；将经营纸品的纸品公司、纸业公司合并为纸业板块。由此，公司业务板块由8个板块整合成大日化、纸业、精细化工、医药、房地产5个板块，缩短了管理链条，提升了经营效率。

(1) 大日化板块：主要产品为牙膏（含酒店用品牙膏）、洗涤用品，由母公司日化事业部、江苏实业公司、芳草公司负责经营。

(2) 纸业板块：主要产品为纸浆、生活用纸，由纸品公司和纸业公司负责经营。

(3) 医药板块。从事药品生产销售，主要产品为银杏叶片、苍鹅鼻炎片、银杏洋参胶囊、丹皮酚、细辛脑等，由亿康药业负责经营。

---

① 数据来源：根据两面针公告整理。

(4) 精细化工板块。主要产品是三氯蔗糖，由（盐城）捷康公司负责经营。

(5) 房地产板块。房地产业务为公司辅业，主要以盘活开发自有土地资源为目的，由房地产开发公司负责经营。

截至 2017 年 3 月 19 日，大日化板块坚定实施日化产品"中药"核心理念，继续优化产品结构，合理调整高、中、低档牙膏产品占比，完成了植物系列清新、美白类产品向"中药+清新"、"中药+美白"的升级改造工作，全面完成牙膏产品"中药"切换。重点开发了沐兰泽系列茶麸洗发水、瑶浴清凉型沐浴露等中药洗涤产品，提升产品竞争力及毛利率。捷康公司充分发挥竞争优势，在超微、造粒、液体三氯蔗糖等多种形态产品中凸显竞争优势，满足客户的不同需求。抓住产品价格大幅上涨的机会，成功实施产品提价。通过实施 DMF 塔改造、酯化催化反应装置改造、生产线填平补齐、废气处理改造等技术项目，努力保持捷康公司在三氯蔗糖行业的领先优势。亿康公司推出高含量的银杏叶片，疗效更为显著，获得用户的广泛认可，成为亿康公司新的增长点。继续加强重点产品、重点市场、重点客户相关工作，实现主要产品销售稳定增长，盈利能力持续提高，亿康品牌在医药市场的知名度、美誉度得到了进一步提升。纸业板块全面完成产品转型为生活用纸，8 万吨生活用纸项目二期——两台意大利进口特斯克纸机生产稳定，进一步降低成本，提升产业规模。

3. 出售盈利子公司

柳州两面针股份有限公司于 2017 年 5 月 31 日召开第六届董事会第四十二次会议，审议通过了《关于拟以挂牌交易方式转让盐城捷康三氯蔗糖制造有限公司（以下简称"捷康公司"）35% 股权的议案》。公司拟在广西北部湾产权交易所以公开挂牌交易方式转让所持有的捷康公司 35% 股权，挂牌价格以北京北方亚事资产评估事务所出具的北方亚事评报字 [2017] 第 02-001 号《资产评估报告》为依据。首次挂牌价格为 6 557.01 万元（采用收益法评估，截止 2016 年 10 月 31 日，捷康公司股东全部权益价值为 18 734.31 万元，35% 股权对应的评估价值为 6 557.01 万元），首次挂牌转让期满后，如未征集到意向受让方，将按国家相关规定，重新挂牌。

两面针在挂牌转让的公告里称，公司转让捷康公司股权，有利于优化资产结构，集中资源聚焦日化主业。公司根据三氯蔗糖生产特点，结合捷康公司实际经营发展情况，控制投资风险，实现公司、股东利益最大化。但是参阅表 11-7 子公司资产规模、净利润分析表可知，盐城捷康三氯蔗糖制造有限公司是两面针旗下八家子公司仅有的盈利的两家子公司之一。公司为何要出售这个盈利的子公司？

2016 年 8 月，射阳县环境保护局向捷康公司下达环境整改通知书，捷康公司因配套污水处理设施不能完全处理达标，要求其进行停产整改。尽管目前捷康公司已按环保部门要求进行整改，但生产是否适应未来环保排放要求，保持生产的稳定仍存在不确定性，比如价格因素，前几年国内三氯蔗糖产能快速释放，市场整体呈供大于求状况，价格持续下跌，但自 2016 年第四季度开始，受经济周期回暖预期影响，下游客户囤货意愿增强，产品价格有所回升，特别是全国性环保核查，致部分三氯蔗糖生产企业生产运行受到一定程度影响，导致阶段性供求失衡，价格上扬。所以一旦产能恢复，三氯蔗糖价格将回归至合理区间内。公司综合考虑价格因素和市场供求关系之后，认为捷康公司的盈利是暂时的，如果继续维持可能不会继续盈利，所以选择挂牌转让捷康公司。

4. 财务绩效

如表 11-8 所示,2009 年至 2016 年,两面针营业收入在两任董事长的带领下呈上升趋势,从 71299.45 万元增长 156183.77 万元,净利润从 1614.54 万元下降到 -667.63 万元。由图 11-7 两面针现金状况可知,净利润现金含量从 2009 年至 2016 年,数值持续为负,说明经营活动中支出高于收入,且营业利润为负数,说明利润中靠经营活动产生的现金流不是利润总额的来源。

表 11-8 两面针年度财务绩效

年份	2009	2010	2011	2012	2013	2014	2015	2016
营业收入 (万元)	71 299.45	93 639.36	111 528.35	122 761.55	118 355.01	118 698.92	135 319.25	156 183.77
营业利润 (万元)	277.56	-2 487.87	-355.55	3 842.15	1 631.76	-367.85	-21 519.69	-2 111.22
净利润 (万元)	1 614.54	692.32	267.52	3 446.68	777.55	-3 238.18	-23 079.04	-667.63
归属于母公司所有者的净利润 (万元)	1 667.39	1 082.94	1 556.33	1 399.20	870.17	2 190.91	-17 325.80	2 690.30
净利润率 (%)	2.264	0.739	0.240	2.808	0.657	-2.728	-17.055	-0.427

注:数据来源:根据两面针公告整理。

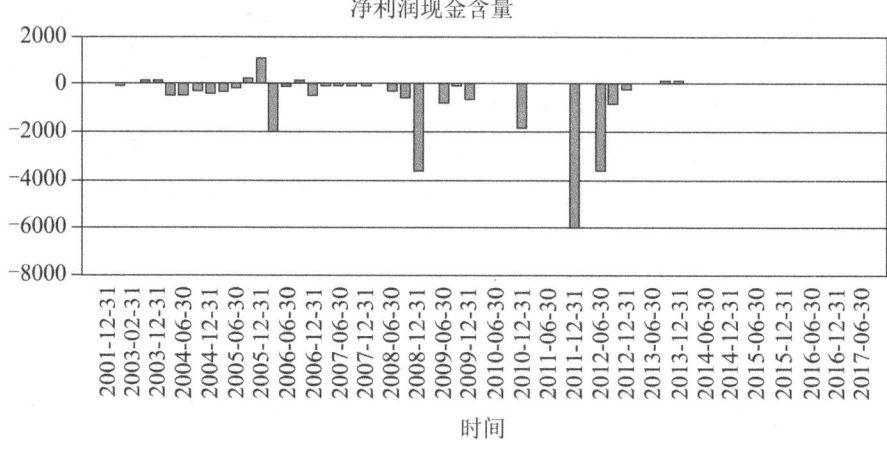

图 11-7 两面针现金状况

(三)接续——公司战略何去何从

1. 扬长补短

(1)扬民族品牌之长。"一口好牙两面针"这句广告词深深地印在上一代人的心中,牙膏大王当属两面针,至今还有很多消费者在等待两面针重振旗鼓。1949—1996 年间,中华、两面针和黑妹三大国产品牌曾分别占据着东部、南部和西部市场，之后中华牙膏品牌被联合利华收购，黑妹也逐渐淡出人们视线，现在，两面针可以依靠品牌优势利用人们对民族品牌的忠诚，再次回归牙膏市场。

除此之外，作为中国拥有第一支临床数据的牙膏，两面针可以发扬产品的技术与创新优势。比如：2002 年，两面针获得国家人事部批准设立牙膏行业首家博士后科研工作站，致力于中药在个人及家居护理用品上的应用研究，成为牙膏行业首家拥有博士后科研工作站的企业。

中国加入 WTO 后，国家采取"引进来/走出去"的方针，其本意为淘汰劣势企业，整合国内民族行业资源，增强民族品牌的市场竞争力，打造一批"有实力有活力有创造力"的新型企业。两面针作为曾经二十几年的牙膏行业老大，不仅对国内市场状况有较为深入的了解，而且以往的企业形象良好，获取社会认可的成本较低。除此之外，作为在中国市场扎根成长的本土企业，两面针有着稳固的销售渠道和材料供应来源，不需大规模拓展，规模经济巨大；在政策优惠上，两面针所在的柳州，政府持续给予两面针资金扶持和水电费部分豁免，而且对于高新技术型的民族企业，国家更是给予了税收优惠。综上所述，两面针在成本方面有足够大的优势，足以应对外资企业发起的价格战。

（2）补战略定位之短板。两面针在推出第一支中药牙膏的时候，占有的市场份额达到了第一名的位置，但是随着市场环境的变化，国内外竞争的加剧，两面针没有适应市场的变化，并没有给自己的产品一个清晰的定位：为消费者清晰地提供中草药牙膏核心的卖点是什么，因而逐渐被市场抛弃，现在许多超市、商场的货架上已经看不到两面针的产品了。反观云南白药，其明确的核心卖点就是预防牙龈出血或止血，让中草药牙膏的核心利益点落在产品上，让消费者可以实实在在地感受到云南白药牙膏的功效。

战略实施上，一般而言，对于牙膏日化公司，主要需要考虑的有三个方面：原材料采购、生产、销售。而坐落在柳州的两面针在原材料采购方面和其他日化公司，比如云南白药相比并非处于劣势，生产方面也不是日化行业竞争的关键，主要产生差距的地方是在销售方面，防止潜在进入者和现行市场企业进行模仿和超越。销售渠道方面，中国牙膏市场的传统渠道为"商超 + 专卖店 + 流通渠道"，两面针没有选择在商超渠道上积极参与竞争，而是退而求其次选择转战经济型酒店渠道，想借此扩大产品的经销范围。但是牙膏等酒店一次性消费品对于连锁经济型酒店来说是一次性损耗品，在采购成本中所占的比重非常小，可拓展的利润空间同样非常少，指望通过与酒店建立合作关系获得利润并不是明智之举。而且，在高端化趋势越发明显的牙膏市场，两面针的高端产品没有在市场上打出名声，却流于依靠低端酒店的途径维持品牌销售。这对两面针的产品战略以及消费者的品牌认知都在很大程度上起到消极作用。

2. 学习标杆

（1）云南白药战略定位。

①国家机密药方拉高定价。云南白药核心秘方是由名医曲焕章于 1902 年创制，由名贵药材制成，问世至今已百余年，因神奇的疗效而享誉海内外，被誉为"中华瑰宝，伤科圣药"，其配方于 1956 年被列为国家机密。云南白药牙膏也是由这一秘方研发而成，所以有足够的理由进行高定价。

②产品定位为功能性产品。云南白药牙膏品牌定位战略的第一步是与消费者展开一对

一的深度访谈，了解顾客需求。无论是专业数据显示还是调研发现，随着饮食习惯的改变和工作压力的增大，成年人大多有口腔溃疡，牙龈肿痛、出血、萎缩等口腔问题。这些口腔"小问题"虽然不足以去医院，但大多困扰了人们的情绪，有快速解决的心理和生理需求，对高端口腔护理产品的需求会越来越高。然而当时市场上仍是一些普通性质的日化产品，还没有一支能真正解决九成以上国人口腔问题的实效牙膏产品。于是云南白药另辟蹊径，没有选择突破传统防蛀牙膏领域，而是选择鲜有人涉足的高端功能性牙膏领域。

③独特的药店销售模式。在销售渠道上，云南白药牙膏项目运营初期，企业在日化行业的建设基本空白，如果等待日化终端建设到一定程度再开展相应的传播和营销活动，那么整个品牌和产品线的推广都要滞后。因此，在市场运作上，云南白药牙膏不走传统的日化品路线，而是借鉴和运用保健品推广思路，采用"药品+超市"的策略，上市初期，即在电视广告上对"药店及商场有售"之类的信息进行了提示。这种模式正是利用了企业有较好基础的通路——医药品渠道，让牙膏摆进了药店。从消费者角度思考，摆在药店的功能型牙膏似乎要比超市里的同类牙膏更值得信任一些。云南白药首先从有深厚基础的药店入手，让消费者可以从药店买得到产品，同时逐步开发其他分销渠道，待整个日化渠道相对成熟后，再将渠道全面理顺、整合，实现了对不同业态终端的高度覆盖。

④平面媒体+央视广告营销。云南白药牙膏的前期市场启动，在传播中首先是靠"新闻性软广告"打响头一炮，坚持"报媒阵地，深度说服"的方针，通过报纸来对消费者进行一些有战术的深度说服和科普教育。《云南白药牙膏里的国家机密》《这是一支2015年的牙膏》等文章的传播，使云南白药牙膏在大众心中很快产生了权威性、神秘性，给公众一种十足的信任感，这是其他传播方式所不具备的。其次，云南白药牙膏又从症状出发，打出了送份"口腔健康"的市场号召，对相关人群集中引导，让消费者对号入座，产生购买欲望。①

⑤扩张进军海外市场。2010年3月19日，云南白药公司海外业务部部长魏波在纽约向美国消费者正式推介中国销量第一的保健牙膏"云南白药牙膏"。魏波指出：云南白药牙膏已顺利通过美国食品及药物管理局审核，正式在美国市场全面铺开。"美国太子行"被授权独家进口美国市场的云南白药产品。在国内市场有限的情况下，如果想继续扩大市场份额，可能需要更多的资金，而进军海外市场可能是一个更好的选择之一。

⑥靠中药文化民族品牌卖座。云南白药的企业理念正是：传承文化、超越自我、济世为民。可以说，云南白药经营的不仅是产品，更是一种文化。从曲焕章先生创制云南白药开始，云南白药人就肩负起了发扬中华医学、传承民族民间文化的重任。云南白药董事长王明辉在与记者对话时说："我们有一份义不容辞的责任和义务，让云南白药这个卓越品牌在百年后的今天依然保持旺盛的生命力与活力。正是这种责任感和使命感，以及生存压力成为我们创新谋变的不竭动力。"卖的不仅是药品，更是一种情怀，产品附加值增加时更能吸引消费者购买，这也是云南白药牙膏从2004年上市半年200万元的销售额，到2008年达到5亿元的年销售额，再到2016年16%的市场占有率的原因。

(2) 云南白药战略启示。

"标杆效应"是指：某个经济组织或者公司、集团，在当地区域中占据重要的经济地

---

① 资料来源：搜狐新闻2016年4月7日。

位，通过自身的一系列活动，树立了一个"标杆"的形象，并且相应地带动了区域周围经济发展的一种经济现象。云南白药牙膏当之无愧是高端牙膏领域的领头羊，而且云南白药与两面针这两者的定位均是中药性质的功能性牙膏，具备可比性，所以参考云南白药牙膏的营销战略来为两面针牙膏摆脱困境提供一些参考建议。但是现在市场、行业状况和云南白药崛起时的情况已经有所不同，在这种市场环境发生转变的情况下，两面针转型会面临新的机遇和挑战。那么两面针又将做出什么选择？

①增加产品研发创新力度。根据公司2016年年报数据可知，直到2016年公司仅在2005年以前有科研成果，两面针获得国家人事部批准设立牙膏行业首家博士后科研工作站，致力于中药在个人及家居护理用品上的应用研究，成为牙膏行业首家拥有博士后科研工作站的企业。自设站以来，公司博士后科研工作站先后联合复旦大学、成都中医药大学、广西大学等博士后科研流动站招收培养博士后人员，目前博士后科研工作站共承担省部级科研项目1项，设站单位科研项目2项，获国家发明专利3项，发表学术论文15篇。2005年，博士后工作站完成《两面针镇痛、抗炎和止血活性成分的研究及应用》课题研究，第一次全面地、系统地对植物药两面针的化学成分、药理、药效及其开发利用、原料采集、活性成分分离与提取工艺等进行深入研究并取得高水平成果。2005年之后则鲜有研究，今后公司应当重视科研能力的提高。

②产品定位更加明确。两面针牙膏在推出第一支中草药牙膏之后，并没有给自己的产品一个清晰的定位。首先，两面针并没有向消费者展示清晰的中草药牙膏核心的卖点。反观云南白药，其明确的核心卖点就是预防牙龈出血或止血，让中草药牙膏的核心利益点落在产品上，让消费者可以实实在在地感受到云南白药牙膏的功效。其次，两面针产品特点并不够清晰，差异化不够。没能让消费者从其产品的特点上和普通牙膏的防蛀等特点区分开，从而让消费者对其不够了解，缺乏购买欲望。因此两面针可以在产品研发、包装、销售方面突出自己的特色，彰显与其他功能性牙膏的差异。

③拓宽销售渠道。首先，公司稳定现有直供KA系统，选择性拓展全国排名前十位的KA系统，拓展3～5家，如沃尔玛、华东欧尚、华东家乐福等作为直供KA重点对象①；两面针在持续营运状况低迷的情况下，没有选择过多的经销商来展示牙膏似乎是情有可原的，但是从长远来看，经销商数量，很有可能影响销售数量，从而影响盈利水平，所以即使盈利能力弱，也应拓宽大型超市、小型超市、批发市场、药店等盈利渠道。

④宣传民族品牌优势。两面针作为曾经的"牙膏大王"是上一代人心中的回忆，有很大一部分消费者在等待它重振旗鼓，作为中国第一支拥有临床数据的牙膏，曾经创造了市场份额第一的奇迹，两面针可以依靠老品牌优势，在重新回归市场时抓住曾经的消费群体。

三、问题讨论

1. 两面针为什么几度变卖股票？
2. 两面针为什么选择转变战略？

---

① 资料来源：两面针2010年年报。

3. 试分析两面针战略失败的原因。

4. 随着商业模式和竞争环境的改变,两面针应该采取哪些关键性措施来改变现状?云南白药对于牙膏的战略有哪些值得两面针借鉴的地方?

5. 两面针对其他牙膏民族品牌的复兴有哪些借鉴意义?

四、参考资料

[1] 吴影:《两面针多元化困境案例研究》,暨南大学.

[2] 徐春生:《中国牙膏市场竞争格局分析》,日用化学品科学出版社,2015年版.

[3] 《当代广西》,2011年11月下半月号第22期.

[4] 两面针2010—2017年年度报告.

[5] 段倩倩、赵桥:《掌舵人多为"空降":两面针发展战略随之多变》,每日经济新闻,2017年6月30日.

[6] 方彬楠:《两面针押宝经济酒店转型蒙阴影-利润微薄难以为继》,北京商报,2016年10月17日.

[7] 秦国珺:《柳州两面针经营战略研究》,内蒙古财经大学.

[案例说明书]

一、本案例要解决的关键问题

本案例旨在加强学员对战略管理的认识，使学员理解企业制定战略的过程以及战略的分类。另外，在学员理解和掌握战略管理的基础上，能深入理解战略变化对企业经营的影响，并合理运用战略分析来加强企业对未来战略的规划。

二、案例分析要点

（一）需要学员识别的关键问题

本案例拟从退市风波出发，发现两面针存在的营运问题，继而引出两面针战略定位的缺陷，引导学生通过战略定位分析法和工具分析法来解决如下几个关键问题：首先，一个企业选择战略的动因，有哪些方面的影响；其次，挖掘出企业为什么选择改变战略，营运不行靠投资获得利润是否是长久之计，改变战略需要考虑哪些方面；最后，思考企业应如何进行合适的战略定位。

（二）解决问题可供选择的方案及其评价

1. 两面针为什么几度变卖股票？

根据退市风险警示制度，如果没有靠买股票产生的投资收益，两面针早已深陷退市风波。根据公司年报可知，2006年起两面针的经营活动产生的现金流量都是负值，从2010年开始到现在，两面针六度抛售所持有的中信证券股票来弥补经营利润的亏损。

2. 两面针为什么选择转变战略？

两面针选择转变战略，主要是由于内外部经营环境发生了变化，即所处产业既进入了新的竞争者，其产品又跟不上市场的变化。因此，对于这个问题主要采用中观层次的波特五力模型和微观层次的SWOT分析法进行分析。

（1）中观层次分析——波特五力模型

波特五力模型主要涉及五种基本竞争力量，分别是潜在进入者、替代品、产业竞争对手、供应方、购买方。

①潜在进入者的威胁。对于现有企业来说，两面针的市场优势主要表现在品牌优势上，这种优势是建立在其牙膏产品具有差异性上。然而外资企业与中华等兴起的民营企业也陆续推出了功能性牙膏，冲击了两面针的品牌优势。

除此之外，日化产业的主要进入障碍是规模经济与技术。进入的外资企业大多数资金雄厚，譬如联合利华、宝洁、狮王。他们不仅能消除这种障碍，并且长期在该行业的经营使得他们掌握了足够多的品牌与技术，甚至能构建起更大的规模经济。因此，潜在竞争者给两面针带来的威胁较大。

②替代品。产品替代分为直接产品替代与间接产品替代。由图11-2可以看到，2014年牙膏产品分布上出现了具有各种功能的牙膏，足以在直接产品上替代原本两面针传统的功能性牙膏。不仅如此，为满足消费者的功能诉求，市场上推出了更多高端和超高端的牙

膏产品，部分替代了原本的功能性产品。替代品给两面针带来的威胁较大。

③产业竞争对手。国内日化行业竞争非常激烈。在两面针转变战略之前，外资企业和诸如中华的民营品牌已经进入国内牙膏产业。日化行业要形成规模经济效应需投入大量成本，其退出门槛比较高；产品虽然有所区分，但是功能总体相似，而生产企业明显增多，容易引发价格战。

④供应方。两面针牙膏的功效主要依靠两面针这种中草药，而这种中草药为广西特有的野生药材，供应商有限，因此两面针对于供应方的议价能力较弱。但是由于广西地方政策的支持，一定程度提高了两面针的议价能力。因此供应方对两面针的影响相对比较小。

⑤购买方。由于日化行业的牙膏生产企业明显增多，商品供给上升，导致购买者的选择变多了，而产品本身的专用性程度很低，因此购买方的议价能力较强。

(2) 微观层次分析——SWOT分析

SWOT分析涉及内外部四个因素的分析，分别是S（企业内部的优势），W（企业内部的劣势），O（企业外部环境的机会），T（企业外部环境的威胁），如表11-9所示。

表11-9 两面针SWOT分析表

威　胁（T）	机　会（O）
价格战； 替代产品增多； 购买者选择变多，议价能力强； 竞争激烈，新的竞争者可能会进入该行业	新的国际市场； 地方政策支持，原材料价格较为稳定； 经济快速发展，消费者购买力增强
优　势（S）	劣　势（W）
企业拥有专业的市场知识； 品牌和声誉； 完善的销售渠道	相比外资企业，产品价格较高； 规模经济； 核心技术掌握不够，过分依赖供应商； 竞争对手有更多新产品，产品难以形成差异化； 资源有限，无法大规模生产

3. 试分析两面针战略失败的原因

发展是企业永恒的主题，做大做强更是不变的追求，而多元化经营是企业在追求利润最大化道路上永远的困惑。纵观世界企业发展史，真可谓"成也多元化，败也多元化"。几乎所有的优秀公司，越分散，企业绩效的下降就越明显。那么两面针多元化影响企业绩效的原因是什么？从以下几个方面分析。

①过度多元化分散了资源。多元化投资一个最大的好处就是能有效地分散单一投资可能引起的投资风险。但从两面针所处的发展阶段来看，基本都是专业规模生产阶段，不仅缺少规模效应，更缺少与规模相匹配的专业知识技术，缺少以低成本生产产品的核心竞争力。而且，在企业经营中，不同产品的生产技术、资源的可获得性、消费者对象有很大不同。面对复杂市场情况，两面针成立八个事业部的做法可能不是分散风险，而是分散资源。而且多元化随着企业部门数量的增加，内部协调的难度也会逐渐增加，导致企业信息不对称，自有资金分配出现效率低下的情况，从而大大降低企业盈利的可能性。

②核心竞争力削弱。在资本市场尝到甜头之后,两面针开始进行各种投资和资本运作,如投资安徽芳草、成立两面针纸业等,面对外资牙膏品牌的步步紧逼,两面针将宝押在了多元化经营。当时的两面针还在资金、主营业务方面尚有优势的情况下,放弃对主业的强化,进行非相关多元化经营,颇有种怯战而逃的意味。两面针涉及的"八大产业"包括:口腔护理用品产业、洗涤用品产业、旅游用品产业、生活纸品产业、医药产业、精细化工产业、纸浆造纸产业和房地产业。虽然相对完整的日化产业链有助于增强上下游议价能力,但是医药、糖业、口腔护理和房地产等产业难有协同效应,个别产业或是周期性强,或是政策性强,都会让两面针偏离重心,削弱实力。

③定位模糊,品牌老化。在 2013 年的时候,两面针推出新款——消痛牙膏,宣布品牌新战略的实施,但是收效甚微。第一点是定位模糊,两面针是中药牙膏,十年前这个定位没问题,也与其他牙膏形成差异化,但是随着时代的发展和社会的进步,竞争随之加剧,定位也要跟着升级与发展,否则就会被市场所抛弃。中药牙膏能带给消费者的核心利益是什么,两面针没有明确。而同是中药牙膏定位的云南白药,它的核心就是预防牙龈出血,这个才是定位到点上。第二点是品牌老化,两面针一直停留在过去的一个空洞的概念,没有区别目标人群重新规划。

4. 随着商业模式和竞争环境的改变,两面针应该采取哪些关键性措施来改变现状?云南白药对于牙膏的战略有哪些值得两面针借鉴的地方?

"标杆效应"是指:某个经济组织或者公司、集团,在当地区域中占据重要的经济地位,通过自身的一系列活动,树立了一个"标杆"的形象,并且相应地带动了区域周围经济发展的一种经济现象。云南白药牙膏当之无愧是高端牙膏领域的领头羊,而且云南白药与两面针的定位均是中药性质的功能性牙膏,具备可比性,所以参考云南白药牙膏的营销战略来为两面针牙膏摆脱困境提供一些参考建议。

①增加产品研发创新力度。根据公司 2016 年年报数据,可知直到 2016 年,公司仅在 2005 年以前有科研成果,成果分别是 2002 年,两面针获得国家人事部批准设立牙膏行业首家博士后科研工作站,致力于中药在个人及家居护理用品上的应用研究,成为牙膏行业首家拥有博士后科研工作站的企业。2005 年,博士后工作站完成《两面针镇痛、抗炎和止血活性成分的研究及应用》课题研究,第一次全面地、系统地对植物药两面针的化学成分、药理、药效及其开发利用、原料采集、活性成分分离与提取工艺等进行深入研究并取得高水平成果。2005 年之后则鲜有研究,今后公司应当重视科研能力的提高。

②产品定位更加明确。两面针牙膏在推出第一支中草药牙膏之后,并没有给自己的产品一个清晰的定位。首先,两面针并没有向消费者展示清晰的中草药牙膏核心的卖点。反观云南白药,其明确的核心卖点就是预防牙龈出血或止血,让中草药牙膏的核心利益点落在产品上,让消费者可以实实在在地感受到云南白药牙膏的功效。其次,两面针产品特点并不够清晰,差异化不够。没能让消费者从其产品的特点上和普通牙膏的防蛀等特点区分开,从而让消费者对其不够了解,缺乏购买欲望。因此两面针可以在产品研发、包装、销售方面突出自己的特色,彰显与其他功能性牙膏的差异。

③拓宽销售渠道。首先,公司稳定现有直供 KA 系统,选择性拓展全国排名前十位的 KA 系统,可拓展 3～5 家,如沃尔玛、华东欧尚、华东家乐福等作为直供 KA 重点对象;两面针在持续营运状况低迷的情况下,没有选择过多的经销商来展示牙膏似乎是情有

可原的，但是从长远来看，经销商数量很有可能影响销售数量，从而影响盈利水平，所以即使盈利能力弱，也应拓宽大型超市、小型超市、批发市场、药店等盈利渠道。

④宣传民族品牌优势。两面针作为曾经的"牙膏大王"是上一代人心中的回忆，有很大一部分消费者在等待它重振旗鼓。作为中国第一支拥有临床数据的牙膏，曾经创造了市场份额第一的奇迹，两面针可以依靠老品牌优势，在重新回归市场时抓住曾经的消费群体。

5. 两面针对其他牙膏民族品牌的复兴有哪些借鉴意义？

两面针的发展历经辉煌与衰落，对于其他牙膏民族品牌，应当分别从繁荣期与衰落期进行分析与借鉴，取其精华去其糟粕。

（1）繁荣期

①技术与产品创新。两面针是第一支中药牙膏，模仿难度较大，因此保持了较为长久的优势。

②产品差异化。作为第一只功能型牙膏，两面针在市场上能与其他牙膏产品明显区分开来。

③质量保障。对于牙膏产品而言，消费者更换品牌的频率较高，需要维持良好的客户体验和满意度。产品质量的把控是两面针前期抵御外资企业吞噬的利器。

（2）衰落期

①进行战略分析时，要注重各种层次的战略分析，不仅要注重企业内部环境的变化，也要关注企业外部环境的变化。本案例中，两面针所处的外部市场环境发生变化，但并没有对其进行深究与挖掘，导致企业跟不上市场的步伐。

②不要轻易更换公司战略。在上市公司中，企业发展遇到障碍而更换战略的案例非常多，而更换后经营成功的案例却比较少。举例来说，鄂湘情也是遇到外部环境发生变化（与两面针不同的是，导致外部环境发生变化的原因是政策），便如无头苍蝇胡乱碰撞，多次更改公司战略，最终导致企业破产。因此，公司战略的更换应当慎之又慎。

③要牢牢把握公司的主营业务。主营业务是公司经济的主要来源，企业以往经营的成功通常都离不开它。在拓展企业业务的同时，公司的主营业务应该维持基本的稳定与发展。此外，拓展其他经营业务，不要随便进入自己不熟悉的行业，尽可能做相关的多元化或一体化业务，不要随意放弃自己的优势。两面针盲目多元化导致子公司几乎全线亏损就是前车之鉴。

四、教学组织方式

本案例可以在"管理会计""高级管理会计理论与实务""企业战略管理"等相关专业硕士课程中进行讨论使用。

案例 12

稳中求"变":京东方的战略选择*

---

*1. 本案例由广东工业大学管理学院的张军波、吴双等共同撰写,作者拥有著作权中的署名权、修改权、改编权。
 2. 本案例授权广东工业大学产教融合 MPAcc 教学智库实验平台使用,广东工业大学产教融合 MPAcc 教学智库实验平台享有复制权、修改权、发表权、发行权、信息网络传播权、改编权、汇编权和翻译权。
 3. 由于企业保密的要求,在本案例中对有关名称、数据等做了必要的掩饰性处理。
 4. 本案例只供课堂讨论之用,并无意暗示或说明某种管理行为是否有效。

[案例封面]

专业领域： 企业管理，财务管理
适用课程： 企业战略管理，管理会计，财务管理理论与实务
选用课程： 企业战略管理
编写目的： 战略选择属于企业的一项重大决策，不同的战略会带来不同的发展方向。战略是公司为之奋斗的一些终点与公司为达到战略目标而寻求途径的结合物。本案例旨在引导学员关注战略转型实施的动因，并尝试多角度分析企业战略，以及调整战略的行为。基于此案例，学员可以进一步思考企业战略对企业发展的重要影响作用。
知 识 点： 企业战略；战略转型；战略执行；战略描述
关 键 词： 京东方；战略变革；液晶面板工业；规模效应
中文摘要： 本案例描述了京东方在一个全球高技术产业中的史诗般崛起，解释战略转型，适应变化才能使企业在复杂的环境中屹立不倒。案例通过京东方光电科技有限公司的发展历程，全面地剖析了京东方在不同时期的发展战略，以及面对严峻形势时所实施的战略转型。2003—2008年京东方进入了新兴行业；2009—2013年京东方开始对现有的业务进行深度挖掘，使企业上升到一个新的台阶；2014年至今，京东方不满足于现有的成绩，积极地把目光投向未来，又提出了新的战略思路。本案例提供了一个如何针对国有大型企业发展中战略转型问题并制定大型企业的战略变革策略的真实素材，对学生有启发意义。

[案例正文]

一、引言

2017年10月31日,京东方科技集团股份有限公司(股票代码:000725,简称京东方)公布了2017年第三季度业绩陈述,京东方获得营业收入694.08亿元,同比增长51.41%;净利润64.8亿元,同比增长4503.45%(2017年8月31日股价:3.83元,2017年10月31日股价:6.22元,数据来源于东方财富网)。其间,京东方在资本市场是最受关注的上市公司之一。从2017年10月20日至2017年11月3日,京东方密集接受了4轮机构的集中调研。仅在2017年10月17日这一天,就有51家机构扎堆调研京东方,其中包括嘉实基金、南方基金、前海开源基金等13家基金公司。然而,你肯定料想不到,这个今天把三星、苹果逼上绝路的巨无霸公司,曾经一度只是一个濒临破产的电子管厂。

回顾这些年京东方走过的路程,每一步都走得艰辛,在不同的时期会面临不一样的问题和挑战,在面对挑战的时候又需要做出不同的战略选择。那么,京东方是怎样一路披荆斩棘走过来的呢?它由低迷走到如今的辉煌又经历了怎样的战略改革呢?

二、京东方的前世今生

京东方是一个具有工业意义的企业,所以它的经历反映出中国现代工业史上所有重大主题,并且它在过去十几年间的奋斗是中国半导体工业崛起的一个主要动力源。

(一)北京电子管厂的兴衰

北京电子管厂是中国在第一个五年计划(1953—1957年,简称"一五")期间,由苏联援建的156项重点工程之一。在"一五"初期,中国的工业基础极为薄弱,几乎没有重工业,所以北京电子管厂在规划时被定性为军工企业,计划安排的产品全部是军品,没有考虑民用问题,国家下达计划生产的数量还不到工厂产能的10%。周凤鸣(原北京电子管厂厂长)为了扩大商品销路,打开民用市场,使得工厂在1959年被授予"跃进红旗"匾并从此被称为红旗厂。次年上缴利润达到1.1856亿元(厂固定资产为1亿元),此时,北京电子管厂成为亚洲最大的电子管生产工厂。

1970年末,中国进入改革开放的时代,这个从出生就隶属于国防工业的中国电子管生产厂也开始了"以军为主"向"以民为主"的转变,但是这个转变并不容易,很快就受到了市场变化的冲击。进入20世纪80年代,随着国民经济的不断调整以及大规模引进国外技术,到1992年,北京电子管厂已经连续亏损7年,濒临破产。

(二)京东方的诞生

1992年,濒临破产的北京电子管厂已经不堪重负。同年9月,时年35岁的王东升推却了其他公司给予的高薪厚职,临危受命,毅然接下了年亏损数千万元、濒临倒闭的北京电子管厂,担任该厂厂长。1993年4月,王东升带领员工自筹650万元种子基金进行股份制改造,创办北京东方电子集团股份有限公司(2001年更名为京东方科技集团股份有限公司),王东升任董事长兼总裁。

在王东升"市场化、国际化、专业化"的发展战略引导下,京东方迅速扭亏为盈,并于1997年6月,在深圳实现B股上市,2001年1月,又增发A股,成为国内为数不多的A、B股上市的企业。京东方从濒临倒闭到涅槃重生,仅用了5年时间。

1998年至2002年,在中国彩色显像管行业如火如荼之际,王东升预见到液晶显示技术(TFT-LCD)必然取代显像管技术(CRT),明确做出"进军液晶显示领域"的战略抉择。京东方从1994年开始,就研究探索这一世界前沿产业领域,然而王东升看见了更远的未来、更大的世界,所以在2000年就提出了"并购、消化吸收、再创新"三步走发展战略思想。这个战略思想一直贯穿在王东升之后制定的战略中。图12-1所示为京东方战略思路导图,可见京东方一路走来并非易事,现在就来看看这些年京东方是如何进化发展的。

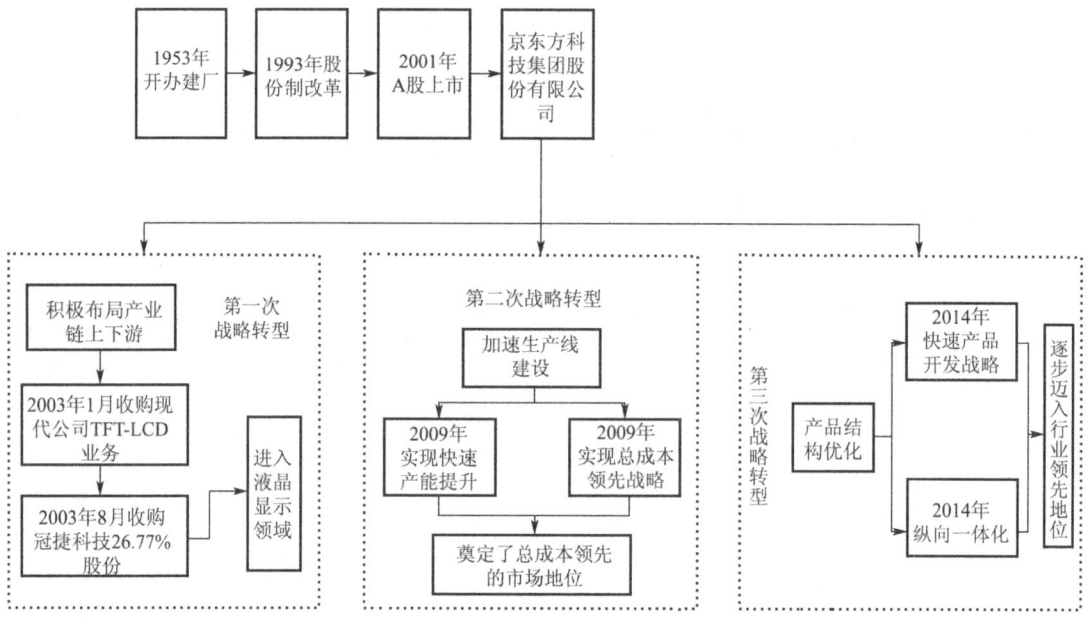

图12-1 京东方战略思路导图

三、第一次战略转型——把握机会,迈入行业(2003—2008年)

1. 以收购为路径、攻入TFT行业

想真正进入TFT行业并非易事,从1998年到2001年的3年间,京东方一直在苦苦思索进入这一新兴产业的路径。当时液晶显示产业开始进入大规模产业化阶段,率先进入的日韩企业已经形成了先行者优势,京东方面临着大量专利和技术壁垒。

TFT-LCD产业具有高技术含量、高投入和高产出的特点,必须拥有强大的基础研发、产品制造、工艺设计和市场运作能力,如何发展技术成为王东升需要抉择的难题。而在此时,一个绝佳的收购机遇摆在了京东方的面前:金融危机中,韩国现代公司(HY-

NIX）因背负沉重债务，为保全核心的半导体业务，不得不忍痛割舍具有良好盈利潜力的 TFT-LCD 业务，以挽救公司的现金流危机。一些国际企业也对韩国现代的收购表现出了极大的兴趣。谁可以获得最终的胜利？这将是对决策者毅力和决心的重大考验。

2003 年 1 月，京东方成功以 3.5 亿美元收购 HYNIX 旗下的 HYDISTFT-LCD 业务，获得 HYDIS 的所有知识产权（包括 TFT-LCD 应用技术、设计技术和制造技术等）及团队，还有全球性 TFT-LCD 市场份额和营销网络，进入薄膜晶体管液晶显示器件（TFT-LCD）领域，这标志着京东方的 TFT-LCD 事业的战略布局正式全面启动。中国社会科学院全球并购研究中心将此事评为"2003 年中国十大并购事件"之一。

王东升称，进入一个新的产业领域一般有三种方式：自主研发、合资合营或者收购进入。用自主研发方式在中国发展半导体显示产业不太现实，因其是典型的资本和技术双密集型行业，而我国企业在此领域的核心技术和经验都欠缺。若通过合资经营的方式，核心技术仍然掌握在国外企业手里，投资风险却在中国企业身上。权衡利弊，王东升决定"收购进入"，通过国际收购进入液晶面板产业。

然而王东升真正想做的，是通过收购获得技术资源，然后自主建线，以便凭借自己的能力继续扩张。通过收购后的消化、吸收、再创新，2003 年 9 月，京东方投资 12 亿美元自主建设北京第 5 代 TFT-LCD 生产线，该产线于 2005 年投产，结束了中国大陆的"无自主液晶显示屏时代"，翻开了中国自制造液晶显示屏的新篇章。

同时，京东方又积极布局产业链的上下游。在下游方面，2003 年 8 月，京东方与冠捷科技股东签署协议，以 10.64 亿港币收购冠捷科技 26.77% 股份，成为冠捷科技第一大股东。冠捷科技是全球知名显示器供应商，主要从事显示器产品的组装和销售，拥有完善的销售网络和出色的市场开拓能力。在上游产业链方面，京东方于 2004 年 10 月至 2006 年 4 月，先后投建了 TFT-LCD 背光源项目、CCFL 冷阴极灯项目和大尺寸 TFT-LCD 彩色滤光片生产线项目。而当时国内生产的 TFT-LCD 面板 80% 以上的原材料要靠进口，京东方在上游产业链的布局，大大降低了原材料成本，拉动了国内相关产业的发展。

上市后，京东方围绕以显示为重点的主营业务，积极实施两个战略性转变：以合资为主转向以发展主营事业为主，以电子零部件为主转向以发展显示业务为主。

京东方明确提出"进军液晶显示领域"的战略抉择，并开始战略布局与技术积累。事实上，京东方早在 1994 年就成立了预研小组，主要跟踪研究 TFT、PDP、FED 等平板显示技术，而当时 TFT-LCD 液晶显示技术刚开始在日本产业化。在 1998 年整个中国显示产业尚未意识到进军液晶显示产业的必要性与紧迫性且 CRT 产业营利性还较好时，京东方就预见到新一轮的技术替代。

2. 进入行业就能盈利

京东方明确提出"进军液晶显示领域"的战略抉择，以及开始战略布局与技术积累都可以说是非常不易，那么实施这个战略后公司又有怎样的变化呢？

我们就从如图12-2、图12-3所示公司的财报数据来研究。

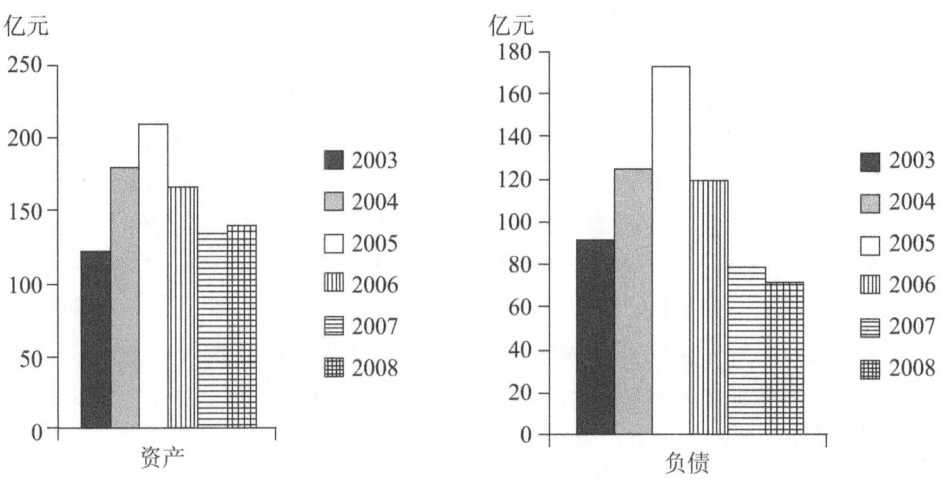

图12-2 京东方资产和负债历年对比

资料来源：中财网。

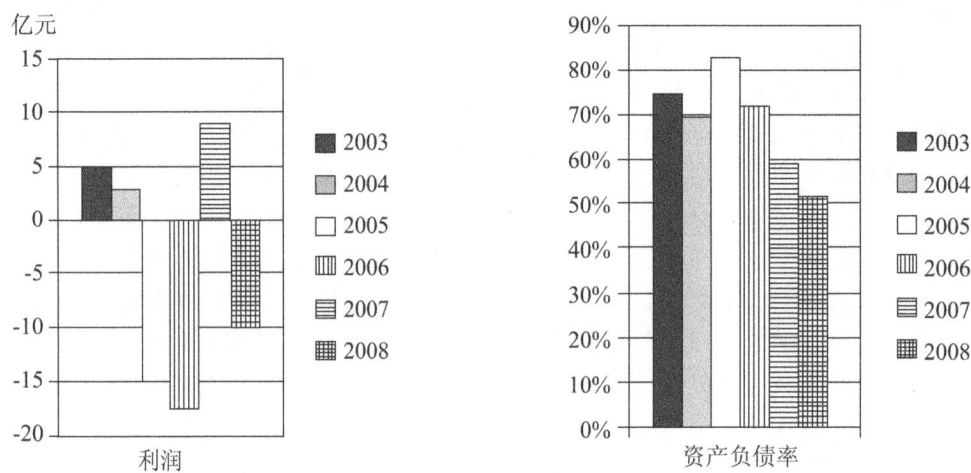

图12-3 京东方利润及资产负债率历年对比

资料来源：中财网。

2008年，曾经一度风光无限的液晶面板行业，在产能过剩与全球金融危机导致的市场萎缩双重打击下，遭遇到本行业有史以来最大的冰河期，由图12-3所示，京东方在这几年的日子并不好过。不过，液晶面板毕竟具有较高的技术层次与较佳的市场前景，无论国际还是国内均有许多厂商投入其中，因此研发新技术与布局下一代生产线，也几乎伴随全年始终。再加上时有发生的并购、结盟、上市、融资，即使在行业"冬季"，面板业依然纷纷扰扰，好不热闹。

3. 产业寒冬，稳步迈入

2008年，年初时承接上年度"一屏难求"的景气余威，真正做到了淡季不淡。然而从第二季度底开始，供需关系出现反转。第三季度的出货状况就变成了旺季不旺。第四季度更是在金融海啸的摧残下，市场需求瞬间到了冰点。

由于需求不振，面板厂商在处理库存与获得现金流的压力下，不得不大幅降价销售。根据 DisplaySearch 发布的 2008 年 12 月价格统计，全系列液晶面板的降价幅度都非常大。以往，液晶面板厂在应对终端市场消费不振时往往会大幅降价，以引导液晶电视或显示器等终端产品的零售价格降低，刺激消费者的购买欲望。不过，本轮产业寒冬，却不再是降不降价的问题，而是需求端出了问题，即使价格再便宜，也无法激发起大的消费热潮。

液晶面板行业的行业壁垒非常坚固，但是京东方通过收购确实把握住了机会，成功在面板行业站稳了脚跟。从 2003—2009 年的资产负债表的资产项目来看，可以发现资产比重是不断上升，说明京东方已经在大量购置生产线等固定资产，努力追逐面板行业巨头的脚步。但由于面板行业是周期性行业，所以这次战略的实施只完成了迈入行业的任务，并没有完成实现盈利的任务。

四、第二次战略转型——规模扩张，迈向领先（2009—2013 年）

（一）扩张产能，成本领先

京东方的董事长王东升是中国著名的企业家，他不称自己的战略为战略，而称其为剑道。在他的理解中剑道中所指的剑、人、外、内的作用，恰似企业发展过程中外部资源驱动和以价值创造为核心的企业内部竞争力驱动。在 TFT-LCD 领域，与京东方过招的都是业内的顶尖高手，决定胜负的不是投资与规模，而是企业核心竞争力即企业内功的高低。王东升将京东方的发展分为"钢剑战略""铁剑战略""木剑战略"和"无剑战略"，把它作为提升企业核心竞争力的有力武器和指导京东方未来 2015—2020 年发展战略的核心经营思想，期望实现从进入者、追赶者、挑战者到领先者、领导者的转变。

钢剑战略，系进入者和追赶者期（2009—2012 年）。这一时期的核心便是"价值创造驱动"，即围绕为客户创造价值这一核心，不断强化市场快速反应机制，快速推出京东方的企业愿景：成为显示领域世界领先企业，一家充满活力、最具价值、受人尊敬的伟大企业，为中国现代化和人类文明进步做贡献。这一时期京东方主要采用引进生产线的举措，迅速实现产值的提升。

（1）实施快速产能扩张战略。京东方在 2009 年之前只有一条北京的 5 代线实现量产，产品线也主要是单一的台式电脑显示器，不论从市场份额、制造产能规模、还是产品线宽度等来看，京东方当时都无法参与行业竞争。从京东方的发展历程来看，其管理层很早就开始了产能扩张的布局，并实现了产能从不足全球的 3% 到 2013 年底的 13%。从京东方早些年产能布局，就可看出管理层已经充分意识到液晶面板产业没有规模产能的优势就没有上下游的合作话语权；没有规模产能优势就没有抵御液晶显示行业周期性变化风险的能力；没有规模产能优势就无法参与液晶面板的全球竞争。通过产能的增加丰富了产品线，覆盖了从 3.5 寸到 55 寸液晶面板的全线产品，不仅可以满足所有国内外客户的（手机厂家到电视厂家）的需求，扩大了客户群，提升了产品市场份额，也大大增加了抵抗液晶面板市场周期性变化的风险能力。京东方可以灵活地调整生产线的产品，避免周期性产能过剩，适度增加利润较高产品的产能。

（2）实施总成本领先战略。总成本领先要求必须建立起高效规模的生产架构，然后在成功经验的基础上全力以赴地降低成本，严格控制生产成本和管理费用，同时尽可能地减少其他相关费用。这要求管理层对成本给予高度重视，在保证质量、服务和客户满意度的前提下，把成本降低提高至公司战略层面，目标就是使总体成本低于竞争对手。这样就意味着竞争对手在市场竞争中失去利润时，总体成本领先的公司依旧可以盈利。

企业在发展过程中赢得总体成本领先的市场竞争地位，是一个长期积累的过程，特别对于制造业，更是一个投入与规模效益的问题，具有总体成本领先地位的企业通常都具备较高的相对市场份额、生产规模、核心技术等优势。企业如果建立起成本领先地位，不仅可以获得较好的利润，同时也具备了继续提升市场份额、提高技术、扩大生产规模和吸引高端人才的先决条件。

京东方产能的增加与合理布局带动了上下游配套企业就近投资建厂，进一步加强了其总体成本领先的竞争力。据京东方总裁陈炎顺介绍，以京东方北京 8.5 代线为例，北京数字电视产业园吸引了康宁、冠捷科技和住友化学等诸多世界 500 强企业前来就近配套，涉及液晶玻璃、化学品、偏光片、背光源等关键主材及二级配套供应商，在这个 2.6 平方公里的园区内，可以实现一个完整的产业链条，做到"石英砂运进去，整机出来"。京东方从 2007 年开始布局，2009 年开始了令业界惊叹的产能扩张，以近乎一年一个新厂的速度完成了规模产能的初步布局，借助其产能的优势，扩大了市场份额，丰富了产品线，同时实施了产业价值链战略，奠定了其总体成本领先的市场地位。2013 年京东方实现突破历史的盈利 23.5 亿元，正是总体成本领先地位优势的市场经营结果。

（二）规模扩张，稳中求"胜"

京东方发布 2013 年度业绩预告修正公告，称 2013 年归属上市公司股东净利润有望达 22.5 亿～23.5 亿元，比上年同期盈利提升约 800%，每股收益约为 0.17 元。

对比此前京东方三季预报盈利的 18 亿～20 亿元，此次盈利增长达 20% 左右，大幅超过预期。

2013 年，中大尺寸面板价格上半年保持平稳，三季度出现下滑，四季度逐步趋缓；而中小尺寸面板价格波动幅度较小。

面对市场变化，京东方灵活进行产品结构调整，移动类面板产能比重进一步提升，成都 4.5 代线等 70% 以上产能均用于移动类显示产品，而北京 8.5 代线移动类显示产品也已批量产出，有效提升了公司弱市环境下的盈利能力。

京东方副总裁张宇介绍，京东方累计可使用专利已超过 18 000 项，2013 年新增申请专利数量突破 4282 项，年新增专利数居全球业内前二，研发人员人均和单位产值产出专利量居全球业内第一。

表 12-1 所示为京东方生产线概览。京东方的规模扩张确实为企业带来了盈利，也带来了更多的机会，所以这一次战略可以说是非常成功的。

表12-1　京东方生产线概览

地点	生 产 线
北京	第5代TFT-LCD生产线，第8.5代TFT-LCD生产线
合肥	第6代TFT-LCD生产线，第8.5代TFT-LCD生产线，第10.5代TFT-LCD生产线（在建）
成都	第4.5代TFT-LCD生产线，第6代柔性AMOLED生产线
鄂尔多斯	第5.5代AMOLED生产线
重庆	第8.5代TFT-LCD生产线
福州	第8.5代TFT-LCD生产线
绵阳	第6代柔性AMOLED生产线（在建）

资料来源：百度网。

五、第三次战略转型——战略转型，面向未来（2014—2017年）

（一）技术研发，自主创新

在之前提到过，王东升将京东方的发展分为"钢剑战略""铁剑战略""木剑战略"和"无剑战略"，那么在"钢剑战略"取得巨大成功的前提下，京东方又开始轰轰烈烈地进入铁剑战略。

铁剑战略，系挑战者期（2013年至今），布局北京、成都、合肥、鄂尔多斯、福州、绵阳6条生产线，如果算上在建的重庆8.5代线总计7条生产线，可实现月产66万片的能力，位列全球显示领域前五强。京东方推进产品结构优化调整战略，营造显示器件产品、智慧系统产品、智慧健康服务三足鼎立的市场架构，以创新合作和领先科技为人们的日常生活以及医疗行业、金融行业、公共交通行业等领域带来积极改变，价值定位由电子制造企业向IT产品和服务型高科技企业转变。

（1）实施快速产品开发战略。加速产品开发，在现有技术和产品基础上，进一步创新，研究新技术、开发新产品、开展新业务。尤其针对企业薄弱技术，加强开发力量，全力掌握核心技术，为更好地参与竞争打好基础。京东方在液晶显示行业是个相对的后进者，当时日本的夏普、索尼，韩国的三星、LG，台湾的友达、奇美等公司已经基本占据了当时全球的液晶面板市场。京东方当时不论在产品、技术、产能等方面都是初学者，只能扮演追随者的角色。早在2003年进入液晶面板产业之始，京东方就确立了"成为显示领域世界领先企业"的企业愿景。京东方董事长王东升认为，在高技术、高投入、高风险的新兴产业，产能规模只是基础，拥有自主创新的技术体系才是核心；而且，在技术战略上不应采取"跟随战略"，而是"领先战略"。因为如果不能自主创世界领先的核心技术，就不可能成为世界领先企业。如果在技术上采取"跟随战略"，在一定阶段相对容易，其目标是紧紧跟随国际领先企业，但是如果主导技术进步轨道的领先企业一旦出现技术转向或技术替代，跟随的企业就有可能遭遇灭顶之灾。2009年，京东方在全球经济还在2008年萧条阵痛期的时候就投资建立了中国大陆第一个TFT-LCD工艺技术国家工程实验室，借助这个实验室平台，京东方不仅相继自主开发出了多个国内第一的新产品，同时也与国内知名企业如康宁、默克等公司开始了前沿显示技术的共同研发。京东方目前可使用专利数量超过 13 000 项，2013 年京东方申请专利数量已达到 3500 项，成了中国大陆年新增专利数全球业内前三、出货量排名全球业内第五的高科技企业。

（2）实施纵向一体化战略。重视培养本土供应商，与本土供应商就关键技术与原材料构建合作开发机制和战略伙伴关系，有步骤地摆脱受制于人的局面，以各种形式加强对上游市场影响力。作为购买厂商的供应商，与购买厂商构建定制化战略合作关系，互利共赢、共同发展，变购买厂商的潜在威胁为发展资源优势。

①京东方上游产业链联盟战略。2003 年京东方正式进入 TFT-LCD 显示制造领域，京东方面临许多挑战，其中最为艰巨同时也是后来看起来最具有战略意义的是规划选择产业链供应商。TFT-LCD 行业由于其技术要求的特性，当时几乎所有的重要材料和设备的供应商都是国外的生产商。京东方早在 2004 年就开始了产业战略联盟伙伴的选择。当时京东方面临外部和内部两种压力，外部来自于主要设备和材料供应商的技术垄断；内部压力来自于刚刚并购的韩国技术人员的选择意愿。京东方管理层当时花了近一年的时间进行上游供应商考察、分析和遴选，并没有受到当时内部韩国技术人员的影响而做出"日本设备，欧美材料"的基本上游产业联盟战略选择。

液晶是液晶显示器的核心材料，在 2004 年占整个液晶面板成本的 10%。京东方从一开始就与德国默克开展全面合作，从北京第一条 5 代线开始到合肥 8.5 代线等全部采用德国默克的液晶；同时随着新的显示技术的发展，如 OLED、Oxide、LTPS 等新技术的出现对液晶材料也提出了新的要求，京东方通过其国家液晶显示实验室一直与德国默克合作共同解决了新技术的难题，使得双方都在产品性能上得到了提升。为此京东方也成功获得更好价格的支持，2013 年液晶仅占京东方面板成本的 3% 左右。

②京东方的产业链国产化战略。京东方从 2005 年起就成立了核心供应链国产化工作组，董事长王东升亲自担任工作组组长，由此可以看出京东方很早就开始了产业链的国产化战略。京东方产业链的国产化战略分为以下三步：第一步，在非核心材料实现本土化生产和供应；第二步，吸引核心材料厂商就近配套投资，实现本地化供应；第三步，投资、参股核心设备、材料国内领先企业。

液晶面板产业带动力和辐射力极强，其关键零部件和装备的国产化，对促进我国电子信息产业整体转型升级、推动多个领域的技术进步和国防安全具有十分重要的战略意义。随着京东方产能规模逐渐扩大，目前我国液晶面板材料与器件的国产化程度已接近 60%，预计 5 年内有望超过 90%。在装备技术方面，由于京东方及国内其他液晶面板企业的发展，我国已有数十家装备企业进入液晶面板装备制造领域，尽管目前装备国产化率仅为 15%，但随着生产线的规模化投资和装备技术水平的提升，装备国产化率未来五年有望达到 30% 以上。

（二）面向未来，稳中求"变"

经过第三次战略调整，京东方 2017 年前三季度业绩预计归属于上市公司股东的净利润为 620 000 万～650 000 万元，基本每股收益盈利为 0.177～0.186 元/股。营业总收入同比增长 51.41%，归属母公司的净利润同比增长 4503.51%。

六、尾声

在钢剑战略获得巨大成功后，王东升又带着他的团队转向铁剑战略（2013年至今），布局北京、成都、合肥、鄂尔多斯、福州、绵阳6条生产线，如果算上在建的重庆8.5带线总计7条生产线，可实现月产66万片的能力，位列全球显示领域前五强。京东方推进产品结构优化调整战略，营造显示器件产品、智慧系统产品、智慧健康服务三足鼎立的市场架构，以创新合作和领先科技为人们的日常生活以及医疗行业、金融行业、公共交通行业等领域带来积极改变，价值定位由电子制造企业向IT产品和服务的高科技企业转变。在此期间，由于大型生产线等固定资产的投入，公司的资产又上了一个新的台阶，而主营业务方面，也从以前的收入与成本基本持平，变成收入高于成本，产业有利可图。作为一个固定资产比重高、产业更新换代快的企业，过高的资产比例会让大家为他捏一把冷汗，接下来王东升又会如何带着京东方转型呢？让我们拭目以待。

七、问题讨论

自京东方大获成功之后，其出色的战略部署和完整的战略思路都引发人们思考。本案例的重点在于公司如何面对现有状况制定合适的战略方向，重点思考如下问题：

1. 什么是公司战略？
2. 企业制定发展战略的途径和方法有哪些？
3. 京东方第一次战略转型的背景是什么？公司选择了什么样的战略？选择这个战略的动机是什么？这个战略是否取得了相应的效果？
4. 京东方第二次战略转型的背景是什么？公司选择了什么样的战略？选择这个战略的动机是什么？这个战略是否取得了相应的效果？
5. 京东方第三次战略转型的背景是什么？公司选择了什么样的战略？选择这个战略的动机是什么？这个战略是否取得了相应的效果？

八、参考资料

[1] 路风著：《光变一个企业及其工业史》。
[2] 京东方：2017年第三季度报告。
[3] 京东方：业务战略及商业模式分析。
[4] 寒潮下的液晶百态：2008年TFT-LCD面板产业年终回顾。
[5] 京东方A：面板巨人砥砺前行。
[6] 李欣欣. 京东方快速扩张战略的研究。

[案例说明书]

一、教学目的与用途、适用的课程、对象

（1）战略管理是管理科学中综合性、动态性较强的一个专门化领域，通过本案例的教学使学员掌握战略管理的具体应用与实践方法，形成系统性的创新思维模式，灵活运用所学的战略理论和工具，并与其他工商管理知识相融合，形成基本战略管理的分析能力。锻炼学员以战略为核心的思维模式和创新实践能力，培养学员战略思考及管理知识综合运用能力。

（2）本案例主要适用于战略管理、运作管理等课程，也可用于其他工商管理类别的课程教学和管理培训。

（3）教学目标：以具体企业为背景，生动展现国有企业战略变革策点上的结构和行为特征，使学员了解国有企业战略变革的具体实现方式，为同类企业提出一些可供借鉴的解决思路和具体方法。以课堂讲授理论知识和主题案例为主，同时采取课下阅读、课堂讨论、撰写综合案例分析报告或课程论文等方式，使学员能够巩固和深化所学的知识。

二、启发思考题

1. 什么是企业战略？

企业战略是对企业各种战略的统称，其中包括竞争战略、营销战略、发展战略、品牌战略、融资战略、技术开发战略、人才开发战略、资源开发战略等。

企业战略是指企业根据环境变化，依据本身资源和实力选择合适的经营领域和产品，形成自己的核心竞争力，并通过差异化在竞争中取胜策略。

2. 企业制定发展战略的途径和方法有哪些？

发展战略一般可以采用三种途径，即外部发展（并购）、内部发展（新建）与战略联盟。

①外部发展（并购）。外部发展是指企业通过取得外部经营资源谋求发展的战略。外部发展的狭义内涵是并购，并购包括收购与合并。收购指一个企业（收购者）收购和吸纳了另一个企业（被收购者）的业务。合并指企业之间的重新组合，新成立的企业常常使用新的名称。

②内部发展（新建）。内部发展指企业利用自身内部资源谋求发展的战略。内部发展的狭义内涵是新建，新建与并购相对应，是指建立一个新的企业。

③战略联盟。战略联盟是指两个或者两个以上经营实体之间为了达到某种战略目的而建立的一种合作关系。合并或兼并就意味着战略联盟的结束。

从交易费用经济学角度看，并购方式的实质是运用"统一规制"方式实现企业一体化，即以企业组织形态取代市场组织形态；而新建方式的实质则是运用"市场规制"实现企业的市场交易，即以市场组织形态取代企业组织形态；企业战略联盟则是上述两种组织形态中的一种中间形态。

3. 京东方第一次战略转型的背景是什么？公司选择了什么样的战略？选择这个战略的动机是什么？这个战略是否取得了相应的效果？

背景：当时液晶显示产业开始进入大规模产业化阶段，率先进入的日韩企业已经形成了先行者优势，京东方面临着大量专利和技术壁垒。

外部并购失败的原因：

①决策不当的并购。避免决策不当的并购，波特的"吸引力测试"提供了一个分析思路。他提出理想的收购应该发生在一个不太具有吸引力，但能够变得更具吸引力的行业中。

②并购后不能很好地进行企业整合。企业文化的整合是最基本、最核心，也是最困难的工作。企业文化是否能够完善地融为一体，影响着企业生产运营的各个方面。如果并购企业与被并购企业在企业文化上存在很大的差异，并购后的企业便很难管理，而且会严重影响企业的效益。

③支付过高的并购费用。对并购对象的价值进行评估，可采用以下几种方法：

市盈率法，将目标企业的每股收益与收购方（如果双方是可比较的）的市盈率相乘，或与目标企业处于同行业运行良好的企业的市盈率相乘。这样就为评估目标企业的最大价值提供了一项指引。

目标企业的股票现价法，这可能是股东愿意接受的最低价。一般股东希望能得到一个高于现价的溢价。

净资产价值法（包括品牌），这是股东愿意接受的另一个最低价，但是可能更适用于拥有大量资产的企业或计划对不良资产进行分类时的使用方法。

股票生息率法，为股票的投资价值提供了一项指引。

现金流折现法，如果收购产生了现金流，则应当采用合适的折现率。

投资回报率法，根据投资回报率所估计出的未来利润对企业进行估值。

④跨国并购面临政治风险。对于跨国并购而言，规避政治风险日益成为企业国际化经营必须重视的首要问题。跨国公司在东道国遭遇政治风险由来已久，近年来中国跨国公司也正遭遇到越来越多东道国的政治风险。中国企业跨国并购外国公司多次因遭遇政治风险而失败。效果：2008年，年初时承接上年度"一屏难求"的景气余威，真正做到了淡季不淡。然而从第二季度底开始，供需关系出现反转。第三季度的出货状况就变成了旺季不旺。第四季度更是在金融海啸的摧残下，市场需求瞬间到了冰点。因此在这一年的财务数据上来看并不是十分成功，所以这次战略的实施只完成了迈入行业的任务，并没有完成实现盈利的任务。

4. 京东方第二次战略选择了什么样的战略？选择这个战略的原因是什么？这个战略是否取得了相应的效果？

（1）实施快速产能扩张战略。京东方的管理层很早就开始了产能扩张的布局，并实现了产能从不足全球的3%到2013年底的13%。京东方早些年就开始了产能布局，管理层充分意识到液晶面板产业没有规模产能的优势就没有上下游的合作话语权；没有规模产能优势就没有抵御液晶显示行业周期性变化风险的能力；没有规模产能优势就无法参与液晶面板的全球竞争。

（2）实施总成本领先战略。企业在发展过程中建立并赢得总体成本领先的市场竞争地位是一个长期积累的过程，特别对于制造业更是一个投入与规模效益的问题，具有总体成本领先地位的企业通常都具备较高的相对市场份额、生产规模、核心技术等优势。

5. 京东方第三次战略转型的背景是什么？公司选择了什么样的战略？选择这个战略的动机是什么？这个战略是否取得了相应的效果？

京东方推进产品结构优化调整战略，建立显示器件产品、智慧系统产品、智慧健康服务三足鼎力的市场架构，以创新合作和领先科技为人们的日常生活以及医疗行业、金融行业、公共交通行业等领域带来积极改变，价值定位由电子制造企业向 IT 产品和服务的高科技企业转变。

（1）实施快速产品开发战略。早在 2003 年进入液晶面板产业之始，京东方就确立了"成为显示领域世界领先企业"的企业愿景。京东方董事长王东升认为，在高技术、高投入、高风险的新兴产业，产能规模只是基础，拥有自主创新的技术体系才是核心。

（2）实施纵向一体化战略。液晶是液晶显示器的核心材料，在 2004 年占整个液晶面板成本的 10%。京东方从一开始就与德国默克展开了全面合作，从北京第一条 5 代线开始到合肥 8.5 代线等全部采用德国默克的液晶；同时随着新的显示技术的发展，如 OLED，Oxide，LTPS 等新技术的出现对液晶材料也提出了新的要求，京东方通过其国家液晶显示实验室一直与德国默克合作共同解决了新技术的难题，使得双方都在产品上得到了提升。为此京东方也成功地获得更好价格的支持，2013 年液晶成本仅为京东方面板成本的 3% 左右。

三、分析思路

40 年来，我国经济体制经历了从计划到市场的逐步转变，在这一过程中企业的发展路径各不相同，有些企业逐渐被淘汰，有些企业却走上了自我发展的道路。京东方在转轨的大背景下，通过自身的战略变革，从一个濒临破产的工厂转变为具有核心知识产权的大型显示屏制造企业，进而继续扩张生产线，最终成为显示屏行业的巨头，这一战略变革的过程总体而言是成功的。

分析的主要思路：

（1）提出问题——介绍公司的背景，提出公司面临的问题。

在学员回忆战略管理基本理论与方法的基础上，引入问题的分析层面。

（2）分析问题——针对公司发展过程中所遇到的新情况，分析阻碍其发展的关键问题。

（3）解决问题——介绍公司为再次发展提出的战略转型，并阐述了其发展的主要战略和重要成果。

四、理论依据与分析

1. 战略转型

（1）战略转型的含义。战略转型是企业为了动态地适应外部环境和内部条件的变化，或者为了利用潜在的机会而从一种战略状态转变到另一种战略状态，从而创造企业竞争优势。

（2）战略转型的原因。企业的战略发展过程就是不断对内外条件变化进行动态平衡的过程。当企业外部环境尤其是所从事行业的业态发生较大变化时，或当企业步入新的成长阶段需要对生产经营与管理模式进行战略调整时，或以上二者兼有时，企业必须对内外条件的变化进行战略平衡，选择新的生存与成长模式，即推动企业发展模式战略转型。

2. 波特五力模型

按照波特五力模型，一个行业存在着五种基本的竞争力量，即潜在的进入者，替代品的威胁，购买者讨价还价能力，供应商的讨价还价能力以及现有竞争对手之间的抗衡。我们可以把供应商和购买者的讨价还价看作是来自"纵向"的竞争，而将另外三种竞争力量看作是来自"横向"的竞争。这五种基本竞争力量的状况及其综合强度，决定着行业的竞争激烈程度，同时也决定了行业最终获利能力。对不同行业来说，由五种竞争力量决定了不同的竞争强度，而且会随着行业的发展而变化。在竞争比较激烈的行业，多数企业获利较低，而在竞争相对缓和的行业，许多企业都获利颇丰。一个产业的获利能力和水平并非取决于产品的外观或其技术含量的高低，而是取决于其结构特征。

3. SWOT 分析

战略制定始于形势分析，是发现外部机会与内部优势之间的战略性匹配，以及处理外部威胁与内部劣势之间各种问题的过程。SWOT 是四个英文单词的首字母缩写，用来描述一个公司战略因素的特定优势、劣势、机会和威胁。SWOT 分析已经被证明是使用最广泛、最持久的战略管理分析技术。SWOT 分析的结果不仅应该包括识别公司的独特竞争力、能力、资源的类型及使用方式，还应该包括识别由于当前缺乏适当资源而不能利用自身优势的外部机会。因此，SWOT 分析一方面可以从整体上大致反映一家公司的业务地位是否合适；另一方面，一流的 SWOT 分析为企业利用资源实施战略提供了基础，目的在于捕捉市场上最有利的机会并将其所面临的威胁控制在最小限度。SWOT 分析不仅仅是列出表格，其中最重要的两个部分是：认识到了企业所处的环境，并且基于这些认识使公司战略更好地匹配其资源优势和市场机会，减少劣势，从而战胜外部威胁。

4. PEST 分析

PEST 分析是指宏观环境的分析，P 是政治（Politics），E 是经济（Economy），S 是社会（Society），T 是技术（Technology）。在分析一个企业集团所处背景的时候，通常是通过这四个因素来进行的。

其模型如图 12-4 所示。

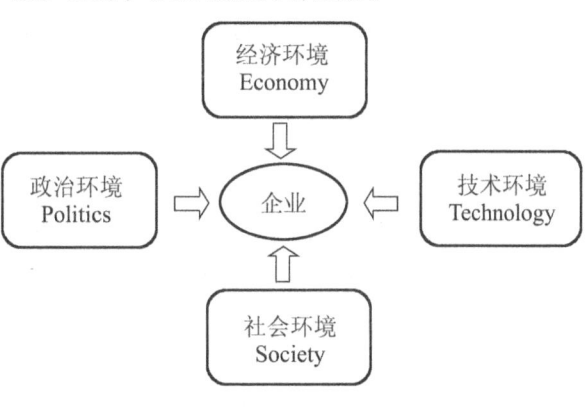

图 12-4 PEST 模型

5. 企业战略管理理论

不同的企业根据其所拥有的有限资源在参与市场竞争过程中，审时度势地选择不同战略。根据弗雷德戴维的定义，战略类型可以划分为防御型战略、稳定型战略、紧缩型战略、进攻型战略、增长型战略。

在诸多增长型战略中，行业的经营竞争战略具有十分重要的意义。竞争战略的主要目的就是基于一个行业，通过产品市场的经营，实现市场占有率和利润水平最大化。因此从获得竞争力和利润的基本手段来划分，最基本的行业竞争战略有如下几种类型：成本领先，差异化，目标集中。在成本领先战略和差异化战略之间又可以细分出一种中间战略，即最优成本战略。

（1）成本领先战略是指企业通过内部提高运营效率和加强成本控制，在研究开发、生产、销售、服务和广告等领域把成本降到最低，从而成为行业中的成本领先者的战略。

（2）差异化战略是企业提供与众不同的产品和服务，满足顾客的特殊需求，形成竞争优势的战略。差异化战略往往能够创造与众不同的价值，深受用户欢迎。

（3）目标集中战略又称聚焦战略、集中化战略、利基战略，是指企业把经营战略的重点放在一个特定的目标市场上，为特定地区或特定购买者提供特殊产品和服务，以建立奇特的竞争优势及市场地位。

（4）最优成本战略是把强调低成本与强调差异化结合起来的一种竞争战略，关注的是以较低的成本生产较高质量的产品，给予顾客更多的价值。综合以上战略类型，又可以进一步细分为以下几种战略：成本领先；市场渗透、市场开发、产品开发；前向一体化、后向一体化、横向一体化；同心化多元化、集中多元化、水平多元化；紧缩、剥离、清算、合资战略。

五、背景信息

中国经济正在经历着一场新的变革与转型，这是国内经济改革的需要，同时也是全球经济国际化大环境的要求。在这样的经济变革与转型过程中，中国的企业特别是制造业面临了许多新的挑战和机遇。传统制造业如何向高科技转型，如何在全球化竞争的环境下生存和发展，如何充分利用国内市场、资金、改革的机遇实现快速转型、发展与成长，一直是困扰中国制造业的问题。

为了应对这些的问题，企业必须进行战略转型。本文旨在引导学生思考如何转变传统制造业的发展思路，如何为传统制造业规划战略方向，如何应对全球化对中国制造业的冲击等。

六、关键要点

（1）战略选择与战略分析工具的综合运用。

（2）详细了解京东方在发展过程中的宏观环境和行业变化，分析这些变化对京东方战略转型带来的影响。

（3）分析京东方战略转型的举措，并结合其外部环境变化和自身内部情况理清京东方进行战略转型的原因，并探讨京东方的下一步发展战略。

七、教学组织模式

(一) 问题清单及提问顺序、资料发放顺序

本案例讨论题目依次为:

(1) 什么是公司战略?

(2) 企业制定发展战略的途径和方法有哪些?

(3) 京东方第一次战略转型的背景是什么?公司选择了什么样的战略?选择这个战略的动机是什么?这个战略是否取得了相应的效果?

(4) 京东方第二次战略转型的背景是什么?公司选择了什么样的战略?选择这个战略的动机是什么?这个战略是否取得了相应的效果?

(5) 京东方第三次战略转型的背景是什么?公司选择了什么样的战略?选择这个战略的动机是什么?这个战略是否取得了相应的效果?

(二) 课时分配

本案例可以作为专门案例讨论课来进行。如下是按照时间进度提供的课堂计划建议,仅供参考。

整个案例课课堂时间控制在 80—90 分钟。

1. 课前计划

至少需要提前 1 周发放案例相关资料,提出启发性思考题,请学员在课前完成阅读和初步思考。

2. 课中计划

(1) 简要的课堂前言,明确主题(2—5 分钟)。

(2) 案例总体介绍,并提出启发思考题。站在公正客观的角度讲述案例,指出案例分析的一些线索(5—10 分钟)。

(3) 分组讨论。将学生进行分组,每组 5—8 人,告知发言要求。注意时间控制,要求各级必须在指定时间内就需要回答的问题达成一致意见(30 分钟)。

(4) 小组发言。每组派代表展示讨论结果,展示过程中可以由其他小组成员进行提问(每组 5 分钟,控制在 30 分钟)。

(5) 引导全班进一步讨论,并进行案例归纳总结,就学生讨论情况进行点评(10—15 分钟)。

(三) 讨论方式

请学员结合课堂讨论,进一步对所学的知识进行总结提炼和拓展。如有必要,请学生采用报告形式给出更加具体的解决方案,包括具体的职责分工等,为后续章节内容的学习做好铺垫。

案例 13

上汽集团高派现政策研究*

---

* 1. 本案例由广东工业大学管理学院的张军波、张婉莹、郑钊燕、陈广洁等共同撰写,作者拥有著作权中的署名权、修改权、改编权。
 2. 本案例授权广东工业大学产教融合 MPAcc 教学智库实验平台使用,广东工业大学产教融合 MPAcc 教学智库实验平台享有复制权、修改权、发表权、发行权、信息网络传播权、改编权、汇编权和翻译权。
 3. 由于企业保密的要求,在本案例中对有关名称、数据等做了必要的掩饰性处理。
 4. 本案例只供课堂讨论之用,并无意暗示或说明某种管理行为是否有效。

[案例封面]

专业方向：财务管理
适用课程：财务管理理论与实务
选用课程：财务管理理论与实务
编写目的：现金股利分配是股利分配方式里最受欢迎的一种，这不仅传递出该公司盈利能力良好，有发展势头的信号，并能增强广大投资者的投资信心，也为该公司的进一步投融资打下坚实的基础。本案例以上汽集团的派现行为进行研究，旨在引导学员了解我国上市公司股利分配的主要方式，掌握股利政策原理和理论基础；引发学员思考我国上市公司热衷于"高派现"的原因；帮助学员理性地看待证券市场中的"高派现热"现象。
知 识 点："高派现"的影响因素；中小股东利益；股息支付率；代理成本
关 键 词：上汽集团；"高派现"；影响因素
中文摘要：2013年，上市公司上汽集团股票实现了2倍速的涨幅，公司实施每10股派发了12元现金的股利分配政策，此后一直保持着37%的股息支付率。本案例以该事件为主线，结合"高派现"的财务影响，基于对上汽集团的财务状况及其所处行业发展情况的分析，从财务因素和股权结构等方面对上汽集团"高派现"的能力进行讨论，分析其行为是否理性以及是否侵占中小股东利益，由此引导学员对我国证券市场"高派现"现象的深度思考。

[案例正文]

在市场上，总有一些公司实行高额分配现金股利的政策，而总有一些公司近几年几乎没分派过现金股利。如果说，"铁公鸡"是因为公司的长远发展或真的没能力分红，而实行高派现的公司又是为何呢？本文将通过上汽集团近五年高派现政策进行研究，来引导学员深刻思考"高派现"背后的原因。

一、公司介绍

（一）公司简介

上海汽车集团股份有限公司（简称"上汽集团"，股票代码600104），成立于1984年4月16日，注册资本为1168346.1365万元。该公司是目前国内产销规模最大的汽车集团，同时也是国内A股市场市值最大的汽车上市公司。公司从2004年起，先后12次入围《财富》杂志世界500强，2016年公司以上一年度1066.8亿美元的营业收入，排名第46位。

上汽集团属于汽车制造行业，主要业务是研发、生产、销售汽车整车（包括乘用车和商用车）和汽车零部件（包括发动机、变速箱、新能源核心零部件、底盘系统、内外饰等），并从事相关汽车服务贸易和金融投资业务。为了使公司有进一步的提升，上汽集团于1997年11月25日在上海证券交易所上市。现在，陈虹是公司董事长及法人代表，陈志鑫是公司总经理。

集团愿景：为了用户满意，为了股东利益，为了社会和谐，上汽要建设成为员工优秀、具有核心竞争能力和国际经营能力的汽车集团。

核心价值观：满足用户需求、提高创新能力、集成全球资源、崇尚人本管理。

截至2016年12月31日，上汽集团具体控股关系如图13-1所示。

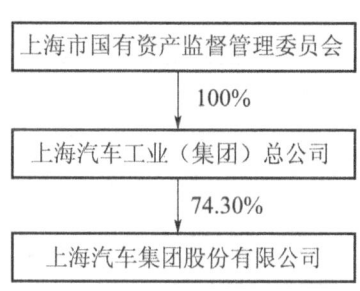

图13-1 上汽集团股权控制图

2016年年末，上海汽车工业（集团）总公司直接持有上汽集团74.30%的股权，是其第一大股东。上海市国有资产监督管理委员会仍为公司的实际控制人。上汽集团的其余股权控制比较分散，该公司的第二大股东是跃进汽车集团公司，第三大股东是中国证券金融股份有限公司，分别持有3.75%和2.71%的股份。

（二）行业格局、趋势以及公司发展战略

在世界经济形势复杂多变，中国供给侧结构性改革持续发力的大背景下，中国汽车行业正在发生深刻变革，既面临着巨大挑战，也孕育着重要机遇。一方面，中国汽车市场经过了十多年的快速发展，现已进入平稳增长的新阶段，同时，不同层级区域市场和产品细分市场分化日益突出，高新技术不断出现和跨界进入也正在改变行业的传统面貌，汽车行业创新转型、升级发展的要求更加迫切；另一方面，汽车行业电动化、网联化、智能化、

共享化的"新四化"趋势已经显现,产品技术和商业模式的创新为行业发展带来新的机遇,自主品牌创新发展迎来重要时间窗口。同时,结合我国"一带一路"倡议,海外市场也存在结构性机会,汽车行业新的增长点正在形成。

公司可能面临的风险主要有:一是宏观经济环境仍存在较大不确定性风险,特别是贸易保护主义的抬头将对全球贸易环境构成伤害,同时汇率等金融风险不容忽视;二是市场增长结构分化,竞争更趋白热化,技术和模式创新也有较大的不确定性风险,车企提供有效产品和服务的难度日益加大;三是2017年小排量汽车购置税优惠政策虽然按照7.5%的税率退坡延续,但车市销量井喷后带来的"透支"已难以避免,市场增长面临更大挑战。

公司需要牢牢把握科技进步大方向、市场演变大格局、产业变革大趋势,瞄准汽车产业电动化、网联化、智能化、共享化的发展趋势,围绕价值链部署创新链,按照"向两端加快延伸、加快转型"的构思,在大数据时代的背景下,在产业链、价值链重构的过程中,全力抢占有利地位,积极探索汽车产业转型升级的解决方案。同时,着力破除制约创新发展的体制机制障碍,建立起市场化的运行体制和机制,充分调动和激发内部的活力,为上汽未来发展注入新动力。

(三) 经营情况

上海汽车集团股份有限公司的主营业务收入大部分来自整车销售业务,其销售收入还包括从事零部件、贸易、劳务及金融业务取得的收入。上汽集团一直重视技术的研发,不断提升产品质量,拓展销售市场。目前该公司是国内产销规模最大的汽车集团,同时也是国内A股市场市值最大的汽车上市公司。上汽集团2012年至2016年销售收入构成情况如表13-1所示,其主营业务占营业收入的比重如表13-2所示。

表13-1 上汽集团销售收入构成情况 单位:百万元

年 份	2016	2015	2014	2013	2012
整车业务	564 301.49	505 752.82	487 904.64	432 606.06	373 657.83
零部件业务	144 288.51	125 733.53	112 350.64	107 853.71	81 439.64
贸易业务	9 708.83	9 899.90	10 190.29	9 166.19	10 895.85
劳务及其他	27 937.91	19 987.68	16 266.82	13 719.71	12 439.26
金融业务	10 179.42	9 074.29	3 288.77	2 461.34	2,547.09
合计	756 416.17	670 448.22	630 001.16	565 807.01	480 979.67

表13-2 上汽集团主营业务收入占营业收入的比重

年 份	2016	2015	2014	2013	2012
主营业务收入(百万元)	564 301.49	505 752.82	487 904.64	432 606.06	373 657.83
营业收入(百万元)	756 416.17	670 448.22	630 001.16	565 807.01	480 979.67
占比(%)	74.60	75.44	77.45	76.46	77.69

表 13-3　上汽集团主营业务收入及营业收入增长率

年　份	2016	2015	2014	2013	2012
主营业务收入增长率（%）	11.58	3.66	12.78	15.78	—
营业收入增长率（%）	12.83	6.42	11.35	17.64	—

资料来源：根据公司年报整理。

从表 13-1 及表 13-3 可以看出，上汽集团的销售收入和主营业务收入（整车业务）呈增长趋势，2016 年比 2015 年分别增长了 12.83% 和 11.58%，说明该公司收益良好。由表 13-2 可知，上汽集团 2012—2016 年销售整车收入占营业收入的比例分别为 77.69%、76.46%、77.45%、75.44% 和 74.60%，较高的主营业务收入占比，说明上汽集团的主营业务突出，而且在近几年未发生重大变化。

为了分析上汽集团的财务状况，列其财务报表的主要数据如表 13-4 所示。

表 13-4　上汽集团财务报表主要数据　　　　　　单位：百万元

年　份	2016	2015	2014	2013	2012
资产总计	590 710.30	511 630.69	414 870.67	373 640.74	317 203.00
其中：流动资产合计	330 962.49	269 930.70	237 042.54	232 184.47	189 154.66
负债合计	355 436.86	300 713.41	229 871.60	211 908.65	172 196.64
其中：流动负债合计	297 386.47	257 667.82	199 931.51	186 339.67	156 351.68
归属于母公司股东权益合计	192 098.05	175 128.74	157 664.39	137 757.24	122 337.37
营业收入	756 416.17	670 448.22	630 001.16	565 807.01	480 979.67
营业利润	48 433.00	43 588.03	40 333.77	40 179.11	39 339.59
净利润	43 961.96	40 073.97	38 250.77	35 583.94	33 528.25
基本每股收益（元/股）	2.9	2.7	2.54	2.25	1.88
经营活动产生的现金流量净额	11 376.93	25 992.57	23 283.81	20 602.51	19 591.13
投资活动产生的现金流量净额	26 436.50	-13 736.86	-5 292.76	22 709.77	-17 023.35
筹资活动产生的现金流量净额	-6 141.75	-22 356.87	-20 185.31	-15 681.89	-15 277.10
现金及现金等价物的净增加额	31 977.67	-9 964.02	-2 206.16	27 479.81	-12 729.41

资料来源：根据公司年报整理。

上汽集团的资产和营业收入处于上升趋势，营业利润也逐年上升。除 2016 年外，上汽集团由经营活动带来的净现金流量处于增长趋势，说明企业经营状况良好，自有资金比较充足。基本每股收益呈现逐年上升的状态。公司近几年的资产负债率变化不大，稳定在 54%～60% 之间，故公司的资本成本变化不大，企业近几年的财务风险比较稳定。

二、上汽集团"高派现"事件

（一）上汽集团的派现方案

上汽集团作为国内汽车行业的标志性企业，其产品受到市场的认可，这为公司带来了丰厚的利润，良好的获利能力使得该公司有能力派发现金股利。20世纪90年代，上市的大多数公司选择少派现、不派现的股利政策，而上汽集团从1997年上市以来，就积极派发现金股利，在2010—2013年，现金股利分红数额以2倍的倍数增长后一直保持着高额分配现金股利的状态，上汽集团自2009年以来历年派现情况如表13-5所示。

表13-5 上汽集团历年分配现金股利情况

分红年度	分红方案（含税）	股息发放率（%）	每股收益（元）	现金分红（百万元）
2016	10派16.5元	43.85	2.9	19 277.71
2015	10派13.6元	37.42	2.7	14 994.77
2014	10派13元	37.47	2.54	14 333.24
2013	10派12元	37.18	2.25	13 230.68
2012	10派6元	19.73	1.88	6 615.34
2011	10派3元	9.45	1.834	3 307.67
2010	10派2元	8.10	1.611	1 848.48
2009	10转增3派0.5元	4.04	1.006	327.75

数据来源：根据新浪财经数据整理。

三、揭开高派现的真面目

（一）上汽集团高派现财务因素分析

1. 公司的现金流情况

根据会计准则，现金股利是筹资活动产生的现金流，意在把多出来的现金返还给投资者，这里所说的多出来的现金流是指股权自由现金流。股权自由现金流是指满足了公司全部的财务需求之后的剩余现金流，是归属于股东的最大现金流，它既可能是正数，也可能是负数。

假如股权自由现金流是负数，则公司只能依靠增发新股或是认股来筹集新的股本。若股权自由现金流是正数，则公司可能通过派发现金股利将剩余的现金流回馈给股东。所以，分析一个公司现金股利的支付能力就要分析它的股权自由现金流。股权自由现金流是公司自由现金流与债权人现金流的差额。所以，只有获取公司自由现金流才能得到股权自由现金流。上汽集团近五年现金流情况如表13-6所示。

表 13-6 上汽集团近五年现金流情况

会计年度	公司自由现金流（百万元）	股权自由现金流（百万元）	经营活动产生的现金流量净额（百万元）
2012	3 582.59	3 697.81	19 591.13
2013	4 943.07	5 197.78	20 602.51
2014	8 964.25	9 128.85	23 283.81
2015	10 565.67	10 796.86	25 992.57
2016	-5 889.58	-5 557.26	11 376.93

资料来源：根据公司年报整理。

公式如下：

自由现金流 = 经营活动产生的现金流量净额 - 购建固定资产、无形资产和其他长期资产所支付的现金

股权自由现金流 = 经营活动产生的现金流量净额 - 购建固定资产、无形资产和其他长期资产所支付的现金 - 财务费用

2. 公司的现金流及每股收益支撑派现情况

现金流是指企业某一期间内的现金流入和流出的数量。衡量企业经营状况是否良好，是否有足够的现金偿还债务，资产的变现能力等，现金流量是非常重要的指标。公司的现金流分为经营活动产生的现金流、投资活动产生的现金流以及筹资活动产生的现金流。

每股收益通常被用来反映企业的经营成果，是衡量普通股的获利水平及投资风险，是投资者等信息使用者据以评价企业盈利能力、预测企业成长潜力、进而做出相关经济决策的重要的财务指标之一。

上汽集团近五年现金流及每股收益等情况见表 13-7、图 13-2 和图 13-3。

表 13-7 上汽集团 2012—2016 年现金派现及相关现金流情况表

年份	每股派现金红利（含税）（元）	每股收益（元）	现金分红率（%）	每股现金净流量（元）	每股经营现金流（元）	每股筹资现金流（元）	每股投资现金流（元）
2012	0.60	1.88	19.73	-1.15	1.78	-1.39	-1.54
2013	1.20	2.25	37.18	2.51	1.87	-1.42	2.06
2014	1.30	2.54	37.47	-0.20	2.11	-1.83	-0.48
2015	1.36	2.70	37.42	-0.92	2.36	-2.03	-1.25
2016	1.65	2.90	43.85	2.87	1.03	-0.56	2.40

管理会计教学案例

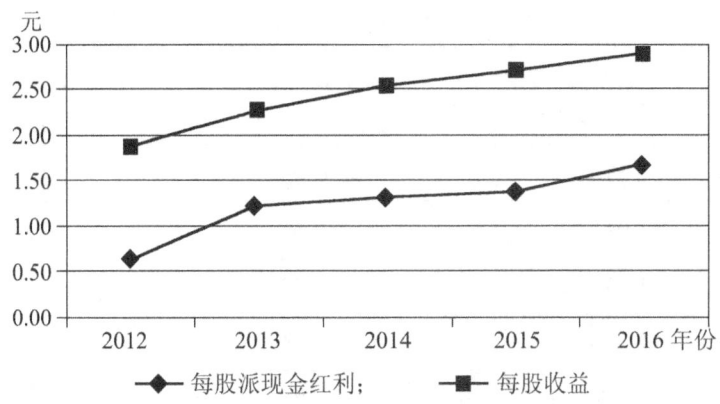

图 13-2　上汽集团 2012—2016 年每股派现与每股收益情况

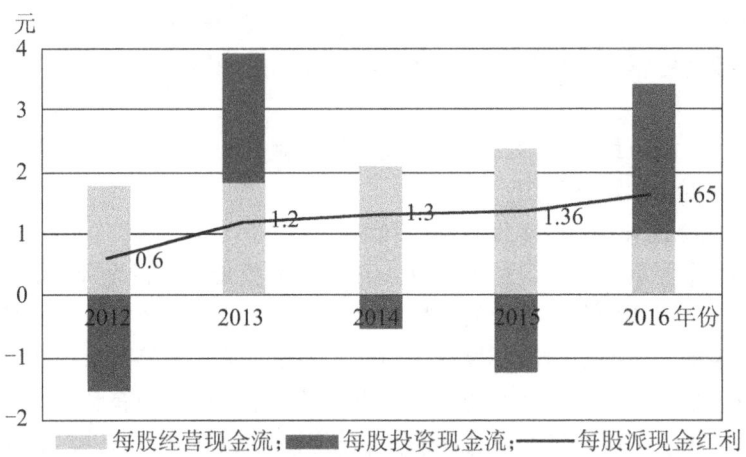

图 13-3　上汽集团 2012—2016 年每股派现与每股现金流情况

资料来源：笔者根据巨潮资讯网、新浪财经相关资料整理。

3. 公司自身盈利能力及与行业比较

获取利润是企业的主要经营目标之一，它反映了企业的综合素质。企业要生存和发展，必须争取获得较高的利润，这样才能在竞争中立于不败之地。而现金股利来源于企业获得的税后净利润，净利润是公司进行现金股利分配的先决条件。盈利能力是指企业获取利润的能力，盈利能力强说明企业偿还债务能力强，保证企业有充足的资金来进行现金

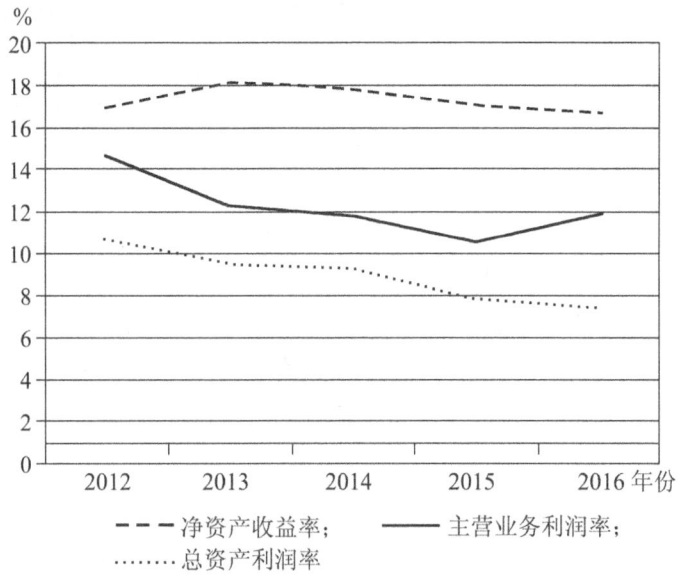

图 13-4　上汽集团 2012—2016 年盈利指标

分红，提升企业的信誉；即盈利能力越高，现金股利支付水平就越高。稳定的利润增长水平是制定稳定的股利政策的前提，盈利的稳定才能保证公司有较高的股利支付率。

上汽集团及其行业对比情况如表13-8～表13-11及图13-4所示。

表13-8 上汽集团2012—2016年盈利能力列示

财务指标	2012-12-31	2013-12-31	2014-12-31	2015-12-31	2016-12-31
净资产收益率（%）	16.96	18.01	17.74	17.01	16.68
主营业务利润率（%）	14.61	12.24	11.76	10.58	11.86
总资产利润率（%）	10.57	9.52	9.22	7.83	7.44

表13-9 与同行业其他公司净资产收益率比较

年份	净资产收益率（%）						
	一汽夏利	长城汽车	比亚迪	广汽集团	力帆股份	金固股份	上汽集团
2012	0.93	26.46	0.38	3.65	6.55	6.33	16.96
2013	-15.11	29.37	2.55	8.02	7.42	4.9	18.01
2014	-109.3	24.04	1.71	9.02	7.14	4.03	17.74
2015	1.18	21.03	8.74	10.97	5.73	2.96	17.01
2016	9.56	22.31	9.86	14.36	1.23	-9.81	16.68

表13-10 与同行业其他公司主营业务利润率比较

年份	主营业务利润率（%）						
	一汽夏利	长城汽车	比亚迪	广汽集团	力帆股份	金固股份	上汽集团
2012	2.00	23.18	11.93	5.31	16.43	26.02	14.61
2013	-3.14	24.99	13.08	10.85	17.52	22.74	12.23
2014	-16.42	24.06	13.91	11.76	16.44	24.83	11.76
2015	-15.80	21.33	15.28	12.50	17.55	23.42	10.58
2016	-32.70	20.57	18.90	16.88	9.77	12.93	11.86

表13-11 与同行业其他公司总资产利润率比较

年份	总资产利润率（%）						
	一汽夏利	长城汽车	比亚迪	广汽集团	力帆股份	金固股份	上汽集团
2012	0.42	13.44	0.31	2.16	2.17	2.88	10.57
2013	-5.82	15.65	1.02	4.40	2.32	1.74	9.52
2014	-24.37	13.11	0.79	4.70	1.81	1.76	9.22
2015	0.32	11.21	2.72	5.97	1.51	1.17	7.83
2016	3.46	11.43	3.78	7.67	0.31	-3.30	7.44

4. 公司自身资金营运能力及与行业对比

营运能力反映了企业资金周转状况。对营运能力指标进行分析，可以了解企业的营业状况及经营管理水平。资金周转状况好，说明企业的经营管理水平高，资金利用效率高。企业的资金周转状况与供、产、销各个经营环节密切相关，任何一个环节出现问题，都会影响到企业资金的正常周转。资金只有顺利地通过各个经营环节，才能完成一次循环。在供、产、销各个环节中，销售有着特殊的意义。因为只有产品销售出去，才能实现其价值，收回最初投入的资金，顺利地完成一次资金周转。因而可以通过产品销售情况与资金占用量来分析企业的资金周转状况，评价企业的营运能力。企业的营运能力强，在分配现金股利时才有足够的资金。

上汽集团及其同行业其他公司存货周转率及应收账款周转率的比较，如表13-12、表13-13所示。

表13-12 上汽集团与同行业其他公司存货周转率比较

	年 份	2012	2013	2014	2015	2016
存货周转率（次）	一汽夏利	9.68	8.32	5.81	6.96	5.93
	长城汽车	11.54	14.85	14.52	14.98	14.61
	比亚迪	5.76	5.75	5.40	5.17	4.97
	广汽集团	8.06	9.39	8.07	10.82	17.90
	力帆股份	4.44	3.70	4.40	5.05	4.19
	金固股份	2.01	2.15	1.87	2.01	3.24
	上汽集团	14.78	17.58	15.76	15.42	17.51

表13-13 上汽集团与同行业其他公司应收账款周转率比较

	年 份	2012	2013	2014	2015	2016
应收账款周转率（次）	一汽夏利	216.51	132.96	68.69	94.69	104.61
	长城汽车	62.97	84.26	90.29	108.04	164.91
	比亚迪	7.98	7.58	5.43	4.54	3.27
	广汽集团	14.41	18.39	21.47	32.84	52.37
	力帆股份	6.44	7.51	6.17	4.17	3.62
	金固股份	6.39	6.79	7.10	7.23	9.84
	上汽集团	34.92	32.50	31.38	26.44	24.88

5. 公司偿债能力及与行业对比

偿债能力是指企业偿还各种到期债务的能力。短期偿债能力是指企业偿付流动负债的能力。如果短期负债不能及时偿还，就可能使企业陷入财务困境，面临破产倒闭的危险。一般来说，流动负债需要以现金直接偿还。而流动资产是在1年内或超过1年的一个营业周期内可变现的资产，因而流动资产就成为偿还流动负债的一个安全保障。长期偿债能力是指企业偿还长期负债的能力。企业的长期债权人和所有者不仅关心企业的短期偿债能力，更关心企业的长期偿债能力。

现金比率和资产负债率分别代表企业的短期偿债能力和长期偿债能力。流动比率越高，表明企业的短期偿债能力越强，债权人的权益越有保障。现金比率反映企业偿还流动负债的实际能力。这两个比率指标不宜过大，过大表明企业流动资金利用不充分，盈利能力不强；指标值也不能太小，否则企业难以如期偿还债务。

上汽集团偿债能力及其与同行业其他公司现金比率和资产负债率的比较，如表13-14～表13-16所示。

表13-14 上汽集团偿债能力相关指标

主要财务比率	年份				
	2012	2013	2014	2015	2016
流动比率	1.21	1.25	1.19	1.05	1.11
速动比率	1.05	1.08	0.99	0.9	0.99
现金比率	43.7	54.89	51.89	39.54	53.37
利息支付倍数	-34 751.97	-16 189.94	-25 835.08	-19 714.55	-15 093.95
资产负债率（%）	54.29	56.71	55.41	58.78	60.20
股东权益比率（%）	45.71	43.29	44.59	41.22	39.80

表13-15 同行业其他公司现金比率情况

	公司名称	年份				
		2012	2013	2014	2015	2016
现金比率（%）	一汽夏利	15.41	10.93	7.81	35.47	43.78
	长城汽车	32.80	30.61	13.18	14.68	7.76
	比亚迪	10.47	13.16	8.98	10.73	10.44
	广汽集团	175.27	105.41	91.71	90.29	90.34
	力帆股份	53.39	44.16	36.04	31.72	39.54
	金固股份	27.67	32.52	66.16	54.97	31.25
	上汽集团	43.70	54.89	51.89	39.54	53.37

表13-16 上汽集团与同行业其他公司资产负债率的比较

	公司名称	年份				
		2012	2013	2014	2015	2016
资产负债率（%）	一汽夏利	58.83	60.81	77.22	73.46	63.31
	长城汽车	49.16	46.76	45.36	46.62	48.70
	比亚迪	64.86	67.46	69.26	68.80	61.81
	广汽集团	35.18	41.06	42.05	41.28	45.38
	力帆股份	63.69	66.66	73.81	72.61	76.74
	金固股份	52.48	62.44	54.18	56.45	66.17
	上汽集团	54.29	56.71	55.41	58.78	60.20

(二) 上汽集团高派发现金股利非财务因素分析

1. 股权结构

股权结构对现金股利政策的制定有着重要的影响,主要是因为其控股股东影响着公司的经营管理方式,所以控股股东的派现意愿决定着公司采用何种股利政策。

(1) 公司的股东构成

如表 13-17 所示,上海汽车工业(集团)总公司一直占有该公司 50% 以上的股权,是该公司的控股股东。上汽集团股东构成比较分散,除第一股东持股比率超过 70% 以外,其他股东持股比率均低于 5%。

表 13-17 上汽集团股东构成

股东名称	持股数量(股)	持股比例(%)	股本性质
上海汽车工业(集团)总公司	8 323 028 878	71.24	流通 A 股,限售流通股
跃进汽车集团公司	413 919 141	3.54	流通 A 股
中国证券金融股份有限公司	346 372 391	2.96	流通 A 股
香港中央结算有限公司	239 133 172	2.05	流通 A 股
中原股权投资管理有限公司	199 375 802	1.71	流通 A 股,限售流通股
中央汇金资产管理有限责任公司	100 754 000	0.86	流通 A 股
华融汇通资产管理有限公司	87 719 298	0.75	限售流通股
广东恒健投资控股有限公司	87 719 298	0.75	限售流通股
河北港口集团有限公司	87 719 298	0.75	限售流通股
长江养老保险股份有限公司 - 员工持股计划专项养老保障管理产品	48 449 561	0.41	限售流通股

资料来源:笔者根据新浪财经相关资料整理。

(2) 股本结构变化

投资者与公司间存在信息不对称的情况,公司将股利政策作为一种对外的信号,向投资者传递出公司持续盈利的信息。上汽集团通过长期稳定的高派现股利政策,逐步构建了一个与公司主业发展战略和价值取向一致的股东群,最大化了股东价值。上汽集团长期稳定的高派现,向股东和各类投资者准确地传递了公司的状况,减少了股票的交易价格波动以及股票的投机性。

如表 13-17、表 13-18 所示,上汽集团的第一大股东为上海汽车工业(集团)总公司,持股比例为 71.24%,股东性质为流通 A 股和限售流通股,随后的几个股东为跃进汽车集团公司、中国证券金融股份有限公司、香港中央结算有限公司,这些公司的持股比例都小于 5%,所持有股为流通股。公司中小股东的股权相对比较分散,实际上处于"一股独大"的状态。如果采用送股等方式会有稀释股权的风险,由于现金较为充裕且实现稳定增长,如果保留大量的现金,也会让并购成本降低,进而会引发恶意的兼并收购行为。流通股数量的减少使得股票的价格受到保护,此时发放现金股利,释放利好消息虽然难以吸引更多的股民投资,但使得公司的经营趋向稳定。而且上汽集团经过连续多年的高额派现,已吸引了足够的倾向于现金股利的投资者。

表 13-18 上汽集团股本结构

变动日期	2014/12/29	2013/12/10
公告日期	2014/12/24	2013/12/5
变动原因	行业其他公司上市	行业其他公司上市
总股本（历史记录）	1 102 556.663 万股	1 102 556.663 万股
流通股:		
其中：流通 A 股（历史记录）	1 102 556.663 万股	924 242.169 万股
高管股（历史记录）	—	—
限售 A 股（历史记录）	—	178 314.494 万股
流通 B 股	—	—
限售 B 股	—	—
流通 H 股	—	—

资料来源：笔者根据新浪财经整理所得。

一般来说，控股股东转移企业资金的方式主要分为现金股利和关联交易。由于近几年来证监会和交易所等有关部门加大了对关联交易监管力度，致使企业通过制定股利政策利用现金套现的情况越来越多。第一大股东可以通过高派现的股利政策合法取得大额的现金，同时还能避免股份的摊薄，控制权不至于丧失，从而保证了今后更大的分红收益。

对上述公司背景的整理可以发现，2016 年年末，上海汽车工业（集团）总公司是第一大股东。上海市国有资产监督管理委员会为公司的实际控制人，上汽集团的其余股权控制比较分散。上汽集团采用的是较为稳定的高派现政策，股本结构在 2014 年和 2013 年发生了变化，现金股利并没有因为股本结构的变化而变化，仍然保持较为稳定的高派现政策。

2. 投资机会分析

股利政策实质上是一个向股东返还现阶段盈余的方法选择问题。一般处于发展阶段需要大量资金投入的公司倾向于采用送股方式。而当公司及其所在行业处于成熟期，投资机会减少、增长速度放慢、现金充裕时则倾向于采取派现的方式。因此，分红的一般做法是当公司没有更好的投资机会时，把钱分配给股东，让股东自己决定再投资。

如表 13-19 所示，上汽集团 2012—2015 年净资产收益率一直都较稳定，故并不缺少良好的投资项目。从此点看，上汽集团存在较大的资金需求，发放较高的现金股利反而不符合要求。这就说明上汽集团高派现不是因为公司缺乏较好的投资机会。

表 13-19 上汽集团近五年净资产收益率

年份	2012	2013	2014	2015	2016
净资产收益率（%）	16.96	18.01	17.74	17.01	16.68

3. 现金股利政策对公司价值的影响分析

企业选择现金分红时，可以在一定程度上说明公司的经营状况良好，有足够的能力进行股利分配，会增强广大股东对企业的信心，进而提高企业的市场价值。但是过高的股利分配，使得企业只将很少部分的盈利留存在公司内部，当有很好的投资机会时，有可能因自由资金不足而且外部筹资成本较大不得不放弃该机会，这对于企业的发展十分不利，影响企业价值的提升。在进行股利分配时，既要兼顾对投资者的回报，还要考虑公司持续经营的需要，根据企业实际情况确定现金股利支付额。

每股收益是衡量上市公司盈利能力时最常用的财务分析指标，每股收益越高，表明企业所创造的利润就越多，公司的盈利能力也就越强。这一指标反映每股股票所拥有的资产现值。每股净资产越高，股东所拥有的资产现值也就越多，创造利润的能力就越强（见表13-20）。

表13-20 上汽集团近五年相关指标

年份	每股经营现金流（元）	每股收益（元）	每股净资产（元）
2012	1.78	1.88	10.58
2013	1.87	2.25	11.48
2014	2.11	2.54	16.78
2015	2.36	2.70	19.13
2016	1.03	2.90	21.32

资料来源：笔者根据新浪财经相关资料整理。

四、问题讨论

1. 该公司现金流能否支撑企业派现？
2. 该公司盈利能否保障分配现金股利？
3. 企业的资金营运是否有利于公司派现？
4. 公司的高派现是否受到债务的约束？
5. 现金股利政策对公司价值有何影响？
6. 上汽集团有较好的投资机会为何还要选择高派发现金股利政策？

五、参考资料

[1] 陈信元，陈冬华，时旭. 公司治理与现金股利——基于佛山照明的案例研究 [J]. 管理世界，2003（8）：118-126.
[2] 姬蒙蒙. 万向钱潮现金股利分配政策案例研究，2016-4-01.

[案例说明书]

一、案例要解决的关键问题

股利政策是现代公司理财的三大核心政策之一，是理论与实务界一直关注的焦点问题之一。股利政策是公司在利润再投资和回报投资者两者之间的权衡，股利政策的合理与否关系到股东的当期收益与公司的未来发展，关系到公司投资和筹资活动的逻辑延续，关系到不同股东群体之间的利益均衡。通过本案例学习，要解决两个关键问题：①引导学生运用财务理论知识与技术分析方法正确评价公司的股利政策，理解股利政策对公司价值的影响，制定合理的股利政策；②启发学生能够发现问题，深入思考并解决问题。通过这种高派现行为，追根溯源挖掘问题产生的原因，并针对问题，思考应采取的对策措施。

二、案例讨论的准备工作

为了有效实现本案例的目标，学生应具备下列相关知识。

（一）理论

本案例涉及比较多的财务数据，学生在讨论案例之前，必须具备比较全面的财务报表分析基础理论和财务会计（准则）相关知识；对于公司股利政策的分析，学生要首先掌握股利政策的相关理论、股利支付形式、股利支付的动因和股利支付的影响因素。

1. 股利政策的类型以及优点

（1）剩余股利政策：在企业有良好投资机会时，根据公司设定的目标资本结构（在此资本结构下，综合的资本成本将降到最低水平），确定目标资本结构下投资所需的股东权益资本，先最大限度地使用保留盈余来满足投资方案所需的所有者权益资本，然后将剩余的盈余作为股利发放给股东。采用这种股利政策的先决条件是公司必须有良好的投资机会，并且该投资机会的预期报酬率要高于股东要求的必要报酬率，这样才能为股东所接受。如果公司的投资项目预期报酬率不能达到股东要求的必要报酬率，则股东会更愿意公司发放现金股利，以便他们自己寻找其他的投资机会。

（2）固定股利政策：企业将每年发放的股利固定在一定水平上，并在一定时期内保持不变。

优点：①有利于向市场传递企业正常发展的信息。如果公司支付的股利稳定，则说明该公司的经营业绩比较稳定，经营风险较小，这样可使投资者要求的必要报酬率降低，有利于股票价格上涨；如果公司的股利政策不稳定，股利忽高忽低，则会给投资者传递公司经营不稳定的消息，从而导致投资者对风险的担心，投资者要求的必要报酬率提高，使股票价格下跌。②有利于股票价格的稳定。公司采取固定股利政策，为了维持稳定的股利水平，有时可能会使某些投资方案延期，或者使公司资本结构暂时偏离目标资本结构。但是，持固定股利政策观点的公司认为，即便这样，也比减少股利有利于股票价格的稳定。因为如果突然降低股利，会使投资者认为公司的经营出现了困难，业绩在下滑，从而可能使股票价格快速下跌，这对公司和股东更不利。

(3) 固定股利支付率政策：企业确定一个股利占盈余的比例，即股利支付比率，并在一定时期保持不变。

(4) 低正常股利加额外股利政策：企业在一般情况下，每年发放数额较低的股利，当盈余较多时，企业再根据实际盈余向股东发放额外的股利。

优点：有利于吸引那些依靠股利度日的股东，使之每年可以得到比较稳定的股利收入。

(5) 稳定股利增长政策：是指在一定时期内保持公司的每股股利稳定增长的股利政策。

2. 股利的概念

股利，是指依股份支付给持股人的公司盈余。一般来说，公司在纳税、弥补亏损、提取法定公积金之前，不得分配股利。公司当年无利润时也不得分配股利。股息，是指公司根据股东出资比例或持有的股份，按照事先确定的固定比例向股东分配的公司盈余；而红利是公司除股息之外根据公司盈利的多少向股东分配的公司盈余。显然，股息率是固定的，而红利率是不固定的，由股东会根据股息以外盈利的多少而作出决议。股息、红利合称为股利。

股利的支付方式主要包括现金股利、股票股利、财产股利和负债股利。其中，现金股利是上市公司股利政策中最常见的支付方式。公司在存在累计盈余的前提下，有足够的现金并以现金的方式进行分配的股利称为现金股利。我国公司一般半年或一年发放一次现金股利。股票股利是以股票的形式从公司净利润中分配给股东的股利。发放股票股利不会改变公司的股东权益总额，也不影响股东的持股比例，只是公司的股东权益结构发生了变化，未分配利润转为股本，因此会增加公司的股本总额。此外还有财产股利和负债股利，但这两种支付方式并不常见。

3. 股利政策的基本理论

(1) "一鸟在手"理论。

Lininer 是该理论的代表人物，发现企业根据投资需求和现金流状态对预先设定的股利支付率进行不断调整；选择股利分配政策时还会考虑利润，但股利分配水平的变化会比利润的变化显得缓慢一些。另一代表人物 Gordon 在以前学者的研究基础上，通过戈登模型对该理论进行了更好的阐释。该理论将投资收益比作鸟，资本收益好比林中之鸟，数量虽多但却很难抓到，而现金股利就是股东握在手中的鸟，是股东定时定量会得到的现实收益，体现了投资者对收益与风险的选择偏好。更多投资者认为投资收益的两个主要来源中，当期现金股利要比将收益留存在公司内部去承担未来投资风险的资本利得更为安全，进而更偏好于当期现金股利。该理论认为，公司在提高现金股利支付水平的同时，公司的权益价值和股票价格也会随之上升。如果公司支付较高的股利，公司的股票价格将会上升，公司的价值也会上升；反之，公司的价值下降的同时，股东的权益资本成本升高，对股东的价值产生影响。

"一鸟在手"理论虽然强调了公司应该通过提高股利支付率来实现股东价值最大化，但也过分放大了股利政策带来的影响，没有明确区分公司价值受到投资决策与股利政策的不同影响。

（2）信号理论。

信号理论基于现实条件中信息不对称，认为公司的经理人员能够比外部投资者了解到更多有关公司经营发展情况的信息，外部投资者无法获得与内部人员相同的信息导致了信息的不对称。外部投资者透过股利政策这个信息的窗口，了解企业内部真实经营状况，对公司的盈利水平做出合理的判断。股利政策通过股利支付水平的变化向市场传递信息，公司的股利支付水平提高就传递了公司未来业绩会出现大幅增长的信息；相反，股利支付水平降低，会使投资者感觉公司发展前景较为堪忧。同时公司股价也会随着股利水平的提高而上涨，反之亦然。但对于一些发展成熟的企业来说，股利水平的变动可能会传递相反的信息，所以根据投资者对股利信号的不同理解，对企业价值的判断结果也会有所不同。

（3）代理理论。

代理理论认为公司利益相关者在追求各自利益最大化的过程中会造成彼此之间的利益冲突，这种冲突分别表现在股东与债权人、经营者与股东、控股股东与中小股东之间的代理关系中。公司经营者在追求自身利益时，可能会偏离企业价值最大化，侵犯股东的利益。同时控股股东由于掌握所有权，几乎完全忽视了中小股东的权益。该理论认为分配股利是降低代理成本的最有效途径，通过这种方式不仅维护了股东的基本利益，而且公司在投资需求较大时会通过外部筹资的方式来弥补闲置资金的减少，也限制了管理经营者对现金流的随意支配，加强了对公司治理情况的监管。代理理论为公司的股利分配行为提供了逻辑基础，但参照代理理论进行股利政策制定时，需要对多种因素进行衡量，过程十分繁琐。

4. 股利政策的影响因素

（1）债务契约因素。

债权人为了防止公司过多发放现金股利，影响其偿债能力，增加债务风险，会在债务契约中加入限制公司发放现金股利的条款。这种限制性条款通常包括：①规定每股股利的最高限额；②规定未来股息只能用贷款协议签订后新增收益来支付，而不能动用签订协议之前的留用利润；③规定企业的流动比率、利息保障倍数低于一定标准时，不得分配现金股利；④规定只有当公司的盈利达到某一约定水平时，才可以发放现金股利；⑤规定公司股利支付率不得超过限定标准，等等。这些限制性规定，限制了公司的股利支付，促使公司增加留用利润，扩大再投资规模，从而增强公司的经营能力，保证公司能如期偿还债务。

（2）公司所处的生命周期。

公司的生命周期主要包括初创阶段、成长阶段、成熟阶段和衰退阶段四个时期。在不同的发展阶段，由于公司经营状况和经营风险不同，对资本需求情况会有很大差异，这必然会影响到公司股利政策的选择。公司所采取的股利政策理所当然地要符合其所处的发展阶段。

（3）管理层自身价值追求。

假设某一上市公司存有大量自由现金流量，这将大大地刺激管理者为谋求个人工作环境的舒适或生活条件的优越而采取不发放现金股利措施，使公司承担巨大的代理成本。在我国，国有股权代表缺乏监督管理层的内在动机，流通股股东又无力监督，因此管理层在很大程度上控制了上市企业，形成所谓的"内部人控制"现象。公司"内部人"偏好将资金留存企业内供其挥霍，导致公司采用低派现甚至不分配政策。在证监会将现金股利作为上市公司再融资的条件之一后，并在与股东的较量中，一些上市公司根据自身盈利状况逐渐增大派现比例，但派现不稳定和不连续的问题仍然严峻。

(4) 股权集中程度

一般来说，股权的集中程度主要表现为大股东的持股比例，而股东的持股比例与现金股利的分配呈正相关关系，也即第一大股东持股比例越大，上市公司分配现金股利就越有可能。由于中国上市公司普遍存在"一股独大"的现象，而且由于信息不对称的存在，控股大股东占据绝对的优势。在上市改组中，控股股东投入优质资产于上市公司，但控股公司自身日常运营也需要庞大的现金支撑，当控股公司现金不能满足自身经营活动需求时，现金股利便是控股公司资金的最佳来源；而且，在我国特殊的制度背景下，大股东和小股东股权成本和收益不同，所以现金股利成为大股东转移利益的主要方式。因此，由于大股东的利益侵占动机的驱使，我国上市公司大多采用现金股利方式进行股利分配。

(二) 行业背景

案例分析不能脱离行业分析，行业的发展趋势、生命周期特征直接影响着企业的投资决策、融资决策和股利分配决策。在世界经济形势复杂多变，供给侧结构性改革持续发力的大背景下，中国汽车行业正在发生深刻变革，既面临着巨大挑战，也孕育着重要机遇。一方面，中国汽车市场经过了十多年的快速发展，现已进入平稳增长的新阶段，同时，不同层级区域市场和产品细分市场的结构分化日益突出，高新技术不断涌现和跨界进入也正在改变行业的传统面貌，汽车行业创新转型、升级发展的要求更加迫切；另一方面，汽车行业电动化、网联化、智能化、共享化的"新四化"趋势已经显现，产品技术和商业模式的创新为行业发展带来新的机遇，自主品牌创新发展迎来重要时间窗口。同时，结合国家"一带一路"倡议，海外市场也存在结构性机会，汽车行业新的增长点正在形成。

(三) 制度情况

我国关于现金分红的制度规定始于2001年的《上市公司新股发行管理办法》。该办法指出，对于公司最近三年未有分红派息，董事会对于不分配的理由未作出合理解释的，担任主承销商的证券公司应当重点关注并在尽职调查报告中予以说明。2004年以来，中国证监会发布了一系列将上市公司的分红行为和再融资挂钩政策来规范上市公司分红行为。我国对上市公司的分红要求比强制性分红政策要低，并没有上升到法律层面，而是将上市公司的分红行为和再融资挂钩，对不分红或分红的比例达不到要求的上市公司，则取消其再融资的要求。

2013年11月30日，证监会发布《上市公司监管指引第3号——上市公司现金分红》，首次以监管规划的形式明确了上市公司差异化现金分红政策，同时设定现金分红最低比例。随着这些政策的实施，上市公司的分红情况发生了巨大的变化，部分有再融资要求的公司改变了过去"铁公鸡"的形象，尽量迎合证监会的现金分红的规定。

（四）代理理论

1. 代理理论成本

代理问题是公司治理的核心，其产生源于现代企业所有权与经营权的分离。公司治理在本质上是对代理问题的治理，是为了治理代理人的机会主义。代理问题的研究在国内外引起了广泛的关注。代理成本理论是现代股利政策理论研究的重点内容之一。由于公司内部运作过程中不同利益主体出于维护自身利益的考虑，通常对公司的经营活动有着不同要求，因此可能导致对其他利益主体不利的行为，造成各利益主体间存在代理问题，并引起一定的代理成本。代理问题主要体现在股东、管理层以及债权人三者之间的代理冲突问题。

目前的代理问题主要存在以下两种情况：第一种情况是在股权高度分散的背景下，公司进行经营活动和投资决策时，管理层往往以自身利益最大化为出发点，过度投资和盲目扩张，导致股东利益受到损害，从而引起管理者与股东之间代理问题的产生。第二种情况是上市公司的股权集中程度越高，越容易存在大股东与中小股东之间利益冲突及代理问题，大股东可能通过各种手段发放过度的现金股利而将财富转移到自己手中。

而现金股利政策则主要通过以下两个方面达到缓解代理问题的目的：一方面，支付现金股利会导致管理者可控制的现金持有量减少，限制管理者将资金投向未来收益并不理想的项目上，避免造成过度投资的问题，有利于保护股东利益；另一方面，提高现金股利支付水平将促使公司从外部进行筹资，有利于加强外部市场对内部管理层的监督，进而在一定程度上遏止管理者的不良动机。因此，现金股利政策有助于缓解公司中所产生的各种代理冲突问题，并发挥将代理成本最小化的作用。

2. 我国上市公司存在的代理问题

我国上市公司有着特殊的股权结构，与西方上市公司分散的股权结构差异很大。我国上市公司大多数源于国有企业的改革，国有股权处于绝对控股地位，存在"一股独大"和内部人控制等现象。我国上市公司内部存在股东与管理者的代理问题，而且还包括两种代理问题。一种是国有股自身的委托代理问题。我国上市公司股权结构分为国有股、法人股和公众股，其中国有股和法人股占上市公司的比例很大，达到所有股份的三分之二，流通比例仅占三分之一。大部分国有股和法人股不能上市流通，获得资本利得，他们要么通过派发现金股利获得收益，要么通过协议将股份转让给其他的法人股东。尽管股权分置改革已基本完成，但是很多限售股并没有得到解禁，全流通时代没有到来。我国国有股的股东是全体人民，委托政府来行使股权，政府派出代表代理股权，人民没有能力监督政府，于是形成"所有者"缺位，政府对其所派代表激励不足，也就形成了"内部人控制"，使得国有股权存在多重代理问题。龚晶、刘鸿艳的实证研究表明国有股比例越大，代理成本就越高。

另一种代理问题是大股东与中小股东之间的代理问题。按照代理理论的观点，股权过于分散，单个股东监督管理者的成本较高却不能获得全部收益，导致了各股东监督管理者时出现搭便车现象，这进一步加剧了股东与管理者之间的代理问题。按照股利代理理论，大股东因为股权集中，能够降低股东与管理者之间的代理问题。但在我国，大股东往往是侵占中小股东利益的。大股东可以通过其拥有的控制权，直接获得控制权收益。这些收益表现在很多方面,如直接侵占上市公司资金、利用上市公司资源进行有利于自己的投资、操纵上市公司进行关联交易、通过盈余管理操纵上市公司利润等,中小股东利益就在这种控制活动中被侵害。虽然股权分置改革的目的是让非流通股流通,实现同股同权、同股同利,但是很多限售股是需要等待解禁的。国有股流通后,还是形成国有股的绝对控股地位,大部分国有股目前还没有解禁,所以控股股东还是会通过各种方式对中小股东进行利益侵占。我国法律保护机制对中小股东的保护力度很弱,中小股东无法对大股东的行为以及上市公司的管理者进行监督。大股东缺乏市场和其他股东的制衡和约束,并且可以对经营者进行干预,甚至迫使管理层与他们合谋掠夺上市公司资源,侵害其他股东利益。有学者曾经对中国上市公司进行大样本检验,验证了控股股东同中小股东之间的代理问题在中国上市公司是普遍存在的。

上市公司股利政策是各方利益博弈的结果。控股股东和中小股东之间的代理问题,会反映在股利政策上并对股利政策产生影响。公司第一大股东所占比例越高,股权制衡度就越低;对公司的内部控制程度越高,越倾向于派发现金股利,甚至为了满足配股再融资条件进行高派现或非理性派现。我国现金股利无法像西方成熟资本市场那样成为约束管理层的一种途径;相反,可能成为大股东侵占中小股东的途径。

3. 上汽集团存在的主要代理问题

上汽集团的控股股东和中小股东之间的代理问题十分严重。其大股东控股比例高达71.24%,股权的高度集中,控股股东可以完全支配董事会,即使第二大股东至第十大股东控股叠加之和,也无力对其进行制衡和制约,以致公司治理结构不平衡。

三、案例分析要点

(一)需要学生识别的关键问题

1. 在正式进行股利政策分析之前需要做什么工作?

在进行股利政策分析之前,必须了解公司业务及其所在行业特征,脱离了基本面的了解,分析仅仅是纸上谈兵,等于为错误的结论埋下了种子。

2. 高分红派息对于投资者而言是利好消息吗?

在中国特殊的股权结构与公司治理环境下,控股股东有可能利用对公司经营决策的控制权谋取私人利益,股利分配政策作为上市公司的重要财务决策,控股股东是股利分配政策决策的主体,所以必然受到影响。因此在中国,现金股利可能限制了控制代理成本发挥积极作用,也可能让上市公司控股股东发放高额现金股利而转移现金。所以,对于高分红派息的上市公司,先不要轻易判断是利好消息,首先重点关注是否存在控股股东为私人之利派现的可能性。

3. 如何对高额现金股利的资金来源进行分析?

以往的理论和实证分析大多是以利润流(净利润、每股收益、可分配利润)为基础来研究股利政策。实际上,发放现金股利不仅仅取决于公司的利润,更取决于公司的自由现金流。

（二）讨论问题的参考要点

问题1：

当企业持有较多的自由现金流量时，其股利支付意愿和数量也越高，并且不会影响到公司的持续经营。稳定的现金股利政策对公司股价的稳定是非常重要的。公司一般不会改变其现金股利政策，即使在特殊情况下，公司也尽量保持其股利支付水平，因为一旦改变其股利支付政策，公司的股价会大受影响，从而对公司的发展产生不利。上汽集团近几年的现金股利政策是一种稳步上升派现的状态。

由图13-2可知，2012—2016年，企业的每股收益逐年上升，每股现金股利分配也逐年上升，即每股收益与每股现金股利分配存在着正相关关系。而且每股收益是大于每股现金股利分配的，也就是说企业的盈利完全有能力支持其高额分配现金股利行为。

由图13-3可知，2012—2015年，公司经营活动产生的现金流量净额可以支持企业分配现金股利，但2016年的每股经营现金流量净额低于每股派现红利。由于公司为了股价的稳定，不会轻易改变股利政策，既然经营活动产生的每股现金流量净额不支持其高派现行为，只能通过其他渠道。由同一图可得，2012—2016年，企业筹资活动产生的每股现金流量净额均为负数，所以2016年分配的现金股利并不由筹资活动支持。延续上图，2016年企业的投资活动产生的每股净现金流量净额为2.40元，加上经营活动产生的每股现金流量净额1.03元，超过当年每股派现额1.65元。所以，2016年的现金股利由经营活动和投资活动共同承担。

从以上分析，我们发现上汽集团的现金流是可以基本维持其持续的"高额分配现金股利"的行为的。

问题2：

从公司自身角度分析：由图13-4盈利能力方面的财务比率指标可以看出，净资产收益率较为稳定，波动不大，说明企业所有者权益的盈利能力比较稳定。净资产收益率越高，企业自有资本获益的能力越强，运营效益越好，对企业投资人和债权人的保证程度越高。主营业务利润率和总资产利润率呈现逐渐下降的趋势，但总体比较稳定，说明企业的资产利用效率有所下降，企业的全部资产的获利水平和经营管理水平在缓慢下降。

盈利能力是影响股利政策制定的首要因素，盈利能力强，不仅可供分配的利润稳定，而且使得发放现金股利也更为有保障，另外管理者预期企业将来会有良好发展，也就对股利支付抱有信心。上市公司在制定现金股利政策时，不仅要考虑公司当年的获利情况，还要综合考虑以前年度获取的净利润留在公司内部的情况。留存收益是企业的内部资金，相对于外部筹资拥有较低的资金成本优势，所以企业更愿意从内部进行融资以满足公司资金的需要。留存收益表明了投资者在股利分配时所能自由行使剩余索取权的数量界限，因此当公司有较多的留存收益时，管理层愿意支付现金股利且股利支付水平比较高。

从行业角度分析：由表13-9～表13-11可以看出，上汽集团的净资产收益率、主营业务利润率和总资产利润率在同行业中都比较稳定，波动不大，盈利能力稳定，说明企业资产利用效益和自有资本获益能力在同行业中较为稳定，为公司进行高派现奠定了坚实的基础。上汽集团净资产收益率、总资产利润率在同行业中处于中上水平，说明上汽集团资产和资本获利能力高，盈利能力强，运营效益也好。主营业务利润率则处于同行业中下水平，说明上汽集团主营业务的获利能力略低。在这几个表中，我们还可以明显地看出，一汽夏利这家公司的净资产收益率、主营业务利润率、总资产利润率波动较大，说明其近几年的资产利用效益不好，说明企业全部资产的获利水平较低。而且一汽夏利资产利用效率不是很好。整个企业盈利能力不够高，经营管理水平有待加强。净资产收益率越低，企业自有资本的获益能力越低，运营效益越差，对企业投资和债权人权益的保证程度也就越低，说明运营效率有待加强。主营业务利润率有较大的波动，说明公司业务不稳定，但后来有所上升，说明正在进行公司的多元化发展。

问题3：

（1）由表13-12可知，上汽集团的存货周转率先降后升，从2013年的17.58次下降到2015年15.42次。从存货周转率的变动趋势可以看出，上汽集团存货周转天数增加，存货周转速度减慢，存货库存高，企业的销售能力变弱。这是由于国内汽车行业发展迅猛，汽车行业的竞争日益增大，为争夺市场，各厂家不断推陈出新，大量生产汽车来满足消费者的需求，2016年公司存货资产的变现能力在增强，存货的运用效率提高，资产流动性变快，盈利能力提高。

（2）由表13-13可知，上汽集团的应收账款周转率在逐年下降，从2014—2016年下降了6.5次，周转天数也随之增加了3.4天，说明企业回收应收账款的速度减慢。上汽集团的行业地位较高，资金能够延迟支付，但也导致了资产流动性降低，企业滞留在应收账款上的资金增加，上汽集团的短期偿债能力也有所减弱，企业应加强应收账款的管理工作，加快应收账款的周转。

企业的日常运营离不开现金，所以在分配现金股利时必须留存足够周转的资金，以满足公司正常生产经营的所需。存货周转率越高，表明企业存货资产变现能力越强。公司在拥有强大的资产流动性和充裕的现金来源时，股利支付能力也会随之变强。上汽集团2016年营业收入为7564.16亿元，同比增长12.83%；实现归属于上市公司股东的净利润320.09亿元。

问题4：

由表13-14可以看出，上汽集团的流动比率、速动比率缓增缓减，总体来说是降低的，从而说明公司短期变现能力，即这几年短期偿债能力没有太大的变化，并有减弱。上汽集团有良好的短期偿债能力，有充足的现金能够偿还短期负债和支付现金股利。

现金比率是企业的现金类资产与流动负债的比值。现金比率可以反映企业的直接偿付能力，如果企业现金缺乏，就可能发生财务困难，面临财务危机。由表13-15可知，上汽集团的现金比率在同行业中处于中上水平，说明其短期偿债能力不错。

资产负债率和股东权益比率的总和为1，资产负债率越小，表明企业长期偿债能力越强。由表13-16知，上汽集团的资产负债率在行业中较为稳定，有偏高趋势，说明其财务风险较大。资产负债率虽然不会对现金股利的支付产生很大的影响，但债务人有可能为了保证自身利益而对企业的财务决策规定限制性条件，从而不利于企业自身的发展。

问题5：

上汽集团2012—2015年每股经营现金流与每股收益的增长趋势基本保持一致，每股经营现金流不仅稳定而且与每股收益相差不大，说明上汽集团对现金流的控制还是挺好的。从2016年来看，企业的经营现金流相比其他年份弱，但企业的每股收益和每股净资产却是几年中最高的，说明企业对营运现金把控需要加强，但企业自身的获利能力是很强的。这也为该公司高派现提供了依据。

上汽集团一直实施高派现的股利政策是有利于企业价值提升的。发达国家的股利支付率通常都是在40%～50%之间，而上汽集团的股利支付率保持在37%，差不多能达到发达国家股利支付率水平。只有保持股利支付率的相对稳定，才能更好地促进企业价值的提升。

问题6：

基于代理理论的角度分析，上汽集团除了严重的大小股东之间的代理问题之外，股东与管理层之间也存在代理问题。公司经理一般不愿意将自由现金流量以股利的形式分配给股东，而是倾向于将其留在公司内部，或者用于投资一些效率低下的项目从中获得个人利益，因此，发放现金股利有利于降低这种代理成本。上汽集团选择高派发现金股利政策，通过提高现金股利，可以带来三方面的好处：①减少了公司的自由现金流量，股东获得这些股利收入后可以寻找新的投资机会，有利于增加股东的财富；②减少了管理层利用公司资源牟取个人私利的机会；③由于留用利润减少，当公司未来有好的投资机会而需要资本时，必须从外部资本市场筹集资本，这样就加强了资本市场对管理层的监督约束。

四、教学组织方式

（一）问题清单及提问顺序、资料发放顺序

1. 该公司现金流能否支撑企业派现？
2. 该公司盈利能否保障分配现金股利？
3. 企业的资金营运是否有利于公司派现？
4. 公司的高派现是否受到债务的约束？
5. 现金股利政策对公司价值的影响？
6. 上汽集团有较好的投资机会为何还要选择高派发现金股利政策？

（二）课时分配

1. 课前小组查阅材料并分析讨论：5学时；
2. 课前小组讨论并撰写分析报告：3学时；
3. 课堂小组代表发言并进一步讨论：3学时；
4. 课堂总结：0.5学时

（三）讨论方式

本案例适于采取小组式讨论。

（四）课堂讨论总结

每个小组发言后，其他小组要进行分析点评，总结发言人的观点，指出其分析的优缺点并提出自己的观点。全部讨论结束后，教师要进行总结发言，评价各组同学案例讨论的表现，尽量发现亮点，表扬学生有创意、有深度的观点。教师还要总结提炼案例的关键要点，尤其是案例中设计的关键问题，启发同学研究和探讨更深层次的问题。

案例 14

基于经济增加值（EVA）的华录百纳并购蓝色火焰的绩效评价*

---

*1. 本案例由广东工业大学管理学院的张卓、翁敏，常州市审计局沈卫春撰写，作者拥有著作权中的署名权、修改权、改编权。

2. 本案例授权广东工业大学产教融合 MPAcc 教学智库实验平台使用，广东工业大学产教融合 MPAcc 教学智库实验平台享有复制权、修改权、发表权、发行权、信息网络传播权、改编权、汇编权和翻译权。

3. 由于企业保密的要求，在本案例中对有关名称、数据等做了必要的掩饰性处理。

4. 本案例只供课堂讨论之用，并无意暗示或说明某种管理行为是否有效。

[案例封面]

专业领域：财务管理，财务分析
适用课程：财务报表分析
选用课程：财务报表分析、财务管理理论与实务、价值评估
编写目的：本案例旨在引导学员进一步熟悉绩效评价的方法，并学会运用经济增加值（EVA）进行并购案例的绩效评价。通过本案例的讨论学习，学员要讨论回答以下问题：①EVA 代表的经济含义是什么？该指标在进行绩效评价时有哪些优势？②计算 EVA 时的税收调整有哪些？③税后净营业利润 NOPAT 的计算方法是什么？④确定加权平均资本成本的方法是什么？⑤基于 EVA 指标的计算对华录百纳并购蓝色火焰进行绩效评价。
知 识 点：EVA 指标的计算；加权平均资本成本；税后净营业利润
关 键 词：EVA；企业价值；并购
中文摘要：华录百纳为在产业链上下游展开战略布局，在影视剧制作平台上全面发展，于 2014 年并购了同处于传媒行业不同细分领域的内容制作商蓝色火焰。本文以华录百纳并购蓝色火焰为案例，阐述案例的并购背景、交易双方概况、并购动机，并对华录百纳并购蓝色火焰后的绩效进行评价。在进行并购绩效评价的过程中，梳理了绩效评价的方法、EVA 的概念及计算过程、该指标在绩效评价时的优势。并对该并购案例进行客观评价，为华录百纳企业价值的确定提供参考，使投资者在股市交易中合理确定交易价格

[案例正文]

一、交易双方概况

(一) 华录百纳公司

北京华录百纳影视有限公司(以下简称"华录百纳")成立于2002年,总部位于北京,从事影视策划、投资制作、发行及演艺经纪等业务。2012年,华录百纳正式在深圳证券交易所的创业板挂牌上市。公司实际控制人中国华录集团为国务院国资委主管的中央企业中唯一专业从事数字音视频领域技术研究、软硬件应用开发和信息文化产业的大型企业集团。华录百纳定位于打造以信息产业为基础的、信息产业和文化产业互相融合的新型企业集团,充分利用自身信息技术的先发优势结合文化产业的发展机遇,构建数字音视频内容、服务、终端三大产业板块。

公司从成立起便一直专注于电视剧的制作,秉承"近市场、大制作、出精品"的理念,投资制作的电视剧作品多为口碑作品,深得观众喜爱,公司品牌在业内也有一定的影响力,其代表的电视剧有《汉武大帝》《媳妇的美好时代》《红楼梦》等,电影有《建国大业》《建党伟业》等。

华录百纳在并购蓝色火焰之前,2013年公司主营业务收入主要由影视剧和经纪业务构成。其中,电视剧业务营业收入35 233.11万元,毛利率达到48.47%,维持在较高的水平。电影发行收入1 860.53万元,经纪业务实现收入562.28万元,呈现良好的增长态势。

华录百纳在并购蓝色火焰之前专注于电视栏目制作,在其他传媒企业同时进军电视剧和电影的情况下,华录百纳单单依靠每年产出10~20部电视剧难以提高企业经营业绩,所以华录百纳在横向上选择在电视栏目的其他方面发展,如综艺市场。但是华录百纳不具备内容制作和内容营销的经验,因而选择并购在内容制作和营销方面有实力公司以最快进入综艺市场。

(二) 蓝色火焰

广东蓝色火焰文化传媒有限公司(以下简称"蓝色火焰")作为优质品牌营销与内容制作公司,盈利能力强。蓝色火焰主营业务为品牌内容整合营销、文化内容制作运营及媒介代理,2013年三项业务收入占比分别为45%、24%、31%;截至2013年末,蓝色火焰总资产为5.69亿元,净资产为3.25亿元,2012年和2013年营业收入分别为5.45亿元和8.98亿元,净利润分别为0.62亿元和0.82亿元。蓝色火焰作为交易目标方,具有以下潜力:

1. 内容制作与内容营销深度融合

经过十五年的积累与沉淀,蓝色火焰拥有大量的优质客户和媒体制作经验,以内容制作与品牌营销为主营业务,以电视为渠道,发展电影业务,同时在新媒体等多种媒体上传播,已经形成了比较完备的传媒生态圈,具有其他传媒公司难以复制的实力。

蓝色火焰依托在品牌内容整合营销过程中积累的精品栏目资源、媒体资源和广泛的广告客户资源,将上述三方面积累的经验和优势有机结合,凭借贴合市场的前瞻性思维,成功顺势切入内容制作领域，深度融合内容制作与品牌营销，制作并成功运营大型音乐竞技节目《最美和声》，成功出品电影《快乐大本营之快乐到家》《爸爸去哪儿》等，获得了良好的市场影响力和业绩表现。蓝色火焰利用自身优势把内容制作与内容营销结合，以内容营销作为文化内容的重要盈利方式，提高了盈利能力。同时，自身制作的文化内容又为品牌营销提供了精品资源，增强了客户黏性。

2. 客户资源与媒体资源丰富

蓝色火焰深耕于电视媒体领域，在发展过程中经历了市场环境的变化与媒体竞争格局的改变，对电视栏目以及以电视观众为主的消费者文化消费心理有深刻的理解。通过不断推出成功的标杆项目帮助客户获得快速发展，持续提高客户黏性，不断优化客户结构，形成了强大的客户资源关系网，积累包括美的、创维、华帝、金立等在内三十多家优质客户。蓝色火焰为上述部分客户提供服务已超过十年，并持续至今。蓝色火焰的客户分布于整体投放量较大的电器、化妆品、食品饮料、电子消费及IT、医药健康等行业，整体优势明显。此外，蓝色火焰助力客户成为行业领先企业或巩固行业领先地位，该类客户具有较强的行业影响力和广告投放能力，其投入的金额较大，价值较大，有力保障了蓝色火焰的稳步持续增长。

蓝色火焰历经中国电视媒体格局形成与发展的重要阶段，先后与中央电视台、湖南卫视、江苏卫视、浙江卫视、北京卫视等强势媒体深入合作。最近几年，省级卫视整体上升趋势明显，蓝色火焰亦与成长性卫视展开合作，争取成长性卫视在最优质节目进行内容营销，为蓝色火焰未来的业务持续发展储备更多的战略资源。

二、并购动因分析

在新媒体出现之前，电视台固定的播出时间是行业无法改变的壁垒。新媒体不受播放时间、播放地点的限制后，电视剧、电影制作公司将长期受新媒体的影响。从1991年起，民营资本进入影视传媒行业，产业链逐步构建，投资商、制作方、电视台、广告逐步进入电视剧产业链。近几年来，随着行业景气度的提升，行业内外部资本大量无序进入，电视剧生产制作数量迅速扩张，各种题材的电视剧层出不穷，使得电视剧出现供过于求的局面。而电视台往往有大量的电视剧储存量，在新媒体不断发展的今天，电视台的广告收入下滑，对电视剧的购买态度比以前更加谨慎。因此传统传媒领域急需转型，要与新媒体、新移动终端、新用户相结合，拓展自己的业务领域。

在移动端快速普及以及在各种短视频、长视频兴起的浪潮下，在线视频市场规模保持较快增长态势，2013年中国在线视频市场规模达128.1亿元，同比增长41.9%，未来几年预计仍将保持较快增长态势。新的消费方式将以娱乐为重点展开。近年来人均GDP的增长、人均可支配收入的提高和娱乐方式的丰富，我国目前的消费由以前的物质和精神消费转变为物质、精神+娱乐休闲消费，越来越多的人关注娱乐，也越来越多的人开始选择娱乐带来的"享受服务"。根据著名战略咨询公司麦肯锡的研究，未来在居民消费支出中，以"文化娱乐教育"为主的可选消费比重将逐步提高，到2020年将上升至15%、2030年将上升至21%。中国消费者正逐步缩小与发达国家之间的差距，消费模式迅速发生转变。因此新媒体领域业务将有更广阔的发展空间。

随着市场的发展，成熟的影视剧制作行业将加强同新媒体播出平台的合作，视新媒体平台作为内容产品的重要出口。传媒行业发展已不单单依靠电视剧、电影和综艺制作，而是向新渠道、新用户和新模式的方向发展。

收购是华录百纳迈出的重要一步，因为这意味着公司将从内容供应商晋升为集内容制作、媒介代理和品牌内容整合营销于一身的电视媒体全产业链企业。蓝色火焰在国内是集品牌内容整合营销、媒介代理和内容（电影和各类电视节目）制作的领先企业。蓝色火焰可以依托华录百纳的电视剧制作经验和长期在电视剧领域的资源增强品牌营销能力，华录百纳可以依托蓝色火焰的优质客户，通过精美的后期制作为电视剧提升盈利空间。

三、并购过程描述

2013年12月23日华录百纳开始停牌。

2014年3月25日公布预计于2014年4月2日复牌。

2014年4月3日，第二届董事会第六次会议决议公告宣布通过《发行股份及支付现金购买资产并募集配套资金条件的议案》。

2014年5月16日，公布《拟以发行股份及现金支付方式购买广东百合蓝色火焰文化传媒股份有限公司股份项目资产评估报告》，确定交易价格为25亿元，通过《关于批准本次交易相关审计报告、盈利预测审核报告及评估报告的议案》。

2014年6月6日，重大资产重组方案获得国务院国资委的批复，国资委同意此次华录百纳的重大资产重组。

2014年6月18日，中国证监会受理华录百纳行政许可申请。

2014年10月13日，中国证券监督管理委员会正式批复"华录百纳发行股份及支付现金购买资产并募集配套资金事项"。

华录百纳以每股人民币38.72元的价格发行约4362万股新股，同时支付现金对价人民币8.11亿元。公司还以每股人民币38.72元的价格非公开发行2092万股新股，为此交易的现金支出提供支持。

四、理论背景

通过企业并购后的绩效分析对企业并购活动进行评价是十分必要的，而绩效评价方法除了传统的财务指标评价，经济增加值（EVA）则更有优势，能更直观地反映出并购活动是否在为股东创造价值。

（一）经济增加值（EVA）的概念

EVA是经济增加值模型（economic value added）的简称，这个指标将资本成本考虑在其中，从企业价值增加值出发，对利润进行调整，能全面、准确地反映企业的经营业绩。EVA理论认为企业只有能够创造价值，才能给股东带来回报。

EVA方法的结论比现金流量折现法的结论更为接近市场价格，也比较客观和科学，尤其是在现金流量为负值的情况下，更应该用EVA方法评估企业价值。EVA的核心是经营获取的收益,要能够弥补投资者承担的风险。企业的融资形式主要有两种:一是内部积累,自身的经营能够解决自身的资金需求;二是外部融资,通过债券、股票的发行和银行借款来筹集资金。传统的价值评估模型不考虑股东权益资本成本,认为股东权益成本是不需要企业付出成本的,而只需要考虑债务成本。但 EVA 则将债券和股权的成本都考虑在内,反映每一时期企业创造的价值,因此需要对传统的财务报表进行调整。

中国式 EVA 考核强调对 R&D(research and development)支出和在建工程的会计调整,鼓励企业经营者能给企业带来长远利益的投资决策,如品牌的创建与维护、新产品的研究与开发、人力资源的培养等。中国式 EVA 扣除了非经常收益,注重企业的专一经营,促进企业围绕主业搞投资,集中力量做主业,注重提升核心竞争力,抑制盲目无关多元化。

EVA 计算公式如下:

$$EVA = R_P - T_C \times K_{WACC}$$

式中 R_P——税后利润调整额,即 NOPAT;

T_C——资本投入额;

K_{WACC}——加权平均资本成本率。

EVA 的可操作性比较强,数据来源于财务报表,计算方法也比较简单。

(二) EVA 的计算步骤

EVA 会计调整的原则建立在投入回报(NOPAT)和机会成本(WACC)的基础上。

1. 计算 EVA 税收调整

其目的是使利润表能反映 EVA 调整的部分,以强调主业突出的理念,注重核心竞争力的发展。

EVA 税收调整 = 所得税费用 +(利息费用 + 汇兑损失 + 营业外支出 - 营业外收入 + 资本化费用)×税率

2. 计算税后净营业利润 NOPAT

在计算 NOPAT 时还要进行以下调整:

(1) 利息费用的调整。这是因为利息费用是企业由于经营的需要对外借款而付出的成本,是企业的非经营项目,属于企业的债务成本。同样,汇兑损失与企业的日常经营无关应该剔除,即在 NOPAT 中加上利息费用和汇兑损益。

(2) 对少数股东损益进行调整。这是为了让投入资本更加准确。

(3) 对减值准备的调整。减值准备是在没有实际发生损失时预计价值会减少做出的计提,这会使得企业账上的会计利润与现金流量存在偏差,不利于经营业绩的衡量,所以要进行调整。

(4) 对会计利润的调整。会计利润仅仅考虑了可控性、非偶然性,从特定的视角来看,能很好地反映经营者受托经营的历史绩效;但是会计是基于权责发生制的,没有考虑当期经营业绩对长期的贡献作用。这不利于投资者对企业发展的长远判断,因此,EVA 计算中强调对已经计入当期损益、对未来经营业绩有积极影响的费用予以调整。

(5) 资本化费用的调整,包括研发费用、职工培训费和广告费。这研发费用和职工培训费支出虽然在会计上是费用化处理,但是这两项为企业的可持续发展奠定了人力资源基础和提升企业品牌形象，属于资本化支出的性质，也属于经营管理活动的组成部分，应计入 EVA 的资本化费用调整中。

3. 确定加权平均资本成本

确定加权平均资本成本要用到的计算公式如下：

债务资本 = 短期借款 + 一年内到期的长期借款 + 长期借款 + 应付债券

权益资本 = 普通股股东权益 + 少数股东权益 + 坏账准备 + 存货跌价准备 + 短期投资跌
　　　　　 价准备 + 长期投资减值准备 + 固定资产减值准备 + 无形资产减值准备 + 递
　　　　　 延所得税贷方余额 – 递延所得税借方余额 + 商誉摊销 + 研发费用资本化 –
　　　　　 在建工程

其中，坏账准备、存货跌价准备、短期投资跌价准备、长期投资减值准备、固定资产减值准备和无形资产减值准备属于投资成本的调整。出于稳健性原则，《企业会计准则》规定公司要为将来可能发生的损失预先提取减值准备金，用减值准备的余额来抵减对应的资产项目，余额的变化计入当期费用冲减利润。对这几项调整原因如下：一是稳健性原则主要是为债权人服务的，对于股东并不适用；二是提前确认尚未发生的损失会造成当期利润不实；三是减值准备的计提往往是基于估计的，在估计过程中存在主观随意性，可能会成为管理者操纵利润的工具。EVA 调整处理是将这些减值准备加入到投资总额中。

计算权益资本成本一般是依据公式：

权益资本成本 = 无风险利率 + β × （市场回报率 – 无风险利率）

无风险利率采用我国 5 年期国债的利率；β 值的数据是华录百纳的数值，源于 Wind 数据库；Wind 显示我国的风险溢价一般处于 3% ~ 5% 范围内，在此取 4% 作为风险溢价的数值。债务资本成本采用我国 5 年期银行贷款利率，以 25% 为税率，采用税后债务资本成本。

4. 计算 EVA

经济增加值（EVA）= 税后净经营利润（NOPAT）– 资本总额（TC）× 加权资本成本（WACC）

五、讨论题目

（1）EVA 所代表的经济含义是什么？该指标在进行绩效评价时有哪些优势？

（2）计算 EVA 时的税收调整有哪些？并结合该案例进行说明。

（3）税后净营业利润 NOPAT 的计算方法是什么？并结合该案例进行说明。

（4）确定加权平均资本成本的方法是什么？并结合该案例进行说明。

（5）基于 EVA 指标的计算对该并购案例进行评价。

六、会计资料

[1]《北京华录百纳影视股份有限公司 2012 年年度报告》。
[2]《北京华录百纳影视股份有限公司 2013 年年度报告》。
[3]《北京华录百纳影视股份有限公司 2014 年年度报告》。

［4］《北京华录百纳影视股份有限公司 2015 年年度报告》。

［5］《北京华录百纳影视股份有限公司 2016 年年度报告》。

［6］《华录百纳：拟以发行股份及现金支付方式购买广东百合蓝色火焰文化传媒股份有限公司股份项目资产评估报告》。

［7］《北京华录百纳影视股份有限公司关于重大资产重组方案相关事项获得国务院国资委批复的公告》。

［8］《北京华录百纳影视股份有限公司关于公司发行股份购买资产并募集配套资金事项获得中国证券监督管理委员会正式批复的公告》。

［9］李思勇，张晶：《我国上市公司并购绩效的实证研究》，载《现代商业》2017 第 32 期。

［10］池国华：《中国式经济增加值（EVA）考核实践探索》，东北财经大学出版社，2016 年版。

[案例说明书]

一、本案例要解决的关键问题

本案例旨在引导学员进一步熟悉企业价值评估的方法，并学会运用恰当的估值模型进行企业估值分析。通过本案例的讨论学习，学员要讨论回答以下问题：①EVA 所代表的经济含义是什么？该指标在进行绩效评价时有哪些优势？②在计算 EVA 时税收调整有哪些？并结合该案例进行说明；③税后净营业利润 NOPAT 的计算方法是什么？并结合该案例进行说明；④确定加权平均资本成本的方法是什么？并结合该案例进行说明；⑤基于 EVA 指标的计算对该并购案例进行评价。

二、案例讨论的准备工作

为了有效实现本案例教学目标，学员应该具备下列相关知识。

（一）理论

EVA 是经济增加值模型（economic value added）的简称，这个指标将资本成本考虑在其中，从企业价值增加值出发，对利润进行调整，能更全面、准确地反映企业的经营业绩。EVA 理论认为企业只有能够创造价值，才能给股东带来回报。

研究国外历史文献，20 世纪 50 年代美国经济学家 Miller 和 Modigliani 共同创造了 MM 资本结构理论。MM 理论为评估企业价值开创了新的道路，它是 EVA 价值模型产生的理论基础，但是 MM 理论并未提出与 EVA 相关的概念。直到 20 世纪 90 年代美国的思腾斯特（Stern Stewart）咨询公司提出了 EVA 的相关概念。思腾斯特公司认为，通过对会计数据的适当调整，EVA 能够准确反映出企业的真实价值。而传统的业绩评价指标在计算时没有包含权益资本成本，无法显示出企业在实际经营过程中是否真正为股东创造了价值。

国内学者关于剩余收益有效性的研究表明，利用剩余收益模型进行公司价值评估，评估结果对股票价格有较好解释能力。国内最早关于剩余收益模型的研究是田志龙于 1997 在《会计研究》上发表的文章，肯定了该模型在国内的运用前景。之后许多学者对剩余收益的相关性进行了研究（张景奇、孟卫东等 2006；宋光辉，龚玉策 2008；欧阳励励，2008；刘任重 2013；吕义帆（2011）通过研究股市历史数据，证实了 EVA 在我国股票市场的适用性，与传统财务指标相比，EVA 能够更加准确地反映出股价波动规律。因此 EVA 在投资分析领域具有广泛的用途，能够帮助管理者为企业创造出更多财富。

（二）行业背景

在新媒体出现之前，电视台固定的播出时间是行业无法改变的壁垒，而新媒体不受播放时间、播放地点的限制，打破了这个壁垒后，电视剧、电影制作公司将长期受新媒体的影响。从 1991 年起，民营资本进入行业，产业链逐步构建，投资商、制作方、电视台、广告逐步进入电视剧产业链。近几年来，随着行业景气度的提升，行业内外部资本大量无序进入，电视剧生产制作数量迅速扩张，各种题材的电视剧层出不穷，使得电视剧出现供过于求的局面。而电视台往往有大量的电视剧储存量，在新媒体不断发展的今天，电视台的广告收入下滑，对电视剧的购买态度比以前更加谨慎。因此传统传媒领域急需转型，要与新媒体、新移动终端、新用户相结合，拓展自己的业务领域。

在移动端快速普及以及在各种短视频、长视频兴起的浪潮下，在线视频市场规模保持较快增长态势，2013年中国在线视频市场规模达128.1亿元，同比增长41.9%，未来几年预计仍将保持较快增长态势。新的消费方式将以娱乐为重点展开。近年来人均GDP的增长、人均可支配收入的提高和娱乐方式的丰富，我国目前的消费由以前的物质和精神消费转变为物质、精神+娱乐休闲消费，越来越多的人关注娱乐，也越来越多的人开始选择娱乐带来的"享受服务"，根据著名战略咨询公司麦肯锡的研究，未来在居民消费支出中，以"文化娱乐教育"为主的可选消费比重将逐步提高，到2020年将上升至15%、2030年将上升至21%。中国消费者正逐步缩小与发达国家之间的差距，消费模式正迅速发生转变。因此新媒体领域业务将有更广阔的发展空间。

随着市场的发展，成熟的影视剧制作行业将加强同新媒体播出平台的合作，将新媒体平台作为内容产品的重要出口。传媒行业发展已不单单依靠电视剧、电影和综艺制作，而是向新渠道、新用户和新模式的方向发展。

三、案例分析要点

（一）需要学员识别的关键问题

本案例需要学员识别的主要知识点包括：①EVA所代表的经济含义是什么？该指标在进行绩效评价时有哪些优势？②在计算EVA时税收调整有哪些？并结合该案例进行说明；③税后净营业利润NOPAT的计算方法是什么？并结合该案例进行说明；④确定加权平均资本成本的方法是什么？并结合该案例进行说明；⑤基于EVA指标的计算对该并购案例进行评价。

（二）解决问题的可供选择方案及其评价

1. EVA所代表的经济含义是什么？

EVA是经济增加值模型（economic value added）的简称，这个指标将资本成本考虑在其中，从企业价值增加值出发，对利润进行调整，能更全面、准确地反映企业的经营业绩。EVA理论认为企业只有能够创造价值，才能给股东带来回报。

李延喜、宋德武、孔宪京（2011年）根据评价结果与支持价格比较，发现EVA方法的结论比现金流量折现法的结论更为接近市场价格，也比较客观和科学，尤其是在现金流量为负值的情况下，更应该用EVA方法评估企业价值。EVA的核心是经营获取的收益要能够弥补投资者承担的风险。企业的融资形式主要有两种，一是内部积累，自身经营能够解决自身的资金需求；二是外部融资，通过债券、股票的发行和银行借款来筹集资金。传统的价值评估模型不考虑股东权益资本成本，认为股东权益成本是不需要企业付出的成本，只需考虑债务的成本。因此EVA相对于传统的评估模型来说，将债券和股权的成本考虑在内，反映每一时期企业创造的价值，因此需要对传统的财务报表进行调整。

中国式EVA考核强调对R&D（research and development）支出和在建工程的会计调

整，鼓励企业经营者能给企业带来长远利益的投资决策，如品牌的创建与维护、新产品的研究与开发、人力资源的培养等。中国式 EVA 扣除了非经常收益，注重企业有专一的经营方向，促进企业坚持围绕主业搞投资，集中力量做主业，注重提升核心竞争力，抑制盲目无关多元化。

EVA 计算公式如下：

$$\text{EVA} = R_P - T_C \times K_{WACC}$$

式中，R_P——税后利润调整额；

T_C——资本投入额；

K_{WACC}——加权平均资本成本率。

EVA 的可操作性比较强，数据来源于财务报表，计算方法也比较简单。

2. 在计算 EVA 时税收调整有哪些？请结合该案例进行说明

EVA 税收调整的目的是使利润表能反映 EVA 调整的部分，以强调主业突出的理念，注重核心竞争力的发展。

EVA 税收调整 = 所得税费用 +（利息费用 + 汇兑损失 + 营业外支出 - 营业外收入 + 资本化费用）× 税率

该案例中税收调整如表 14-1 所示。

表 14-1　EVA 税收调整

年　　份	2012	2013	2014	2015	2016
所得税（万元）	3 927	4 104	2 584	723	544
加：利息费用（万元）	-840	477	463	585	323
汇兑损失（万元）	—	—	—	—	10
营业外支出（万元）	3	15	76	133	59
减：营业外收入（万元）	1 297	1 598	2 963	2 715	1 651
税率（%）	25	25	25	25	25
EVA 税收调整（万元）	3 394	3 828	1 977	223	229

3. 在计算 EVA 时税后净营业利润 NOPAT 的计算方法是什么？并结合该案例进行说明

在计算税后净营业利润 NOPAT 时，还需要对利息费用、少数股东损益、减值准备、资本化费用进行调整，其计算如表 14-2 所示。

表 14-2　税后净营业利润 NOPAT 计算表　　　　　　　　　　单位：万元

年　　份	2012	2013	2014	2015	2016
营业利润	11 700	12 467	15 013	26 890	38 480
利息费用（+）	169	—	416	2 760	2 552
少数股东损益（+）	-1	130	73	168	635
减值准备增加（+）	952	335	1 697	6 738	13 454

续上表

年 份	2012	2013	2014	2015	2016
资本化费用（+）	236	398	1 308	1 032	499
EVA 税收调整	3 394	3 828	1 977	223	229
NOPAT	9 662	9 502	16 529	37 364	55 392

4. 在计算 EVA 时确定加权平均资本成本的方法是什么？并结合该案例进行说明。

在计算 EVA 时确定加权平均资本成本的计算公式如下：

资本总额 = 权益资本 + 债务资本

债务资本 = 短期借款 + 一年内到期的长期借款 + 长期借款 + 应付债券

权益资本 = 普通股股东权益 + 少数股东权益 + 坏账准备 + 存货跌价准备 + 短期投资跌价准备 + 长期投资减值准备 + 固定资产减值准备 + 无形资产减值准备 + 递延所得税贷方余额 – 递延所得税借方余额 + 商誉摊销 + 研发费用资本化 – 在建工程

该案例资本总额计算过程如表 14 – 3 所示。

表 14 – 3　资本总额计算表　　　　　　　　　　　　　　　单位：万元

年 份	2012	2013	2014	2015	2016
短期借款	—	—	18 435	49 800	16 330
一年内到期的长期借款	—	—	—	—	—
长期借款	—	—	—	—	—
应付债券	—	—	—	—	—
债务资本合计	—	—	18 435	49 800	16 330
股东权益	95 064	104 710	366 173	389 919	640 343
坏账准备	1 156	1 182	1 965	2 398	1 939
存货跌价准备	—	—	106	—	2 362
短期投资跌价准备	—	—	—	—	—
长期投资减值准备	—	—	—	—	—
固定资产减值准备	—	—	—	—	—
无形资产减值准备	—	—	—	—	—
递延税款贷方余额	– 238	– 284	– 627	– 1 156	– 2 512
减：递延税款借方余额	—	—	—	—	—
商誉摊销	—	—	—	—	—
研发费用资本化	—	—	—	—	70
在建工程	—	—	—	—	—
权益资本合计	95 983	105 609	367 618	391 161	642 061
资本总额合计	95 983	105 609	386 053	440 961	658 391

根据表 14-3 的计算结果，可计算债务资本和权益资本占资本总额的百分比，如表 14-4 所示。

表 14-4 资本结构计算表

年 份	2012	2013	2014	2015	2016
资本总额（万元）	95 983	105 609	386 053	440 961	658 391
权益资本（万元）	95 983	105 609	367 618	391 161	642 061
债务资本（万元）	—	—	18 435	49 800	16 330
权益资本/资本总额（%）	100.00	100.00	95.22	88.71	97.52
债务资本/资本总额（%）	0.00	0.00	4.78	11.29	2.48

计算权益资本成本一般是依据公式：

权益资本成本 = 无风险利率 + β ×（市场回报率 - 无风险利率）

无风险利率采用我国 5 年期国债的利率；β 值的数据是华录百纳的数值，源于 Wind 数据库；Wind 显示我国的风险溢价一般处于 3%～5%的范围内，在此取 4%作为风险溢价的数值。债务资本成本采用我国 5 年期银行贷款利率，以 25%为税率，采用税后债务资本成本。该案例权益资本成本和债务资本成本计算如表 14-5 所示。

表 14-5 权益资本成本和债务资本成本计算表

年 份	2012	2013	2014	2015	2016
无风险利率（%）	5.32	5.41	5.41	5.32	5.41
β	0.81	0.48	0.26	1.06	0.78
风险溢价（%）	4.00	4.00	4.00	4.00	4.00
权益资本成本（%）	8.57	7.34	6.46	9.56	8.53
债务资本成本（税后）（%）	5.29	4.91	4.61	4.24	3.68

加权平均资本成本 = 权益资本成本 × 权益资本成本比例 + 债务资本成本 × 债务资本成本比例，其计算过程如表 14-6 所示。

表 14-6 加权平均资本成本计算表

年 份	2012	2013	2014	2015	2016
权益资本成本（%）	8.57	7.34	6.46	9.56	8.53
债务资本成本（%）	5.29	4.91	4.61	4.24	3.68
权益资本/资本总额（%）	100.00	100.00	95.22	88.71	97.52
债务资本/资本总额（%）	0.00	0.00	4.78	11.29	2.48
加权平均资本成本（%）	8.57	7.34	6.38	8.96	8.41

5. 利用 EVA 指标对该并购案例进行业绩评价

经济增加值（EVA）= 税后净经营利润 - 资本总额 × 加权资本成本，其计算过程如

表 14-7 所示，变化趋势见图 14-1。

表 14-7 EVA 计算表

年 份	2012	2013	2014	2015	2016
NOPAT（万元）	9 662	9 502	16 529	37 364	55 392
资本总额（万元）	95 983	105 609	386 053	440 961	658 391
加权平均资本成本（%）	8.57	7.34	6.38	8.96	8.41
EVA（万元）	1 440	1 755	-8 085	-2 141	24

由图 14-1 可知，在 2012 年和 2013 年，华录百纳的剩余经济价值均为正，当时华录百纳的主营业务只有电视剧，公司的整体规模也并不大。2014 年和 2015 年华录百纳的剩余经济价值均为负，这是由于 2014 年华录百纳刚并入蓝色火焰，短期借款、坏账准备大量增加，导致华录百纳资本总额增加，同时

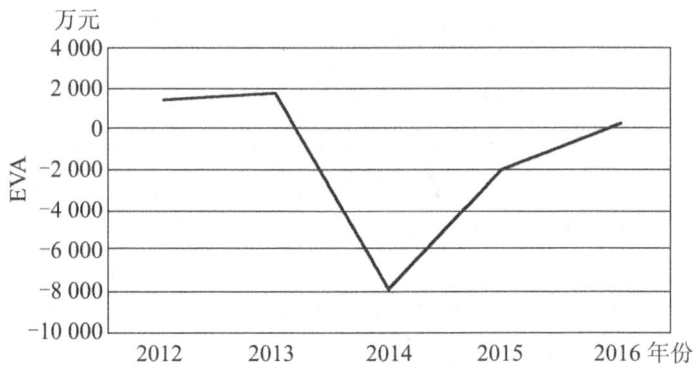

图 14-1 2012—2016 年华录百纳 EVA 变化趋势

利息费用、减值准备和资本化费用的增加导致 NOPAT 增加，但是 NOPAT 的增长速度不如资本总额的增长速度，所以 2014 年和 2015 年的剩余经济价值为负。2015 年的剩余经济价值明显比 2014 年要好，从 2014 年到 2016 年剩余经济价值不断好转，这是因为并购蓝色火焰之后，公司的主营业务由单一的电视剧业务，增加了综艺、营销和体育等业务，虽然公司业务规模扩大，需要的资金也越来越多，但是华录百纳的短期借款一直维持在比较低的水平，利息费用连年减少。资金来源多使用股权筹资，2015 年和 2016 年营业收入增长率分别是 79% 和 43%，NOPAT 的增长速度快于资本成本的增长，所以 2014—2016 年的剩余经济价值不断变好。2016 年剩余经济价值已由 2014 年和 2015 年的负值变为正值。

四、教学组织方式

（一）问题清单及提问顺序、资料发放顺序

本案例讨论题目依次为：
1. EVA 所代表的经济含义是什么？该指标在进行绩效评价时有哪些优势？
2. 在计算 EVA 时税收调整有哪些？并结合该案例进行说明。
3. 税后净营业利润 NOPAT 的计算方法是什么？并结合该案例进行说明。
4. 确定加权平均资本成本的方法是什么？并结合该案例进行说明。
5. 基于 EVA 指标的计算对该并购案例进行评价。

（二）课时分配

1. 课后自行阅读资料：约 2 学时
2. 小组讨论并提交分析报告提纲：约 2 学时
3. 课堂小组代表发言、进一步讨论：约 1 学时
4. 课堂讨论总结：约 0.5 学时

（三）讨论方式

本案例可以采取小组式进行讨论。

（四）课堂讨论总结

课堂讨论总结的关键是：归纳发言者的主要观点；重申其重点及亮点；提醒大家对焦点问题或有争议观点进行进一步思考；建议大家对案例素材进行扩展研究和深入分析。